国家自然科学基金项目（71373227）、上海市教委科技创新计划资助（2017-01-07-00-03-E00044）、上海高校知识服务平台项目（海派时尚设计及价值创造知识服务中心）、中国创意城市研究院等共同资助。

创意经济新思维：面向价值思考

Creative Industry New Thinking: Value Oriented Thinking

高长春　高　晗　著

经济管理出版社
ECONOMY & MANAGEMENT PUBLISHING HOUSE

图书在版编目（CIP）数据

创意经济新思维：面向价值思考/高长春，高晗著 . —北京：经济管理出版社，2017.12
（2018.11重印）
ISBN 978 - 7 - 5096 - 5477 - 4

Ⅰ.①创… Ⅱ.①高…②高… Ⅲ.①文化产业—研究 Ⅳ.①G114

中国版本图书馆 CIP 数据核字（2017）第 274285 号

组稿编辑：陈　力
责任编辑：杜　菲
责任印制：黄章平
责任校对：雨　千

出版发行：经济管理出版社
（北京市海淀区北蜂窝 8 号中雅大厦 A 座 11 层　100038）
网　　址：www.E - mp.com.cn
电　　话：（010）51915602
印　　刷：北京虎彩文化传播有限公司
经　　销：新华书店
开　　本：720mm×1000mm/16
印　　张：19
字　　数：362 千字
版　　次：2018 年 3 月第 1 版　2018 年 11 月第 2 次印刷
书　　号：ISBN 978 - 7 - 5096 - 5477 - 4
定　　价：49.00 元

·版权所有　翻印必究·
凡购本社图书，如有印装错误，由本社读者服务部负责调换。
联系地址：北京阜外月坛北小街 2 号
电话：（010）68022974　邮编：100836

《海派时尚与创意经济》系列丛书编委会

顾　　问　厉无畏

主　　任　刘春红

副 主 任　高长春　刘晓刚

编　　委　（按姓氏笔画排列）

马颜雪	王宇明	王　满	丛海彬	刘春红
刘晓刚	孙汉明	江　瑶	何　琦	吴　翔
吴　韬	张洁瑶	张　贺	李　伦	杨以雄
杨永忠	杨欣欣	芮海燕	邱　羚	陈李红
周洪雷	周　琦	拓　中	姚洪心	袁新敏
诸葛阳	高长春	高　晗	葛东霞	谢志超
褚杉尔	谭　娜	梁馨俪	杨　青	周　亮

总主编　高长春

《海派时尚与创意经济》系列丛书
总序

自 20 世纪 30 年代初期，中国文坛"京海"之争以来，"海派时尚"作为上海特有的社会、文化、艺术现象，引领上海经济，始终走在亚洲最前列。传承了吴越文化和江南文化内涵的"海派时尚"文化，不仅具备雅致、细腻、隽永的特点，还具备开拓创新、善于吸收外部文化精髓的特质。"海纳百川、兼容并蓄"是对"海派时尚"文化最精辟的总结和描述。

"海派时尚"文化对城市经济、区域产业、文化创意产业的研究，兴起于 21 世纪初，缘起后工业化时代人们对于经济过快发展带来负面作用的反思和时尚创意产业在世界范围内的蓬勃发展及其对城市经济的持续性推动作用。然而，对于"海派时尚"产业以及相关领域的理论研究，特别是针对上海城市发展特殊性和中国经济体制转型过程中的时尚创意产业发展方向与发展路径研究，更显得匮乏。

上海作为"海派时尚"文化的城市载体，时尚产业的发展越来越受到政府重视。2008 年 9 月，上海市人民政府办公厅向全市转发了上海市经济和信息化委员会（以下简称经信委）、上海市发展和改革委员会（以下简称发改委）制定的《上海产业发展重点支持目录》，其中的"生产性服务业"明确了"时尚产业"的条目，并明确使其作为产业发展的导向。时尚产业是典型的都市产业，跨越了高附加值制造业与现代服务业的产业界限，是多重传统产业的组合。围绕未来建设"全球城市"的目标，上海时尚产业总体沿着"世界时尚展览展示中心、亚太时尚体验消费中心、东方时尚创意中心"的道路迈进，形成了具备一定创新能力，具有多元性"海派时尚"文化生产要素、市场要素、制度要素和辅助要素的一系列开创性价值创新体系架构，并在此架构上，探索出符合上海城市发展特点的时尚产业价值创新发展路径。

目前，上海的"海派时尚"产业已经具备一定规模，尽管与伦敦、纽约等城市相比仍有一定距离，但是"海派时尚"文化的影响力和驱动力逐渐显现，海派时尚创意产业园区、海派时尚产业公会组织、海派时尚节事,成为上海时尚产业发展的标志性内容。价值创新的原动力逐渐明确、耦合机制日益成熟、发展路径日渐明晰,需要理论研究的及时跟进。

本系列丛书的出版,不仅能够帮助研究者了解"海派时尚"文化背景下时尚产业发展的基本脉络,也能够让更多的学者、学生和时尚爱好者了解上海时尚产业的相关政策和发展趋势。只有群策群力、共同参与,才能让"海纳百川、兼容并蓄"的上海城市文化精神永远传递。

另外,在丛书的编写和出版过程中,经济管理出版社陈力老师给予了大量帮助,东华大学刘春红副校长给予了众多关心与关怀。袁新敏副教授、谭娜博士、何琦博士、颜莉博士、张洁瑶博士、丛海彬博士、张贺博士生、高晗博士、周琦博士、江瑶博士生、田思硕士等参与丛书部分书稿编写及校对。对以上老师和学生们所付出的工作和努力表示由衷的感谢!

高长春
2017 年秋于上海

目　　录

第一章　导论 ··· 1
 第一节　对创意内涵的理解 ·· 2
  一、创意的界定 ··· 2
  二、创意的特征 ··· 3
  三、创意活动的发生模式 ·· 4
 第二节　创意产业的兴起 ·· 4
  一、创意产业的孕育基础 ·· 4
  二、创意阶层的出现 ·· 5
  三、创意产业的界定 ·· 5
  四、创意产业的共同特征 ·· 6
 第三节　创意经济的形成 ·· 8
  一、从创意产业到创意经济 ··· 8
  二、创意经济的内涵与特征 ··· 8
  三、创意经济的作用 ·· 9
  四、创意经济与其他相关概念 ··· 10
 第四节　国外创意产业研究的文献综述 ································ 12
  一、创意产业内涵界定 ·· 13
  二、创意产业环境区位角度的研究 ··································· 15
  三、创意产业价值创造机制研究 ······································ 19
 第五节　我国发展创意经济的意义 ······································ 20

第二章　创意产业主体创新理论演化博弈分析 ························· 23
 第一节　主体创新理论经济学分析 ······································ 23
  一、创新理论的演变 ··· 23

二、创意经济内在边界 …………………………………………… 24
第二节 从演化创新中寻找创新解释 ………………………………… 26
一、博弈论的发展 ………………………………………………… 26
二、博弈论的进展——演化博弈理论（ESS） ………………… 28
三、演化视角下的创新解释 ……………………………………… 30
第三节 演进均衡、选择与主体变异 ………………………………… 31
一、一般意义上的演进均衡 ……………………………………… 31
二、主体变异与主体创新 ………………………………………… 32
三、选择的意义——主体创新的又一作用 …………………… 34
第四节 创意智慧主体演化理论研究 ………………………………… 38
一、创意智慧主体的思辨 ………………………………………… 38
二、创意智慧主体的集群效应分析 ……………………………… 39
三、创意智慧主体的演化 ………………………………………… 43

第三章 创意产业协调发展分析 …………………………………… 47

第一节 创意产业形成机理分析：产业视角 ………………………… 47
一、创意产业形成背景 …………………………………………… 47
二、创意产业形成条件 …………………………………………… 48
三、创意产业形成机理 …………………………………………… 52
第二节 创意产业融合的普遍性研究 ………………………………… 55
一、产业融合：突破传统范式的产业创新 …………………… 55
二、创意产业融合的含义 ………………………………………… 57
三、创意产业融合的实现基础 …………………………………… 59
四、创意产业融合的内在机理：创意产业的特性与产业融合 … 60
五、创意产业融合的实现机制：价值链重构 …………………… 62
六、创意产业融合对产业结构的影响 …………………………… 69
第三节 创意产业成长与产业结构优化升级 ………………………… 71
一、创意产业成长与产业结构升级的互动机制 ……………… 72
二、创意产业推进产业结构优化升级的实现机制 …………… 76
三、创意产业推动产业结构优化升级的约束条件 …………… 79

第四章 创意经济核心价值分析 …………………………………… 82

第一节 创意经济核心价值的载体——创意产品 …………………… 82
一、创意产品概述 ………………………………………………… 82

二、创意产品的价值形成过程 ……………………………………… 85
 第二节　创意经济核心价值的体现 ………………………………………… 85
  一、创意经济的技术价值 ……………………………………………… 85
  二、创意经济的文化价值 ……………………………………………… 86
 第三节　创意经济核心价值的滋生土壤——创意产业区 ………………… 88
  一、创意产业区的内涵及形成 ………………………………………… 88
  二、创意产业区与区域特色经济发展 ………………………………… 92
  三、创意产业区对创意经济核心价值培养的作用 …………………… 94
 第四节　创意经济与城市经济的发展 ……………………………………… 97
  一、经济全球化环境下城市竞争力问题 ……………………………… 97
  二、城市经济发展驱动力研究——四种资本理论 …………………… 97
  三、创意城市 …………………………………………………………… 99
 第五节　创意经济核心价值的动力源泉——价值创新 ………………… 101
  一、创意经济核心价值创新的内涵 ………………………………… 101
  二、创意经济核心价值创新的影响因素 …………………………… 102
  三、创意经济核心价值创新的路径 ………………………………… 105
 第六节　创意经济核心竞争力的培养 …………………………………… 106
  一、创意经济核心竞争力内涵分析 ………………………………… 106
  二、创意经济核心竞争力的基本特点 ……………………………… 108
  三、培养创意经济核心竞争力的策略 ……………………………… 109
 第七节　创意企业核心竞争力评价指标体系 …………………………… 110
  一、企业核心竞争力指标体系概述 ………………………………… 110
  二、创意企业核心竞争力指标体系的构建 ………………………… 112
  三、指标权重的确定方法 …………………………………………… 113

第五章　创意经济福利实现效应分析 ………………………………… 116

 第一节　传统经济形态下的福利实现效应分析 ………………………… 117
  一、传统经济理论中福利实现的内涵 ……………………………… 117
  二、一般均衡——福利实现的最优状态 …………………………… 121
 第二节　创意经济形态与福利实现条件 ………………………………… 124
  一、经济形态演化的要素分析 ……………………………………… 125
  二、创意经济形态下资源配置的演进 ……………………………… 127
  三、创意经济形态下福利实现的条件 ……………………………… 128
 第三节　创意经济福利实现的决定 ……………………………………… 132

一、创意经济形态下的消费 …………………………………………… 132
二、创意经济形态下的分配 …………………………………………… 135
第四节 创意经济替代效应和收入效应分析 ……………………………… 136

第六章 典型性国家创意产品贸易竞争力研究 ……………………… 138

第一节 研究对象的界定 …………………………………………………… 138
第二节 评价指标的选取 …………………………………………………… 139
一、国际市场占有率 …………………………………………………… 140
二、贸易收支差额 ……………………………………………………… 140
三、贸易竞争力指数（TC 指数）……………………………………… 140
四、显示性比较优势指数（RCA 指数）……………………………… 141
五、纯出口比较优势指数（NEPR 指数）…………………………… 142
六、出口技术复杂度指数（ES 指数）………………………………… 142
七、相对出口技术复杂度指数（RES 指数）………………………… 143
第三节 典型性国家创意产品贸易的国际市场占有率分析 …………… 143
一、英国 ………………………………………………………………… 143
二、美国 ………………………………………………………………… 143
三、日本 ………………………………………………………………… 144
四、韩国 ………………………………………………………………… 145
五、中国 ………………………………………………………………… 145
六、国别比较分析 ……………………………………………………… 146
第四节 典型性国家创意产品贸易收支差额分析 ……………………… 147
一、英国 ………………………………………………………………… 147
二、美国 ………………………………………………………………… 148
三、日本 ………………………………………………………………… 149
四、韩国 ………………………………………………………………… 150
五、中国 ………………………………………………………………… 151
六、国别比较分析 ……………………………………………………… 152
第五节 典型性国家创意产品贸易竞争力指数分析 …………………… 153
一、英国 ………………………………………………………………… 153
二、美国 ………………………………………………………………… 155
三、日本 ………………………………………………………………… 157
四、韩国 ………………………………………………………………… 159
五、中国 ………………………………………………………………… 161

  六、国别比较分析 ………………………………………………… 162
第六节 典型性国家创意产品 RCA 指数和 NEPR 指数分析 ………… 166
  一、英国 …………………………………………………………… 166
  二、美国 …………………………………………………………… 167
  三、日本 …………………………………………………………… 169
  四、韩国 …………………………………………………………… 170
  五、中国 …………………………………………………………… 172
  六、国别比较分析 ………………………………………………… 173
第七节 典型性国家创意产品 ES 指数和 RES 指数分析 …………… 175
  一、出口结构分析 ………………………………………………… 175
  二、ES 指数分析 ………………………………………………… 178
  三、RES 指数分析 ……………………………………………… 181
  四、RES 趋势预测 ……………………………………………… 182
第八节 典型性国家创意产品贸易竞争力研究对中国的借鉴 ……… 184
  一、典型性国家创意产品贸易竞争力形成的原因 ……………… 184
  二、中国创意产品贸易发展存在的问题 ………………………… 187
  三、提升中国创意产品贸易竞争力的对策 ……………………… 188

第七章 创意中心城市竞争力的实证分析 ………………………… 192
第一节 创意中心城市竞争力评价 ……………………………………… 192
  一、创意中心城市竞争力评价指标 ……………………………… 192
  二、创意中心城市竞争力评价方法：主成分分析法 …………… 198
  三、创意城市竞争力评价模型 …………………………………… 199
第二节 全球三大创意中心比较分析 …………………………………… 212
  一、创意中心城市分类 …………………………………………… 212
  二、三大创意中心城市现状 ……………………………………… 213
  三、三大创意中心成因 …………………………………………… 217
第三节 我国创意中心城市分析 ………………………………………… 219
  一、我国典型城市创意产业发展状况 …………………………… 219
  二、我国典型创意中心城市差距分析 …………………………… 222
  三、全球三大创意中心对我国的借鉴意义 ……………………… 223

第八章 中国创意城市指数研究 …………………………………… 228
第一节 研究说明 ………………………………………………………… 228

一、创意指数理论的产生 …………………………………………… 228
二、研究目的与内容 ………………………………………………… 229
第二节 国内外创意指数研究 ………………………………………… 230
一、Florida 的 3Ts 理论 …………………………………………… 230
二、欧洲创意指数 …………………………………………………… 232
三、全球创意指数 …………………………………………………… 235
四、Charles Landry 的创意城市发展规模等级 ………………… 235
五、中国香港创意指数 ……………………………………………… 238
六、中国台湾创意绩效指标系统 …………………………………… 239
七、上海城市创意指数 ……………………………………………… 239
八、全球竞争力指标体系 …………………………………………… 241
九、全球城市竞争力报告 …………………………………………… 244
十、上海和 15 个地级市竞争力优劣势分析 ……………………… 245
十一、欧洲创新计分牌（EIS）与全球创新计分牌（GIS） …… 245
第三节 国内外各种指数体系的比较 ………………………………… 246
第四节 我国城市创意指数体系研究 ………………………………… 249
一、我国创意经济的发展状况 ……………………………………… 250
二、我国创意经济发展驱动模式 …………………………………… 251
三、我国创意经济的发展"瓶颈" ………………………………… 253
四、创意价值链模型 ………………………………………………… 253
五、创意经济价值链的特点 ………………………………………… 254
六、创意经济价值增值系统模型 …………………………………… 255
七、建立我国创意指数框架 ………………………………………… 256
第五节 创意指数研究对经济发展战略制定的影响分析 …………… 261
一、创意经济指数对宏观战略制定的影响 ………………………… 262
二、创意经济指数对产业集群发展的战略制定影响 ……………… 265
三、创意经济指数对企业发展战略制定的影响 …………………… 267
第六节 结论 …………………………………………………………… 268

附录 ……………………………………………………………………… 269

参考文献 ……………………………………………………………… 281

第一章　导论

江泽民同志在1998年就高屋建瓴地指出："创新是一个民族进步的灵魂，是一个国家兴旺发达的不竭动力。"该论断高度概括了"创新"在经济发展中的本质含义。21世纪，随着经济活动的商务成本和人力成本的不断提高，经济发展将越来越多地依靠自主创新，包括技术、设计和商业模式的推陈出新。经济发展方式从"投资驱动"向"创新驱动"转变，市场竞争的核心也从价格竞争、质量竞争逐渐转向创意竞争。可见，当代经济的主要财富和发展动力主要来自知识、技能和创造力。因此，自20世纪末开始，发达国家在发展知识经济的过程中强调通过发展创意产业（Creative Industry）来最大限度地挖掘人的创造力，以获得新的经济增长点。

创意产业是一种在全球化消费背景中发展起来的，推崇创新和个人创造力，强调文化艺术对经济的支持与推动的新兴理念、思潮和经济实践。据统计，目前全世界创意产业每天创造的产值高达220亿美元，并正以5%左右的速度递增。（Howkins，2001，2006）因此，密切关注和深入研究当代世界创意产业的发展，对于准确把握世界产业发展动向，具有十分重要的意义。

随着创意产业成为经济发展的引擎，知识经济的发展也逐渐渗入经济社会的方方面面，以创意为资本的经济形态开始成为后工业社会的发展方式。根据创意产业对其他经济部门的渗透来估计，乔治—梅森大学的经济学家Florida（2005）认为"创意经济时代"已经到来，并且指出"衡量世界经济竞争力的主要指标是全球创意力指数（Global Creativity Index，GCI）"。对于这种发展趋势，无论是理论界、政府还是实业界都意识到创意或者创新在经济社会发展中的重要地位。从英国到美国，从北美洲到东南亚，创意产业在各个国家和地区逐渐崭露头角，为当地社会发展提供了强有力的支持。2000年，英国的创意产业增加值已超过500亿英镑，占GDP的7.9%，创意产业高达9%的年增长率是其他产业的3倍，提供岗位115万个，占总就业人数的4.1%；早在1999年，澳大利亚的创意经济已占GDP的3.3%，就业人数34.5万人，占总就业人数的3.7%；在新西兰，创意经济占GDP的3.1%、总就业人数的3.6%；在美国，包括电影、媒体、出版、广告、设计等在内的"版权产业"根深叶茂，不仅成为美国经济中成长最快的顶梁柱，同时还源源不断地输向其他国家和地区。以上数据表明，创意经济正在或将成为各国各地区谋求未来经济增长、满足竞争要求的必然趋势。中国作为世界经济体中的重要成员，也必然面临着在创意产业方面的竞争压力。

第一节 对创意内涵的理解

一、创意的界定

"创，始也。"创意的汉语原意是指写文章要有新意。在日常生活用语中，创意是指点子、主意或想法。在英文中，"创意"一词有三种表达方式：一是"creative"，作为形容词，原意是创意性的、有创造力的，现在常被人们引申为创意；二是名词"creativity"，原意为创造力，有时也被译为创意；三是"idea"，原意是思想、概念、主意、念头、计划、打算等，这与汉语中的创意最为贴近。

许多领域对"创意"（creative）这一主题都抱有高度的兴趣，包括心理学、精神分析学、哲学、人文学科和商学等。由于创意本身呈现出极为多元的本质，因此对其定义多达五六十种。中国台湾淡江大学赵雅丽在2005年第三届"创新与创造力研讨会"中指出，Taylor曾在1988年对有关创意的定义进行了整理与归纳，并将这些定义分为六个主要类群，其彼此间并不相斥，而每种定义归属的类别取决于其定义的主旨。

第一类是"格式塔"（Gestalt）或"知觉"（Perception）类，强调的是格式塔之意念的再组合或重新建构，其代表性的定义是Wertheimer在1945年所提出的"创意是为了一个较好的而摧毁另一个格式塔的过程"；第二类是"最终产品或创新"（End Product or Innovation）取向的定义，此类以Stein为代表，创意被定义为"一种新奇产品诞生的过程"；第三类是"美感或表现"（Aesthetic or Expressive），强调自我的表现与需要，这个类别可以援引Ghiselin在1995年提出的定义"创意是组织中的个人进行的一种改变、发展或变革的过程"；第四类是精神分析或动力，是将创意视作自我和超我间互动强度的比率；第五类被归纳为"解决问题的思考"，强调的是思考过程本身而非对问题的实际解决；第六类主要是包含一些无法简单归类的定义。

从经济学角度看，创意是一个新产品的最新设计、一道新工序的最新发明和一个新市场的开拓等。美国创意大师罗伯特·弗兰兹认为,创意必须是最新的、具有独特性、具有震撼力和强大的吸引力。"创意之父"约翰·霍金斯认为,可以把创意简单地定义为"有新思想",这种新思想必须符合个人、原创、有意义、有用处四项标准,并指出"只有当创意的思想转化为或改善了商业产品时才能体现商业价值"。由此可见,创意相对于创新,更接近人的思维范畴,是一种想法的产生,而创新则必须经过商业化生产,成为产品之后才能称为创新,创意是创新的发端,而创新是创意的具体实践、是创意的主要实现形式。

从创意与科学和艺术的结合而言,创意是科学技术和艺术结合的创造。这种结合力的出现,改变了人们对科学刻板教条的认识,使人们意识到科学中既包含了感性,也包含了艺术的气质和美学内涵。基于此,国内学者段轩如(2002)给创意作出了如下界定:创意是人们行为中产生的思想、点子、立意、想象等具有创新性的思维成果。创意思维就是以新颖、形象的方法解决问题的思维过程,也是一种创造新事物或新形象的思维形式。

事实上,创意的本质是思想的创造。创造是"个体根据一定目的和任务,运用一切已知的条件,产生出新颖、有价值的成果(精神的、社会的、物质的)的认知和行为活动"。因此,我们可以将创意理解为:人们在实践中产生的、具有想象力的、创造性的主意、立意、观念和思想。从狭义而言,创意是指思想、观念、立意、想象等新的思维成果。从广义而言,创意既是一种新的思维成果,又是一种产生新的思维成果的能力(如生产新设计、新工艺、新理论、新方法、新发明创造等);既是创造性解决问题的方案,又是创造性解决问题的能力。

二、创意的特征

创意具有三个基本特征:一是独立性,指具有不依赖现成答案、不易受他人暗示的品格,而缺乏独立性的思维,照本宣科、墨守成规不可能产生创意;二是灵活性,指具有随时调整、改进原有思路或假说、假设、方案等的品性,而直线思维、反应迟钝、不知迂回也无法产生创意;三是深刻性,指具有善于透过现象而深入本质的品性,能从多方面和多种联系中理解问题,进而找到解决问题的突破口,而思想过于肤浅,抓不住问题的根本,就不可能产生创意性的思维成果。这些品性说明了创意思维与常规思维相比,在思维的高度、广度和深度方面有明显优势,也表明了创意的产生对创意主体的总体智力水平要求颇高。

作为一种特殊的生产要素,创意不同于一般的、已经显性化、编码化的知识,具有高度难言性、不确定性与互补性的鲜明特点。创意的难言性体现在某种观念、想法、灵感等是非标准化的,难以准确描述和表达,创意的产生高度依赖于个体的体验、直觉和洞察力,难以充分交流;创意的不确定性集中体现为其使用价值和价值实现的未知性，某种创意能否转化为现实的物化产品或服务且被市场接受，在事前大都是未知的，只有最终经过市场的检验才能够有明确的答案；创意的互补性体现为它是在已有知识存量基础上的一种增量知识，是对知识的一种分裂和对社会知识分工的一种深化，其本身并不能直接转化为现实生产力，只有与已有的各种相关知识及各种类型的要素资源有机结合起来，并发生不同程度的嬗变，才能有效发挥自身的使用价值。

三、创意活动的发生模式

创意的特征决定了具体的创意活动没有固定的、一成不变的发生模式，但通过对创意活动的深入持续研究，可以发现创意活动仍有突出的阶段性特点。据此我们将创意活动划分为四个阶段：一是创意的准备阶段，这是发现问题的过程；二是创意的产生阶段，历经提出假设、发挥想象、产生创意三个环节，该过程既可以是直觉的，也可以是逻辑的，通过不断否定、选择各种新的假设和构想，直至最后创意的产生；三是创意的理论验证阶段，即从理论上对创意进行评估验证，比较创意的优劣并最终确立创意方案，使其切实可行或得到优化；四是创意的实践检验阶段，这是一个评价和完善创意的过程，只有在实践中，创意才能得到进一步完善，如果实践中创意被证为"伪"，则要全部或部分地在一个新的层次上重复创意的过程，直到创意在实践中被证实为止。

第二节　创意产业的兴起

一、创意产业的孕育基础

将传统产品与创意产品进行比较，可以发现两者之间存在着替代效应。

从供给角度来看，当今社会生产率的极大提高使我们可以创造出比前人创造的总和还要多得多的物质产品，这些物质产品以价值形式来度量，就是社会收入的极大增加。物质产品生产的增加，加之科技进步与人口增长，使社会中相当一部分人可以摆脱单纯的物质生产，转而从事非物质商品的生产，创意生产便是其中之一。于是，创意活动不再是仅限于某个产业或行业内部的从属活动，而是逐渐从原有的经济中分离出来，成为为不同行业提供创意服务的第三方，由此成为一种独立的产业。

从需求角度来看，根据行为科学理论，人的需求有不同的层次。人们的消费按其内容和水平可分为三类：生存性消费、发展性消费和享乐性消费。生存性消费主要指衣食消费，处于最低层次；发展性消费和享乐性消费居于较高层次，包括教育、健身、娱乐、环境等方面的消费，而这些消费正是文化消费的内容。随着社会生产的不断发展，恩格尔系数的逐步下降，人们对文化娱乐的需求越来越大，用于购买文化产品和服务的开支比重增多。同时，由现代经济发展和社会进步带来的闲暇时间的增多也有力地开辟了创意产业的消费市场。创意产品消费与物质产品消费的明显差异是闲暇时间对消费量的影响不同。随着人们闲暇时间的增多，人们对精神文化产品的需求增长十分迅速，各类体现文化创意的物质产品正拥有越来越多的消费群体就说明了这一点。创意产品的消费满足了人们精神文化需求，将人们的福利实现提升到一个新的发展阶段，创意产业也因此获得了需求基础。

二、创意阶层的出现

人才是创意活动的重要投入要素。随着创意活动的产生和发展，大量创意人才在当代经济中异军突起，逐渐催生了一个职业阶层的出现。文化经济学家弗罗里达在《创意阶层的崛起》（*The Rise of the Creative Class*）一书中指出，美国工业阶层的人数比例在 1960~2000 年下降了 15%。到 20 世纪末，非制造业在所有职业中所占比重增长至 80%（Morrisand Western，1999）。弗罗里达从这些非制造业中挑选出最好的部分，将之合并成创意阶层。即使将超级创造性核心和创造性专门人才去除，剩下的服务阶层仍是最大的职业团体，约占整个劳动力的 45%。创意阶层约占 30%，约 12% 的劳动者属于"超级创造性核心"。

弗罗里达认为创意阶层在经济中呈上升趋势，目前美国逐渐分化为四个主要的职业群体：农业阶层、工业阶层、服务业阶层和创意阶层。在他看来，创意人才遍布于许多部门或行业，其工作是"创造新观念、新技术和（或）新的创造性内容"。所有产生新观念、新技术和创意内容的人都属于创意阶层。可见，弗罗里达对创意阶层的界定是十分宽泛的，不仅包括艺术家、文化企业家，还包括了建筑师、工程师和科学家等人群，涉及商业、金融、法律、保健及相关领域。弗罗里达从职业的分类来分析和定位创意产业。他认为，创意阶层构成了美国经济发展的新动力。

三、创意产业的界定

创意产业在不同的国家有不同的定义，英国、澳大利亚、新西兰、新加坡等将其称为"文化创意产业"，而美国、加拿大等称之为"版权产业"。联合国教科文组织将创意产业定义为：结合创意生产和商品化等方式，运用本质为无形的文化内涵，这些内容基本上受著作权保障，形式是物质的商品或非物质的服务。英国政府对创意产业的定义则强调：个人的创造力、灵感、理念、技艺是创造价值的重心（CITF，1998）。R.E.凯夫斯在《创意产业经济学》（2000）中阐述了创意产业的定义，他认为创意产业部门包括：图书出版、视觉艺术（绘画与雕刻）、表演艺术（戏剧、歌剧、音乐会和舞蹈）、录音制品以及电影电视等。在该书中，作者结合产业经济学理论和合同理论诠释了创意产业中的具体经营行为。凯夫斯认为，文化成为产业的一个重要标志是产业链的形成和中间环节的急剧扩张，创意产业出现在大量的艺术中介机构、文化传播、经纪人、制作人等中间环节。可见，凯夫斯对创意产业的定义是以创意集群的概念来思考个人的创作，个人创作是集中创意互动的基础，个人可作为创意产业的企业特质来思考。而Florida（2002）的观点则不同：不能把创意产业简单视为一个部门或行业的分类，创意产业在当代经济中的异军突起表明了一个职业阶层的崛起，而创意人才是遍布于许多部门或行业的。这些行业包括科学、工程、设计、艺术、管理、会计、医疗以及法律等，评价创意产业的指标有R&D指标和专利指标。

中国社会科学院国家创新体系研究组（2004）认为创意产业是"生产文化意义内容的产业"。熊凌（2004）对创意产业做了较为详细的定义：创意产业是以个人创意、技巧及才能，再与知识产权相结合，创造财富及职业的特殊行业，包括表演艺术、电影电视、出版、艺术品及古董市场、音乐、建筑、广告、数码娱乐、电脑软件开发、动画制作、时装及产品设计等行业。另外，他还认为创意产业只是在传统产业中注入知识产权、技术创新、文化理念的元素，是以创意为卖点的产业。

根据地区经济情况，中国香港地区将创意产业分为广告、建筑设计、数码娱乐、电影与视像、艺术品及古董、软件与电子计算、电视与电台、音乐、出版、表演艺术等11项内容，对创意产业的支持也主要体现在资金支持、异业交流、品牌与创意、产权保护、教育培训、集群、市场开拓7个方面。中国台湾也研究了众多国家和地区对创意产业的定义以及各国和地区的创意产业发展政策，并在《2003台湾文化创意产业发展年报》中作了详细说明。

四、创意产业的共同特征

虽然在实际的政策运用或政府的产业统计中，由于各国和地区的经济社会发展阶段以及文化背景的不同，对创意产业内涵与外延的界定存在一定的差异。但总体而言，创意产业具有如下共同特征：

(一) 创意产业具有极高的附加值,是一个"引擎"产业

创意产业在技术、知识产权、专利制度、金融服务等发展条件的支撑下,以居于价值链高端的地位渗透于所有产业,决定生产过程中利润分配的本质。这也是知识经济对创意产业的要求。

(二) 创意产业具有需求的不确定性

从供给方面来看,由于创意产业更多地具有文化艺术的特性,因而其在风格、基调、艺术特色等方面带有多样性与差异性的特点。因此,在创意产品投入生产之前,"对消费者将如何评价和对待新的创意产品"很难根据以往经济发展形势来加以判断,使创意产业在产品需求上呈现出不确定性的特点。

(三) 创意产业是以知识产权为核心资产的新的产业门类,需要有知识产权法来保护其创新成果

创意产业是一个智力密集型行业,其核心是人的创造力。广义的创造力存在于技术、经济和文化艺术方面,即技术发明、企业家能力和艺术创造力。技术发明和艺术创造需要有企业家才能变成产品和实现价值,创造力必须有知识产权保护才能创造财富。因此,知识产权保护制度是发展创意产业的有效保证。

(四) 创意产业蕴含"以人为本"的精神,是一种人本化的现代知识服务业

创意产业把人的创造性思维作为最重要的经济资源。每个创意工作者都可以在一定范围内将个人对产品的理解和创意冲动倾注于实体产品的质量与形态里。所有技术创新追求、文化创新追求均力求充分地考虑现代社会中那些集体和个体消费者的独特创意,互动、融合、客户、合作和网络是关键。

(五) 创意产业具有产业集群的特征

创意产业的发展并不仅是个人和单个企业的行为,而是需要集体的互动和企业的地理集聚。随着各种新兴科学技术的出现以及人们对创意产品要求的提升,创意产业内部分工也更趋细化,生产过程日益复杂,往往需要各种硬件和软件的支持,同时需要各个层面、众多创意人才协同配合才能完成。为了获得规模经济和范围经济,集群内不同类型的企业共生互补,不断向产业链的两头延伸,向产业链上的价值高端攀越是创意产业集群的共同现象。

(六) 创意产业反映了产业融合的趋势

创意产业包含的专业领域非常广泛,它和高科技产业、内容产业及文化艺术产业等有广泛的联系。正如 J. O'Connor 所言:"可以断言,地方和区域战略的后十年的任务是找到一种可以把文化产业与更广泛的制造业部门联系起来的方式,创造性、风险、创新和信息,知识与文化在全球经济中将具有核心作用。"

第三节 创意经济的形成

一、从创意产业到创意经济

现在意义上的创意产业比如音乐、文学、表演等,其实很久以前就已经存在。但当时的经济还不能被称为创意经济,只有到了现代社会,由于科学技术的高速发展,社会日趋信息化,国际化水平也越来越高,人们越来越注重个体的存在感和受注视的需要,创意产业才得到蓬勃发展,因此创意经济逐步作为一个独立的经济形态真正在社会经济中占据重要地位。可见,创意经济的形成和发展并非空穴来风,其背景在于:

第一,注意力经济的到来。当今社会,人们的注意力成为一种稀缺性资源。从某种角度看,"获得注意力就是获得一种持久的财富",而创意产业正是以注意力作为市场目标的新兴经济形态。

第二,"体验"成为新兴经济形态。体验经济已经逐渐成为继农业经济、工业经济和服务经济之后的一种经济形态,而创意产业正是以消费者体验作为基础,通过文化力量来创造消费回忆。

第三,消费者审美需求增长。随着生活水平和自身素质的提高,人们不再仅仅满足于商品的物质性功能,而越来越重视消费过程的精神享受和审美快感。创意产业就是通过产品创造的精神价值来满足消费者的审美需求。显然,是创意产业的发展推动了创意经济的形成和推广。

二、创意经济的内涵与特征

随着创意产业的蓬勃兴起,一种备受世人瞩目的新的经济形态——创意经济产生了。但是,作为一种新的经济形态,创意经济不是一个单纯的产业问题,是对具有高科技含量、高文化附加值和丰富创新度的各类产业的高度概括,具有覆盖经济、社会和文化等多方面的关联效应。具体而言,创意经济一方面以科技为手段,推崇创新和个人创造力;另一方面又将教育、研究、开发、生产、销售、消费等领域有机地进行组合,把人的创意与产品制造、文化生产直接衔接起来,形成一个不断增值的创意产业链,使产业化的创意活动不仅积累了物质财富,同时还创造了大量可以传承的文化符号。所以,创意经济以内容震撼消费者心灵,是文化、艺术、科技与经济有机融合的结果。可以说,将科技与文化相结合是创意经济的核心内涵。

创意经济形态具有以下显著特征：

第一，知识中的创意性、文化性内容成为生产要素。这些资源来自提供者的头脑或是经过头脑的提炼，所以无论是有形的物品抑或是无形的服务，皆具独特的文化象征。产品和服务必须通过一套创意的方法，简明、系统、新奇地将原创的构思转化成消费者可以亲近的物质、形态。所以，创意产业的发展核心是将无形资产转换成经济资产。

第二，创意经济迥异于传统经济。创意经济以创造力、个人智能、独特技能为要素，以文化产品为载体；消费动机从满足日常的各种需求转向对生活的体验；由以往的"商品消费"转向"生活风格"的消费，强调更具有氛围、更新奇、更活跃的个性产品或体验服务，通过提供不同生活风格的体验，创造消费者不同的消费价值。

第三，创意经济对制度性要素的要求进一步深化。创意产品作为一种商品进入市场流通，必须要保证其价值的存在。作为市场经济的新发展阶段，其必然要求就是将创意产品中带来附加价值的各种非物质要素所应分配的收益给予保障。在传统经济形态下，原本的无形资产等概念已满足不了创意经济形态的需要，所以在制度上必须保持与时俱进的更新进度。

总之，我们认为以创意产业为基础形成的创意经济，不同于以客体资源配置为主的传统经济形态，而是一种以主体资源配置为主的新经济形态，是以知识产权实现为核心、创意资本价值形成为导向的经济形态，既是一种对传统生产函数的改变并突出强调人的创新能力，具有高附加价值的经济形态，也是一种在经济发展中彰显创意资源对产业的高渗透性和高贡献率的经济形态。

三、创意经济的作用

（一）创意经济提升经济竞争力，事关经济社会发展的大局

自20世纪80年代后期，人们不再追求对资源、能源和农产品的更大消费，转而追求"知识价值"的大量消费。Landry在代表作《创意城市：都市创新的工具书》中指出，当代城市发展面临严峻的结构变迁问题，如城市传统经济产业衰退、缺乏集体归属感、生活质量恶化、全球化威胁挑战等，而这些问题往往需要创意的方法才能加以解决。著名经济学家罗默于1986年指出，新创意会衍生出无穷的新产品、新市场和财富创造的新机会，新创意是推动一国经济成长的原动力。国际上有影响力的大城市无一例外都是创意经济最集中和最发达的地区。

进入创意经济时代，推动整个经济增长的主要因素在于科技创新、文化创意、高技术产业和服务产业的发展。创意经济与传统经济的最大区别在于创意为产品或服务提供了实用价值之外的文化附加值,最终提升产品的经济价值。创意经济不仅是知识经济的核心内容,更是组织经济的重要表现形式,知识、想象力和创意是创意经济增长的新动力。

创意经济在世界范围的蓬勃发展,已深刻影响了世界经济发展的格局。创意经济的规模逐渐超过农业、交通、通信等传统产业,其发展规模和程度已成为衡量一个国家或城市综合竞争力高低的重要标志之一。

(二)创意经济的知识密集型、高附加值、高整合性,对于提升产业发展水平、优化产业结构具有不可低估的作用

如果说工业化时代的生产本质是追求经济增长,那么信息化社会的生产目标就在于科技创新。信息化经济重新划分了全球生产与消费体系的等级秩序,创意经济处在金字塔形的产业结构顶端,其对生产消费循环的价值增值过程的控制替代了传统产业生产对产业链的控制。正因如此,创意经济可以把它的触角广泛地伸向所有经济领域,从生活服务业到制造业甚至到农业。

创意是促进科技市场化的催化剂,科技和创意相结合是创意经济最好的生长点。创意经济时代,创意产业的主导性体现在其非常广泛的融合功能上,它对传统文化产业或制造业进行渗透。通过渗透,提升了传统产业的附加值,同时创意产业本身又获得了巨大的发展空间。创意产业的这种融合性,能够把技术、文化、制造、服务融为一体,提高了文化产业和服务业水平,有利于文化价值的长期积累与产业延伸,拓展了城市产业的发展空间。

(三)创意经济有利于营造鼓励创新的社会氛围

当前,创意经济在全球范围内受到了广泛重视,世界各国都在积极探索发展创意产业。通过扶持发展创意产业,不仅促进了产业集群的形成和壮大,解决了大量就业,更会直接刺激公众关注创意,从而推动"鼓励创新"的社会氛围的形成。

四、创意经济与其他相关概念

在实际经济生活和研究中,除了创意经济之外,人们还经常见到如创意产业、文化产业、内容产业等相关名词。为了在本书中运用方便,我们在此将对这几个概念进行具体界定,并讨论其相互之间的关系。

创意经济概念主要来自英文"creative economy",从经济运行的角度分析,它是以创意为源头,实现创意的商业化、市场化运作,是一种具有自身独特运行方式的经济形态。创意是一种原创性知识,它是创意经济的源头和核心,是推动创意经济发展的第一推动力和主导要素。当前,随着市场经济的不断发展,特别是社会分工的不断深化,创意已从人力资本中分离了出来,成为一种相对独立并

第一章 导论

越发重要的生产要素。

创意产业又称创意工业、创造性产业,其概念主要来自英文"creative industries",最早出现在1997年,当时英国首相布莱尔组织成立了"创意产业特别工作小组",旨在提倡、鼓励和提升在英国经济中"人"的原创力的贡献度。该小组在1998年率先对创意产业的概念做出了界定,即源于个人创造力、技能和才华的活动,通过知识产权的生成和利用,使这些活动发挥创造经济效益和就业的成效。随后,欧洲、美国、澳洲及其他国家和地区陆续发表报告和研究成果,将创意部门和创意产业的新观点进一步丰富和推进。在此基础上,我国部分学者将创意产业的基本特征概括为:符号性商品和服务、凝结知识产权、传递象征意义、传统与现代并存、具备产业体系。据此,创意产业可以被认为是凝结一定程度的知识产权,并传递象征性意义的创造性的产品和服务的生产、扩散、聚合体系。其范围可划分为核心部分和扩散部分两个层次:核心部分包括视觉、文学、音乐、表演、造型艺术等;扩散部分包括传媒业、唱片业、电影业、广告业、设计业等。但是,由于这两个层次的界限并非那么鲜明,因而创意产业也存在着一些交叉的部分,包括文物博物(博物馆、美术馆)、图书馆、艺术品市场、教育产业、旅游业等。

文化产业概念来自英文"cultural industries",联合国教科文组织曾把其定义为"按照工业标准生产、再生产、储存以及分配文化产品和服务的一系列活动",并于1986年率先制定了文化统计框架(1993年作了进一步修正),成为规范各国文化统计工作及建立自己文化产业体系的参考标准。在世界各国,大家比较公认的官方权威提法是英国的大伦敦市议会在20世纪80年代对文化产业下的一个正式的定义:①文化产业是那些没有稳定的公共财政资金维持,采用商业化方式运作的文化活动;是产生财富与就业的重要渠道。②文化产业是所有与文化有关的商业活动的通称,其文化产品用于满足人们的消费需求。2004年,我国国家统计局发布最新制定的《文化及相关产业分类》(国统字〔2004〕24号)将"文化产业"的概念界定为:为社会公众提供文化、娱乐产品和服务的活动,以及与这些活动有关联的活动的集合。

内容产业又称为节目产业,其概念来自英文"content industries",1995年,西方七国信息会议首次提出了这个概念。1996年,欧盟发布的"INFO 2000计划"把内容产业的主体定义为"那些制造、开发、包装和销售信息产品及其服务的产业"。1998年,经合组织在《作为新增长产业的内容》专题报告中(OEDC, Content As a New Growth Industry)把内容产业定义为"由主要生产内容的信息和娱乐业所提供的新型服务产业",具体包括出版和印刷、音乐和电影、广播和影视传播等产业部门。在欧盟经济和社会委员会2001年4月2日发表的一份公报中，对内容产业进行了完整、准确的界定：内容产业由那些制造、开发、包装和销售数据、文本、语音、图像或多媒体内容的企业组成，表现为以纸张、缩微胶卷、磁存储器或光存储器为载体的模拟或数字形式。主要包括各种印刷出版（报纸、图书、杂志和企业出版物）、电子出版（在线数据库、音频和视频文本服务、传真和以"CD"为基础的服务、DVD、全球信息网、宽带网、乐教天地）以及视听产业（电视、录像、广播、音频和电影）。

美国官方未正式接受创意产业的提法。在美式英语中，与创意产业使用的同一词汇，其含义是包含信息经济等在内的更广义的新经济。当然美国也有少数学者使用"创意产业"一词，如哈佛大学经济学家理查德·凯夫斯教授（Richard Caves）。20 世纪 90 年代，美国人用"版权产业"来说明文化产业状况，将文化产业视为"可商品化的信息内容产品业"，其"版权产业"分为"核心版权产业"、"部分版权产业"、"分销版权产业"以及"版权相关产业"。

通过以上分析，我们可以看出，尽管上述几个概念具有很大程度的重叠性，但是出发角度却各不相同。文化产业的提法更多地考虑在于大规模的要求和经济上的策略，内容产业则更注重其产品所蕴含的信息含量，版权产业更关注产品所蕴含的创意人的权利，而创意产业和创意经济则更关注创意人的创造性思维活动。创意经济由于以创意为动力，将各种文化资源与最新数字技术相结合，创造出了惊人的经济、社会价值，因而它超越性地统筹了文化产业、内容产业中创造性的部分，是一种在全球化的消费背景中发展起来的新兴理念与经济实践。

随着经济发展和人们收入水平的不断提高，对于商品的个性化需求和文化诉求势必越来越高，经济必然要产生出越来越庞大的创意产业，并在此基础上发展为一种创意经济。创意经济的意义，一方面满足人们的个体和文化需求；另一方面为社会经济的任何一个产业，通过引入合适的创意，使其附加价值大大提高。也就是说，任何一种产品通过引入创意，其原有价值便会大大提升。基于此，我们更强调经济发展中创意的作用，所以采用"创意经济"的提法将更符合经济发展的要求，也更能体现当前经济发展的本质特性。

第四节　国外创意产业研究的文献综述

综观创意产业相关研究成果可以发现，从创意产业这一概念的兴起到其理论研究的逐渐展开，其研究内容和方法经历了一个从简单到复杂，从单学科到多学科融合的过程。研究所涉及的内容包括创意与创意产业的内涵界定、创意产业的组织形态、发展环境、区位模式选择、演化机制等诸多方面,研究运用的方法从简单的产业分析、指数数据分析发展到结合产业集群研究、系统动力学方法、博弈论方法的深层次研究。按照研究内容深度递进原则及侧重角度不同,创意产业目前的研究内容大致归为:基本内涵的界定、创意产业环境区位角度的研究、创意产业价值创造机制的深层次研究。

一、创意产业内涵界定

作为一个新兴概念,目前对创意产业的界定还没有公认的标准。本书从内容角度、相近概念对比角度以及特性分析角度,对目前关于创意产业的内涵界定研究进行了分类。

(一)从内容角度界定创意与创意产业

"创意"是从英语中引进的一个词语,是指源于个人创造力、技能和才华的"点子"或"主意"。罗默很早就提出了"伟大的进步总是来源于思想"的理念,这是对创意重要性的首次肯定。之后创意被逐步以概念形式提出。Laundry 认为,创意是"对一件事情做出正确的判断,然后在给定的情况下寻找一种合适的解决方法"。Florida 把创意解释为"对原有数据、感觉或者物质进行加工处理,生成新而有用的东西的能力"。Hosper(2003)则认为,创意的本质就是利用原创方法去解决每天出现的问题与挑战的能力。Negus 和 Pickering 认为,创意是"一种经验的交流,是以一种人们可以分享的方式将新的经验加以实现的过程"。

1997年,英国新工党执政后成立了文化、媒体及体育部(DCMS),当时的部长 Chris Smith 出版了《创意英国》一书,标志着文化政策及产业理念的提出。之后成立了英国创意产业特别工作小组(CITF),并正式提出了"创意产业"这一概念。此后,众多学者和国家、地区从不同角度对创意产业进行了内容上的界定。

第一类侧重知识产权内容的界定,代表人物为被称为"创意产业之父"的约翰·霍金斯(John Howkins),他认为创意产业是包括版权、专利、商标和设计四类在内的知识产权法保护范围内的产业,而创意资本投入是将所有产业联系在一起的桥梁。英国创意产业特别工作小组(CITF)所给出的定义认为:创意产业是源自个人创意、技巧及才华,通过知识产权的开发和运用,具有创造财富和就业潜力的行业。美国是这类观点的代表国家,直接将创意产业称为版权产业。

第二类侧重创意产业的文化属性来界定,代表人物是理查德·凯夫斯(Richard Caves),他将创意产业定义为"提供给我们宽泛地与文化、艺术或仅仅是娱乐价值相联系的产业和服务",并以文化的视角界定了创意产业所涵盖的行业，包括书籍、杂志印刷业、视觉艺术（油画与雕刻）、表演艺术（戏剧、歌剧、演唱会、舞蹈）、有声唱片、电影和电视节目以及时装、玩具和游戏等。中国台湾地区直接应用了这类观点，并采用了"文化创意产业"的提法。

第三类侧重生产功能的角度界定创意产业，如上海给出的定义：以创新思想、技巧和先进技术等知识和智力密集型要素为核心，通过一系列创造活动，引起生产和消费环节的价值增值，为社会创造财富和提供广泛就业机会的产业。

综上所述，目前学界对创意及创意产业内容的共识，即认为创意的本质是基于创造力而产生的想法，知识产权与文化属性是构成创意产业的典型要素。但对创意产业内容范畴存在一些争议，甚至有学者认为这种内容角度的定义只是一种由很多行为与商业模式堆砌而成的炒作，这种没有实际用处的做法会引起一些概念的混淆。

（二）比较界定创意与创意产业

创意及创意产业的正式提出及普遍运用仅十余年，其与创新（Innovation）、文化产业（Cultural Industries）等概念在学术运用上仍存在混淆和争论，更重要的是这种混用引起了一些文化、技术及经济周边问题。所以比较界定有助于更清楚地界定什么是创意及创意产业。

早在1921年，熊彼特就提出了创新的概念，他将创新定义为"一种新的生产函数的建立"。但是当"创意"一词兴起后，众多学者对两者进行了比较，如Richard Brecknock认为"创意是在构思原创思想时的智力或灵感，而创新是对已有创意的一种重新审阅、改编和扩充的过程"；Howkins认为，创意比较私人化和具主观性（subjective），创新则具有团队性、竞争性的和客观性（objective），创意可能引起创新，但创新很少引起创意。一些学者对创意概念持保留态度，如Pratt认为创意概念太宽泛，而不易与科学的和文化的创新区分开；O'Connor认为创意概念剥离了艺术实践（Artistic Practice）中包含的一些价值，如创新、灵感、直觉等，故有损于类似中国的"中庸"之道等文化的发展。

创意产业与文化产业（Culture Industry）两个概念由于内容上的相近而具有很强的比较性。对文化产业的讨论源自Theodor Adorno与Max Horkheimer。Scott定义文化为"艺术、媒介、手工业、时尚、设计到体育、娱乐、建筑和城镇、遗产、旅游、饮食和表演、地方历史、城市公共边界和社会生活、身份识别和外部形象特征等一系列活动"。Pratt认为，文化产业是"具有强烈内在联系的表演，好艺术和好文学的形式和它们的再生产以及与这些艺术形式连接的活动"。创意产业概念在DCMS提出后逐渐被更多地使用，但是关于两者关系及学术性仍存在争论。Cunningham等认为创意产业已超越了文化产业，在价值链的连接中，创意产业始终处于文化产业的上游。实际上，在实际运用中仍存在混淆和替换现象，故涉及具体问题还应全面考虑创意产业与文化产业两方面已有的研究内容，不能完全单独对待，同时需要注重两者之间的区别与关系。

（三）从特征角度界定创意及创意产业

正是由于内容及比较角度的界定还未能达到完全一致，很多学者根据创意产业的具体行业表现和特殊本质进行了特性的归纳，以便更加全面深刻地理解创意及创意产业的内涵。Lacroix 和 Tremblay 认为，创意产业不是凭空构想出来的，而是产业结构自然演化的结果，所以创意产业具备一般产业特性，同时呈现出不同于一般产业的产业特性。Shahid Yusuf 认为，创意产业拥有高科技产业的一切特征，包括对多样化技术的需求、易在大城市生成以满足其对设备和人才的需求、依赖发达的通信基础。张京成认为创意产业具有人的创造力、可产业化（或具有一定的产业化潜力）、文化性、需要依靠科学技术的支撑作用四大特征。总之，对创意产业特性的共识在于：创意产业仍属于一种产业形式，但具备自身的特别之处。对特性的把握主要集中在两点：一是创意产业与传统产业相似的特性；二是创意产业超越传统产业的特性研究，例如其具有的软驱动取代硬驱动、价值链取代生产链、消费导向取代产品导向等新特性。

二、创意产业环境区位角度的研究

伴随对创意产业概念的认可，学界纷纷从各个方面展开对这种新型产业形式的研究。根据研究内容的内在相关性，首先将大量对创意情景、氛围以及产生创意产业条件的研究（其中包括对创意阶层的争论）归类为对创意产业形成因素的研究；其次将创意产业区、创意城市、创意型国家等相关内容归类为基于创意产业形成因素基础上的区位选择研究。总体来看，它们是对创意产业这一组织形式具体环境区位方面的研究。

（一）创意产业形成因素的研究

对创意产业形成因素的研究最初源于 20 世纪八九十年代的欧洲创新环境研究小组（GREMI）提出的"Milieu"概念，译为"情境"或"氛围"，指一个事物产生所需的周围环境或社会背景。最早对创意情境（The Creative Milieu）进行阐述的是 Tornquist，他认为信息在人群之间传递、知识或信息的储存、胜任特定活动的能力以及合成创新的能力是创意情境主要具备的四个关键特征。Andersson 认为，创意情境的发生主要有：健全的财政基础；不过于僵化的规章制度；原创性的知识和能力；经验丰富的需求和实际机会之间的非平衡；多样化环境；个人交通和交流的内部与外部可能性；未来科学和技术不确定性而导致的社会结构不稳定性这七个关键因素。Hall 认为一个地方的某种嗡鸣声、那种场景甚至风气构成了某种特定的氛围，从而形成创意情境。Landry 定义创意情境是"一个地方（包含硬件和软件基础设施），或是几栋建筑物，或是城市的某一区，或是整个都市，或是某一区域由一些可能的条件组合而激发了思想和发明的创造和流动"。

基于创意情境的研究，很多学者直接提出了他们认为的创意产业形成的关键因素。如 Charles Landry 的"七要素说"，即人员品质、意志与领导素质、人力的多样性与各种人才的发展机会、组织文化、地方认同、都市空间与设施、网络动力关系七大要素将营造出最适宜创意成长的环境。Florida 提出了创意产业发展的"3T"要素，即创意技术（Technology）、创意人才（Talent）、城市的包容力（Tolerance）。Glaeser 认为"3T"要素实际上是传统的人力资本理论，而真正有效的是"3S"要素，即技能（Skills）、阳光（Sun）和城市蔓延（Sprawl）。G. Hearn 从动态的角度提出：知识产权保护机制、活力的创意人才群体、宽广的信息交流平台以及完备的风险投资体系是创意产业发展必要的四大要素。Scott 认为生产者的网络化所形成的经济集聚、地方劳动力市场的多样性、创造性领域的发展是城市发展创意产业的重要条件。

可以发现，由于创意产业具有以个人创意为基本源泉的特殊产业特性，关于人才因素的讨论相对较多，特别是将人才因素以"创意阶层"（Creative Classes）概念专门提出后，逐渐作为一个单独的创意产业形成的影响因素而分列出来加以研究，并且形成了观点相对鲜明的两派。继 Zukin 20 世纪 80 年代首次对艺术家、手工艺者、设计者、音乐人等创意人群的重要性有了认识之后，Florida 认为这类创意人群已成长为一个阶层，从而提出了"创意阶层"的概念。创意阶层是"另类的"（Alternative）和具有"波西米亚人"风格（Bohemian）的"独立企业或人"，并趋向于向"3T"指数高的地区聚集。他认为创意阶层是现代城市社会革新力量和文化动力的根源。Knudsen 和 Florida 等从人口密度入手，进一步从定量分析角度强调创意阶层的重要性。另外，一些学者表达了反面的态度，如 Peck 认为 Florida 所倡导的"营造创造力氛围"的运动带来的是"边缘"（Edge）城市，加大城市改建这种高成本实践应予以限制。Scott 认为，创造力不仅是 Florida 认为的创意阶层产生的，也必须依靠特定城市情境下的生产、工作和社会之间复杂生产网络的有机发展，如果地方劳动力市场和经济未充分发展，单靠环境的设置是不能吸引和留住创意阶层的。Pratt 认为，Florida 用波西米亚人等群体来指代创意阶层有失偏颇，他认为是创意产业及文化本身吸引了人才而不是"3T"因素吸引人才聚集，创意阶层对经济增长及城市复兴的作用没有 Florida 强调的那么巨大。总之，研究结果充分证实了创意人才的重要性，但是对用什么人群来计量和代表创意人才，以及创意人群与环境因素之间的相互吸引关系还存在分歧。

（二）创意产业区位选择研究

基于创意产业形成因素的影响以及创意产业自身的特点，创意产业自兴起之初就表现出与传统产业不同的区位选择形式。从微观上看，创意企业往往集中于某些特定的区域，如在旧城区形成产业集群；从中观上看，创意产业选择某些特定的城市聚集，从而形成较典型的创意城市；从宏观上看，一些国家和地区的创意产业发展相对迅速。

1. 微观区位——创意产业区

首先，很多学者从经济地理学角度对创意产业区进行了研究。最早对创意产业的特殊区位形式予以注意的是 Zukin 对"阁楼"（Loft）的研究。Hutton 认为，创意产业区趋向于大都市的内城和 CBD 边缘地区，即都市的"新生产空间"。而创意产业群落对内城空间的景观重建、城市空间结构重新配置、地方社区再生等起到了重要作用。同时，他进一步对何种类型的创意产业区位与城市的何种区域的问题作了阐述。Scott 提出了"创意场域"（Creative Field）的概念来研究创意产业区，即由一系列产业活动和相关社会现象构成了有地理空间分异的一系列的网络，这一系列网络的关系促进了企业家收益和创新的产出。而创意集群（Creative Cluster）概念的提出，体现了典型的经济地理学思维。英国国家科学基金（NESTA）论述："早期阶段的小型创意企业一个显著的特征是趋向于在特定区位集群（Cluster），即相似的创意企业彼此相邻，通过融合商业化机会和柔性专业化的生产和销售而形成创意产业群落（Creative Industry Cluster）。"Pratt 认为，创意群落是商业群落（Business Cluster）的子系列（Sub-Set）。

其次，一些学者从动态角度论述了创意产业区的空间转换现象。如 Markusen 等（2004）认为，创意产业园区一般经历了从最初的贫困、未成名的艺术家在房租低廉的旧城区集聚，逐步发展成为具有一定规模和影响的艺术集聚地，当这些艺术集聚地越来越具有影响力，就开始吸引知名的艺术家和富有的顾客，逐步成为高消费时尚地区，进而引起房租的暴涨。这样，一些尚未成名的艺术家便向周边其他地区迁移，原先宽松、自由、活跃的环境氛围发生变化，逐步失去了对青年艺术家、小说家的吸引力。休斯敦以南地区、纽约东区都有过类似的情况。另外，Caves（2004）认为，这种艺术集聚地的空间扩散和转移既可能发生在城市之间，也可能发生在城市内部。

2. 中观区位——创意城市

创意产业中观区位选择表现在对城市或地区的选择上。首先，大部分学者通过对现象的总结和理论的研究，对创意产业盛行的城市特质进行了研究，并以此预测什么样的城市将可能成为创意城市。Hall 认为，创意城市是创意在经济中的作用占到主导地位后才出现，真正的创意城市是多方面领先并建立在艺术和技术的创意融合之上，这种城市往往"处于经济和社会的变迁中，大量的新事物不断涌入、融合并形成一种新的社会"且"时间和机遇对城市来说十分重要"。"高

创意经济新思维：面向价值思考

度创意城市往往是那些旧秩序受到挑战或被推翻的地方。"Landry 随后对创意城市进行了系统的论述，他认为成功的创意城市的共同点是：都具有有远见的个人、创新组织和明晰目标的政治文化，它们相互作用并共同构成形成创意城市的基本条件，尤其是文化对城市创造力具有惊人的作用。另外，他还给出了创意城市循环的五个阶段：帮助人群产生灵感；将灵感转化为实践；通过网络营销流通；建立执行机制（孵化器、创意空间等）；市场消费者反馈促进新灵感产生。Mitchell 和 Florida 均认为良好的基础设施环境、公共服务完善、开放度容忍度高、文化多样化的城市地区，特别是大城市地区具有吸引特定创意产业区的特性。Scott 认为，创意城市只能在生产者网络（Producer Network）、地方劳动力市场（Local Labor Market）和创意场域（Creative Field）三方面良好融合的空间下才具有动力产生。他运用这个理论阐述了好莱坞是如何成为并将继续成为全球最大最有影响的文化产业集聚地。

其次，针对创意城市另一个方面的研究是关于创意城市对经济发展的作用。Gertler 认为创意城市可增加地方经济动力并提高生活质量，主要是通过"3C"——Creativity（创造力）、Competitiveness（竞争力）、Cohesion（凝聚力）之间的相互关系来提高城市经济活力。Scott 认为创意城市对地区发展的主要意义在于，职业部门极其广泛并同时存在于制造业和服务业、雇佣人员巨大、促进大都市区域的特定地方文化识别。

此外，很多学者针对具体的城市进行了研究。Hutton 研究了特定城市发展的特定专门化的创意生产领域，如米兰（Milan）的时尚和工业设计、巴黎（Paris）的时尚设计。Glaeser 对纽约城市进行研究，发现其创意产业主要集中在服装业和出版业。

总之，研究的共识是，创意城市对经济发展的作用毋庸置疑，创意城市将成为城市发展的新范式。但目前对以什么标准来判断具体城市是否适合发展创意产业仍存在争议。另外，在建设创意城市的过程中，如何选择一条正确的发展路径也是一个亟待解决的问题，这一点与前述创意产业形成因素的研究又具有联系性。

3. 宏观区位——创意国家（Creative Nation）

创意产业在宏观区位选择上表现为全球范围内的选择，自英国政府在1998年提出"建设创意型国家"以来，各国政府认识到决定国家未来竞争力的一个重要因素便是在创意、创新型国家建设方面的成败，因此，各国根据自身特色及经济基础纷纷在创意产业方面进行了尝试及努力。澳大利亚是第一个提出建设创意国家理念的国家。英国是第一个正式提出创意产业概念的国家，并率先开发"创意产业生产系统"。日本在经济低迷的"失去的十年"背景下，确立了21世纪的文化立国方略。目前日本由传统强项发展而来的动漫产业、游戏产业以及新兴的数字内容产业均成为推动经济发展的中流砥柱。韩国在亚洲金融危机后，提出"设计韩国"战略以实施经济转型，"韩流"浪潮的掀起意味着韩国创意国家政策的极大成功。类似成功的创意型国家的共同点是：首先，它们都拥有国家政府层面的产业主导政策；其次，它们都拥有较好的工业经济基础；最后，它们都成功地结合了本国原有特色，发掘出了新的创意增长点。

三、创意产业价值创造机制研究

在创意产业的巨大价值创造与增值潜力受到实践发展的认证后，学界对其研究开始从界定、特征研究及外在表现形式的分析逐步向深入分析产业内在价值创造及增值机制延伸，以期从本质上把握创意产业快速创造价值的内在机理，从而更好地指导创意产业的未来发展。当前已有的对创意产业价值创造的研究内容主要集中在三个较为简单的方面：一是对创意产业价值创造的源泉进行探析；二是基于价值链理论并结合创意产业特性建构创意产业价值链，分析价值链与外界因素之间的互动关系，并在价值链基础上描述价值增值的过程；三是从系统模式角度，如价值生态理论等进行创意产业价值增值的分析。

（一）创意产业价值创造的源泉探析

研究创意产业的价值创造机制，首先应了解创意产业创造价值的源泉是什么。针对创意产业产品与服务区别于传统产业的特性，很多学者对创意产业价值创造的源泉做出了论述。O'Connor 认为创意产业的主要增值部分在于其原创性的知识含量。Markusen 和 Cave 均认为创意产业是由于创意赋予产品观念价值，引起消费者的购买兴趣和欲望，才有高增值力，因此消费者不断增长的需求是创意产业价值链上的最终决定环节。Scott、Banks 等认为创意产出是为了满足消费者娱乐与欣赏的需要，所以创意商品或服务的价值来自美学上的贡献。

（二）基于价值链模式的创意产业价值创造机制研究

为了研究创意产业的价值创造机制，创意产业结合线性模式价值链理论，以及少量网状模式做出了很多研究。Markusen 和 Cave 以动漫产业为例描述了价值链的结构。Brecknock 指出传统部门价值链是线性的，但表演艺术产业不同，它具备两个重要的变动过程，即"编码"和"解码"，这使得价值链变为由这两个部分组成的过程：第一部分由专业创意团体对创意产品进行专业评论（编码过程）；第二部分当创意产品一旦开始流通，专业评论将会对消费者产生巨大影响（解码过程）。Robert C. Picard 认为创意产业中的某些产品具有单件性，使得其构成的产业价值链可能只有两个环节，即从内容创造直接跨越到消费者环节，而中间产业链被省略掉，这是创意产业价值链区别于一般产业价值链的特性。Vijay

K. Jotty 认为从创意到实现商业化是一个价值实现过程，该过程分解为五个关键的价值增值子过程：洞察技术和市场之间的联系；构思技术；孵化技术以确定其商业化的潜力；在适宜的产品和工艺过程中示范技术并推广技术；促进市场接受、实现技术的可持续商业化。国内一些学者，如厉无畏等根据创意产业特性，在迈克尔·波特价值链的基础上构建了创意产业价值链，认为创意产业链是：原始创意——创意产品的生产——创意产品的展示、推广、交易、传播，然后通过衍生品的开发、生产、经营将产业链进一步延伸并获取丰厚价值的过程。

（三）基于系统模式的创意产业价值创造机制研究

创意产业完全以顾客需求为导向等显著特性，决定了创意产业价值创造机制更加适用于生态系统模式，所以，一些基于系统角度的理论被逐渐加以运用。Prahalad 和 Ramaswamy 认为当前很多产业的价值创造机制都已面临从公司—公司模式（Company - to - company）向生态系统—生态系统模式（Ecosysterm - to - ecosysterm）转变的冲击。Greg Hearn 和 Cassandra Pace 沿用 Moore 等提出的"商业生态系统"理念，将生态学引入价值创造研究中。他们认为，虽然这种研究模式的转变在很多产业中发生，但是其先驱却是具备数字化和创意特质的创意产业，如电影、电视、电脑游戏等。这主要是因为，创新是当前一切事物生存的关键，而创意数字部门正是这股浪潮中的最新体验者和典型代表。他们认为，价值生态模式视角下的创意产业研究有四个方面的变化：消费者变为价值的共同创造者；产品价值变为网络合作价值；简单合作或竞争变为复杂的竞合关系；思考由企业层面上升到价值生态系统整体层面。国内厉无畏运用了 Norman 和 Ramirez 提出的"价值星系模式"，认为创意产业的组织可运用这种模式。从全球范围看，迪士尼是这种组织模式最成功的案例。

第五节　我国发展创意经济的意义

从整个世界经济与社会的发展来看，创意经济是一系列经济和社会变革相互融合交汇的结果，是人类的创意力推动经济发展从而形成一整套的工作和生活机制，它既是一系列经济发展的源头，也是一系列经济发展持续的动力。在当今信息化和国际化不断加深的今天，创意经济越来越发挥了举足轻重的作用，在国际上掀起了一股以创意经济为龙头的新的经济发展浪潮。

我国历经 30 多年的改革开放后，其经济发展已由过去的"主要受资源约束"转变为"受资源和市场双重约束"，产品供给结构和消费结构不相适应，因此，调整产业结构，转变经济发展方式，使其从粗放型、资源型、投资型为主向集约型、效益型、创意型的发展方式转变成为我国经济发展的必由之路。当前，紧随西方国家创意立国的竞争步伐，我国的创意经济依托国家创新体系的实施也方兴未艾，尤其在上海、北京等地，以创意产业为主导的创意经济开始引领区域社会经济发展的潮流。在具体实施过程中，我国大部分城市都通过建立创意产业园区来获得竞争优势，这成为发展创意产业的主导性战略。

创意经济的发展，能够给现阶段的我国现代化建设带来多方面的益处：

首先，发展创意经济可以为国家培养一大批创新型人才。创意经济的发展与创新型人才的培养相互依存、相互促进。一方面人的创造性被激发，固化于创意产品并通过市场交换实现其价值；另一方面创意人在此过程中获得知识、技能和经验积累，从而实现人力资本的提升。

其次，创意经济能够推动我国城市化的发展，促进城市经济的升级，并由点及面地促进整个辐射地区经济的更新换代和不断发展。容易看到，世界几个著名的国际化大都市几乎无一例外都是创意经济形态最集中和最发达的地区，如纽约、伦敦、东京、新加坡、中国香港等。原因有两点：①大都市内竞争非常激烈，任何一种技术、工艺、商业模式的创新都可能在很短的时间为竞争对手所知晓和模仿，要想领先对手唯一的方法就是不断创新；而创造力是无法模仿的，基于创造力的创意产业正符合大都市竞争激烈的这种特性。②大都市土地资源有限、人力成本高，城市的优势在于集中了各种有创造力、有才华的人。创意经济作为源于个人创造力、技能与才华的活动，既是大城市相对于乡村和小城镇的比较优势，也是大城市综合竞争力的精髓所在，因此创意经济必将成为都市经济中最具活力的部分。

再次，创意经济的发展有助于提高我国人民的生活水平，这主要体现在以下两个方面：①创意经济的很多内容如影视、时尚、运动等方面都具有闲暇消费的性质，促进创意经济的发展可以扩大社会消费领域，提供高质量的闲暇消费。②创意经济由于具有文化科学知识内涵，所以在创造了丰富的物质财富之外，还创造了远远超越物质财富的精神财富。这种对于精神财富的创造真正体现了创意经济的价值，发展创意经济可以说正当其时。

最后，创意经济的发展有助于继承我国优秀的文化传统，并将其与现代文化相融合，形成新时代文化。创意经济从一开始就与文化科学知识息息相关，这种紧密的联系性使得创意经济也随之带有较深的传统文化的印记，但是这并不是完全的抄袭，而是经过创意人的创造性思维的加工，是一种现代文化和传统文化的融合，是两者精华的集聚。这种文化的弘扬和发展，对于社会的活力、公正、安定、有序具有不可忽视的重要作用，成为构建和谐社会的重要内容。

综上所述，创意经济有助于观念和模式的转变，它依靠科技、文化、组织、市场等诸方面的整体创新推动经济、社会和文化的协同发展，最终实现包括科技、文化、商业等社会系统的全面自我进化。可见，发展创意经济可以推动我国经济发展方式从"资源、投资驱动"向"内生性的效益、创新型"的发展方式转变。但基于我国特殊的发展背景，如何将创意产业集群与我国的制度变迁相结合，形成中国特定的创意产业发展道路仍有待理论研究和具体实践。因此，研究创意产业的发展规律，从而帮助我国在创意竞争中占据有利地位将具有重要的现实意义。

第二章 创意产业主体创新理论演化博弈分析

第一节 主体创新理论经济学分析

一、创新理论的演变

在经济学上,"创新"这个概念最早是由美籍奥地利经济学家约瑟夫·阿罗斯·熊彼特在1911年出版的《经济发展理论》中提出的,[①] 并成为一个流传后世的核心概念,现在的创新概念就是从熊彼特的理论发展得来的。熊彼特没有满足于仅把一般均衡理论作为体系的起点,而是建立了一套从经济体系内部因素来说明经济动态现象的理论。熊彼特的"创新理论",便是他从经济体系内部寻找动力源泉的结果。

按照熊彼特的解释,"创新"并非单纯的技术上的新发明、新发现,而是一个经济概念,它是指"企业家实行对生产要素的新的结合",引入一种新的生产函数,从而能够生产出比原先更多的产品。熊彼特的创新包括以下五种情况:①引进新产品或提供某种产品的新质量(产品创新);②采用新的生产方法(工艺创新);③开辟新的市场(市场创新);④发掘原料或半成品的新供给来源(资源创新);⑤建立新的企业组织形式(管理创新),如建立垄断地位或打破垄断地位。

---

① 熊彼特关于创新的思想首先反映在其1911年德文版的《经济发展理论》中,此书在1934年译成英文时,使用了"创新"(innovation)一词。1928年,熊彼特在其首篇英文版文章《资本主义的非稳定性》(*Instability of Capitalism*)中首次提出了创新是一个过程的概念,并在1939年出版的《商业周期》(*Business Cycles*)一书中比较全面地提出了创新理论。

熊彼特把发明创造与技术创新区分得很清楚。他认为技术创新已不仅是停留在构想和实验阶段的产品，而是利用那些原理制造出市场需要的商品，从而使生产系统产生震荡效应。只有把科技成果商业化和产业化才是技术创新。而单纯地发明创造如果只停留在理念或实验品的阶段，不能对经济产生促进作用，都不被熊彼特看作是创新。

在熊彼特之后，许多创新研究者从不同的角度和层次，对创新理论进行了分解研究，发展出两个独立的分支：一支是技术创新理论，主要内容包括产品创新、工艺创新、市场创新和资源创新，主要进行新产品开发、老产品改造、新生产方式的采用、新供给来源的获得、扩大原有市场份额及开辟新的市场；另一支是组织创新理论，主要内容由管理创新发展而来，主要研究变革原有组织形式及建立新的经营组织。

但具体分析的时候，很难把技术创新和组织创新完全割裂开来讨论，这两者之间是相互影响、相互促进的关系。例如，伊诺思在1962年出版的《石油加工业中的发明与创新》中提出，技术创新是几种行为综合的结果，这些行为包括发明选择、资本投入保证、组织建立、制订计划、招工用人和开辟市场等；弗里曼则认为，技术创新就是指新产品、新过程、新系统和新服务的首次商业性转化；中共中央国务院在《关于加强技术创新，发展高科技，实现产业化的决定》（中发〔1999〕14号）中指出："技术创新，是指企业应用创新的知识和新技术、新工艺，采用新的生产方式和经营管理模式，提高产品质量，开辟生产新的产品，提高新的服务，占据市场并实现市场价值。"可见，在这些技术创新概念中已经包含了组织创新的内容。但有学者认为，组织创新不是泛指一切有关组织的变化，而是专指能影响创新性技术成果运行的社会组织方式、技术组合形态和制度支撑体系的创新；也有学者认为，组织创新是指组织受到外在环境的冲击，并配合内在环境的需求，来调整内部的若干状况，以维持本身的均衡从而达到组织生存与发展的调整过程。这些已有的研究成果都说明组织创新的发展和完善的每一处都有技术创新的存在。

二、创意经济内在边界

原中国香港民政事务局原局长何志平将人类的发展分为四个阶段，即利用天然资源阶段，利用劳力资源阶段，利用产业资源阶段和利用创意资源阶段，并把这四个阶段的三次变革分别命名为社会革命、工业革命和资讯科技革命。① 可见，在现代社会，知识已成为创造价值和财富的关键生产要素，以创造力、才

---

① 何志平：《香港的创意经济的发展战略》，2006年。

华、技能为基质,以文化产品为主要载体的创意经济不仅是经济活动中的生力军,同时也是所有产业发展的源泉。无论是有形的物质产品还是无形的服务,都是一种创造力的外在表现,具有人文和创造双重精神。创意是比文化更宽泛的知识应用,原创性和增值性是其最重要的特征,这使得创意经济打上了高附加值、知识高度密集、高整合性的烙印,它必将对世界未来的经济发展和经济格局的演变起到决定性的推动作用。

发展创意经济,必须要解决的核心问题是如何对创意这种特殊的生产要素进行合理定价,即创意的定价机制问题。作为一种特殊的生产要素,创意是很难通过市场的一次性交易给予直接定价的。因为,一方面对创意进行直接的市场交易将面临巨额的交易成本,直接定价难以全面反映其价值;另一方面创意人在经营活动中要承担极大的市场风险、生产风险与财务风险,直接交易难以实现创意人的风险贴水。另外,创意的物化品价值的实现呈现出潜在性、时间性、动态性、跳跃性等非线性特征,而非线性收入显然是难以进行一次性计量或当期计量的。最后,创意具有集聚社会资源的高黏附性,这种高黏附性促使社会资源的重新整合,从而带来由于多种要素的集合作用而产生的"组织租金"收入,其中创意的贡献份额是难以进行独立考核和计量的,而且,创意的这种"组织租金"收入只能来源于企业的生产过程之中,直接的、未经转化的市场交易是无法对这种收入加以准确计量的。

在现实经济中,当前可知的一种有效的针对创意的定价方法是通过创意人的创业活动来实现,即创意人通过自己成立企业来实现其创意的经济价值。对此,可以从以下三个方面来加以理解:

(1)企业的生产机制提供了创意要素物化的平台以及对创意进行定价的基础。作为一种观念形态的知识,创意必须黏合其他资源要素,才能成为某种具有实际用途的物化商品,而这种物化商品的形成过程就是企业的生产过程。

(2)企业的交易机制提供了对创意要素进行多元计量的平台。企业交易机制是指市场中的企业是一系列契约的纽结,是某个"中心签约人"与市场上一系列的经济主体交易的产物。在要素市场上,以创意为核心黏合资本、专业技术、管理、一般劳动等多种要素而形成企业契约的过程,实际上是不同要素所有者对创意要素获利能力的评价与前景预期,并与创意所有者交易的过程。这个过程也是各要素所有者对创意进行定价的过程,这鲜明地体现了创意定价的多元化。

(3)企业的产权机制适应了创意定价的"高度不确定性状态"。所谓企业的产权机制,是指企业所有权尤其是企业的剩余索取权的安排机制。现代企业理论表明,让最关键性的要素所有者拥有企业所有权,获取剩余,是一个有效率的企业产权机制的应有功能。创意是一种高度稀缺的、关键的生产要素,创意要素所有者作为创业企业的创办者,必然要拥有企业的所有权,其报酬收入主要是以索取剩余的方式来体现的,是创意的有效定价方式。

目前,在大型城市中蓬勃兴起的创业活动,实质上是对"创意"这种特殊要素的市场化需求的集中体现。由于创业是创意这种特殊要素当前最有效的市场化定价方式,同时由于其对于其他生产要素的需求量相对偏少,所以往往在城市中迅速发展起来,使之成为城市经济的一个重要发展方向。

第二节 从演化创新中寻找创新解释

博弈论是20世纪80年代以来经济学中发展最迅速和影响最大的分支学科。在短短近30年的时间里,博弈论从一种不为一般经济学家知晓的应用数学理论一跃而成为主流经济学最核心的内容之一,为经济学家讨论许多经济学重要问题提供了可行的工具,成为几乎所有领域经济学家的基本分析工具和共同语言,经济学大多数领域和经济理论都受到这些思想的巨大影响。除此之外,由于博弈论具有抽象分析利益冲突的特质,其影响逐渐扩散到社会学、哲学和自然学等多个学术领域,并成为它们一种重要的研究方法。

博弈论获得如此成功的根本原因,是经济事物或者它们背后的人类行为中包含了丰富的博弈关系,只有博弈模型才能够准确描述这些关系,也只有博弈分析才能深刻揭示这些关系背后的内在规律,因此博弈论的产生和发展是经济理论发展的必然结果。

在前文中,我们发现,自熊彼特以来的经济学解释,已经给了创新一个较为满意的结果,但还不能完全揭示创新的本质。近年来,博弈理论的建立和发展使人们认识到,人类的很多经济行为都是与他人息息相关的,都是和他人行为相互博弈的结果。人们尝试用博弈理论来解释人类很多的经济行为,而创新本身也是一种比较而后的结果,是比较于旧的产品、旧的组织形态等而得来的。在创新过程中,企业面临着竞争对手和潜在竞争者的威胁。可见,创新活动本身就是一种多方博弈的过程,用博弈论来解释创新将更接近创新的本质。

一、博弈论的发展

博弈论是一门系统地研究人类策略行为的理论,其价值在于"给出一个关于具有不同程度理性的参与者如何行动的这一数学问题的答案集合"。博弈分析的思想，早在古诺对寡头的分析中已见萌芽。但最早关于博弈论的系统研究应该从 Von Neumann 和 Morgenstern（1944）所著的《博弈理论与经济行为》(Theory of Game and Economic Behavior) 算起，在这本书里，冯·诺依曼与摩根斯坦开辟了合作博弈的观念，并为博弈论发展出了许多基本元素：和策略概念联系在一起的拓展式和标准式；应用不动点定理证明随机化博弈解的存在性；为个人决策的期望效用的推导标准。① 然而，他们并没有把这些元素融会于一体。事实上，他们为了满足期望得益的可比较性，试图通过把得益等同于货币转移支付以证明基数效用理论，这种做法导致他们限定得益是可以转移的且所有博弈都是"零和博弈"，这种限定大大降低了理论对现实的解释能力。

之后，纳什通过对他们学术成果的进一步研究，给出了标准式博弈的一般性均衡定义，并且发展了一个更加完全的非合作均衡思想。之所以说它更加完全，是因为在某种程度上，合作博弈可以看作是非合作博弈的一种特例，意思就是串谋和约束过程可以从外部植入博弈规则（或结构）当中的情况。在此之后，通过海萨尼、奥曼等许多学者的努力，博弈论在合作博弈和非合作博弈两个经典的框架下迅速发展，并受到越来越多的关注。然而人们发现，一个博弈往往有许多个纳什均衡，如果是在两人零和博弈中，还比较容易解决，因为这时所有的纳什均衡是互换的（Interchangable），并且支付也是相当的（Equivalent）。但是，在多人博弈中，均衡的选择问题就不那么好解决了。"当存在许多个均衡，若某个纳什均衡一定会被采用时，必须存在有某种能够导致每个博弈方都预期到的某个均衡出现的机制。"

开始，人们通过对纳什均衡的精练（Refining）来处理解决这个问题。然而，不同的博弈论学者会根据其需要提出不同的理性定义，并在此基础上进行精练。这样，可选的精练纳什均衡集就会很大，从而使精练失去意义。最终，几乎所有的纳什均衡都以某人的精练观点被证明是合理的。显然，这不是解决多重纳什均衡的最佳方法。问题回到博弈论最初的假设，博弈论中的一个最重要的假设就是博弈双方行为人的共同知识（Common Knowledge）假设，即一种人人都知道的信息，每个人都知道每个人知道它，每个人都知道每个人都知道每个人都知道它，如此等等。这是一条非常严格的行为假设，然而现实生活中，行为人一般达不到如此理性的程度。大脑具有两个特点：一是有限的信息处理能力；二是大脑的各个模块（组成部分）具有某种独立地影响人类行为的能力，也就是说，大脑不是一个单一的整体，且不一定是内部一致的。这两个特点决定了人们在行为和决策时只能是有限理性的。

---

① 关于从置换论证中用公理化形式推导出期望效用最大化的思想发表于该书的 1947 年的第二版中。

于是，人们考虑是否能在有限理性的基础上发展一种博弈理论来更准确地解释现实世界，这就是近年发展起来的演化博弈理论。演化博弈理论建立在生物进化论的基础上，它认为在那些参与者们或多或少地只拥有有限的认知能力和工具能力的博弈中，时间弥补了较弱的理性。现实世界里重复博弈会发生，时间均衡化取代了纯粹的智力均衡化的过程，参与者通过外推法（Extrapolation）来预测对手的行为，即在相同的对手或类似对手的类似情况中，利用过去的经验来预测对手行为。实验经济学（Experimental Economics）的研究成果也证实，有时候人的理性思考并不是人们所认为的那么重要，人们在寻求一个博弈的均衡时，可能常常使用试错的方式（Trial and Error Methods）来达到他们的目的。青木昌彦对于有限理性进行了总结，他认为有限理性主要由惯性（Inertia）、近视眼（Myopia）和试错法实验三要素组成。

另外，从另一个角度来看，演化博弈理论也属于演化经济学的范畴，而演化经济学在解释持久的经济变化过程时，更注重新偏好的形成、技术和制度的创新以及新资源的利用。换句话说，更注重创新在经济发展中的作用，而不是生产要素的投入。在演化经济学框架下，创新被处理成经济系统内生的，并据此定义演化经济学为对系统中创新的产生、传播和由此产生的结构转变进行研究的科学。由此可见，创新在演化博弈理论中对于经济发展的作用占据了核心的地位。

二、博弈论的进展——演化博弈理论（ESS）

演化博弈理论（Evolutionary Stable Strategy）是在达尔文的生物进化论和拉马克的遗传基因理论的基础上发展起来的。达尔文关于生物进化的三个基本原理：①物种的特征是可遗传的，且也存在可遗传的特征变异；②有机体之间存在生存斗争；③可遗传的特征影响生存斗争。这三个原理是解释和预测进化过程的基本原则。在生物进化过程中，只有那些在竞争中能够获得较高支付（Payoff，这里指繁殖成活率）的物种才能幸存下来，获得较低支付的物种在竞争中被淘汰，即优胜劣汰。

据此，演化博弈理论描述了一个完全被动的"自动选择"（Automates）的世界：每一个参与者①由一些近似的当事人所组成的子总体（Sub-population）来表示，最有效率的参与者经由变异（Mutation）和选择（Selection）得以大量复制，并淘汰相对不那么成功的参与者。如果这种动态的进化过程导致其构成分布发生了变化，且这种进化能够维持并在发生充分小的变化时能够恢复到这种分

---

① 这里的参与者指的是博弈方，或者说局中人，他们以一种匿名的形式会晤，并根据不同的复制（reproduction）规则复制，由于是匿名形式，所以他们对于对手的信息一无所知且并不关心（因为探知这些信息的成本过高）。

布，那么这种分布就是一种均衡，而演化博弈的目的就在于识别那些在动态过程中局部稳定的状态。演化博弈理论的关键假定就是参与人群体不是行为最优化者，而是幼稚的，即参与人不相信他们现在的行为会影响对手未来的选择，参与人也不理会对手是否与他们进行同样的行为调整。各群体个体之间进行重复博弈，在博弈的任何时点上选择不同策略的个体，在群体中都有一个概率分布与之对应。①

有两个特征可以将演化的观点与古典经济学观点区分开来：

（1）是否符合均衡的观点。新古典经济学只关注尘埃落定后的世界，而演化博弈论则对整个过程更感兴趣，因为演化博弈论认为过程对于最终结果会产生重要影响②。更重要的是，实际上演化经济学认为尘埃永远不会落定，在随机气流的冲击作用下，它一直都在运动。这种随机的冲击一般被称为随机扰动，而当一个演化过程受到微小的、连续的随机扰动时，长期而言某种状态相对于其他状态更频繁地出现，该状态就被称为是随机稳定的（Stochastically Stable）。而随机扰动的累积有时会推向另一种状态，这种状态相对于随机稳定的状态是较少出现的，并将维持一段时间，再由积累的随机扰动调整回去。这种被均衡突变而打断的长期状态，被称为间断均衡效应（Punctuated Equilibrium Effect）。

（2）经济人的理性程度。在古典经济学中，经济人被假定为理性人，而这种理性在某种程度上来说是超理性（Hyper‑rational）的，他们的共同知识是知道其他人的效用函数及其发生的概率，并对所处环境和发生发展的过程了如指掌，同时具有根据双方以往的经验制订长期计划的能力。而演化博弈论则认为经济人具有一定的理性，但非超理性，当适应过程以足够的时间展开时，演化力量将取代高程度的理性，并发挥决定性的作用。

在演化博弈的框架下，博弈方是不固定的，存在着大量的潜在博弈群；个人之间互相作用的概率依赖于外生的因素，例如地域、文化、习俗等；博弈方并非完全理性，并非充分了解他们所处的世界，同时也应该注意到，他们也不是完全非理性的，只是由于信息的零散，知识的有限，以及决策的时机和文化的差别，而呈现出理性的有限而已。演化博弈论研究的是适应性的当事人的交往，既避免了标准生物学模型中的零智商当事人，也避免了古典经济学中的高智商当事人。

因此，个人是行为规则的承担者，分析的注意力集中于行为规则本身的成败，即"是在群体中扩散流行还是被淘汰"。在演化的社会动态系统中，局中人

---

① 严格地说，这个概率分布是一个经验分布，但由于考察的是无限群体，所以可以把这个经验分布近似地看作一个概率分布。

② 一个博弈经常会产生多个均衡，博弈中多个均衡的存在使最终的结果不确定，而演化过程这时就起了关键性的作用，决定了最后哪个推演的均衡成为事实的均衡。

并不能简单地看作是个人,而是某种行为规则,或者说是遵循某种行为规则的一类人。关键在于它们如何开展,而个人行为的重要性则体现在它们影响着行为规则的成败。

三、演化视角下的创新解释

在演化经济学中,一般都承认其理论的生物学渊源——查尔斯·达尔文的自然选择学说,但是生物学模型和经济学模型存在着重大差别:前者将注意力更多地放在对支配一个群体的特征分布的动态过程的直接建模上,因为它们拥有基于突变和重组的可遗传创新过程的模型,因此这一任务变得相对比较容易;而经济学尽管普遍认识到创新的重要性,可是却没有一个被广泛接受的创新理论。

演化经济学家借鉴生物学模型对人类群体进行研究。在这类模型中,特征既可以通过遗传,也可以通过学习来传递。其中一支通过修改生物学模型发展出了文化演化模型,模型考虑了人类所特有的能力,特别是从自身和他人的经验中学习,以及根据获得的信息更新策略的能力;另一支通过假定当事人用不完美的观察方法观察到的局部信息的动态,考察了有限认知能力问题。生物学模型在人类演化学说领域中的应用产生了很多深刻的见解,但却忽略了一个重要事实:人类往往是有意识地通过集体行动而不是简单地凭借偶然性来创造新事物的。在生物学建模中,最优化过程实际上是由竞争和选择过程完成,而不是通过一类物种个体有意识的策略选择实现的,但用于处理人类群体的问题时,则不能如此简单了事。

在演化的视角下,创新被认为是一种具有可观察性并对未来结果产生影响的变异,也是一般意义上被认为的随机扰动。但在本书中,我们认为,这种产生扰动的变异,与其说是随机的,不如说是一种主动的变异。同时,对于创新的选择,在演化的视角下,仍然可以通过集体行动①来体现行为主体的主动意志,虽然这种集体行动在个体之间存在差异,而且还依赖于支付结构以及界定潜在博弈的社会互动模式等其他一些方面。

综合以上分析,我们将创新的概念概括为:在演化的视角下,创新是一种将创意得以市场化的状态,是一种创意人主观创造的脑力活动的具体表现,并通过市场定价,转化为一般商品,通过市场的"号召"来引起集体行动,并成为一种具有随机稳定性质的状态。

---

① 这里的集体行动指的是一个大的组群中的成员为了一些共同的目标而采取的有意识的联合行动,并且在实施这种行动之前,他们并未达成有约束力的正式契约,也就是说,他们并不是协调一致地进行行动的。

第三节 演进均衡、选择与主体变异

一、一般意义上的演进均衡

在整个演化博弈过程中,实际上重复着三个重要的构件——变异、选择、均衡,与此相对应的是演化博弈理论的三个重要概念:变异、选择和演化稳定策略(Evolutionary Stable Strategy, ESS)。

变异一般是指以随机(无目的性)的方式选择策略,在这种情况下,是否能获得高的支付事先并不知道。新的变异也必须经过选择,只有好的策略才能生存下来,否则就会被淘汰。事实上,这里的支付并不是指食物、寿命等,在生物学背景下,支付可以被理解成是不断增加的适应能力(Fitness)。换句话说,衡量一个参与者在博弈中的成功方式是它期望通过博弈增加多少自己的后代。

选择是指本期中较好(能够获得较高支付)的策略在下期变得更为盛行,被更多的参与者采用。就较好策略变得更为盛行而言,这个过程是适应性的,是不断改进的。选择也包括许多可能的形成机制,这些机制既可能是生态的(支付决定后代的数量),也可能是个人的(试验、刺激反应等),还可能是社会的(学习与模仿等)。泽尔腾把它称为信息形式,即在种群博弈中"必须在多种形式中进行选择的思路,这些形式随着选择者的信息不同而不同"。因为选择的背景需要的途径是多样的,包括制度、心理、生态等,所以经济学家在这方面进行了大量的研究,比如赫尔维茨就曾提出过博弈形式(Game Form)的概念,即由参与人能够选择的行动(策略集)以及参与人决策的每个行动组合(Profile)所对应的物质结果(后果函数)。

演化稳定策略是由 Maynard Smith 和 Price 为描述演进过程的稳定状态而提出来的,其定义为:如果对任何策略 $y \neq x$,存在某个 $\bar{\varepsilon} \in (0, 1)$ 使不等式 $u[x, \varepsilon y + (1-\varepsilon)x] > u[y, \varepsilon y + (1-\varepsilon)x]$ 对所有的 $\varepsilon \in (0, \bar{\varepsilon}_y)$ 都成立,那么 $x \in \Delta$ 是一个演化稳定策略。

其中,x 代表原有(混合或纯)策略,y 代表侵入者(混合或纯)策略,$\varepsilon \in (0, 1)$ 为侵入者侵入后占总体的比例,令 $\Delta^{ESS} \subset \Delta$ 来表示所研究的博弈的演化稳定策略集合(可能是空的)。

判断演化稳定与否的标准要求更为严格。当且仅当一个策略 $x \in \Delta$ 满足如下的一阶和二阶最优反应条件时,才可以说它是演化稳定的:

$u(y,x) \leqslant u(x,x) \quad \forall y$

如果 $u(y,x) = u(x,x)$，那么 $u(y,y) < u(x,y) \quad \forall y \neq x$。

其中，$u(y, x) \leqslant u(x, x)$ 说明 ESS 一定是一个纳什均衡，所有参与人都选择策略 x，任何参与人试图偏离 x 选择 y 将无利可图；$u(y, x) = u(x, x)$ 说明 ESS 是对称的纳什均衡的一种精练，虽然和选择 x 的参与人博弈时选择 x 并不能获得比选择 y 更高的支付，但和选择 y 的对手博弈时可以获得更高的支付。

这个定义由于建立于很多理想化的假定之上，因此存在许多不够完善的地方。在他们之后，许多博弈论学者对 ESS 进行了更深入的研究和补充，如泽尔腾、弗里德曼、Swinkels 等对非对称群体中的 ESS 进行了进一步研究，Schaffer、Garay 和 Varga 研究了有限群体中的 ESS，Gilboa 和 Matsui、Fudenberg 对系统动态调整中的 ESS 进行了研究。他们的研究，使演化博弈理论的实用性和发展前景更为开阔。

二、主体变异与主体创新

从上面的讨论我们可以发现，尽管这三个构件同样都是演化博弈理论的重要组成部分，但却受到了经济学家的区别对待。他们对于选择和演进均衡研究很多，而对变异的研究却少之又少，仅在少量文献中有提及，大多以随机发生的情况一带而过。究其原因，可能和新古典经济学长久以来的影响有关，人们过多地关注均衡，关注均衡形成的原因和均衡点本身，却忽略了恰恰是推动社会发展最根本的力量——变异，也就是本书所提到的创新。没有了创新，演化博弈就失去了由一个均衡向另一个均衡发展的动力。

由于演化博弈理论的生物进化论传统，在演化博弈理论中，变异一般被视为随机变异，即生物进化论中的不定变异①。然而，不定变异本身具有很大的局限性。就生物本身来说，现代生物学的研究表明，生物体在变异过程中可能并非消极、被动的，而是具有主动参与其变异发生的一面。在这种变异机制中，环境能引导遗传物质发生特定内容的变异。具体表现为变异的内容具有针对环境条件因素适应性的特征，这种变异具有适应意义上的方向性，因而被称为定向变异。

对于博弈中的参与者——人来说，拥有远远超出动物的高超智慧，这种智慧表现为人的活动具有目的性，具有理性分析和积极参与的意识，"行动者必须理解目的才可能有合目的性的行动……因为行动是自由意志及其理性的实践活动"，这就决定了不能在分析社会经济现象的演化博弈理论中，完全套用生物进化论的随机变异的假设。如果这么做，只能是忽略了变异中包含的变异的理性因素，不

---

① 不定变异是指生物不具有主动产生有利遗传变异的能力，变异的发生是一种随机过程，其变异结果是否有利是不确定的。

仅不能解释实际情况，而且可能和实际情况相悖。

马克思在分析人的时候，就提出"人的本质并不是单个人所固有的抽象物。在其现实意义上，它是一切社会关系的总和"，人"实际上是属于一定的社会形式的"。这就说明，社会性是人的根本属性。而社会性的人又是一种历史性的存在。无论是社会性还是历史性，都说明人是具有能动性的，既是认识世界和改造世界的主体，也是自我认识和自我改造的主体。人所具有的社会性使得完全不顾及别人的行为变得不可置信，人类不仅是自利的，同时也是高度社会化的动物，整个不断社会化的过程使大脑已经形成了一种自动的社会化的反应机制。我们在意别人的看法，考虑别人的反应，即使对陌生人也是如此。虽然这种情感发生作用时我们甚至没有意识到，但它还是在决策制定中发挥着重要的作用。就算在匿名形式下博弈，人们也很难对别人的行为漠不关心。马斯洛五层次的需求理论中，安全需求、社交需求、尊重需求和自我实现这四个层次的需求都和别人息息相关。虽然马斯洛本人认为这些需求在一般人身上是无意识的，然而这种无意识的需求恰恰代表了一些规范、一些经验法则、一些社会标准的结果，是可以通过模仿和学习进行复制的。谢林就此认为，当参与人之间没有正式的信息交流时，他们存在于其中的环境往往可以提供某种暗示，使参与人不约而同地选择与各自条件相称的策略，从而达到均衡。脑科学专家达玛西奥论证了"我们的大脑远比我们的自我意识知道得多——在我们知道自己经历着某种情感时，这种情感已经延续了相当长的时间并且已经强烈到足以被感觉到的程度了，而在此之前发生的全部情感我们都无法意识"。由此可见，变异策略的提出，是具有目的的、主动的后果，即使参与者本人在做出决策时并没有意识到。

实际上，一些经济学家认为，如果考虑到群体和变异群体之间比例的差别（ε往往是一个很小的数），再加上变异的偶发性，就算变异群体本身是主动变异的，依然可以作为不定变异来分析，因为变异的后果依然是难以预测的。然而这样的说法仍然有问题。首先，变异的偶发性说法站不住脚。事实上，变异的发生相当频繁，只是很多变异个体很快回到原先的策略上去。以交通为例，实际上人们遵守交通规则就是一种博弈均衡状态，而且这种状态也是博弈演进的（规则在不断变化中），然而交通事故的发生频率却不容忽视，其中大多是由于人为因素，远不到"偶发"的地步。其次，虽然变异群体和群体相比比例很小，但是这种很小比例的变异，却是社会进步的根源，正如布坎南[①]所说，经济学应当研究在每个特定时刻作创造性的选择，而不是非创造性的反应性选择。这种创造性的变异，被周围群体所选择，引发了周围群体的变异，并最终导致整个社会的变异，

---

① 汪丁丁：《制度分析基础讲义Ⅱ：社会思想与制度》，上海人民出版社，2005年。

整个演进过程对于最后的结果非常重要,均衡取在哪里和演进过程息息相关,这就使得变异本身的主动方向成为关注的重点。

综上所述,作为行为主体的人,是具有有限理性的,这种有限理性既不是非理性,也不是完全理性,主要体现在受到认知、环境、信息不确定的约束,理性的偏差存在一个实现度的问题,不是行为目标最大化者。而具有这种有限理性的行为主体,在均衡的演进中是具有主动性的。换句话说,创新是一种基于主动变异的演进博弈策略。这种变异主动性的确立,有助于研究当子群体变异时,整个群体是否会随之变异而走向另一个均衡,如果是,它又将走向怎样的均衡。

虽然以上的分析都是建立在有限理性的基础上,但是事实上,关于理性的谜团仍未解开。什么是理性?我们所说的理性,常常是一种事后的判断,需要进行偏好移情,"想象从他的立场和角度来看问题",同时根据其行为是否最优化来进行判断。然而这样做会出现两个问题:一是人具有各自的个体特征,对于事物价值的判断千差万别;二是判断行为,对于身处决策中的当事人来说,只能是当局者迷,不具有"事后诸葛亮"的优势,这样做出的评价其实是很难令人信服的。

三、选择的意义——主体创新的又一作用

那么,是不是"选择"就没有意义了呢?选择在主体创新的演化中又扮演着什么角色呢?

假设存在一个族群,里面平均分为两个组:一组为创意人,设其为 A;另一组为消费者,设其为 B。应该注意到,在如今,创意人的数量是远远小于消费者数量的。但是,在实际的买卖契约中,交易双方是对等的。也就是说,有一个买的,就有一个卖的,所以从这个角度来看,也可以把两者看成是数目相同的,即存在一部分创意人同时与多个消费者交易,产生了一些"虚拟创意人"。我们同时也可以看到,一个创意人,可以同时提供普通产品和创意产品,比如一般的画家,在卖自己创作的产品的同时,也可以卖临摹的产品。所以,在这里假设 A 和假设 B 数目相等是合理的。

由于对创意产品市场的不确定,所以创意人也可能不提供创意产品,而是提供大家耳熟能详的普通产品,所以 A 组成员有两种选择:一种是选择提供创意产品,设其为 1;另一种是选择不提供创意产品,提供普通产品,设其为 0。由于消费者的偏好及文化传统等因素的不同,所以 B 组成员也有两种选择:一种选择

---

① 这已经是大多数经济学家的共识,许多经济学家给出了相关的解释,如聚点(Focal Points)(Schelling, 1960)、博弈前的交流(Preplay Communication)(Aumann, 1990)和自我实现的预期(Self-fulfilling Prophecies)(Myerson, 1991)等。

是接受创意产品,设其为1;另一种是选择不接受创意产品,接受普通产品,设其为0。

A组成员和B组成员同时选择1时,创意得到实现并获得社会的共同认可,创意人因其原创性,得到较多的份额,而消费者得到较少的份额,但是创意人还要付出较大的成本,下面我们将就a_{11}大小的不同情况分别进行讨论(注意:这里的收益都是净收益)。当A组成员和B组成员同时选择0时,双方接受普通产品,双方也能获得一定的收益,由于劣等的创意显然会被社会淘汰,我们这里只考虑优于普通产品的创意,同时不失一般性,假设消费者和创意人收益相同,即有$0 < a_{00} = b_{00} < b_{11}$。如果双方的选择不同,即A选择0而B选择1,或A选择1而B选择0,由于双方不能达成契约,双方的收益都是0。于是有支付矩阵如图2-1所示。

	B选择契约1	B选择契约0
A选择契约1	a_{11}, b_{11}	0, 0
A选择契约0	0, 0	a_{00}, b_{00}

图2-1 选择契约的收益

下面就a_{11}大小的不同情况分别进行讨论:

(1)当$a_{11} \leq 0$的时候,显然只有一个纳什均衡,即双方选择契约0,显然创意人的成本过大。如果创意人预期到这种情况,那么创意人根本不会提供创意产品,此时社会将失去创新的动力,除非社会的非最优反应的特异策略①积累到一定程度。不过,可以通过补偿创意人的成本,也就是社会给予补贴的方式来促使A选择1,或者通过改变社会制度,来减少A的成本损失,提高a_{11}。

(2)当$0 < a_{11} \leq a_{00} = b_{00} < b_{11}$时,容易看出,双方都选择契约1或都选择契约0,都表现为纳什均衡,均代表了一种社会风气或惯例,我们将其表示为E_1和E_0,或是{1,1}和{0,0}。将两个组的人口数都标准化为1,这样是为了计算方便,不影响研究结果。

不妨假设α为A组中选择契约1的人口比例,β为B组中选择契约1的比例,于是,在t时间的人口状态是$\{\alpha_t, \beta_t\}$。对任何组群而言,个体成员对应于博弈策略i的收益a_i和b_i,依赖于相对组群的成员在上一期博弈中选择策略的分

---

① 这里的特异策略可以是非理性的,如扬所说的独特性冲击(Idiosyncratic Shock);也有一些理性化的行为,只是行为动机未能在模型中刻画出来,如实验、错误的想法或有意识地希望影响博弈的行动。参见 H. 培顿·扬:《个人策略与社会结构》,上海三联书店、上海人民出版社,2004年。

布情况,因此省略掉时间下标则有:
$a_1 = \beta a_{11}, a_0 = (1-\beta) a_{00}, b_1 = \alpha b_{11}, b_0 = (1-\alpha) b_{00}$

于是,人口状态与对应于每一策略的预期收益之间的关系可以如图 2-2 所示。

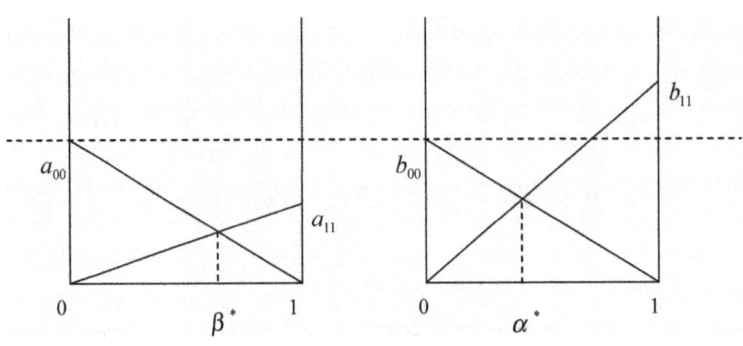

图 2-2 博弈中的预期收益

当博弈稳定在 E_1 或 E_0 时,个体采取稳定的行动。但是由于存在非最优反应的特异策略,而且对于 A 来说,均衡 E_0 更优,对于 B 来说,均衡 E_1 更优,它们可能更新它们的行动(采取另一种策略)。假设每一时期的开始,每一组群都有 ω 比例的人口更新它们的行动,而更新是基于对两种行动的预期收益的。由于以前时期的个体群构成对于现期是共同知识,如果上一期状态没有改变,那么预期收益就是能够获得的收益。

假设个人的更新策略是预期收益的单调函数,对于人口状态中的单期变化 $(\Delta\alpha, \Delta\beta)$ 来说,$\Delta\alpha$ 和 $\Delta\beta$ 与 $(a_1 - a_0)$ 和 $(b_1 - b_0)$ 具有相同的符号,那么可以令图 2-2 中的 α^* 和 β^* 分别为各自的更替频率,解之得:

$$\alpha^* = \frac{b_{00}}{b_{00} + b_{11}}, \beta^* = \frac{a_{00}}{a_{00} + a_{11}}$$

如果 $\alpha < \alpha^*$,B 组群成员的最优反应选择 0,如果 $\alpha \geq \alpha^*$,那么最优反应选择 1;如果 $\beta < \beta^*$,A 组群成员的最优反应选择 0,如果 $\beta \geq \beta^*$,那么最优反应选择 1。这样使得两个组群的两种策略各自的预期收益相等。

于是有个体群动态的结果如图 2-3 所示。

对于状态 $\alpha < \alpha^*$ 且 $\beta < \beta^*$ 的区域(图 2-3 左下区域),明显 $\Delta\alpha$ 和 $\Delta\beta$ 都小于零,所以个体群将向 E_0 移动;对于状态 $\alpha > \alpha^*$ 且 $\beta > \beta^*$ 的区域(图 2-3 右上区域),明显 $\Delta\alpha$ 和 $\Delta\beta$ 都大于零,所以个体群将向 E_1 移动。也就是说,E_1 和 E_0

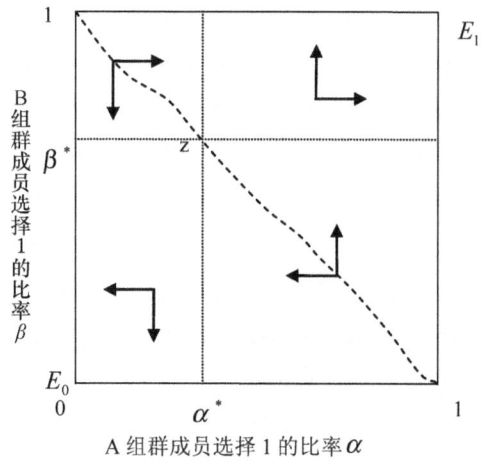

图2-3 动态状态空间

在动态系统中处于吸收状态,形成两个吸引域(Basins of Attraction)。在其他两个区域,定义一条轨迹如图2-3中所示,状态处于其上,系统将向$\{\alpha^*, \beta^*\}$移动,$\{\alpha^*, \beta^*\}$是一个不稳定的纳什均衡(一个鞍点),轨迹下的点将向E_0移动,而轨迹上的点将向E_1移动。也就是说,最终系统将向E_1和E_0中的一个移动,如果不存在较大的冲击,系统将一直维持在这个稳定状态。而系统最后的稳定状态依赖于最初的状态,也就是初始的状态具有路径依赖(Path Dependence)[①]的效果。

这个状态说明:社会给予创意人的起始环境是非常重要的,如果刚开始就给予创意人较好的激励,就会使博弈结果停留于E_1,经济社会就会在创意的激发下不断发展。

(3)当a_{11}和b_{11}大于a_{00}和b_{00}时[②],分析过程如前,但是由于E_1相对于E_0来说是风险占优的(Risk Dominant),这样,E_1就是一个随机稳定均衡。但是系统

---

① 关于路径依赖理论:根据较早利用"路径依赖"理论解释技术变迁的经济学家大卫(P. David)的说法,路径依赖是指"具有正反馈机制的随机非线性动态系统,具有这样一种性质,如果它们在结构上未受扰乱,就不能摆脱过去事件的影响……从特征上说,其变迁取决于某些在这个过程的历史的较早时刻占优势的偶发和瞬时状态的持续影响"。参见 P. David, Why Are Institution the "Carrier of history": Path Dependency and the Evolution of Conventions, Organizations and Institutions, Structural Change and Economic Dynamics, Vol. 5, No. 2, 1994. 路径依赖现象的存在使得制度变迁的既定路径很难改变,形成一种所谓"不可逆的自我强化趋向"。

② 这里不考虑a_{11}和b_{11}两者相比大小对博弈结果的影响,因为实际上无论它们哪个更大,E_1将是随机稳定的。

仍然有向 E_0 移动的机会，仍然可能有部分时间停留在 E_0，这种情况可能出现在 a_{11} 和 b_{11} 之间的差距过大，而群体中存在"强互惠者"（Strong Reciprocator）情况。这种强互惠者是利他和寻求公平的，他们倡导通过合作来增进群体的收益，对不合作者给予惩罚，但是他们同时要承担一定的惩罚成本。当 a_{11} 和 b_{11} 差距过大时，群体中强互惠者通过宣传等手段推动其他组群成员一起向 E_0 移动，以寻求更公平的分配。

综上所述可以看出，在创意经济刚刚起步的时候，必须给予制度甚至经济上一定的扶植，才能保证稳定状态大多保持在 E_1，使 E_1 成为随机稳定状态，这样，才能推动和促进创意经济的发展，使整个社会经济始终保持活力，使我国经济走上集约型、效益型、创意型的可持续增长道路。

第四节　创意智慧主体演化理论研究

一、创意智慧主体的思辨

创意的智慧主体始终是人，人既是经济中最活跃、最富有创造力的因素，也是社会变革最关键、最具有决定性的因素，只有人才能开发出创意并将创意付诸实施，而动物只具有条件反射或简单的模仿等功能，创造性正是人作为一种高等智慧和社会性的生物体与其他生物体的本质区别之一。另外，作为创意智慧主体的"人"与作为生物体的"人"之间也存在一定的区别，这种"创意人"依然可以被开发和模仿。也就是说，可以通过教育和研究使"自然人"更富有创新欲望和创新能力，同时，也可以通过宣传、潜移默化和制度规定使整个社会更具有创新的动力。

一般人都存在心理定式，受其影响，人们很难转换认识维度，很难从新的视角去认识问题、解决问题，很难制作出新的对象，只有当心理处于自由状态，才便于摆脱心理定式的束缚，才便于发散性观察、发散性记忆、发散性想象、发散性思维的顺利进行。一句话，只有当心理处于自由状态时，才便于发散性认识过程的顺利进行。创意思维中既有发散思维，也有聚合思维，它是发散思维和聚合思维的统一。

这里所说的心理自由是指个体的心理活动处于不受任何约束、不受任何限制、轻松自在的状态。当心理处于无拘无束、自由自在的轻松状态时，发散性观察、思维、想象才可能顺利产生。当发散性观察、思维、想象产生以后，才能进行聚合思维，人们才能在众多维度的基础上，比较、筛选出看问题的最佳视角，得出解决问题的最佳途径和方法。这样，创意也就产生了。

创意和灵感的出现，通常是在个体心理处于轻松自由状态时不期而至的，这也许是思维在潜意识里比较、筛选的结果，是一种"情"与"智"完美结合所激发出的火花。感情神经科学研究的最新进展认为"创意思维在轻松自由状态最容易激发"，这一论断为创意的产生提供了坚实的生理学基础和科学依据。

创意实现是一种破旧立新的过程，"其本质意义是具有新颖性的活动"，也是人们摒弃旧的想法从新的视角、新的维度去解决问题、制作新对象的活动。要想摒弃旧的、把视角顺利地转换到新的维度，没有心理自由是不行的。任何心理活动产生以后，都会出现心理定式现象，并随着时间的推移，形成各种观念、意识、习惯、心理结构。很多时候，这些观念、意识、习惯、心理结构都会成为创意产生的阻碍。当心理处于自由状态的条件下，思维受到充分激发而变得活跃，看问题的视角就容易改变，发散性观察、想象、思维也更容易产生。在这些发散性观察、想象、思维的基础上进行聚合思维，才能比较、筛选出最佳解决问题的途径和方法。最佳解决问题的途径和方法找到之时，也是创意产生之时。

如果说"创意人"是创意的最终智慧主体，那么富含"创意人"的"创意企业"就是创意的另一个主体，它主要由"创意人"组成，用于生产创意或价值成分以创意为主体的产品和服务。作为创意主体，这些创意企业除了具有"创意人"所不具备的能将创意商业化、产品化的能力外，同时也比"创意人"有更大的社会影响力和文化影响力，而这种影响力是发展创意经济所必需的强大动力，也是其作为创意经济核心内容的重要特征。

凡是重大创意成果、重大发明，都有社会需要作后盾支撑。也就是说，只有符合社会需要的个体创意成果才有被推广应用的社会条件和基础。"创造发明乃是为社会需要的满足，不是为了个人自私的欲望。"没有社会需要作基础的个人创意需要，犹如沙漠中的无源之水，在困难和失败面前，很快就会干涸。

要想使个体产生创意需要，就要从研究社会需要入手，让个体了解、认识社会有哪些需要，让人们认识这些社会需要的重大意义，以便使社会需要转化为个体的创意需要。个体的创意需要一旦产生，就会形成创造的动力，产生创意行为，进而产生创意成果。

二、创意智慧主体的集群效应分析

创意经济的建立，需要大量创意企业的存在，而由于创意经济的高附加值、低产业资本的特性，创意企业一般规模较小，很难在社会上产生重要影响。所以，必须鼓励和支持创意企业集群，通过创意企业集群的群体力量，将创意的风潮带向整个社会，才能在整个社会形成创意的风气，使整个经济社会快步迈向创意经济。

随着创意经济的发展，产生了一些地域性的集聚特征。在一些国际性大都市周边出现了一些带有全球性意义的"文化创意产业的集聚或者中心区域"，即创意园区。创意产业集群，简单的解释就是创意产业的空间集聚现象，更直观的可以解释为创意人群和创意企业地理空间的集聚化。创意产业的集群现象是工业化进程中发展形成的经济现象。产业集群具有特殊的优势，地理位置的接近也许会产生集群间的激烈竞争，但企业间却可以分享信息资讯，集合特定的需求，继而降低交易成本。产业集群也能使一个个独立的创意企业从较大规模的经济活动中受益，同时刺激相关产业和后续产业的发展，为产业群的发展创造一个有利的环境。①

在新英格兰地区的"发展创意产业计划"中，用到了"创意产业集群"一词，该文件认为该集群有如下的性质：相关的生产线（如音乐表演和音像录制）；共享市场（如博物馆和艺术画廊）；共同的需求（如同在商业和非商业的文化产业中的艺术家）。

澳大利亚政府部门曾做过一项研究②，从创意产业和文化资源收集部门的关系出发来讨论创意产业群出现的动力，该研究认为从事创意产业的公司一般是短期公司，因此注重的是短期效益，而文化资源收集部门更多地考虑长期效益，其之间的矛盾严重阻碍了它们之间的合作。该研究成果提出通过建立创意产业群，将两者的利益捆绑以解决这种矛盾，这将有利于创意产业的发展。此外，该研究成果还提出了在创意产业内部出现的合作方式，认为电子游戏产业内企业之间的协作主要是横向的，在多媒体领域内也存在着广泛的横向协作，但发展到成熟阶段后主要表现为兼并和合并。

创意产业集聚区之所以形成，除了因为它具有范围经济的优势外，还因为它能促进创意产业内部的竞争，推动创意产业的创新和节约创意产业的交易成本。具体体现在：①集聚区能降低创意产业的进入壁垒，提高创意产业竞争力；②集聚区能增强创意产业之间的抗替代能力及市场上的讨价还价能力；③集聚区能增强创意产业的竞争压力或动力并产生激励机制；④集聚区能为创意生产提供合适的软硬设施，包括基础设施建设、制度环境和融资环境等；⑤集聚区能增加创意产业的知识资本、人力资本和文化资本；⑥集聚区能降低交易伙伴之间信息不对称的程度，减少交易成本；⑦集聚区能促进公用设施的建设，减少专用性资产，提高资产的重复利用率。

---

① 李小建：《产业集聚发生机制的比较研究》，区域与旅游规划空间站（www.plansky.com）。
② Economic Benefits from Cultural Assets, Common Wealth of Australia, June 2003.

虞雪峰尝试建立创意产业集聚发展的模型，通过描述五大板块的运作来完成创意产业的集聚：首先是创意产业集聚发生的基础——文化发展，这是创意产业赖以产生、生存和发展的摇篮；其他四大板块包括环境因素（包括市场环境和产业基础环境）、外界引导因素（政府引导和协会协调）、产业链引导机制（分工协作和价值扩散）以及园区内集群机制。通过这五大因素的相互作用，形成产业的集聚，随之产生群聚效应、产业链效应、放大效应、技术成果溢出效应等。

所谓群聚效应是指当某一特定产业上、中、下游的发展有着地域性的关联倾向，而逐渐演化成具有经济效率的互动结构，企业彼此之间存在着高度竞争却又相互依赖、互利共享的关系。群聚可使产业借由内在动力进行自我发展、重新建构与弹性调整，从而大幅提升整体产业的竞争力。

产业链效应即通过打造产业链形成规模，产生互动、累积、示范、分担等效应。吸取国外的先进经验，在创意企业集聚区内有意识地建构完整的产业链。作为新型产业链，由于创意产业"内容为王"的产业特质，加上信息技术和文化产业的融合，使得内容产业增值能力倍增，也使得内容产业的产业链出现新的变化，因此产业链不再仅仅表现为垂直型结构，而表现为垂直和水平相混合的复合型结构。

放大效应用经济学的语言来说类似于"蝴蝶效应"（洛伦兹效应），即创意产业的发展会带来一系列的其他综合效应：第一，投资收益；第二，地方政府的税收得到了很好的体现；第三，社会就业水平显著提高；第四，周边的环境得到改善；第五，历史建筑得到了很好的保护。

地理位置的靠近和集中，使得集聚区内的企业之间联系和合作的频率及程度大大增加，这些联系加大了企业之间的信息交流和知识转移，同时，许多隐含知识也会通过集群内企业间的频繁接触而迅速传播。根据 Lundvall 的研究，越是激进的创新，越没有通用的知识，越需要空间相邻。而创意产业多由知识密集型企业构成，这种溢出效应也便体现得更加明显，从而使集聚区内的创新层出不穷。

创意产业集聚的空间载体主要是创意产业集聚区，或称创意园区，属于产业园区的一种。产业园区（或称孵化器）是一种介于政府、市场和企业之间的新型社会经济组织和企业发展平台，它通过提供一系列新创企业发展所需的管理支持和资源网络，以帮助处于初创阶段的相对弱小的新创企业能够独立运作并健康成长。然而创意园区又不同于一般的产业园区，它具有聚合、丛集和融合、交会功能：产业聚合或丛集指的是创意产业的各个部门在总体上可能有很大的差别，但每一个部门内却有着共同或相近的属性，比如，都生产同一类产品或相关产品、共同分享同一市场、智力及人力支持的群体相同或相近等；产业融合、交会则是指创意园区的产业集群具有较大的跨行业按需组合的特征，比如，有文化艺术创意设计方面的企业，有高科技如数字网络等方面的企业，有信息咨询方面的企业等。创意园区对人才构成要求很高，这是因为对创意企业而言，创意人是很重要的因素，需要配置不同的专业人才以形成多种创意人才的互补聚合优势。而对创意园区而言，其使用者的生活环境和工作环境是重要因素，同时又因为创意产业本身所具有的独特的文化艺术特性，更突出了其在空间特色、环境特色等方面的重要性。

从许多国家和城市的实践看，所谓的"创意园区"并没有一定之规，规模可大可小，其中，就有类似于加拿大渥太华卡尔顿地区那样，以大学为基础，连接信息、软件、游戏等产业，充满了科技和研发攻关气息的科技型园区；也有诸如中国台北市的华山艺文特区那样，洋溢着自由创造的气息，吸引大批文化人、艺术家、会展工作者、设计师等来此举办各种创作、会展和交流活动的"艺文之家"；当然还有许多中型的创意园区，比如英国中部的谢菲尔德市（Sheffield），在火车站对面有一个名声很大的文化产业区（Cultural Industries Quarter），包括了31栋文化和创意建筑，如千禧年博物馆、大学科学区、图书馆、BBC电台、Site画廊、艺术家村、油画陈列馆、艺术工作室、投资机构、中介代理、电影院和娱乐中心、咖啡厅等，它们组合在一起形成相互聚合、渗透激活的"引爆效果"。创意园区并不一定需要巨大的空间面积，而是以"族群效果"或是"群聚效益"发挥其价值。

中国台湾学者在《台北市2010年发展规划》中指出创意产业群的发展有以下三种类型：创作型创意文化园区、消费型创意文化园区和复合型创意文化园区。大陆学者也从不同的角度对创意园区进行了不同的分类。

从保护和再利用价值角度划分，可以分为三类：第一类是具有建筑价值，是指本身具有建筑历史研究价值的工业建筑；第二类体现为历史价值，是指建筑及其地段具有历史地标价值和纪念意义；第三类具有经济价值。由于历史原因，多数产业建筑集中于市中心附近，所以利用产业建筑改建具有得天独厚的地理区位优势。

从保护和改造形式角度划分，也可以分为三类：第一类以保护为主，进行新老元素协调；第二类以改造为主，进行新老元素对比，这是目前比较受推崇的一种设计理念，也是采用较多的一种改造方式；第三类以重构为主，进行全面更新。

在改造过程中，由于改造态度以及方法不同，不同园区也都具有不同的空间形态特征：

（1）原生态化的空间形态。部分创意园区采取的方法是基本维持原来建筑群体的空间构成，改造对象更偏重于建筑单体本身的内部空间或是立面构成。保留原有的空间组织形式,使其历史记忆得以延续,这种空间形态给人强烈的历史场所感,更具有原生态化特征。但是存在的问题在于,原来的空间组织相对比较单调和无组织,所以这类园区的空间并不具有很鲜明的特色,仅仅完成功能和交通上的满足,同时具有易迷失性。

(2)标识新身份的空间形态。相对而言,此类创意园区较为彻底地改变了原来的空间结构,通过加法或减法,进行空间组织的重新梳理,以全新的空间形态来标识自己的新身份。此类创意园区多数是经过一系列商业策划后的产物,从而更富理性化和商业化。这类创意园区通过大胆的富于激情的改造重建空间组织系统,通常具有丰富的空间变化,有明显的能够标识自己个性的空间特色。特别是在改造过程中有意识地进行公共空间或是交流空间的营造,为实现空间的丰富性提供了更多可能,同时也是对创意园区作为一个交流平台的功能需求的回应。这类创意园区所存在的问题是改造尺度的把握,形式的好与坏、尺度是否适合都很难用一个标准去判断和衡量。

三、创意智慧主体的演化

假定社会上具有"创意"的行为规范的一个族群,里面所有的人分为两个不同的组群,分别称为 A 和 B,A 是创意人,B 是普通人(相对于创意人而言),两者共同进行生产,并划分收益。

根据生物的动态适应性,我们假定每个时期参与者随机配对结成配偶,并且他们的后代数量与他们的适存度成比例。家庭把文化规范传递给他们的后代,这叫作"垂直传递",AA 型父母的后代是创意人,BB 型父母的后代是普通人,AB 型父母的后代一半是创意人,一半是普通人。创意人提供创意,具有显而易见的正的外部效应,相对来说普通人也具有搭"创意"便车的可能,所以,如果将普通人的适存度设为 1,那么创意人相对于普通人来说,仅具有适存度 $1-s$,其中 $0<s<1$,s 代表的是适存度的差异,由社会规范的力量决定,主要以版权体系为主。s 越大代表版权体系越薄弱,社会影响力越小,创意人的适存度也就越低。

第一阶段,我们假定开始有 n 个男性和 n 个女性,其中创意人的比例为 α ($0 \leq \alpha \leq 1$),那么会有 $n\alpha^2$ 个 AA 型的家庭,他们的 $n\alpha^2(1-s)^2\beta$ 名后代仍然是创意人,其中 β 为社会上人口以 $g(\alpha)$ 的增长率增长时①需确定的参数。还有 $2n\alpha(1-\alpha)$ 个 AB 型家庭,他们的 $n\alpha(1-\alpha)(1-s)\beta$ 个后代为创意人,另 $n\alpha(1-\alpha)(1-s)\beta$ 个后代为普通人。最后是 $n(1-\alpha)^2$ 个 BB 型家庭,他们

---

① 综观经济发展史,创新的发展是随着社会的发展速度不断加快的,而创新的发展也促进了经济的不断发展,从而促进了人口的提高,因此,创新和人口的发展之间存在一定的关联。而创新的关键因素在于人,在于富有创意的人的数量,因此,这里将人口增长率设为 $g(\alpha)$。

会有 $n(1-\alpha)^2\beta$ 个后代，全部为普通人。于是有：

$$n\alpha^2(1-s)^2\beta + 2n\alpha(1-\alpha)(1-s)\beta + n(1-\alpha)^2\beta = ng(\alpha)$$

解之得：$\beta = \dfrac{g(\alpha)}{(1-\alpha s)^2}$

于是可以得出 AA 型、AB 型和 BB 型后代出现的频率如下：

$$f_{AA} = \dfrac{\alpha^2(1-s)^2}{(1-\alpha s)^2}, f_{AB} = \dfrac{2\alpha(1-\alpha)(1-s)}{(1-\alpha s)^2}, f_{BB} = \dfrac{(1-\alpha)^2}{(1-\alpha s)^2}$$

在第二阶段，由于在社会上存在有促进创新的社会文化，同时受"倾斜传递"的影响，我们假定一部分普通人后代随之变成了创意人，两者之间以线性关系存在，γ 为倾斜传递作用的测量尺度。由于上代人中的创意人比例为 α，这样倾斜传递的力度就是 $\alpha\gamma$。也就是说，AB 型和 BB 型的普通人后代中有 $\alpha\gamma$ 比例的后代转换成了创意人，于是可以得到新一代的创意人占总体人口的比例变化为：

$$\dot{\alpha} = f(\alpha)$$
$$= \dfrac{n\alpha^2(1-s)^2\beta + n\alpha(1-\alpha)(1-s)\beta + n\alpha(1-\alpha)(1-s)\beta\alpha\gamma + n(1-\alpha)^2\beta\alpha\gamma}{ng(\alpha)} - \alpha$$

代入式 $\beta = \dfrac{g(\alpha)}{(1-\alpha s)^2}$，可得：

$$\dot{\alpha} = f(\alpha) = \dfrac{\alpha(1-\alpha)(\gamma-s)}{1-\alpha s}$$

第三阶段，考虑到个体具有的主动性，每个成员在观察其他成员的适存度和类型的时候，如果观察对象的适存度高，则会考虑转变成对方的类型[①]。然而，有关于两种策略适存度的差异信息不完全，而且由于心理定式和惰性等因素的存在，参与者的偏好函数并非完全跟随适应度，所以可以合理地假定适应度差异越大，也就是说，s 越大，参与者观察到并随之转变的机会也就越大。因此，我们假定一个创意人转变为普通人的概率 P 是与两种类型之间的适存度差异成正比的，也就是 $p = \sigma s$，其中 σ 为大于 0 的常数，它代表复制动态的相对强度，是不利于创意经济的发展的。

考虑到第三阶段的变化，于是我们得到最终新一代创意人占总体人口的比例变化，为：

$$\dot{\alpha} = h(\alpha) = f(\alpha) - \alpha(1-\alpha)\sigma s$$

将 $\dot{\alpha} = f(\alpha) = \dfrac{\alpha(1-\alpha)(\gamma-s)}{1-\alpha s}$ 展开，有：

$$\dot{\alpha} = \dfrac{\alpha(1-\alpha)}{1-\alpha s}[\gamma - s - \sigma s(1-\alpha s)]$$

---

① 乔根·W. 威布尔：《演化博弈论》，上海人民出版社，2006年。

当 $\dot{\alpha}=0$ 的时候,创意人占总人口的比例不再变化,整个族群进入一种均衡状态。

容易看出,令 $\dot{\alpha}=0$,式中有三个解,$\alpha=0$、$\alpha=1$ 和 $\alpha^*=\dfrac{s(1+\sigma)-\gamma}{s^2\sigma}$。

当 $s<s_{\min}=\dfrac{\gamma}{1+\sigma}$ 的时候,h'(0)>0,h'(1)>0,$\alpha^*<0$,于是,在这里,$\alpha=1$ 成为单一的稳定均衡状态,整个族群将会稳定于创意人族群。

当 $s_{\min}<s<s_{\max}=\dfrac{1}{2\sigma}[1+\sigma-\sqrt{(1+\sigma)^2-4\gamma\sigma}]$ 时,$\alpha^*\in(0,1)$,并且 h'(0)<0,h'(1)<0,所以存在三个均衡状态,α^* 是一个不稳定的均衡,而 $\alpha=0$ 和 $\alpha=1$ 都是随机稳定状态,它们区分出吸引域(basins of attraction),都可以作为这个族群的动态过程的吸收状态。也就是说,除非扰动的积累达到很大的程度(这里指的是天灾、战争等不可抗因素的影响),否则该族群都会一直处于该均衡中不会偏离。这里不止一个吸引状态,说明动态过程是非遍历的,也就是说它在长期中的平均行动依赖于最初的条件,创意人最初的多少影响着最终族群的均衡位置。

当 $s>s_{\max}$ 时,h'(0)<0,h'(1)>0,$\alpha^*>1$,于是创意人将在族群中不断减少,最终族群将全部转化为普通人。

从上面的模型中,我们可以看出,要促进创意经济的发展,在促进普通人向创意人转化和保持创意人活力的举措上,必须注意以下三个问题:①必须切实优化法律环境,提高保护版权的水平和力度,尽量减小 s,这样才能确保创意人的创意在一定时间内获得应有的利润,从而激发创意人的积极性,同时减少普通人"搭便车"的行为;②必须在整个社会开展提倡创新的活动和举措,宣传创新,激发创意,增大 γ 的水平,同时再改革教育系统的教育方式,实现从传授知识到传授创新能力的转变;③必须提高创新的水平,对高水平的创新予以奖励,对假的、不好的创新予以惩罚,减小 σ 从而减小 p,这样才能形成整个社会的创新浪潮,让创意经济实现其应有的价值。

为此,具体的方法有:①倡导并落实全民性的"创造性教育"与创业教育政策和措施,夯实创意经济的人才发展基础;②着力打造主题各异的"创意生活圈"和创意产品市场链,强化创意人才的集聚效应;③企业主体注重把握创意人才的生长机制和特殊规律,营造能张扬创意人才个性的"创意环境";④创新并完善对创意人才的利益激励机制,搭建创意人才直接面向市场竞争的"实验场";⑤完善创意产业链,对创意人才要注重培养他们的市场意识和对文化创意产品的敏感性;利用旧城的产业建筑,并赋予新的生命,建立创意经济发展的硬环境,促进创意经济和城市化的共同发展。

美国卡耐基—梅隆大学弗罗里达教授2002年用美国有创造力的人在区位选择方面的证据说明，过去是公司区位吸引了人，现在是有创造力的人吸引公司，公司会搬到有创造力的人乐意居住的地方。他的研究表明，在美国有创造力的人喜欢住在技术（Technology）、才能（Talent）和宽松愉悦的环境（Tolerance）三因素（3T）排名很高的地方和地区①。城市要变为创意生活的城市，需要眷顾历史，需要有发达的软环境和硬环境，需要守护多元文化，尊重人才，需要有充分完备的创意人才培养机制。这也是我国创意产业率先出现并集中在上海、北京等经济文化中心的重要原因。

---

① 王缉慈：《创意产业集群的价值思考》，东方视觉（www.ionly.com.cn）。

第三章　创意产业协调发展分析

第一节　创意产业形成机理分析：产业视角

一、创意产业形成背景

创意其实自古有之。自从人类有了文化活动以来，创意便是其不可缺少的部分。缺少了创意，文化活动也就缺少了生命力。可以说，创意是文化活动价值的体现。在三大产业形成以后，创意便存在于各大产业之中，研发设计、工业造型、营销决策都需要创意来提升其产品的附加价值。早在1986年，著名经济学家Romer就认为新创意会衍生出无穷的新产品、新市场，以及财富创造的新机会，所以新创意是推动一国经济成长的原动力。

虽然创意的重要性早就引起了大家的注意，但是直到20世纪末期，创意才得以从各个产业中分离出来，成为依赖于创造力和智力资本的新产业类型，并为传统产业提供创意支持。

1998年，英国政府率先将创意当作一个产业正式提出，并分析了本国创意产业的现状及其发展战略。此后，很多国家和地区结合自身国情，相继给出了本国创意产业所包含的范畴和相应的发展战略。如英国的"数字内容行动计划"、加拿大的数字内容计划、日本的E时代战略、芬兰的广义范围上的内容创新计划（A Broadly - based Content Creation Initiative，SISU）、新加坡的创意新加坡计划等。

作为20世纪末兴起的新型产业，创意产业自从传统产业中分离、成为独立的产业形态以来，便呈现出蓬勃发展的态势。据联合国贸易和发展会议的估计，创意产业约占世界国内生产总值的7%，到2015年，该比例将高达15%。英国学者 Howkins 在《创意经济》（*The Creative Economy*）一书中曾指出，全世界创意经济每天创造了 220 亿美元，并以 5% 的年速度递增。

综上所述，从历史发展角度来看，创意产业兴起于西方发达国家，它产生的社会功能在于引导成熟工业经济的转型，让经济增长与社会发展能以新型资源作为动力，摆脱原有发展障碍的困扰。作为一种后工业化社会的主导发展模式，创意产业以及创意经济是一国在新时期实现经济领先的重要基点，必将成为各国经济竞争的焦点。

二、创意产业形成条件

创意产业之所以能够从传统产业中分离出来，与社会经济发展所提供的外在环境密不可分。

（一）科技的发展

多年来，科学技术的迅猛发展极大地改变了人们的生产、生活和消费模式，也为文化创意的开发、传播和消费提供了广阔的空间，这为创意产业的形成和发展创造了良好的科技基础。具体而言，科学技术对创意产业的渗透和影响主要体现在以下四个方面[①]：

1. 科学技术的迅猛发展使得创意产业获得了强大的、多方位的技术支持

高新技术的产生和现代工业的发展，对传统艺术方式造成了巨大冲击，如 MP3 对传统唱片业的冲击，网络出版对传统出版业的威胁等。这些冲击直接导致了所有传统艺术形态的升级换代和现代更新，并突出表现为各类创意产业的数字化步伐日益加快。报刊书籍制作过程全部数字化，传统摄影、电影向数字摄影、电影发展，广播进入数字音频广播阶段，电视也全面迈进数字高清晰度电视新阶段。高新技术不仅提升了创意产业的能级，而且简化了创意产业之间的环节；以网络出版为例，传统出版过程包括编辑加工、复制（印刷）、发行等环节；在网络出版中，后两个环节被大大简化，编、印、发的界限逐渐模糊。同样，当影视节目逐渐融入网络电视时，传统的电影、电视节目的形式和长度都发生了变化，电影电视节目制作发行的费用也大幅度降低。随着电影播放方式的变化，电影可以直接由卫星数字传播到用户终端，不必再复制很多拷贝，从而节约了大量的人力、物力。

2. 科学技术创造了大量崭新的技术形式，开拓了新型创意产业领域

随着信息技术的发展，以文化创意为内容的数字技术新产品层出不穷，基于数字化的各种发明也使人目不暇接。手机的广泛使用便是一个很有说服力的例子。如今，手机不仅仅是一个通话交流的工具，更是发展为一种最新的媒体和最

---

① 厉无畏：《创意产业导论》，学林出版社，2006 年。

年轻的文化。数字化、多媒体、超文本技术能够统一处理文、图、声像信息,促进了创意产业的多样化。

3. 信息化形成了虚拟空间,它改变了人们的交往方式、活动方式和消费方式

创意产品具有天生的虚拟性,这使它比其他产业领域的产品更适合在网上或移动通信工具上生产、流通和消费,而网上或移动通信工具上的文化市场是最符合信息化本质的文化市场,其产品包括单向的直接消费和双向的网络游戏以及下载等。人们在网上或移动通信工具上可以直接查询新闻资讯、阅读书籍报刊、欣赏或拍摄图片、收听收看广播电视节目,获得更加广阔的表现领域。数字化时代的电视技术最大的特点就是虚拟。当前,较成熟的虚拟技术是虚拟演播室、虚拟主持人。虚拟技术的诞生,使影视艺术的纪实性特征受到挑战,也使电视节目的创新更加轻而易举。通过计算机做几个虚拟演播室,经常变换,就可以给人有几个演播室的感觉。同时,虚拟演播室的制造只需要人们的想象力,而不需要太多的人力、物力等物质资源,这在加快节目创新的同时,也降低了电视节目的制造成本。

4. 科学技术极大地延长了创意产业的产业链

互联网和数字化的发展拓展了创意产业的外延,促进了产业融合,不同行业的界限开始模糊起来,它们在信息化的平台上互相交融,从而延长了创意产业的产业链。如迪士尼是世界上最著名的文化品牌之一。由于信息平台的构筑和信息技术的广泛应用,当今的迪士尼品牌已发展为涵盖电影、家庭录像、视频游戏、主题公园、豪华游艇、电视台、杂志、网络公司、软件公司、儿童服饰公司、广播电台、会议中心、租赁连锁、早餐食品、T恤衫和家用电器甚至一个小镇的知名品牌,而且在上述每个领域,迪士尼品牌都保持着强大而独特的优势。

(二)创意人才的培养

创意产业是以创造力和智力资本为生产要素的智能化产业,充足的创意人才源源不断地提供创意是一个城市创意产业不断发展壮大的关键。在美国,有些学者把创意人才称为创意阶层,认为正是创意阶层的兴起才使得创意产业得以形成和发展。如美国经济学家 Florida 在其《创意阶层的崛起》(*The Rise of the Creative Class*)一书中指出,创意在当代经济中的异军突起表明了一个职业阶层的崛起。在他看来,美国社会已分化成四个主要的职业群体:农业阶层、工业阶层、服务业阶层和创意阶层。创意阶层包括一个超级创意核心(Super - creative Core),这个核心由来自"从事科学和工程学、建筑与设计、教育、艺术、音乐和娱乐的人们"组成。除这个核心外,创意阶层还包括"更广泛的群体,即在商业和金融、法律、保健以及相关领域的创造性专业人才"。约翰·M. 埃格也认为以创意专业为主的人才不断集聚在一个城市和社区,他们构成了创意阶层(Creative Class)和创意社群(Creative Communities)。而创意社群的形成,必然带动一个城市的

经济朝着创新、现代、高层次、可循环、不可复制的方向提升。① 弗罗里达在研究中，还提出了创意产业发展的"3T"原则：技术（Technology）、人才（Talent）和宽容（Tolerance）。在"3T"模型中，人才是第二个因素，正是人们的创意能力相互结合，才促进了经济的发展。事实上，我们也可以发现但凡创意产业发展比较好的国家也恰恰是创意人才比较充足的国家，如表3-1所示。

表3-1　各国和地区创意人才数量

国家或地区名称	产业概念	年份	产业就业人数（万人）
英国	创意产业	2001	130
美国	版权产业	2002	1147
加拿大	版权产业	2002	近90
澳大利亚	版权产业	2000	34.5
新西兰	创意产业	2001	4.9
新加坡	创意产业	2000	7.9
中国香港地区	创意产业	2000	7.9
中国台湾地区	创意产业	2000	33.75

资料来源：上海市经委：《创意产业》，上海科学技术文献出版社，2005年。

创意人才所需要的素质包含两类：①先天的素质，比如创新能力等。创意人才最突出的特征就是头脑灵活，具有敢于创新的勇气，他们从不循规蹈矩、墨守成规，相反对周围事物充满了好奇，勇于打破常规。这种性格上爱创新的特点和具有比普通人更强的想象力与创造力是先天的一种素质。②后天培养的素质，如创意人才的人文素质和技术素质。人文素质包含两个方面：一个是在特定环境中所拥有的文化底蕴；另一个是通过学习所获得的丰富的知识。而技术素质指的是创意人才所掌握的能够从事创意工作的技术，比如多媒体动画制作技术、CAD制图技术等。

20世纪末期，各国良好的社会氛围和人文气息为创意人才的成长提供了良好的外部环境。同时，教育事业的快速发展也为创意人才技术素质和人文素质的提高提供了条件。因此，创意人才大量涌现，他们分布在各行各业，为创意产业的形成提供了人力基础。随着经济全球化的发展，这些创意人才大量跨国界流动，促进了文化交往和知识技能的传递，新的思想层出不穷，使得创意产业蓬勃发展。

（三）需求的个性化发展

从居民消费角度看，人们的消费按其内容和水平可分为三类：生存性消费、发展性消费和享乐性消费。其中，生存性消费为最低层次，主要是指衣食消费；发展性消费和享乐性消费为较高层次，包括教育、健身、娱乐、环境等方面的消费，也是文化消费的内容。目前，随着需求层次的提高，传统的需求和消费理念发

---

① 张京成：《中国创意产业发展报告》，中国经济出版社，2006年。

生了较大变化，消费者对于需求的发展也呈现出个性化的特征。首先，消费者购买产品不仅仅是看中商品的使用价值，还看中商品的包装、外观、品牌等。一件普通的针织衫可能只值几十元，但是如果增加点个性设计，贴上名牌的标签，就可以卖到几百元甚至上千元。随着消费能力的提升，这样的中高档消费逐渐成为居民日常消费的一部分。在需求多样化条件下，创意的价值也得到了淋漓尽致的体现。其次，不喜欢雷同性消费、追求个性化消费的心理也对消费种类和特色提出了要求，需要企业将更多的创意融入其中，这为创意产业的发展提供了市场基础。

另外，现代经济发展和社会进步带来的闲暇时间的增多也有力地开拓了创意产业的消费市场。文化创意产品的消费往往需要花费大量的时间，如旅游服务、书籍、电影、录像带等。在经济发展初期，人们愿意增加工作时间来获得更多的物质收入。但是随着经济的发展，更多的人愿意放弃工作而增加闲暇时间，以追求个人效用的最大化。经济发展水平越高，人们愿意花在闲暇方面的时间也就越多，从而对创意以及文化产品的消费也越多，这样就越能带动创意产业的发展。研究表明，在国内一些较大的城市，居民对创意产品的消费支出较大。根据上海市统计局调查队提供的调查报告显示：2004年，上海人均闲暇时间日均3~6小时，户均文化消费半年超过3000元。从消费结构上看，年轻人消费能力最强，户主年龄在30岁以下的家庭，半年户均文化创意消费为7418元。人均收入5000元以上的家庭，半年户均文化创意消费支出达1.2万元，其中境外旅游费占到文化消费支出的一半，购买电子类文化产品占13.2%，用于艺术品收藏和观看文艺演出的支出占7%。这些数据充分显示了消费者对创意文化产业持续购买力的强劲势头。

综合以上分析，我们用图3-1将创意产业形成的条件进行简要概括：一方面，现代经济的发展导致消费者需求更加多样化，使其对创意产品的需求大大增加，这为创意产业的形成提供了需求基础；另一方面，科学技术的发展使创意作为一种独立存在的新型产业成为可能。当然，创意产业是以人的创造力为投入要素的产业，因此创意人才的增加又为创意产业的形成和科技发展提供了人力基础。

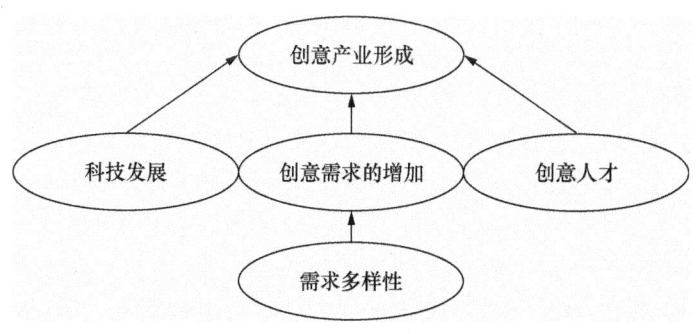

图3-1 创意产业形成条件

三、创意产业形成机理

（一）现有文献综述

自从1998年创意产业被作为一个产业类别首次提出后，对于创意产业形成机理的研究随之不断展开，主要集中讨论两个问题：①创意产业是怎样形成的？②创意产业形成后对传统产业格局有什么意义？

对于"创意产业是怎样形成"的问题，很多学者都进行了探讨。有些学者认为创意产业脱胎于文化产业，是从文化产业中分离出来的新产业类型。如李冬、娄成武（2006）就认为，文化产业原有的状态和风格发生了根本性的变革，派生出多个分支，形成了新兴产业群，其中有代表性的两种业态形式就是内容产业与创意产业。创意产业是文化产业自身产业总量持续扩大的结果。知识经济出现以后，一项最基本的技术就是数字技术，而数字技术使所有的传统媒体在一种新的技术平台上统一起来，内容则成为技术平台上使用的文化"软资源"。创意产业则丰富和完善了人们对于文化产业的理解，它是一种服务于生产需求的新产业。荣跃明（2004）也认为从创意产业与文化产业的关系看，创意产业脱胎于文化产业，某种程度上可以说是艺术生产的一种业态。冯子标、焦斌龙（2005）认为内容的创意是文化产业的起点，其余所有的环节——生产、再生产和交易环节中，仍然大量依赖于知识和创意。还有学者认为，创意产业是在文化产业化和产业文化化过程中产生的。如厉无畏（2006）认为在文化产业化和产业文化化不断发展的趋势下，在社会分工不断深化和技术不断进步的大背景下，创意逐渐从原有的经济活动中分离出来，独立为产业，其标志或"分水岭"是创意活动不仅仅是某个产业或行业内部的从属活动，而是脱离了原有的行业，成为为不同行业提供创意服务的第三方。

而对于创意产业的出现对传统产业结构有何影响，一些学者也给出了自己的见解。薛晓源（2005）认为，创意产业并非单指某一种产业，而是一群在社会与文化发展的贡献上特征相符，具有相同的经济发展与就业机会的潜力，并受到政府的额外重视而被划分出来的产业类别。因此，创意产业的出现不仅包容了"以物质资本、经济资本为运转方式"的传统产业，还拓展了"以智力资本、文化资本、社会资本为运营方式"的新产业内涵。荣跃明（2004）认为，创意产业概念的提出，其意义不在于对其所设计的产业内容进行重新分类统计，而在于强调在新的全球经济、技术与文化背景下，创意产业作为独立的产业形态及其对整个经济增长和产业结构演变的影响。而厉无畏、王慧敏（2006）认为从某种意义上说，创意产业是一种发展模式的创新，是对传统的产业发展逻辑的颠覆，具体体现在软驱动取代硬驱动、价值链取代生产链、消费导向取代产品导向三方面。

从目前的文献来看,很多学者对于创意产业的形成机理进行了一些初步探讨,但是分析得比较简单,因此,本书尝试从产业发展的视角对创意产业的形成机理进行分析。

(二) 创意产业的形成机理

1. 产业发展的一般规律

从产业发展的根源来看,产业的发展是生产力进步、社会分工的必然结果。市场规模的扩大带来了分工的深化,分工的深化提高了专业化水平,从而产品的数量和种类进一步增加,促进了经济的增长。当社会分工达到一定规模时,新的产业就从原有产业中分离出来,成为独立于原有产业的新产业类别。这种新兴产业继续发展,而社会分工的加深又使得一些生产要素和环节从原有的生产链中进一步分离,经过资源的重新整合,又发展为新的产业类别,由此循环往复。

人类的产业分工历史实际上就是建立在这一产业发展规律的基础上的。人类社会的第一次分工是农业从畜牧业中分离出来,因为随着原始畜牧业的充分发展,人们已掌握了粮食作物的生长规律,同时也产生了对粮食作物的更多需求,这样,一部分人便从原始的畜牧业中分离出来成为专门从事农作物耕种的人群,正是这种需求和供给的双重力量赋予了农业从原始畜牧业中挣脱的动力,最终将农业从原始畜牧业中剥离出来。第二次产业分工的标志是工业从农业中分离出来,究其原因,是从事农业生产的人们在耕种的过程中掌握了很多关于劳动工具的新知识。他们发现,通过改进生产工具可以在很大程度上增加农业的产出,因此他们就把自己从农业的生产中解脱出来,专门从事生产工具的改进和创造,随着这部分人群比例的上升,人类社会逐步过渡到工业社会。此时,农业成为为工业提供生产原料的产业,而工业则成为为农业提供最终产品的新兴产业。第三次产业分工产生了商贸业,它是社会生产力发展到一定阶段的必然产物,也是产业结构进一步升级为"非工业化"和社会分工进一步深化的结果。随着工业化的扩大和竞争的加快,服务业所体现出来的作用也将越来越重要。

2. 创意产业的形成机理

实际上,创意早就存在于各个产业之中,但是在工业化时期甚至更早一些,由于技术水平并没有达到能够把所有的创意运用于生产之中,因此创意并没有显得如此重要。在这一时期,生产者更关注于实实在在的产品,消费者也希望通过消费来满足自身的生理需求,因此,他们更关注产品的使用价值,这种特征使得创意对于市场需求显得非常单薄。随着信息经济和知识经济的来临,科学技术转化为生产力的能力大大提升,高新技术不断加快更新速率,交通、通信、交流方式获得了革命性改变,这使内容创意有了用武之地,生产者也开始意识到创意所带来的经济价值的魅力。对消费者而言,个性化的消费需求和求新、求异的心理开始产生，人们对物质产品中的文化含量要求越来越高，创意的买方市场逐步形成并进一步扩大。于是，创意逐渐占据了产业链的高端，其作用被逐渐放大，成为整个产业链的重中之重。随着社会分工的进一步深化，最终创意从产业链的高端分离出来，成为独立于其他产业的产业类型。自此，创意产业便成为为其他产业提供创意要素投入的独立产业，并通过产业融合提高其他产业的附加价值。综合以上分析，我们得出创意产业的形成机理如图3-2所示。

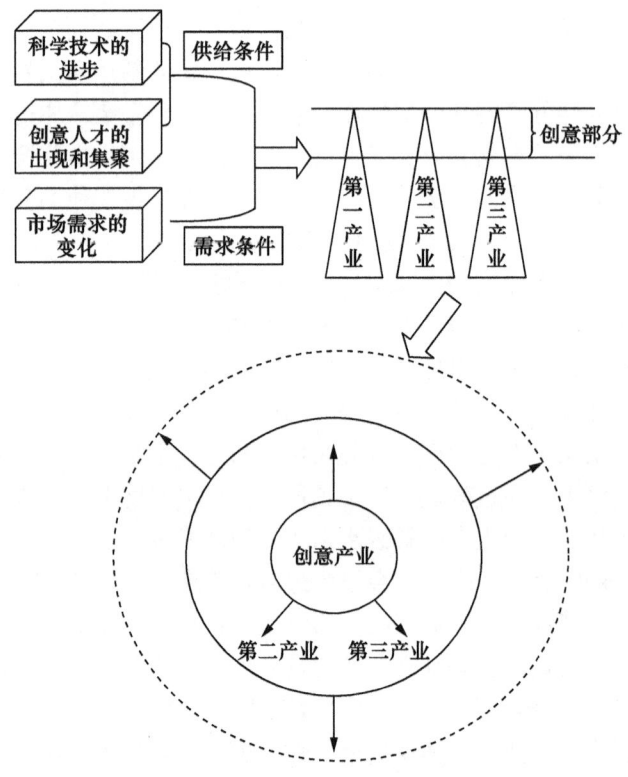

图3-2　创意产业的形成机理

从图3-2可以看出，创意产业是供给条件和需求条件共同作用下的结果。现代社会的需求多样性和个性化发展对创意产生了需求，创意人才的不断出现和集聚保证了创意的来源，而科学技术的发展为创意的实现提供了可能。在这些条件的共同作用下，创意产业应运而生。从图3-2中我们还发现，创意存在于各产业之中，位于三大产业的价值链高端，因此，创意产业实际上是创意资源从三大产业高端中分离出来、重新进行组合的结果。创意产业既是一种新型产业，又是一种中间产业，它为其他产业提供创意支持，极大地提高了其他产业的附加值，促进了其他产业的发展。

通过上述对创意产业形成条件和机理的分析，我们认为科学技术的进步、创意人才的出现和集聚、市场需求的变化是创意产业形成的三大基本条件。另外，创意产业的形成也是创意资源在三大产业中进行重新整合的过程。创意产业从它形成开始，就是为三大产业提供创意支持的中间产业，能够提高三大产业的附加价值，促进三大产业的发展。

第二节 创意产业融合的普遍性研究

一、产业融合：突破传统范式的产业创新

最早对产业融合（Industrial Convergence）问题的讨论是从技术角度进行的，从经济学角度研究产业融合则是近几十年才开始的。1963年，美国学者罗森伯格（Rosenberg）在他的文章《机械工具产业技术进步》（Technological change in the machine tool industry）中对于美国机械工具产业技术的演变进行了研究。他认为，在19世纪中期，相似的技术应用于不同的产业时，一个独立的、专业化的机械工具产业就出现了。他将这一过程称为技术融合，即不同产业在生产过程中逐渐依赖于相同的一套生产技术，因此从技术的角度看，原来分立的产业变得联系紧密了。英国学者Sahal（1985）和意大利学者多西（Dosi，1988）也提出了相似的技术关联型产业融合概念。他们认为，某一种技术范式跨不同产业扩散，导致这些产业出现技术创新，如电子数字技术对计算机业、电信业、家电业的影响，扩大了这些产业的技术基础，导致了产业融合。1978年，麻省理工学院教授尼古庞特（Negroponte）用三个重叠的圆圈来描述计算机、印刷和广播三者的技术边界，认为三个圆圈的交叉处将成为成长最快、创新最多的领域。20世纪80年代后，哈佛大学学者Oettinger和法国学者Nora与Mince分别创造了Compunctions和Telemetriqu这两个新词来试图反映数字融合的发展趋势，并将照片、音乐、文件、视像和语音转换成数字后，通过同一种终端机和网络进行传送和显示的现象称为数字融合。2001年12月，美国商务部（DOC）和美国国家科学基金会（NSF）共同组织召开了一次关于技术融合的专题讨论会，在其"推动技术融合，提高人类素质"的主题报告中提出了NBIC融合技术（The Convergence of Nanotechnology, Biotechnology, Information Technology & Cognitive Science）的概念。这个概念包含了科学技术四大领域的有机结合，即①纳米科学和纳米技术；

②生物技术和生物医学；③信息技术（包括先进的计算机通信技术）；④认知科学（包括认知神经科学）。会议认为在这些潜力巨大的领域中，任何两者、三者或者全部四者融合，都将产生巨大的效能并形成新兴产业。美国学者 Greenstein（1997）认为，产业融合是一种经济现象，是指为了适应产业增长而发生的产业边界的收缩或消失。日本产业经济学家植草益教授在《产业组织理论》一书中认为，产业融合是原本属于不同产业或市场的产品，由于技术创新导致具有相互替代关系，而使两个产业或市场中的企业转为竞争关系的一种现象。斯蒂格利茨（Stieglitz, 2002）指出，产业既可以用需求因素也可以用供给因素来定义，因而产业融合就可以区分出供给方的技术融合和需求方的产品融合。用相似的技术能力生产不同的产品和服务即为技术融合，而通过使用不同的技术提供替代性或互补性产品即为产品融合，这两种类型的融合又可进一步各自分为替代性和互补性融合。

自20世纪80年代以来，我国也有不少学者对产业融合现象进行了研究。周振华（2003）认为，产业融合并不是在原有框架下对原本各自分离部门的简单整合，而是在相互渗透中形成一个可将不同部门容纳其中的新的框架。厉无畏（2002）认为，产业融合是指不同产业或同一产业内的不同行业相互渗透、相互交叉，最终融为一体，逐步形成新产业的动态发展过程；高新技术及其产业的作用是产业融合的强大助推器，"1+1>2"的生产效率和经济效益则是产业融合的高能发动机。马健（2002）认为，由于技术进步和放松规制，发生在产业边界和交叉处的技术融合，改变了原有产业产品的特征和市场需求，导致产业的企业之间竞争合作关系发生变化，从而导致产业边界的模糊化甚至重划。于刃刚（2006）认为，产业融合是一个动态演变过程，由三个连续的阶段构成。第一阶段是不同产业的分立阶段。不同产业的生产技术及工艺流程不同，形成了产业间的技术性进入壁垒，而一些经济性规制和法律制度又构成了各产业间的政策性进入壁垒。进入壁垒的存在使分立的产业之间传统边界比较清晰，传统企业的竞争行为建立在边界明晰的特定产业范围之内。第二阶段是不同产业由分立走向融合的过程。技术创新在不同产业之间的扩散导致了技术融合，技术融合逐渐消除了不同产业之间的技术性壁垒，同时政府放松了经济性规制，政策性进入壁垒也降低了。在技术性壁垒和政策性壁垒逐渐消失的基础上，其他产业的企业为了获得范围经济和竞争优势，纷纷进入该产业与在位者进行竞争，不同产业的企业之间替代竞争加剧。第三阶段是产业融合阶段。原来不同的、分立的产业之间传统的边界模糊起来，甚至消失，出现产业融合趋势。陈柳钦（2006）认为，产业融合是社会生产力进步和产业结构高度化的必然趋势，是一种产业新范式，它拓展了产业发展空间，促进了产业结构动态高度化与合理化，进而推动产业结构优化与产业发展。李美云（2007）针对服务业产业融合的一些问题，综合运用产业经济学、第三产业经济学和管理学等相关理论，采用规范与实证相结合、历史和逻辑相统一、系统分析与个别剖析相联系的分析方法，对服务产业融合的"三W"问题进行了分析。

从当前的文献来看，多数研究的是信息业与相关产业之间的融合性（如周振华、植草益、胡汉辉、张磊等），没有涉及创意产业与其他产业的融合性研究，这主要和创意产业作为一种新兴的产业形态出现的时间并不是很长，因而不被大家所熟悉有关。但本书认为，随着创意经济时代的到来，人的创造性将成为投入要素。创意产业成为独立于其他产业，并为其他产业提供智力支持的新兴产业之后，创意产业与传统产业之间以及创意产业不同部门之间的融合性将更加明显，这将进一步拓展各产业的发展空间，带动经济发展和产业结构的优化升级。

二、创意产业融合的含义

根据产业融合的概念，我们可以把创意产业融合定义为：伴随着创意时代的到来，创意资源渗透到各个产业之中，创意产业与传统三大产业之间或创意产业内部不同行业之间的边界逐步模糊化，并在各自的边界处融合成不同于原来各产业的新型产业业态的过程。其中，创意产业与传统三大产业之间的融合称为创意产业的产业外融合；而创意产业内部各行业门类之间发生的融合称为创意产业的产业内融合，具体如图3-3所示。

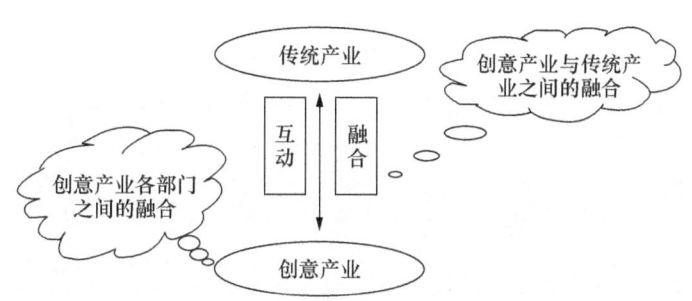

图3-3 创意产业融合性示意

（一）创意产业与传统产业在互动中融合

创意产业分为很多不同门类，2005年，上海市确定了"上海创意产业发展"的五大重点行业，分别是研发设计创意、建筑设计创意、文化传媒创意、咨询策划创意和时尚消费创意，涉及38个种类、55个小类。张京成（2006）对我国的创意产业进行了分类，认为我国创意产业可以分为工业设计类、影视艺术类、软件服务类、流行时尚类、建筑装饰类、展演出版类、广告企划类和运动休闲类八大类。其中,有很多创意产业部门与传统产业部门之间渗透性很强,产业融合现象明显。例如,一些在高新技术催生下的新型创意产业门类(基础软件服务、应用软件服务、互联网信息服务)的高速发展,就表现出对于传统文化产业的高度渗透性。网络信息技术的发展对于传统图书销售渠道的渗透就是一个典型的例子。随着网络的普及和迅猛发展,网络书店成了人们日常消费图书的重要渠道。网络书店可以在第一时间为消费者提供最新的图书情报,为消费者提供个性化的服务界面,同时可以大大节省购书时间,让消费者足不出户就可以买到图书。另外,由于网络书店可以省去在市中心租用门面的开支,成本更加低廉,可以给消费者提供更多的折扣,从而受到了众多学生顾客的青睐,China-pub、当当网成为众多消费者买书的首选,销售额逐年递增。但是,网络书店无法给予读者穿梭于书店之间的感受,无法让读者拥有翻阅新书的气息和感觉,也无法让读者体验在书店里信步闲逛、随手翻书的休闲和惬意。因此,网络书店与传统书店之间互为补充、互相渗透。虽然它们之间互相竞争,但是这种竞争是一种良性的竞争,特别是当同一家书店同时拥有门市和网络两种形态时,这两种不同的销售模式共同促进了图书销售业的发展。

还有一些创意产业门类,其价值实现更多的是以相关产业的产品为基础,这一类的创意产业主要是一些设计类的创意产业,如工业设计、建筑设计和服装设计等。当创意产业尚未成为独立的产业部门时,这些创意产业门类深入到各个传统产业之中,但仅作为第三产业中现代服务业的重要部分,并没有引起大家重视。当这些创意部分独立出来,成为单独存在的创意产业门类时,由于创意产品融合进了其他产业的产品,极大地提升了传统产业的附加价值,因而这些创意产业门类的发展便迅速带动了相关传统产业的发展。服装设计类创意产业的发展就和传统的服装产业有着密切的关系,其与传统的服装产业融合的过程从本质上来看就是为传统的服装产品附加文化创意内涵的过程。我国素来是"纺织服装之都",但是由于服装设计的落后,使我国的服装产业盈利率与欧洲各国之间的差距很大。随着消费者对于服装的款式、色彩、风格的需求越来越高,服装设计对于整个服装起着至关重要的作用,也使服装设计类创意产业与传统的服装产业之间的融合性进一步加强。通过服装设计类创意人员在服饰中加入新的流行元素和新的剪裁,使得传统的服装产业的附加价值更高,极大地提升了传统服装产业的收益率。

(二)创意产业内部不同行业门类之间的融合

随着信息技术的广泛应用以及生产方式的根本转变,创意产业不仅和传统产业之间的融合趋势日益加深,而且创意产业各个门类之间的界限也逐渐被打破,导致了创意产业各部门之间更多的渗透和融合，出现了"你中有我，我中有你"的特点，这就使得与买卖双方密切相关的"市场区域概念"转变为"市场空间概念"。传统厂商观念中的"有明确范围的竞争"也被一个纵横相交的、更加广泛的概念所替代。这些相关协调活动，既有竞争，又有合作；既在传统市场之内，又在传统市场之外。例如，在数字技术融合的基础上，创意产业的服务内容与应用的业务融合不断涌现出来。报纸、电视、音乐、杂志、体育及其他娱乐形式都使用同样混合多媒体的形式进入互联网。以数字融合为基础，传媒娱乐业各个产业之间相互融合，突破了产业分工的限制，使电信、媒体和信息技术部门得以寻求交叉产品、交叉平台以及收益共享的交叉部门，从而导致资源在更大范围内得以合理配置。同时，也给企业界的经营活动带来了巨大的商机。另外，创意产业中的有些门类之间也是互相融合的。如电影制作业本身就是由很多创意门类共同融合的结果，电影制作需要有艺术设计业人员、动漫设计类人员、表演类人员、电脑特技制造类人员、剧本创作类人员等的共同参与。

三、创意产业融合的实现基础

（一）创意产品具有应用价值

首先，创意产品具有应用价值是创意产业融合的基础。只有创意成果本身具有可用性，才能够被广泛地应用于其他行业中，能够转换为现实的生产力。也只有为利用方创造高于创意本身的价值，才能够产生良好的经济效益和社会效益，才有可能实现创意产业与其他产业的融合。事实上，创意产业与传统产业的融合就是建立在创意产品在传统企业中具有应用价值的基础上的。创意产品在传统企业中的价值主要体现在以下三个方面：①体现在对新产品的开发上。企业关于产品技术、工艺、材料、外观、结构、型号、性能、质量、色彩、包装等方面的创意生产过程，能够给企业带来"人无我有，人有我新"的产品，能满足消费者需要，从而能保证企业自身利益的实现。②体现在生产的组织管理与人力资源开发上，诸如在工业流程、工装设计、工具改进、设备管理、人员培训、考勤制度、奖惩制度、用人制度、资金管理等方面的创意产品，能充分调动一切积极因素，化解一切不利因素，以最小的投入获得最大的产出，尽可能地组织生产能力，为社会提供更丰富的物质财富。③体现在产品的市场营销上，包括市场开发、引导消费、广告销售等方面的创意产品，可以稳定和争取更大的顾客群，使传统企业生产的产品能够顺利实现其社会价值。

（二）价值链取代生产链

价值链的概念是1985年美国哈佛商学院迈克尔·波特教授在其著作《竞争优势》中首先提出的。他指出："每一个企业都是用来进行设计、生产、营销、交货等过程及对产品起辅助作用的各种相互分离的活动的集合。"任何企业的价值链都是由一系列相互联系的创造价值的活动构成,这些活动分布于从供应商的原材料获取到最终产品消费时的服务之间的每一个环节,这些环节相互关联并相互影响。波特认为企业价值链并不是孤立存在着,它存在于由供应商价值链、企业价值链、渠道价值链和买方价值链共同构成的价值链系统中,如图3-4所示。

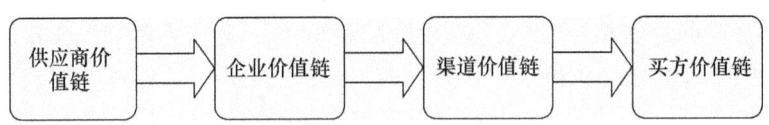

图3-4 价值链构成

传统产业是同类企业的集合,按照研发、生产、销售的一般流程来组织生产,通常形成了单向的生产链结构,彼此之间缺少横向联系,产业组织以垂直一体化为特征。但随着产业内部分工不断向纵深发展,其价值创造活动通常由多个企业共同完成,这些企业相互间构成上下游关系,共同创造价值。创意产业是具有明显知识经济特征和高度文化含量的一种产业,它将原创性的文化创意规模化、产业化,使之产生经济效益;它是以创意为核心,将抽象的文化直接转换为具有高度经济价值的产业。创意产业是为所有产业提供创意服务的产业群,在组织形态上,它打破了传统产业的界限,并与不同的产业发生关联,如第一产业、第二产业、第三产业均可与创意产业相互融合。创意产业是通过价值链的分配来组织生产流程的,从理论上来看,创意处于产业价值链的最高端,形成以创意为中心,生产、销售等环节为外围的同心圆的产业组织架构,各个环节之间具有反馈效应。只有当传统产业以价值链为核心来组织生产,才能使创意产业真正融合于其中,发挥创意资源在整个生产中的积极作用。

四、创意产业融合的内在机理:创意产业的特性与产业融合

(一)创意产品的非实物特性为创意产业的产品融合提供了基础性条件

创意产品是创意工作者创意的成果,具有明显的非实物性——既不会占据空间也不具有质量,这就决定了创意产品具有一定程度的叠加性,既可以叠加在实物产品之上,也可以在同一空间中进行叠加。通过这种叠加,可以实现创意产业与传统产业以及创意产业内部之间的融合。与创意产品不同的是,实物产品之间不容易发生叠加,只有当技术融合发展到能开发出具有不同实物产品的功能时才会发生融合。

(二)创意产品的非储存性特点推动了创意产业的融合

创意产品的非储存性使得创意产品不能与实物生产行业一样,通过实物产品

第三章 创意产业协调发展分析

的储存来缓解供求矛盾从而达到稳定生产的目的。实际上,创意能力的暂时过剩即意味着资源的浪费。通过与传统产业的融合,实现创意产品的实物化,可以增强创意产品的间接储存性。比如,将一些诸如电影、娱乐、音乐等创意产品叠加在一些光盘、纸张等实物媒介上,可以实现创意产品与实物产品的融合,达到间接储存创意产品、提高其利用率的目的。

(三) 创意产品的高技术含量为产业融合提供了技术基础

创意产业原本就是建立在科技进步的基础上的,因此创意产品也是具有高技术含量的产品,如软件业的发达为服装设计和建筑设计提供了更便捷的专业软件支持。高新技术的发展推动了创意产业与传统产业之间以及创意产业不同行业之间的技术融合,当技术融合发展到一定程度,就能够提供具有不同产业特点的产品。

(四) 创意产品的价值永恒性促进了产业融合的发生

创意产品被消费后,虽然它的物质载体会被损耗,但它的文化价值永不会被磨损。人们对创意产品的消费与其他商品和服务的消费不同,创意产品一般不会由于消费而贬值或质量下降。从本质上来看,创意产品的消费更多地集中在精神上而非物质上。大部分的创意产品由信息内容和物质载体两部分构成,如文化作品的内容是文字信息,工艺美术品的内容是美感的造型,而载体是纸张、印刷品、木材、丝织品、树根、贝壳等形形色色的物品。就大部分创意产品而言,其载体(如纸张)可能被消耗,但是它的内容价值可以供人们多次消费、反复享用。例如《红楼梦》和《梁山伯与祝英台》的故事源远流长,曾经感动过一代又一代的人,但故事本身并没有磨损,这就使得创意产品可以多次与不同的载体进行融合,将其产业链不断延伸。人们可以把古典小说再创造成戏剧、连环画、芭蕾舞、电视剧、电影、交响乐,或录制成CD、光盘等,从而在最大限度地挖掘创意产品价值的同时,也促进了创意产业与传统产业之间以及创意产业不同部门之间的融合。

(五) 创意产业生产过程的协作性也促进了产业融合

某些创意产品的生产过程只需要分散的个人劳动即可完成,如油画画家,他们可以在自己的工作室中进行分散的个别劳动。但是,更多的创意产品需要各种不同技能的专业人员共同协作,甚至不同分工的专业公司共同协作。好莱坞的电影产业便是一个突出的例子。在好莱坞,围绕着电影产业已经出现了大量各具特色的服务公司,有的专门提供特殊服装、化妆等服务,有的进行历史背景的制作,有的提供专门化运输,还有的进行特殊的音响制作等。这些公司有大有小,但是都以某一方面的专业特色而占有一席之地。这些企业大都是从好莱坞电影原有的那个庞大的生产流水线上裂变出去的独立行业,它们的出现对提高工作效率十分有利，也适应市场化运作的要求。因此，一个创意产品的产生，需要多方合作，这种合作既有创意合作，也有技术合作，还有服务合作，而这种不同部门、不同产业之间的合作过程促进了产业之间的融合。

五、创意产业融合的实现机制：价值链重构

（一）价值链和产业价值链的基本含义

价值链（Value Chain）概念最早是由美国学者 Michael E. Porter 于 1985 年在其著作《竞争优势》一书中提出的。波特认为："每一个企业都是用来设计、生产、营销、交货及对产品起辅助作用的各种活动的集合。所以这些活动可以用一个价值链表示出来。"按照波特的定义，价值是用户对企业提供的产品所支付的价格。价值用总收入来衡量，总收入则是企业产品的价格与销售数量的综合反映。如果用户愿意支付的价值超过企业产品所需的成本，则企业处于盈利状态；反之，则亏损。企业的价值创造是若干个"价值活动"构成的，这些活动可分为基本增值活动和辅助性增值活动两类：基本活动涉及产品的物质创造及其销售、转移给买方和售后服务的各种活动，包括内容后勤、生产活动、外部后勤、市场和销售、服务等；而辅助活动则是辅助基本活动并通过提供外购投入、技术、人力资源及各种公司范围的职能以相互支持。这些互不相同但又相互关联的生产经营活动，构成了一个创造价值的动态过程，即价值链。

其实，不仅企业内部存在着价值链，一个企业与其他经济单位的价值链也是相连的。也就是说，任何企业的价值链都是存在于一个由许多价值链组成的价值体系（Value System）中。基于此，学者 John Shank 和 Gowindarajan 扩大了价值链的范围，将价值链从企业层面拓展到行业范围，认为任何企业的价值链都包括从最初的供应商手里得到原材料直到将最终产品送到用户手中的全过程，这一过程的每一环节是相互关联并相互影响的。他们将价值链分为内部价值链、竞争对手价值链与行业价值链三种类型，同时将价值链分为三个层面：第一层面是上下游关联企业之间存在的产业价值链；第二层面是企业内部各业务单元构成的企业价值链；第三层面是企业内部各业务单元之间存在的运营活动链。尽管一个产业中企业的价值链可能会因为产品线的特征、买方、卖方、地理区域或分销渠道的不同而有所区别，但是同一产业的企业在产业层级上均有相似的价值链。

产业链是在产业分工基础上形成的包含上下游关系和横向关联的产业网络。我国学者郁义鸿（2005）把产业链定义为"在一种最终产品的生产加工过程中——从最初的自然资源到最终产品到达消费者手中——所包含的各个环节所构成的整合的生产链条。在产业链中，每一个环节都是一个相对独立的产业，因此，一个产业链也就是一个由多个相互链接的产业所构成的完整的链条"。而产业价值链便是产业链中的各个企业在价值活动过程中衔接而成的价值活动链,通过这一衔接,使得整个产业链所造的价值远远超过各个单独企业所创造的价值之和。在产业价值链的分工中,每个企业都从事着产业的一项或几项价值增值活动,并根据协作体系和自身的优势,调整与产业价值链中其他企业的关系,使得整个产业价值链处于一个动态的变化中。

通过以上分析,可见产业价值链是产业链价值创造过程的反映,它以价值链理论为基础,从整体角度分析产业链中各环节的价值创造活动及其影响价值创造的核心因素。因此,通过对产业价值链的剖析,可以发现产业链的经营战略和竞争优势,对企业识别外部竞争环境,发现价值增值点,制定相应的竞争战略有着重要的意义。

(二)产业价值链中的价值创造和实现机制

1. 通过产业链上各价值活动的分解、重组,构建畅通的价值通道

产业价值链通过打通产业链上各企业的价值链,破除企业之间的价值壁垒,并由一个一个的连结点把各价值链衔接起来,形成一个畅通的、统一协调的价值链系统。在这一过程中,通过价值链的重构来构建产业价值链新的价值通道。在这一价值链解构和重构过程中,通过价值活动的重新归类和整合,可以大大地增加各价值活动的价值创造能力,并通过统一布置和规划,理顺各价值链之间的关系,协调各企业的价值活动,使产业链整体创造价值远远超过各单独企业所创造价值的总和,使传递通道更畅通,更便利产业链价值的实现。

2. 借助于企业间的价值联结点,实现产业链价值活动的整合

作为一个由各个组成部分相互联动、相互制约、相互依存构成的有机活动系统,产业价值链可以通过影响各企业间的价值连结点,来实现产业链价值整合的最大化。当执行某个企业价值链的效益影响到其他企业价值链的效益的时候,企业间的价值连结点就会变成价值决策点,并造成原本应该最大化效果的个别价值链为了整体产业价值链的效果最大化,出现取舍效应,从而达到整合整条产业链价值的效应。产业价值链上各企业价值链之间具有协同效应。产业链战略整合各企业的价值链,衔接各企业的价值链,创造价值和竞争优势。

在一个产业链中,每个企业的价值链包含在更大的价值活动群中,产业链按照产业价值链组织各企业的价值活动,从而实现整个价值链的价值创造和实现。产业价值链的形成正是在产业链的结构下遵循价值的发现和再创造过程,充分整合产业链中各企业的价值链,持续地对产业链价值系统进行设计和再设计,而产业融合的过程本质上就是这种产业链价值系统的设计和再设计过程。

(三)创意产业融合的实现机制:价值链重构

创意产业融合的过程,实际上是在对原有产业价值链进行解构的基础上,新

型融合型产业价值链形成的过程。在这一过程中,新的产业价值链在保留原有价值链优势的基础上,赋予价值链更丰富的内涵和更多的价值增值环节,从而使产业链的附加价值更大,推动了原有产业的进一步发展。

1. 创意产业融合的形式

创意产业融合的形式一般有产业渗透、产业延伸和产业重组三种。产业融合的方式不同,表现的形式也存在着差异。一般来说,产业外融合,即创意产业与传统产业之间的融合,多数是通过产业渗透、产业延伸的形式表现出来;而产业内融合,即创意产业不同类别之间的融合则更多的是以产业重组的形式表现出来。

(1) 创意产业的产业渗透融合。这种形式的产业融合主要表现在创意产业部门的价值链全面渗透到一些传统产业中,从而构建出融合多个产业价值链的新型产业体系。发生这种融合类型的创意产业门类主要是一些和传统产业生产运行关联比较大的创意产业门类,如工业设计、建筑设计、时尚设计、广告设计、商标设计、企业形象设计、动漫设计等部门,这些行业原本局限于本企业和本行业之内,只为本企业和本行业服务,并没有成为独立的产业。而当经济发展到一定阶段,其重要地位逐渐凸显出来。市场基础形成之后,才逐渐分离成独立的产业,成为第三方服务提供者。这种分离,一方面有利于突破传统产业的原有束缚,更充分地发挥想象,扩大创新空间;另一方面可以突破为本企业服务的局限,有利于向其他行业、企业渗透,既获得规模经济效益,又提高了其他行业的附加价值。这些创意产业部门向传统三大产业的渗透,是通过把其自身的价值链嵌入到原有传统产业的价值链中的方式来实现的,不仅保留了原有产业价值链的相关内容,还嵌入了新的价值链环节,增加了原有产业的价值链内涵,因此能提高原有传统产业的附加价值,使得传统产业具有更强的产业竞争力。如"刻字西瓜"便是创意融入传统农业中的新型产品。普通的西瓜销售并不能创造大的经济效益,通过在西瓜皮上刻上吉祥话语和可爱图案,一个普通的下岗职工一个夏天便卖出了10多吨的西瓜,创造了西瓜销售的奇迹。创意产业渗透到制造业领域,也是提升制造业附加价值的重要途径。我国是世界上最大的制造国,但"世界制造工厂"并没有给我国的制造业带来足够的利润。以玩具制造为例,我国本是最大的玩具制造国,全球75%的玩具由我国制造,但是,芭比娃娃在美国卖到10美元,而在中国加工后的离岸价却只有2美元,其中原料费、运输费和管理费又去掉了1.65美元,最后剩下的0.35美元才是实际的加工所得。因此,如何将创意融入传统制造业中,实现产品创新、设计创新、营销创新,打出品牌效应乃是我国制造业的根本出路。正如北京大学王缉慈教授所说:"只要有理想的创业环境,创意产业在今后将能够带动制造企业的升级换代。"在各国,创意产业中的动漫产业对于传统产业的渗透也比较明显。如美国迪士尼公司的"米老鼠"已渗透到玩具、服装、文具等产业里,形成了数十亿美元的大产业,同时也大大提高了那些传统产业的附加值。

(2)创意产业的产业延伸融合。这种方式的产业融合,主要表现在创意产业对于其他产业或者创意产业之间产业链的延伸,通过强化或附加原有产业的功能来实现融合。创意产业在通过产业延伸实现产业融合的过程中,会不断地催生出新的衍生产品,从而促进产业链的拉长和拓宽。银行理财咨询服务的开展便是咨询业融入银行业中,促进银行业产业延伸的例子。银行理财咨询业务极大地拓展了银行业的发展空间,延伸了银行业的价值链。另外,"哈利·波特"也是一个典型的例子。哈利·波特最初只是由英国的单身妈妈凯瑟琳·罗琳在咖啡馆的创作,原本是充满想象力的科幻故事,其最初的作品得到了英国国家图书奖、儿童小说奖以及斯马蒂图书金奖章奖,在得到大家的好评后,罗琳相继出版了7册《哈利·波特》图书。如果不存在产业融合,哈利·波特也只会是图书市场的神奇,但图书产业与许多其他产业融合,使哈利·波特出现了很多衍生产品。首先是与电影产业相融合,相继出现了8部《哈利·波特》系列电影,全球累计票房77亿美元,其中第8部实现了13.4亿美元的高票房,另有4部票房均超过9亿美元。随着电影的热播,又出现了上百个哈利·波特网站,成千上万种哈利·波特商品,其中包括电影海报、音像制品、各种玩具、邮票、纪念品、电子游戏等与电影有关的衍生产品,在业内被称为电影"后产品"。现在,哈利·波特腕表、哈利·波特衬衫又在市场上极为流行。据统计,随着《哈利·波特》系列小说、电影和其衍生商品在全球的热卖,"哈利·波特"这一品牌估计已经突破10亿美元,其带动相关产业的经济规模超过2000亿美元,其中,衍生产品的收益占到总量的70%以上。可见,哈利·波特凭借其强大的品牌优势,通过授权、特许等方式进入了电影、玩具、食品、礼品等各个领域,通过这种"滚雪球"式的产业延伸战略拉长了产业的价值链,使得哈利·波特的价值得以多次挖掘,创造了商业奇迹。

(3)创意产业的产业重组融合。这种类型的产业融合主要是采用产业重组的方式,通过产业价值链的重新整合,形成新的价值通道,构筑出新型的融合性产业。这种融合方式主要是通过解散不同产业的价值链,形成一种混沌状态的价值链条网,然后将各价值链的核心增值阶段摘录出来,构建一条新的价值链。这种方式的产业融合多数出现在具有高科技含量的创意产业门类中。如传媒产业和电信产业的融合就是以这种方式进行的。传统电信产业的价值链由网络提供、传输、基本和增值电信服务、客户关系管理和销售等环节构成。传媒产业则由内容创建、内容集成、内容分发等环节构成。当两大产业发生融合时,两大产业的原有价值链被打破,整个具有内在逻辑关系的价值链解散为一个一个的独立环节,其中属于电信产业价值链中的传输和增值电信服务环节、传媒产业价值链中的内容创建和内容集成环节被摘录出来,重新构建为一条新的融合型产业的价值链,完成产业融合的过程。

2. 创意产业融合的过程:价值链的重构

从价值链角度来看,创意产业融合的过程就是原有价值链在加入创意元素后的重构过程。根据融合类型的不同,其价值链的重构程度也存在着差异。产业渗透方式的融合是创意产业全面嵌入到原有产业价值链的过程,是对原有价值链的补充,因此对原有产业价值链的影响相对比较小。产业延伸方式的融合是在保留原有一部分产业价值链的基础上,对其中的一些价值链环节进行重新整合,因此较之第一种方式的融合,对价值链的影响相对高一些。而产业重组式融合则是在打破原有产业价值链的基础上,将原有各价值链的增值阶段摘录出来,构建一条新的价值链,因此,这种形式的融合对价值链的影响最大,是对原有价值链打破混沌状态的重建。

(1) 创意产业渗透型融合的价值链重构。这种类型的融合是将创意渗透到原有产业中,使得原有产业价值增值,以增加原有产业附加价值的融合方式。在这种方式的融合中,原有产业的价值链环节被基本保留并发挥作用,但随着创意产业的融入,现有价值活动并不是简单地集中,而是以一个有序的集合予以集成,从而达到重构价值链的结果。以广告创意产业对于传统的制造业渗透为例,传统的制造业企业价值链一般由研发、制造、物流、营销和服务这五大环节构成,广告创意产业向传统制造业融合主要是通过广告创意公司向制造业企业提供广告创意设计来实现。这一过程意味着传统企业把广告营销作为价值链组成部分之一,通过优秀的广告设计来增加产品的附加价值,提高公司的利润,这样新价值链不但保留了原有价值链的核心价值活动,还融入了新的广告设计产业价值链的核心环节。新价值链并不是原有制造业价值链的核心环节与新的广告设计产业价值链的核心环节的简单加总,而是相关价值活动的有机整合,在这一过程中,价值链被重新构造。这种渗透型融合过程有两个阶段,即原有价值链的分解和新的价值链的重构。一般而言,企业会根据核心竞争力和各环节的价值增值能力来进行价值链的截取或舍弃,从而完成产业价值链的整合和重构。

(2) 创意产业延伸型融合的价值链重构。如前所述,创意产业以产业延伸方式互相融合,衍生出众多的融合产品和服务,从而能够拉长产品和服务的生命周期,延伸产业的价值链,实现价值链的重构。以电影产业为例,传统意义上的电影产业指的是电影从制作到发行再到放映的过程,其价值链包括市场化投资、工业化生产、商品化发行和消费化放映这四大部分(见图3-5)。但电影产业与传媒产业、娱乐产业的融合，使电影产业的价值链得以延伸，拓展至传媒层面和娱乐时尚层面。

图 3-5 融合前电影产业价值链

由于电影业与传媒业、娱乐业的融合，电影产业的价值从银幕层面延伸到了传媒层面和娱乐层面，如图 3-6 所示。传媒价值主要是电影延伸到传媒产业中产生衍生产品所带来的价值，包括电视收入（通过将电影出售给中央电视台及各省市电视台的电影频道来实现）、电影音像收入（将电影录制成录像带、VCD、DVD 等产品所获得的收入）、电影图书收入（电影报刊、图书、漫画、海报收入）和其他收入（网络、短信、彩信、动漫、游戏收入）。娱乐价值是电影延伸到娱乐产业中而带来的延伸价值，包括从纪念品、玩具、影视城、主体公园、俱乐部等衍生商品中所获得的价值。电影层面的价值往往只占总的电影产业价值的

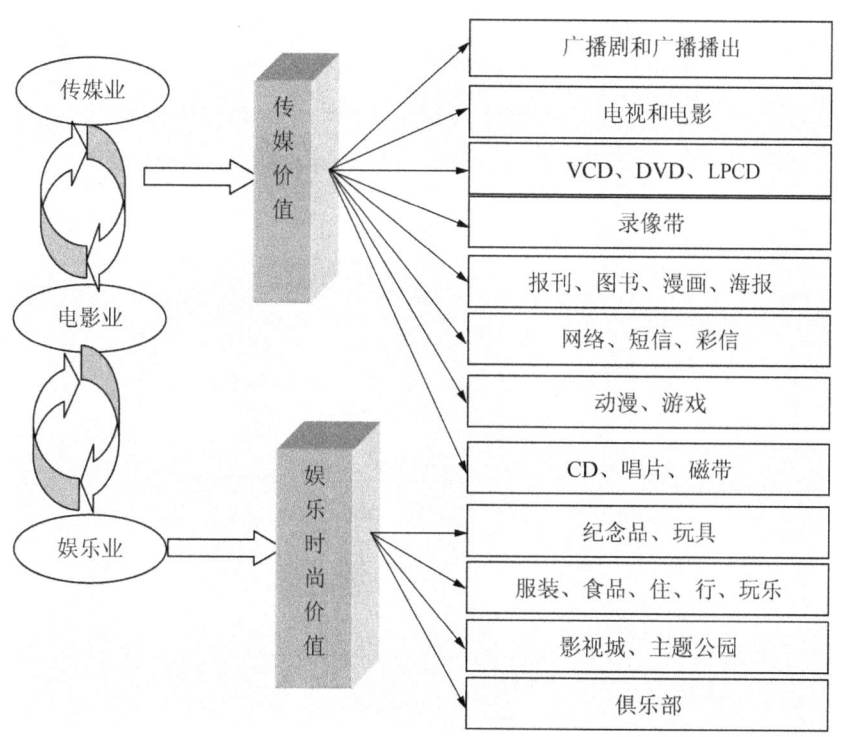

图 3-6 电影产业融合后的延伸价值

20%，而传媒层面和娱乐时尚层面的价值占到80%左右的份额。美国好莱坞有一个"火车头理论"：电影作为"火车头"，它本身可以不赚钱，但它可以融入其他产业中，通过其他衍生产品的收入获得延伸价值。所以，好莱坞电影业成功的秘诀之一就是利用电影的示范效应带动相关产业的发展，通过产业融合获得更大的收益。

（3）创意产业重组型融合的价值链重构。该种类型的融合是建立在对不同产业部门的传统产业链进行分解的基础上的，那些技术上和经济效果上可以分离的价值活动首先被逐一分解出来，分解的程度依赖于这些活动的经济性和技术性，分解的一部分价值链被保留下来，这些价值链一般对于产业的竞争力有着很大的影响，是该产业中最优或核心的价值链环节；然后，这些不同产业的价值链进行重组，将原有产业的价值链要素结合成具有互补性的价值增值环节，从而创造更多的融合价值。这里依然以媒体产业和电信产业融合为例（见图3-7），当发生融合时，这两大产业的价值链环节都被一一分解出来，形成一个混沌的价值网。在融合的过程中，通信产业链中原来的"基础和增值服务"环节与传媒产业中的"内容创造"环节被摘取出来，整合为新的融合产业中的"内容/服务创

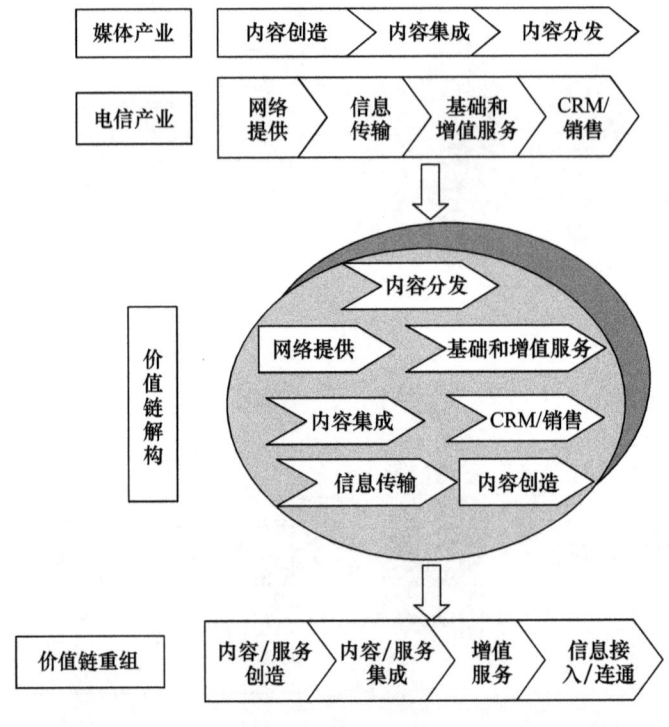

图3-7 媒体产业与电信产业融合下的价值链重组

造"环节和"增值服务"环节,而传媒产业中的"内容集成"环节则在新的产业价值链中重组为"内容/服务集成"环节,通信产业中的"信息传输"环节被重组为"信息接入/连通"环节,而且整合后各价值创造环节的链接方式和关联关系都按照新的产业特征进行了相应调整,使原有各产业的核心价值创造环节都能集合到新的价值链里。

由于这条新价值链融合了原有产业的核心价值增值环节,使得传媒产业和电信产业的核心能力和体系得以转移到新的融合型产业中,原有的价值链得以重构。

六、创意产业融合对产业结构的影响

(一)新型交融产业的出现

产业融合是产业之间呈现出的相互交融、相互渗透的关系,它可以促使一些新兴产业的涌现。产业融合的一个关键特征,是在原有的产业范围内派生出比现在种类多得多的服务。也就是说,产业融合在一定意义上表现为产业边界的相互交叉与部分重叠,形成一种与以往完全不同的新型产业。这种新型产业不是原有若干产业的简单组合或归并,而是一种在原有产业有机整合基础上的重新分工。

传统三大产业的划分思路早已无法准确表达和体现国民经济活动的内在过程。在20世纪90年代,很多学者就认识到传统产业之间的交融可以产生出新的产业类型。如农业和旅游业之间的融合产生了农业旅游业、工业和旅游业之间的融合产生出工业旅游业。再如,由于现代农业的耕种更加机械化,现代农业和机械工业之间的联系也越来越密切,因此还有学者将新兴农业称为1.5次产业(即介于第一产业和第二产业之间的产业),这些都体现出传统产业之间的融合性。随着高新技术的发展,产业融合还促使各种高新技术如生物工程、信息技术、超导技术扩散到传统产业,导致高新技术产业与传统产业之间的边界模糊,甚至消失,引发传统产业的分化、解体和重组,形成一系列新兴产业,包括生物材料、生物能源、生物机械、生物食品、宇宙能源、生物陶瓷、光学电子、航空电子等产业。比如,金融业与一些先进的网络技术结合,促进了网络银行业、网络证券业、网络保险业等的出现,从而改变了传统意义上的产业划分。

随着创意时代的到来,创意产业与传统产业的融合性以及创意产业不同部门之间的融合也推动了一些"新兴交融产业"的出现,如电影旅游业、视觉产业、知识服务业等。电影制作产业依赖于人的创造力,创意无疑是电影产业发展的不竭动力和源泉,电影产业的创意说到底是对现实提出的问题的创造性回答,因此电影业在各国都被归入到创意产业的范畴。在我国，电影业也被归入到文化传媒创意类。电影旅游业是典型的创意产业与传统产业融合的产物，电影业和旅游业之间的产业融合，更多表现为一种合作性互补关系。电影旅游不仅可以促进当地旅游业的发展，还可以增加人们对电影的关注。参观主体公园就是电影旅游的重要手段之一。迪士尼电影的热卖使得迪士尼的动画形象深入人心，也带动了迪士尼乐园的红火。2005 年，美国迪士尼公司与中国香港政府合作的香港迪士尼乐园开幕，虽然耗资巨大，但 40 年后预计将为香港带来 1480 亿港元的可观收入。实际上，从中国内地以及东南亚地区的经济状况来看，收入很可能会远远超过预估。

（二）传统产业附加价值的提升和产业创新的出现

产业融合往往可以提升产业的附加价值，带来产业绩效的提高和巨大的经济增长。早在 1988 年，俄方索和赛委托（Alfonso and Salvatore）在研究中就发现，20 世纪八九十年代，计算机、通信、半导体以及其他电子产品发生了较明显的产业融合。与其他产业融合不明显的产业相比，该产业的绩效得到了明显提高，产业绩效与产业融合存在着正相关关系。创意产业与传统产业的融合也可以通过增加传统产业附加价值的方式来提高传统产业的绩效。根据施振荣先生提出的"微笑曲线"，产业的生产环节附加价值最低，而在研发、设计环节和销售环节的附加价值很高。因此，好的产品设计方案和销售方案等能够很大程度地提升产品附加价值。正如英国设计家保罗·雷莱斯所指出的："在一个竞争性增长的世界上，工业化国家进入几乎用同样的原材料生产同一类产品的阶段，设计便成了决定性因素。"

随着社会经济的发展，消费者需求的多样化，对产品的消费已经突破了功能性消费的范畴，拓展到对产品外观、品牌、包装以及产品所传达的品位、观念、感情、故事等观念价值和视觉价值上。同样一件产品，在功能、制造成本相同的情况下，可以因为设计的差异而导致售价相差数十倍。据有关资料统计，在创新产品中，设计所创造的价值占产品总价值的比例低于 5％，因为新产品的技术含量高；但改良的产品中，设计的价值约占总价值的 15％；在以设计占领市场的服装、皮具等行业的名牌产品中，设计的价值占到 80％以上。一件国产的普通 T 恤只能卖到 50 元，而加上国外知名公司 Logo，经过特殊设计后的 T 恤却可以卖到上千元，可见产品设计在增加产品附加价值中的重要作用。同样，精心设计的广告创意也可以大大增加传统产品的收益。农夫山泉公司以"为消费者提供健康饮用水"为广告核心，一句"农夫山泉，天然的弱碱性水"让消费者感受到该产品饮用水的品质，也使得农夫山泉在饮用水市场竞争激烈的环境中得以立足。这些无一不体现出工业设计、广告设计等创意产业部门对提升传统产业效益的重

第三章 创意产业协调发展分析

要性。设计类创意部门通过为传统产业提供创意支持的方式融入到传统产业中去，为传统产业提供更加美观、个性化、符合自身品牌的产品外观和样式，为传统产业提供能够反映产品自身特色、吸引消费者眼球的广告服务，极大地提高了传统产业产品的附加价值，促进了传统产业的进一步发展。

同时，创意产业与传统产业的融合还可以直接促进传统产业的创新，成为传统产业创新的重要方式和手段。创意产业是建立在高科技基础之上的，具有广泛的关联性和较高的成长性。与传统产业之间的产业融合，有利于新的创意和新技术扩散到传统产业，影响和改变传统产业的生命周期、市场竞争状况及其价值创造过程，从而改变传统产业的核心竞争力，提高技术水平，促进产品的更新换代，实现产业创新。创意产业与传统产业之间的融合趋势，使得产业之间的边界模糊以致消失，形成共同的技术基础，从而促使传统产业过渡成为富有创意和高技术含量的产业，实现产业创新。

本节主要分析了创意产业的融合性问题。一方面，创意产业和传统产业之间互相融合；另一方面，不同创意产业部门之间也出现了融合的趋势。创意产业的融合性是建立在创意产品具有应用价值以及价值链取代生产链的基础上的，而创意产业与传统产业的融合以及创意产业之间的融合也会给产业结构产生一定的影响。本节还从创意产业和创意产品的特征剖析了创意产业融合的内在机理，同时认为创意产业融合是通过价值链的重构机制来实现的。

第三节 创意产业成长与产业结构优化升级

转变经济发展方式、推进产业升级是我国新一轮经济发展的重要任务，这一任务的核心在于优化产业结构和提高附加值。在此背景下，创意产业将无可争议地成为新的经济增长点。把发展创意产业作为提升产业结构的重要途径，运用创意来提升传统产业的附加价值正成为众多国家和地区新的发展思路。如新加坡政府将创意产业定为21世纪的战略产业，并出台了《创意新加坡》计划。2002年，新加坡成立了创意工作小组，专门分析创意产业的现状、确定发展战略和政府的对策。这些政策都极大地促进了新加坡创意产业的发展。英国的"数字内容行为计划"旨在将数字内容产业产值提升至GDP的10%。而在上海，随着创意产业的迅速发展，上海市政府也采取措施，积极推进创意产业的发展，希望借助创意产业的发展提升城市功能，实现经济发展方式的转变和产业结构的高度化发展。

一、创意产业成长与产业结构升级的互动机制

(一)产业结构调整为创意产业的成长提供契机

在产业结构调整和升级过程中,传统产业的相关企业为了企业生产和成长的需要踏上了向其他相对落后地区转移的道路。如在我国长三角地区,很多上海的棉纺织企业就把生产基地转移到江苏等地,希望利用江苏人力成本和土地价格低廉的优势进行生产,提高企业的综合竞争力。浙江的一些民营企业也把公司的主要生产基地转移到浙江"西部地区"①,一方面为了开拓市场,提高市场占有率;另一方面也为了利用这些地区劳动力价格低廉的优势来组织生产。陈建军(2002)认为,由于经济发展的落差形成的劳动力成本和土地成本差距,将在某区域内丧失比较优势的产业转移到具有比较优势或将要获得比较优势的区域,既有利于欠发达地区的工业发展,又有利于发达地区产业结构的升级,产业转移带来的结果是"双赢"的。

从各个国家创意产业的成长来看,传统产业的外移为创意产业的成长提供了空间基础。世界上很多大城市的创意产业常常萌发和集聚于已淘汰的旧厂房、旧仓库里。例如美国曼哈顿的"苏荷"(SOHO)②,原是纽约的工业区之一,遗存有50多幢由独特精致铸铁工艺构建的小工厂和仓库。第二次世界大战结束后,纽约制造业衰落,这些工厂大批关闭或外迁,许多房屋空置破败,一批艺术家将其改造后作为创作、展示和经营文化艺术的场所。政府原本打算在此开路和建房,但遭到艺术家和民众的反对,1969年,政府宣布取消以前的计划,并于1973年把"苏荷"定为保护区。纽约政府在新的城市规划中明确规定:"苏荷"是以艺术品经营为主,辅以餐饮、旅游和时装设计的历史文化景区。政府的政策指引使众多的艺术家纷纷入住"苏荷",促进了纽约创意产业的成长壮大。英国伦敦的泰德现代艺术馆也是由原来的发电厂改建而成的。经过4年多的发展,这里成为吸引全世界最多的美术馆和英国文化创意产业发展的典范。

中国最大的城市——上海创意产业的成长也是和传统产业外移有着密切的关系。近年来,上海快速上涨的土地成本、人力成本使得上海制造业成本大大增加,比较优势下降,很多制造业企业濒临破产,它们看到外地和郊区成本低廉的优势,纷纷踏上产业转移的道路。随着这些制造业企业向郊区和外地转移,位于市区的很多制造业厂房开始闲置起来。而位于市中心交通便利和老厂房租金便宜的优势吸引了许多艺术家,他们租用了这些房屋加以整修改造,使其变成了工作

---

① 浙江省内的经济欠发达地区,包括丽水、衢州的部分地区以及温州地区的文成、泰顺等县,被称为浙江的"西部地区"。

② SOHO 即 South of Houston Street 的缩写。

室、展览馆、艺术馆（见表3-2）。这些"外形不变内涵变"的制造业厂房为上海很多创意企业的成长提供了空间基础。如苏州河南岸半岛地段莫干山路50号，有一群高大的老厂房，原来是棉纺厂、毛纺厂、面粉厂等，按原来制定的城市规划，这些厂房必须拆迁用来建造高层住宅楼。在规划还没正式实施之前，许多艺术家看到了这里宽敞的空间、廉价的租金，于是在不改变厂房框架结构的基础上，按照现代办公环境重新设计，将其改装为工作室和艺术作坊。老工厂的氛围、现代化的功能、漂亮而环保的环境，吸引了境内外几十家设计公司云集于此，一个新的文化创意产业园区在此形成，成为上海有名的"SOHO"之一。另外，卢湾区泰康路210弄的"田子坊"，是上海市建立最早、最有影响力、知名度最高的创意产业基地，这里原本是20世纪30年代典型的弄堂工厂群，由上海食品工业机械厂、上海钟塑配件厂等六家工厂组成。20世纪90年代由于产业结构调整，很多工厂已经倒闭和转移。2000年初，英国女设计师克莱尔对六家弄堂工厂进行了重新设计，将其改建成都市型工业楼宇，经济和实用性吸引了大批的艺术家来此。目前，已吸引了来自澳大利亚、美国、法国、丹麦等18个国家和地区以及国内的102家中外创意企业入驻，就业人数达780余人，已被媒体称为上海视觉产业的"硅谷"。事实上，这种三不变（房屋产权不变、房屋建筑结构不变、土地性质不变）的产业置换思路，不仅体现了历史文脉与现代文明、城市过去与未来发展的传承，实现了经济效益和社会效益的"双赢"，而且还影响和带动了周围地区的发展，进一步改善了城市环境，提升了城市功能。

表3-2 部分上海创意产业集聚区所属的原先的制造业厂名

名称	原有厂房
田子坊	上海食品工业机械厂、上海钟塑配件厂等六家工厂
M50	上棉22厂、国毛20厂、春明粗纺厂
八号桥	上海汽车制动器公司
时尚产业园	上汽集团离合器总厂
卓维700	上海针织袜厂
天山软件园	上海双鹿冰箱厂
传媒文化园	上海窗钩厂、上海航空设备厂
乐山软件园	上海新丰色织厂
虹桥软件园	上海经昌色织厂
周家桥	亚洲电焊条厂
设计工厂	上海面包厂

无疑，传统产业的外移为创意产业的成长提供了空间基础。创意产业的发展除了与个人素质、修养密切相关外，还与所处环境有关。不同文化的交流、借鉴与融合往往更易于新创意的萌发。而老厂房、旧仓库形成的氛围容易引发想象力和创造力，其内部由艺术家改造后，反映原建筑美学特征的砖石墙体、屋梁架构被保护起来，同时又将现代材料和设施设备以艺术手法安置其中，于是历史与未来、传统与现代交融在一起，为创意产业的发展提供了独特的环境和氛围。对此，厉无畏（2005）也颇为认同，他认为，许多创意产业之所以会集聚于旧厂房、旧仓库，不仅仅是因为租金较便宜，又地处市中心，更重要的是这些老厂房、旧仓库能勾起人们的回忆，其敞露的屋梁构架引人遐想，不知不觉促成了一种思维的构架，加之老厂房、旧仓库开阔宽敞，可随意分割、重新布局，因此颇受艺术家的青睐。

（二）创意产业的发展是提升产业结构的重要途径

2006年3月5日，温家宝在十届全国人大四次会议上作《政府工作报告》时提出，要把"着力提升产业层次和技术水平与推进部分产能过剩行业调整"作为当前产业结构调整的两项重要任务。他指出，要在一些重要产业尽快掌握核心技术和提高系统集成能力，形成一批拥有自主知识产权的技术、产品和标准。《"十一五"规划建议》中也明确提出"要把增强自主创新能力作为调整产业结构、转变经济增长方式的中心环节，加快发展先进制造业，努力掌握核心技术和关键技术，提升产业整体技术水平，加快发展服务业"。这就肯定了创意在当前我国产业结构调整过程中的重要性，为我国大力发展创意产业提供了政策支持。

1. 创意产业是提升传统产业附加价值的途径

产业结构调整的关键之一就是如何提高传统产业的附加价值，实现经济发展方式的转变。传统的产业发展模式主要注重有形资源和客体资源的开发利用，驱动其发展的主导要素往往集中于自然资源、土地、资金、机器等。近年来，制造业竞争的加剧和资源的稀缺，使得传统制造业产品附加值非常低。以上海为例，虽然近年来上海一直在进行产业结构调整，但就制造业总体而言，其增加值率仍然徘徊于27%左右，远低于发达工业国家的水平，因此，如何提高工业附加值成为城市产业升级的关键。

创意产业可以从以下三方面提升传统产业的附加值，实现经济发展方式的转变：①通过提供最新的技术来提升传统产业的附加价值。创意产业强调以科学技术为支撑，掌握核心技术和系统集成能力，强调人的创造性这种无形资源和主体资源的开发和利用，因此积极发展创意产业可以建立面向市场的产、学、研三方资源相结合的技术创新体系，进一步淘汰落后的生产能力，从而提升产业的附加价值。②通过产品设计的创新和营销手段的更新来提升产品的附加价值。产品的价值包含使用价值和观念价值两部分。随着需求的个性化和多样化发展,消费者对于产品的需求不仅要满足生理需求的产品的内在属性,而且更关注于产品的外在包装、产品形状所带来的美观感受。根据日本日立公司的调查显示,每增加1000万元的销售收入,来自工业设计的贡献率高达52%,而来自技术改进的贡献率仅占21%。设计创意企业可以通过向传统企业提供设计技术支持来提升产品的附加价值。另外,广告公司和咨询策划公司也可以为传统企业提供符合企业本身特征的营销策划,从而促进企业效益的提高。③通过产业融合提高传统产业的效益。创意产业是附加价值很高的知识化、智能化的产业,并且具有高渗透性和高辐射性的特点,因此,创意产业可以通过与其他产业相融合的途径来带动传统产业附加价值的提升。目前,创意产业已和很多传统产业实现了产业融合,例如,当前的"工业旅游"、"农业旅游"的创意,就是把旅游业和传统的农业、工业相结合起来,极大地提升了这些传统产业的附加价值。

2. 创意产业通过对传统产业的改造,拉长了传统产业的价值链

创意产业还可以通过对传统产业的改造,以延长产品生命周期的形式拉长产业价值链,为传统产业创造更多的经济价值。创意产业具有一次投资、多次收益的特点,这意味着创意产业可以无限延伸,产生很多相关的延伸品。在科学技术发达的现代社会,很多创意的价值得以实现,企业可以突破原有的产业界限,在产业链上积极向上游或下游方向延伸,从而获得新的价值。这一方式最典型的案例是美国的迪士尼公司。迪士尼原先是一部全球知名的儿童电影,在当今电影市场竞争激烈的形势下,迪士尼为了使品牌的生命周期得以延伸,不时地开发后续产品。从电视、音乐CD、玩具、服饰到后来的迪士尼主题公园和迪士尼商店,通过开发众多的延伸产品,迪士尼公司运用这个品牌实现了多次利润的挖掘。

3. 创意产业通过对传统产业的转换机制,促进传统产业自身的结构调整

冯子标(2005)认为,创意文化产业对传统产业具有转换机制。随着创意文化产业的发展,资源逐步从传统产业流入创意产业,从而会加剧传统产业之间的竞争,促进传统产业内部自身的结构调整,达到移花接木的效果。创意产业对传统产业的转换机制主要表现在以下三个方面:①创意产业的发展吸引了资源从传统产业进入创意产业,推动了产业结构调整。新兴产业的兴起,必然意味着相关产品的成本低,投资回报率高。在自身价值最大化的目标驱使下,处于传统产业的资源就会流向新兴产业。创意产业作为新兴产业,其发展必然需要资金、劳动力、土地等资源,这些资源一部分来源于传统产业的增量资本,另一部分来自传统产业的存量资本。增量资本投向的变化意味着产业结构调整的变化方向,存量资本的投向变化则意味着传统产业内部结构的调整。②创意产业的发展促进了社会分工,引发了传统产业的结构调整。一方面,创意产业的发展促进了社会分

工，使传统产业产生了更多的创意需求，从而推动了产业结构的调整。比如制造业在产品设计方面产生了新的需求，企业可以把某一段工序独立出来进行专业分工或者业务外包，广告业、设计业就由此衍生而来。另一方面，创意文化产业促进了传统产业内部分工，甚至产品分工，从而优化了传统产业内部结构。③创意产业的发展使非物质要素创造价值的理念得以发扬，从而推动了社会经济资源由单纯的物质资源向物质资源和非物质资源并重的转换，带动了产业结构的调整。

二、创意产业推进产业结构优化升级的实现机制

（一）创意产业对传统产业生产函数的改变

传统产业的产出主要是资本和劳动力的函数，创意产业的出现通过三个途径带来了传统产业生产函数的改变。①创意产业建立在高新技术基础上，往往以高新技术的面貌出现，因此与传统产业的融合会带来传统产业的技术进步和生产函数的改变，使得传统产业在原有生产要素的状态下，提高系统的产出，从而促进产业结构的升级。②由于创意产业强调无形资源和主体资源的开发和利用，因此创意产业与传统产业的融合，可以促进创意作为一种生产要素融入到传统产业的生产函数中并发挥重要的作用，从而促进传统产业生产函数的改变，提高软驱动要素在产出中的积极作用，促进产业结构的"软化"升级。③从创意产业的本质特征可知，创意产业强调以科学技术为支撑，强调的是创造性，开发具有自主知识产权的技术、产品和标准。因此，创意产业与传统产业的融合会大大促进传统产业的创新。熊彼特在《经济发展理论》一书中就认为，从内涵看，所谓创新就是"建立一种新的生产函数"，也就是实现生产要素的一种从未有过的"新组合"。简言之，创新就是科学技术理论和设计思想的"商业化"，把有创意的科技成果转换为可获利的商品。从这个意义上看，创意产业的发展可以推动传统产业生产函数的再造，增加"软要素"在传统产业生产中的作用，同时增加传统产业的产出率和附加价值，从而促进产业优化和升级。

创意产业与传统产业融合，促进传统产业生产函数的改进可以有四种方式：①设备、工艺融合型改进，即通过用高技术设备代替原有关键设备，对相关工艺进行改进等方式来增加企业设备的技术构成，以实现传统产业的技术改造及其工艺改进，提高经济效益，从而达到促进传统产业升级的目的。这种改进方式的关键是要把握好传统产业的老设备、旧工艺与先进设备和工艺的内在有机结合。②产品改进，即通过在传统产品中增加创意元素来提高产品的附加价值，实现产品的升级换代，逐步使传统产品变为高技术集约型的富有创意内涵的新型产品。这一改进方式对于传统产业至关重要，因为随着买方市场的到来，传统产品在新的市场竞争中面临着激烈的竞争，迫切需要对其进行技术改造和产品革新，提高

产品的附加价值。当然,这种改进方式并不是简单地淘汰原有传统产品的功能,而是在创意与传统的有机结合下,实现对传统产品功能的改进。③软件要素和硬件要素的融合改进。这种方式的改进指的是将引进的创意要素进行消化、吸收,充分发挥创意人员和管理人员的智力优势,将创意资源与企业自身的硬件资源相结合,充分发挥企业自身优势,实现从传统企业到新型企业的过渡,从而带动传统产业的升级换代。④融合型改进,即上述三种改进方式的组合。在创意融入到传统企业的过程中,既可以对工艺、设备进行改进,又可以对产品进行改进,或者是通过软件要素和硬件要素相融合的方式实现企业自身优势的最佳配置,从而实现传统产业向新型产业的过渡,进而实现产业结构的升级。

(二) 创意产业的产业关联带动机制

产业关联(Industry's Mutual Relations)指的是各产业之间存在的相互依存和制约关系。在一般的经济活动中,各产业都需要其他产业为自己提供一定的产出,以作为本产业的中间要素投入。与此同时,该产业也将自身的产出作为一种要素输出,以满足其他产业对中间要素的需求。正是由于这种错综复杂的供给和需求关系,各产业才得以在经济活动中生存和发展。而产业关联带动机制则是指某产业自身的发展通过产业关联带动其他相关产业的发展。例如,旅游产业的发展可以通过产业关联带动机制促进宾馆、酒店、餐饮、购物、娱乐等相关产业的发展。由于创意产业属于高渗透、高融合性产业,无论是创意产业与传统产业之间,还是创意产业自身不同门类之间都具有高度融合性。因此,创意产业的发展必将通过产业关联机制带动相关产业的发展,从而在整体上促进产业结构的调整与升级。近期,创意地产的出现就是创意产业带动房地产等相关产业发展的例子。所谓创意地产,主要是指通过商业地产范畴内商铺(商厦、商业街等)办公楼和其他商业设施的改建、新建等方式,营造适合创意产业运作的建筑空间,并把这些建筑空间以租赁或者销售的方式,提供给从事创意产业的机构乃至个人。实际上,创意地产是依托创意产业出现的,其核心是一种新型的商业地产运作。毋庸置疑,有限的土地上能够承载的建筑是有限的,但是能够承载的创意却是无限的。创意地产通过打造创意产业黏性产业空间,形成创意产业集聚效应乃至产业集群,使有限的土地资源得到集约化利用,使有限的建筑发挥最大的效能。同时,创意地产或通过老建筑文化资源的发掘,或通过新建筑文化形态的创新,塑造了创意地产的灵魂。另外,创意地产还注重时尚消费文化经营,通过具有创意性的会展、餐饮、娱乐、休闲、体育、购物等场所的营建,带动相关时尚产业的发展,从而引领时尚消费经营。①

---

① 戴承良:《创意地产的概念和涵义》,http://www.chinavalue.net/article/28227.html。

(三) 创意产业发展与产业结构"软化"升级

产业结构高级化的重要特征之一是产业结构的"软化",也就是说,当具有高附加值、高技术含量的产业在整个国民经济中占的比重增加时,产业结构将会朝着高级化的方向发展。宋泓明(2004)认为,产业结构水平提高的主要表现是:高需求收入弹性、高附加价值的新兴产业涌现的速度加快;新兴产业具有的科技水平日益提高;产业间技术转移速度加快;新兴产业具有的科技水平日益提高,生产要素之间的可替代性越来越小,代之而起的产业间科技转移则越来越快;新兴产业地位提高,在结构系统中高需求收入弹性、高附加价值产业比重增大。

创意产业源于个人创意、技巧及才华,是通过知识产权的开发和运用创造财富的产业,是依托信息技术和现代管理理念发展起来的新兴产业,具有"三高三低"的特点,即高技术密集度、高知识含量、高附加价值和低能耗、低物耗、低污染。创意产业是以创新思想、技巧和先进技术等知识和智力密集型要素为核心,通过一系列活动引起生产和消费环节的价值增值,为社会创造财富和提供广泛就业机会的新兴业态。它摆脱了经济发展对于自然资源的过度依赖,体现了创意在精神产品和物质产品领域的创造力。因此,创意产业的成长过程意味着产业结构的不断"软化"。创意产业在产业结构中的比重越大,其创造的经济价值和社会价值就越大,产业结构就越高级化。事实表明,经济发达程度高的国家和地区往往也是创意产业发展比较好的国家和地区。在美国,1997年就生产了价值高达4140亿美元的书籍、影片、音乐、电影节目以及其他的著作权产品,著作权成了全美排名第一的出口项目。到2001年,美国的核心版权产业为国民经济贡献了约5351亿美元,约占国内总产值的5.24%。根据2004年10月7日美国国际知识产权联盟发布的《美国经济中的版权产业:2004年报告》,在对GDP增长的贡献和就业人数增长等方面,美国版权产业超过了美国经济的其余部分。在新加坡,据2002年的统计,其创意产业增加值占GDP的2.8%~3.2%,而且最近10多年来创意产业的产值和就业人数的增长率均高于同期GDP和总就业人数的增长率。① 英国创意产业产值在2001年就已达到1125亿英镑,产业增加值占GDP的比例超过5%。2002年英国创意产业实现出口115亿英镑,约占英国外贸出口总额的4.2%,1997~2002年创意产业的平均年增长率为11%,超过外贸3%的年增长率,以及服务出口7%的增长率。在澳大利亚,自20世纪80年代以来,其版权产业占GDP比重一直处于上升阶段,1999~2000年,澳大利亚版权产业的工业总产值达192亿美元,占GDP的3.3%,其中,核心版权产业从

---

① 张京成:《中国创意产业发展报告(2006)》,中国经济出版社,2006年。

1995~1996年的79亿美元增至1999~2000年的97亿美元,增长23%;部分版权产业增长最快,从1995~1996年的37亿美元增至1999~2000年的48亿美元,增长31%,版权分销产业也从1995~1996年的40亿美元增至1999~2000年的46亿美元。①

三、创意产业推动产业结构优化升级的约束条件

(一)经济发展水平和需求发展水平

一国或地区的经济发展水平和需求发展水平是创意产业推动该国或地区产业升级的制约因素之一。当一国家或地区经济发展水平不高,需求发展水平也相对落后时,发展创意产业对该地区的产业结构影响并不大,因为创意产业是以一定的经济发展水平为基础,伴随着需求的多样化发展而出现的。当需求水平发展到一定程度,消费者不仅在乎产品的使用价值,同时也关注产品的观念价值时,创意才能发挥其应有的价值,创意产业对于其他产业的渗透性才有意义。因此,创意产业往往出现在经济比较发达的国家或地区,当这些地区的消费者在关注产品的使用价值,同时还在意产品本身的观念价值、文化内涵时,创意活动才能发挥作用,创意产业才能推动当地产业结构实现"软化"升级。反过来,在一些经济发展比较落后的地区,发展创意产业实际上是缺乏意义的。以我国为例,由于种种原因,我国东西部区域在社会经济发展上存在着严重的不平衡,东部沿海地区,如上海、浙江、江苏、广东等地经济发展水平比较高,需求也比较多样化,消费者对于产品的文化内涵和创意内涵比较重视。但对广大中西部地区,尤其是中西部的农村而言,由于经济发展水平落后,收入水平较低,消费者对于产品更多的是看重其使用价值,而非观念价值。在这种经济发展水平和需求水平相对落后的情况下,更需要政府和企业利用当地的自然资源禀赋,带动当地经济主导产业的发展,而不是发展以高科技为背景的创意产业。

(二)创意产业对其他产业的渗透强度

创意产业对其他产业的渗透强度也是影响产业结构优化升级的重要因素。创意产业对其他产业的渗透性越强,则越能发挥创意资源的优势,以促进产业结构的调整和升级。而影响创意产业对其他产业的渗透强度的因素比较多,如信息技术的发展程度、各国政府政策以及企业界对于创新的追求程度等。信息技术的发展程度是影响创意产业渗透强度的关键因素:一方面信息技术的发展是创意产业赖以生存的重要基础;另一方面信息技术的发展又为创意产业与其他产业的融合奠定了技术平台。政府的积极政策也是推动创意产业与其他产业融合的因素之

---

① 上海创意产业中心网站:http://www.scic.gov.cn。

一。近年来，各个发达城市和地区政府都提出了积极发展创意产业的口号，如上海市政府结合 2010 年世博会的契机，提出了积极发展创意产业的口号，并给予创意集聚区一些政策和税收的优惠，使得上海创意产业在发展的同时也积极带动了上海传统产业的更新改造。重庆市政府也在 2007 年提出了"加快创意产业发展的意见"，并规划构建以朝天门、弹子石、江北城等主线 CBD 为重点的"金三角"核心创意区和以长江、嘉陵江交汇形成的"两江四岸"独特景观为重点布局的创意产业带，以提升主城功能，促进重庆产业结构优化升级。另外，企业界对于创新的追求程度也会影响到创意产业的渗透强度。若该地区的企业非常重视创新，注重文化创意对于公司效益的改善，则能够极大地促进当地创意产业在各个产业部门的渗透和融合，从而带动当地产业结构的优化升级。

（三）创意产业的人才资源

创意产业是在现代市场经济与知识经济背景下产生、发展起来的新兴产业，其实质是精神文化产品和服务的生产、交换、分配和消费，以及由此而衍生的一系列新兴的经济业态。因此，创意产业所涉及的每一个环节都与人才密不可分，人才资本是创意产业最核心的产业要素和产业资源。创意人才的数量和质量也是制约创意产业促进产业结构升级的因素之一。创意产业各个门类之间以及创意产业与传统产业之间相互交融和共生，因此创意人才的流动性很强，创意人才流入到传统产业中会极大地促进传统产业的升级换代和结构调整。而创意人才在创意产业内的集聚又可以促成创意火花的迸发，成为促进创意产业发展的重要因素。正因如此，各国和地区都采取各项政策措施吸引创意人才。如上海市规划了人才开发的重点，从政策上将创意人才的吸引和招揽提升到了一个新的高度。上海市人事局、中共上海市委宣传部等部门在 2005 年 7 月 14 日联合发布了《上海市重点领域人才开发目录》，其中创意产业招揽人才计划位列首位。根据《上海市文化人才开发专项目录》，上海将在今后 3～5 年内在海内外招揽 30 多类文化创意人才。该目录指出，上海急需社科、图书、文博、出版、文艺、新闻、网络 7 大类人才，共计 34 小类专门人才。北京市为了发展创意产业，促进产业结构升级，也积极吸引各类创意人才。北京市政府明确表示："我们欢迎艺术北漂带着自己的灵感和创意来北京发展，北京的文化创意产业会提供给他们很大的发展空间。"同时，各地政府除了采取一些优惠政策积极吸引创意人才外，还积极推出各项相关政策以保护创意人才创新的积极性。如一些专利保护法、商标保护法、版权保护法的颁布和实施都极大地促进了创意产业的蓬勃发展，促进了产业结构的调整和升级。

本节分析了创意产业成长与产业结构升级的互动机制：一方面产业结构调

整为创意产业的发展提供了契机;另一方面创意产业的发展又是实现产业结构升级的重要途径。在此基础上,又分析了创意产业促进产业结构升级的实现机制,即创意产业可以通过对传统产业生产函数的改变、产业关联机制、促进产业结构"软化"升级等路径实现产业结构的优化调整。本节还对创意产业促进产业结构升级的约束条件进行了分析,认为经济发展水平和需求发展水平、创意产业的渗透性强度、创意产业的人才资源水平会影响创意产业优化产业结构作用的发挥。

第四章　创意经济核心价值分析

在全球经济相互融合的背景下，一系列经济和社会变革交相辉映，形成了一套全新的工作和生活方式，而创意逐步成为经济发展的首要引擎。创意经济不仅带来经济增长和繁荣，更使人类的整体潜能得以发挥，这正是本章分析讨论创意经济核心价值的必要所在。

第一节　创意经济核心价值的载体——创意产品

一、创意产品概述

（一）创意产品的定义及类型

创意产品是指劳动者在广告、艺术、建筑及工艺、设计、古董市场、流行设计与时尚、电影、软件及游戏、出版、广播电视等以脑力劳动为主的工作中所提供的产品。它主要包括两个领域：一是创意劳动不与物质形式相联系的创意成果，例如戏剧、电影、音乐、动漫以及游戏等；二是创意劳动所创造的内容被嵌入到物质载体中的成果，例如古董、建筑设计、书画等。具体来讲，创意产品可以具体分为：纯创意产品、准创意产品和泛创意产品三类，图 4-1 可以帮助我们更为形象地理解这三类创意产品。

图 4-1 中，abcd 代表的是人类全部社会产品。dcqn 为准创意产品，如文化产品、建筑、设计等，它包含两部分内容：一是准创意产品中的创意内容，即Ⅱ部分；二是准创意产品的物质形式，即Ⅳ部分；而 abnq 代表的是普通的物质产品，它同样包含两个部分：Ⅰ部分是普通物质产品中的创意内容，Ⅲ是普通物质产品的物质形式。我们将图中Ⅰ、Ⅱ两部分所构成的内容称为泛创意产品，它涵盖了所有财富中的脑力劳动和思想消耗。泛创意产品是无形的、抽象的，而准创意产品是实实在在的具有物质外壳的客体。

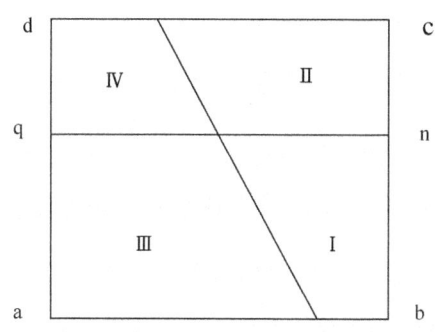

图 4-1 创意产品的三种类型

现实社会中，工业设计由于涵盖了平面设计、多媒体设计、环境艺术设计、展示设计、时装设计等领域，因此它属于泛创意产品。当今，作为创意产业典型代表的设计产业已成为全球知识密集型和服务型产业中发展最快的产业之一。一方面，科学性与艺术性高度结合的工业设计，对解决人类生产过程中资源、环境、能源、经济创新、生活质量和社会就业等问题具有积极的催化作用，这已成为各国的共识和不约而同的竞争战略；另一方面，在技术、价格、效用等方面趋于一致的情况下，设计正成为企业在全球竞争环境中的重要利器，其所产生的高附加值被越来越多的国家和企业所重视。索尼前董事长大贺典雄认为，设计是在市场上将一种产品与另一种产品区分开来的唯一的东西；苹果公司推出的全新iMac电脑，秉承了苹果电脑人性化设计的宗旨，在计算机设计方面掀起了革命性的浪潮，苹果电脑的巨大成功，再次证明了工业设计在信息时代的巨大能量。

根据上述划分标准，电影应归属于准创意产品，光盘和胶片是其物质形式，电影中的情节便是其创意内容。无疑，创意是电影产业发展的不竭动力和源泉，电影产业的创意说到底是对当代现实问题进行的创造性回答。

当下，艺术创新必须依据今日之艺术发展语境，它已不能仅凭个体艺术家的灵感突发，艺术天才辉煌的偶发机缘，而应是整个艺术创作机制、艺术传播构成与艺术参与等行为活动方式的全面创新。其实，媒介革命与视觉文化的转向即是今日电影及整个文化艺术发展的现实语境。从世界范围看，高新技术和现代工业的发展，对传统艺术造成了巨大冲击，不仅导致所有传统艺术形态的升级换代和现代更新，而且创造了大量崭新的艺术形式，导致了许多新兴文化形态的崛起。新的艺术传播媒介如电视、卫星电视及网络文化的发展，使得传统的艺术表现形式——电影面临重重危机，而网络文化、视觉文化则成为人类数字化生存的新方式，这种巨大转型不仅引起了原有艺术生态格局的全面变化，也带来了千载难逢的机遇和无法估量的需求，并改变了整个社会经济结构。

然而，表演艺术中的表演内容为纯创意产品。表演艺术同媒体艺术一样，其产品的生产过程都需要多方合作，这种合作既是创意上的，也是技术上的。具体而言，表演艺术产品的生产一方面需要编剧和配乐，另一方面也需要进行戏剧、舞蹈或音乐现场表演策划，还需要表演的场地。单就表演本身而言，表演是创意产品的创意内容，因此它属于纯创意产品。

创意产品是创意产业形成的微观基础，创意经济理论家凯夫斯认为，创意经济为我们提供了宽泛地与文化、艺术或与之相联系的产品和服务，创意产品正是我们享受创意经济核心价值的主要来源与途径。

（二）创意产品的特点

创意产品的共性特点主要包含四个方面：同体复制性、价值性、收益递增性和品牌性。

当创意内容被嵌入到物质载体后，在相同的知识产权下，每次复制既不会对原有的知识造成损害，也不会受到物质资源的制约，这就是创意产品的耐久性和同体复制性。另外，创意产品还可以与不同的物质载体相结合，开发出衍生产品。以迪士尼为例，迪士尼公司除制片厂和大型娱乐型游乐场外，还有一个物品消费部门，该部门的工作就是在影片制作的同时，将影片及其卡通形象转换为商品。所以，我们发现米老鼠、威尼熊、小美人鱼等形象广泛出现在电影、电视、玩具、文具、服装、鞋帽、手表和餐盒上，也出现在各种专卖店和主题公园里，这些创意产品为迪士尼带来了丰厚的利润，该种盈利模式被称为"利润乘数模型"。

价值性主要是指创意的价值与作为精神产品载体的物质价值相比，要更大一些，其在总价值中占有绝对的比例优势。从这个角度讲，创意产品的物质价值是微不足道甚至是可以忽略不计的。比如，微软公司把超过2000美元（创意价值）的不列颠百科全书装在50美元（物质价值）的光盘里出版，产品一旦生产出来，产品复制只需要消耗非常有限的物质成本。

在传统的工业化生产中，劳动和资本受到边际收益递减规律的影响，而在创意经济时代，创意成为创造收益的实际推动力，是创造财富的主要因素。创意的边际收益是递增的，使用越多，其价值增加就越多。也就是说，在提高资源效率方面投资越多，获得的边际收益也就越多。因此，只要很好地整合企业知识资源，激发创意和创新的产生，便可以实现知识和创意生产的规模效益，这就是创意产品的边际效益递增性。

所谓品牌性，主要是指打造品牌是创意企业的第一要素，创意企业的发展壮大过程实际上就是其品牌化运作的过程。从本质上讲，品牌是一种能够使企业获得超额利润的能力,其本身就是一种具有现实经济价值的财富。在声誉盛行的当今,人们对产品的消费不仅局限于物质价值,还将产品品牌和时尚、满足或归属等情感需要也粘贴到商品上。因此,品牌竞争力已成为企业核心竞争力的外在表现,创意企业在品牌建设和名声资源投资等方面投入很大。

二、创意产品的价值形成过程

从产品的生产、流通和消费三个环节分析,不同类型的产品呈现不同的价值特性。普通物质产品的价值是在生产过程中一次转化和完成的,其流通过程是价值的转移过程,消费过程是物质的损失和价值的消耗过程,在长期使用过程中,普通物质产品的价值趋于零或者一个很小的值。而创意产品的价值形成过程与普通物质产品不同,其在生产、流通和消费过程中都有可能产生价值,形成价值的积累和转化。具体而言,富含创意内容的名牌商品和泛创意产品在流通过程中进行了宣传投资以及投入了企业的客户资本和产品衍生等,在流通过程中逐步进行了价值积累,形成产品的品牌价值,为此,消费者愿意支付比普通物质产品高的价格购买这种产品。

还有一些纯创意产品,如戏剧、歌曲以及一些时尚产品或内容产品,在经过品牌营销和流通过程后,在大众中形成一种稳定的偏好,由于这些产品属于无形的内容产品,在长期中不会产生产品物质和信息内容的损耗,因而很容易被复制。这类纯创意产品的价值在长期中会形成一个稳定的市场需求,其价值趋向一个固定的值。

此外,还有一类准创意产品,它的价值会随着时间的推移而不断上升。例如古董,这类产品有的经历年代长久,在其使用、保管和转移过程中,虽然物质形态不断消耗,但创意的内涵却越显珍贵;有的商品在使用的过程中被注入了创意内容和文化价值,例如经过一些特殊重大历史事件或者曾被名人所使用,价值会更加凸显,而有的由于同类商品没有了供应或生产,形成了稀缺性,如果再经历战争和人为的损害,其价值也会呈现出上升的态势。

第二节 创意经济核心价值的体现

一、创意经济的技术价值

技术进步对创意经济具有重大影响,创意经济的发展与科技进步息息相关、密不可分。综合来看，创意经济的技术价值主要体现在以下五个方面：

（一）创意经济促进了新技术的普及和利用

创意经济是新技术的推行者和先锋，他们的大胆和奇思妙想使新技术迅速融入我们的现实生活中，既是新技术和现实产品实现融合的第一步，也是新技术走向产品市场的第一步。

（二）创意经济的发展促进了社会的技术升级与改造

Florida 在衡量美国创意城市多样性的 6 项指标中，高科技指标（High - tech index）包括 R&D 指标和专门指标，R&D 费用是针对创意的系统性投资。可以说，充足的 R&D 投入是美国创意城市获得强大创新技术能力的最重要因素。其实，创意经济的发展本身就是与技术的发展息息相关的，创意产品的实现需要有技术的不断进步作支持，这从另一方面促进了社会的技术发明与创新，有利于对旧有技术进行改造升级。

（三）创意经济的发展提高了技术的适用面，促进了技术在产业间的共享与延伸

创意经济产生了许多创意作品，这些作品将原先不属于某种产业的元素或产品进行移植。比如，部分时尚设计师开始在其设计的衣服中植入 MP3 播放器等电子产品，这从另一个角度提高了技术的适用面，促进了技术在产业间的延伸。

（四）创意经济的发展促进了技术人才的培养

创意经济发展的同时伴随着技术进步，而技术进步是由技术人才提供的。也就是说，只有不断地培养技术人才，才能跟上不断进步的创意经济的需要。

（五）创意经济的发展促进了一国技术水平的发展和技术的独立

创意经济的发展不是创新活动在空间上的简单集聚，它必然要向其他产业渗透，通过创意重组、改造和创新生产消费过程，才能实现自身的价值，推动科技、文化、产业、制度的创新，由分立走向集成，这是创意产业发挥优势的根本。在创新的各种形式中，系统集成创新是其最重要的形式，它是一种综合创新，是集技术、观念、思维、组织规则创新之大成的创新。其最大的特点是以新的方法重新组织事物和过程，从而调整、协调事物和过程中各种要素的相互关系，进而最大限度地激发出整个系统的全部潜力。

二、创意经济的文化价值

创意经济以创意为核心，以文化为主要内容，其滋生的土壤便是多元文化的共生。同时，创意经济发展最重要的资源是人，人的多样性带来文化的多样性，而文化创意正是在这种不同文化间的交流、碰撞中产生的，这也为文化产业的发展带来了活力和动力。创意经济有多方面的文化价值，主要体现在以下方面：

（一）满足了人们日益增长的文化需求

未来学家约翰·奈斯比特曾讲道，在高科技为主导的现代社会中，人除了温饱和安全之外，更迫切地寻找人生的意义，"而创意产业正是可以提供丰富的文化产品，来满足人们日益迫切的文化需求和精神需求"。

创意离不开消费者。人们对文化产品和文化服务的消费，是随着文化需求、支付能力和技术条件的发展而逐步增长的，当传统、落后的消费观念受到冲击，新的、现代的消费观念将逐渐被人们接受，而创意产品是更富于精神性、文化性、娱乐性、心理性的产品，因此，创意产品能满足人们日益增长的精神和文化需求。

邓晓辉将工业社会的文化消费形式分为三个阶段：第一阶段是定时定点的文化消费，如看一场电影或话剧、听一场交响乐或演唱会等；第二阶段是不定时、不定点的文化消费，如看电视，听广播，到全天营业的美术馆、博物馆、展览馆参观等；第三阶段则是全天候、全方位的文化消费。收入和闲暇时间的提高以及技术的发展使得该阶段的消费成为可能，同时还在一定程度上实现了大众文化消费向个性化文化消费的升级。

（二）吸引和培养了大批的文化人才

这个价值包含两方面的内容：一是吸引和培养了大批的文化创作人才；二是吸引和培养了大批的文化经营人才。

创意的生产者是文化内容的提供者，是富有专门技术的文化创作人才。由于创意产品的增值部分主要存在于原创性的知识含量中，因此这些人才位于创意产业价值链的高端，他们所从事的创造价值的活动，将抽象的、无形的创意活动当作产业链的一环，从而改变了过去必须要有实体生产才能成为产业的观念。

创意经济的培育和发展同样离不开那些擅长将创意作品"产业化"和"市场化"的文化产业经营管理人才和文化市场营销人才，即所谓的"新媒介人"阶层（如艺术经纪人、传媒中介人、制作人、书商、文化公司经理等），他们一方面熟悉艺术，另一方面又有很强的商业运作能力，不仅能够直接将艺术品推向市场，还能促使创意向传统产业等多方面渗透，进而将艺术家的创意成果转化为企业家的经营资源，提升产业的附加值和竞争力。如美国的米老鼠、英国的辣妹、日本的凯蒂猫、韩国的流氓兔等都已发展成相当规模的产业。

创意产业园具有强烈的吸附效应，能够吸收大批上述人才，并将他们会聚在一起，发挥聚合效应；同时，创意产业园还能实现知识、信息、资源的共享，这可视为对人才的一种再培训；创意产业园作为第三产业，还具有极高的吸收劳动力的能力，这种吸收是建立在对劳动力进行文化知识改造基础之上的。

（三）有利于历史遗迹保护的文化传承

在城市化进程中，旧城区的原有建筑及规划受到了很大改变，一些代表城市各个发展进程的具有代表性意义的历史建筑被轻易拆除,"原有的城市历史风貌和特色正面临逐步消逝的危险"。

创意经济园区在既有产业建筑、地理空间与后续新型功能之间,寻求良好的匹配关系,而后在完全不改变原历史建筑旧有风貌的基础上,对其进行合理的改造、开发和再利用,这不仅能使古建筑及地理空间实现再利用,客观上也能在持续使用过程中对其实施保护。

(四)促进了本地区文化的传播和社会文化的进步

创意经济涵盖了文学、音乐、绘画、雕塑、影视、传媒等多个文化产业,这些产业都具有强烈的文化展示和宣传效应,都能对传播地区的文化产生深远影响。另外,在创意经济园区内部,也正在逐渐生成一种新的公共文化,相近的工作门类,突破了传统的阻隔,实现了交流与合作。创意经济的发展对城市文化发展的整体性、独特性和发展品位与人居环境的创造起着重要的作用,并对城市经济发展的特色导向性明显。

(五)提高了一国文化竞争力

随着时代的发展,文化国力作为软实力已经成为国际力量平衡对比的重要因素。哈佛大学教授约瑟夫·奈提出了明确成型的软实力概念,他指出,软实力对于维持一个国家的兴旺长久是不可缺少的必备条件,这种无形力量分别为国家的凝聚力、文化被普遍认同的程度以及参与国际机构的程度等,概括地说就是导向力、吸引力和效仿力。

在21世纪经济全球化的大背景下,创意经济在综合国力竞争中的作用越来越重要。从全球来看,创意经济正成为经济增长的新模式,更成为国家与企业软实力的再现。以文化和知识为核心的创意产业在世界各地的繁荣发展足以证明创意经济的发展规模和程度已经成为衡量一个国家综合竞争力水平高低的重要标志。因此,我国应加快发展创意经济,提高中国创意产品的国际竞争力。

第三节 创意经济核心价值的滋生土壤——创意产业区

一、创意产业区的内涵及形成

(一)创意产业区的内涵

创意产业区(Creative Industrial District)即是创意产业地方化发展的主要形

式，它是创意产业核心价值的滋生土壤。最初，创意产业大多由小企业集聚组成，从事创意产业的创业者大多是自由职业者，他们完全依赖于本地资源的快速获取，以项目合作的方式推动创意产业的发展。这种方式使创意企业和个人因学习与合作关系而互相结成网络联系系统，具有明显的集体效应。同时，创意产品和服务以出口为导向并处于全球化和组织扩张的复杂过程中，由此形成了企业网络联系的大系统。因此，这种既根植于地方又联系于全球的网络关系促使创意产业较多集中在大都市中，特别是城市中的某些特定地区对创意产业具有特别的吸引力，从而形成了特定的创意产业区。各国创意产业发展的实践表明，创意产业区（集聚区或孵化器）已被看作是发展创意产业最有效的途径之一，因此在世界各地如雨后春笋般蓬勃发展。

英国国家科学基金（NESTA）论述到，早期阶段的小型创意企业的一个显著特征是趋向于在特定区位集群，如东部伦敦、中央伦敦、北部剑桥、Hoxton 和 SOHO 等区域，这些区域被看作是创意产业区，即相似的创意企业彼此相邻，通过融合商业化机会和柔性专业化的生产和销售而形成的创意产业群落。不难看出，NESTA 对创意产业区的定义是建立在波特集群理论基础之上的，基本上等同于创意产业集群的概念。

创意产业群落是商业群落的子系列之一，但由于其强烈的国际合作与微小企业之间的这种极端双边形态特征，又使其超越了一般群落理论中的交易和集聚理论。也就是说，创意产业群落并不仅仅是地理集聚区内的交易成本节约，其发展范围远远超出了物理集聚空间。在创意产业区，内部的核心价值创造是无限的，因为它打破了单独企业发展的弊端，形成一种集群优势。因此，创意产业群落作为商业群落的特例，是指创意产业在区位上彼此相邻，并能代表创意生产系统在一个地方的发展轨迹。

创意园区是我国对创意产业区的称谓，是指创意产业在一定区域内的集聚，概念基本上沿袭了"开发区"的称谓。但是，一些学者特别指出了创意园区与一般产业园区的区别，并将创意园区称为文化创意产业集群，其特征主要是：创意人群生活和工作相结合；文化产品的生产和消费相结合；有多样化的、宽松的创意环境和独特的本地人文特征且与世界各地有密切的联系。而"文化育成区"是香港学者针对文化创意产业区的专门术语，是指在城市内的小空间中，通过密集的内部与外部互动、生活与专业紧密结合后交织形成的社会和空间胶合体，它催生了创作、生产与消费的网络，并孕育跨部门的活动和效益产生，是城市创意内涵的体现。

尽管表达形式不一，但上述概念在本质上是一样的，都强调了创意产业或文化产业在一定区域内的集聚而表现出的网络效应和集体效率，从而具有外部型和学习型区域等特征。创意产业区的发展主要是以中小企业集聚为主，并以创意、创新为基础，因而具有典型的新产业区的发展特征。但从集聚区域来说，创意产业区又是一种特殊的新产业区，因为它不能超越城市经济空间的发展范畴。原因在于，创意产业区发展对生活便利设施、艺术氛围和创意人才等要求都很高，而这些条件更易甚至是必须在城市空间范畴中获得。因此，保罗·诺克斯总结的新产业空间特征更符合创意产业区的区位选择。也就是说，新产业空间的区位选择更适应社会和自然环境，共同特征是城市便利、社会极化和存在高社会城市情况等环境因素。创意产业区代表了城市多样性和个性化发展，本身就囊括了创意产业、创意社区和创意阶层等诸多新时期创意产业区的相关概念。事实上，创意产业区的形成和发展是新时期城市发展所形成的新经济空间。新经济空间内涵解释源于对已有的经济空间内涵的理解。在地理学意义上，空间可以划分为作为计划内容的空间和作为结构的空间两大类型，前者称为规划空间或行政空间，后者称为经济空间。经济空间维系的是区域"内在的经济与地理"的客观联系，其结构是区域内多个不同等级的空间子体系内在经济联系的反映，它属于动态空间，即随着所反映的地区内在联系的波动和演变发生结构变化。进而言之，新经济空间在结构上是一种抽象的经济空间，并由不同层次的空间内外联系而结成的复杂又密集的网络关系。对于创意产业区而言，其新经济空间发展模式具有典型新产业区的特征，主要表现为在城市一些废弃了的区域产生新的经济增长点，并由此构成区域创新网络，而其中的产业发展载体主要是新经济形式。因此，创意产业区是一种新的经济空间，并由城市创新区域所结成的不同网络关系构成其主要运作关系。从发展的主要产业来看，其又可理解为新经济的发展空间，也即创意产业代表着未来新经济的发展方向。总而言之，创意产业区具有新经济空间的特征恰好反映了其在新时期发展的城市转向和新经济的特征。

（二）创意产业区的形成

20世纪80年代，当世界不少顶级大都市从工业城市向世界城市转型时，一些前工业化时期的城市旧城区衰落了，但这些地区占据世界重要的区位。因此，如何刺激这些老工业城市内城区的转型和复兴成为时代发展的要求。在此背景下，创意产业区的发展被提上了城市发展的议程。在当时的纽约和伦敦，外国公司投资中心城区，导致房价上涨而非中心位置的投资不够，沦为城市的边缘地区，如曼哈顿中心区西面的旧仓库和伦敦的旧港区。当一些艺术家进入这些不适宜居住的地方，并给这些老仓库等旧区注入新的美学价值时，造成了这些边缘地区的所谓"复兴"，此种复兴的结果即是创意产业区的兴起。

在我国，随着城市化进程的加快以及经济的发展，城市新开发区的建设也获得了空前机遇。当前，国内很多创意产业区都是依靠这些新区建立起来的。如北京国家新媒体产业基地,便是以创意产业为核心,统摄生产、传播、流通及消费等产业发展过程的复合概念,向大众提供文化、艺术、精神和娱乐产品的新兴产业区。

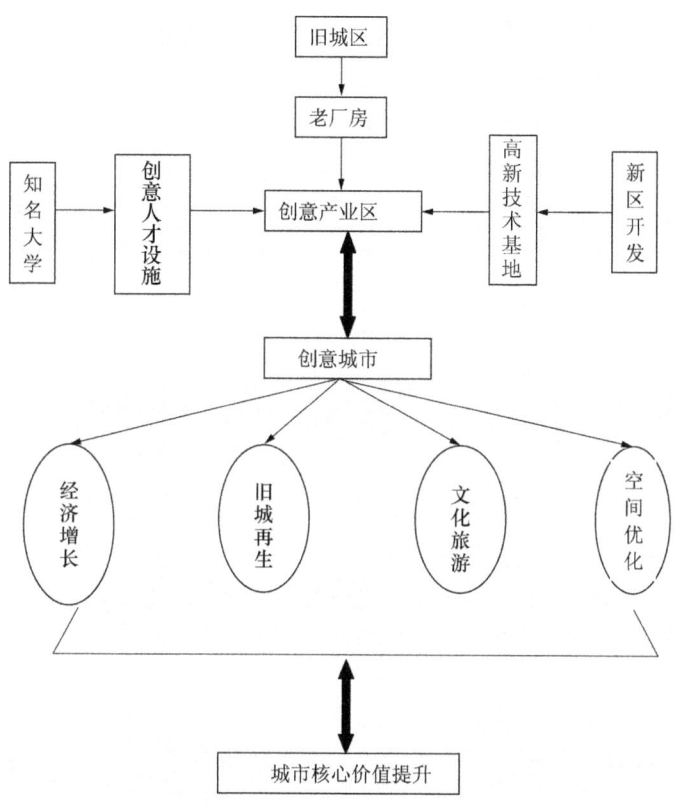

图4-2　创意产业区形成与发展模型

创意产业是知识经济时代和信息时代的产物,对创新和科技的依赖性极大。而且,创意产业的发展需要特殊的基础设施。其中,高品质的大学是不容忽视的因素。因此,我国提出了依托大学发展创意产业区的重要思路。上海作为创意产业在我国发展的典型代表,就有若干个依托大学而发展起来的创意产业区。如赤峰路的城市规划、建筑装潢设计一条街,便是依托同济大学土木建筑专业的人才技术优势而聚集起来的。在这里,不仅企业创办者是同济人,而且高级技术人才、律师、监理、软件设计师及中介人大多都是同济人,他们利用自身的专业优势和同济大学的品牌猎取市场。当前,该创意产业区聚集了500多家建筑设计及相关产业的企业,年产值超过20亿元,吸纳各类就业人员近万人。可见,大学与科研院校不仅为创意产业区提供了技术支持,也为产业区输送了人才,促进了产业区内部产学研一体化的形成,为产业区日后的研发、培训、交易、展示功能的完备打下了基础。

二、创意产业区与区域特色经济发展

(一) 区域特色系统的产生

从马克斯·韦伯到 Edward·Banfield,再到丹尼尔·贝尔,这些社会经济理论家都认为文化可以通过提倡努力、节俭和勤奋的精神来影响经济发展。这种文化将人们的精力都集中在工作上,并限制那些非工作性的活动,如娱乐、游戏等其他享乐,从而促进经济发展。他们认为,人是需要规则和约束的缺乏自律性的个体,如果没有约束,人就会荒废工作,贪图享乐。文化对于经济的重要性在于吸引和激发人类的创意能力。其实每个人都有创意潜能,而文化的关键作用就是创建一个能够吸引、激发和释放人们才能的社会,这样的社会具有一个开阔的、开放的、包容性的社会环境,没有歧视,没有约束,有的只是让人自我发展,展示各自不同的身份。而创意产业区在区域发展中的作用关键在于对个人创造力、文化和特殊空间的利用,进而推动区域发展,促进区域创新系统新模式的出现。在全球经济一体化和新技术革命的推动下,区域发展的研究理论重点由对核心区与边缘区的关注转向区域内部性的特定问题。如新产业区的形成、地方环境和创新能力的培育等,从而构成了新时期的区域特色理论。具体而言,区域特色理论十分强调地方环境和学习创新,把制度和文化因素引入区域创新之中,并作为一个整体,倡导建立诸如学习区域、地方化能力和区域创新系统等概念的全球区域特色范式,使区域特色系统理论更加趋向成熟和完整。

特色从空间角度来讲,既可以是全球性的,也可以是全国性的,再有一种就是区域性的。依据范围的不同,特色系统主要形成了国家特色系统、区域特色系统和城市特色系统理论。具体而言,国家特色系统,是从国家的角度来研究特色创新如何影响一个国家的经济增长。从 20 世纪末以来,经济的全球化和知识化趋势使得全球经济联系更加紧密,特色创新不再仅仅是一个部门、一个行业或一个国家的范畴,因而产生了国家特色系统理论。国家特色系统包含的要素,从狭义上看,包括大学、研发部门等与研发密切相关的机构设置和制度安排;从广义上看,包括所有能影响学习、研究和创新的经济结构和经济制度。也就是说,国家特色系统强调企业、政府战略、知识和技术创新的相互匹配和相互协调,该创新系统的核心是知识、人才、学习和创新。但是,国家特色系统强调一个国家范围的特色创新活动,往往忽视了次一级经济区域的特殊性,不能满足区域经济发展的需要,因此区域特色系统得以产生并发展。

区域特色系统概念的出现是对国家特色系统概念的区域集中视角的分析,定义为:行为体、公众机构和私人部门的地方化网络,网络内的活动和相互作用产生出口、移动和新技术的扩散。区域跟国家层次相比,至少在金融、基础设施和文化上是不同的,因此,区域特色系统比国家特色系统更能反映地方的特色和竞争优势。事实上,特色创新的发生更经常以区域为主体,由此,区域特色系统构成了国家特色系统的微观层次。一般而言,区域特色系统的三大实体要素是面向市场经济的科技资源、不断衍生和壮大的具有灵活经营机制的新型企业、新的经济政策与政府管理办法。21世纪是一个经济全球化的时代,区域竞争优势取决于一个区域在商品和服务投资环境下是否具有为全球的人们创造价值和独特性的能力,由此带来了衡量竞争优势的标准的改变。也就是说,竞争优势的来源从自然资源的丰富程度和低廉的劳动力成本转变为更重要的智力资源对生产经营的系统管理能力。因此,全球化趋势迫切要求区域提高劳动力的素质、技能,特别是创新能力。创意产业区的发展正好符合全球化背景下对区域特色系统的新要求,它通过"以创造力投入"为生产要素,提高了劳动者素质、技能和智力资源的开发力度。

(二) 创意产业区与区域特色系统发展综合模型分析

图4-3显示了创意产业区与区域特色系统发展的作用机制。在全球化市场的新框架下,竞争优势的获得有待于产品差异性的细分市场,这意味着产品的独特性和差异化需求成为新时期区域竞争优势形成的关键。而创意产业区的发展,正是通过其独特性和研发设计的创造能力,成为全球化背景下区域创新和竞争优

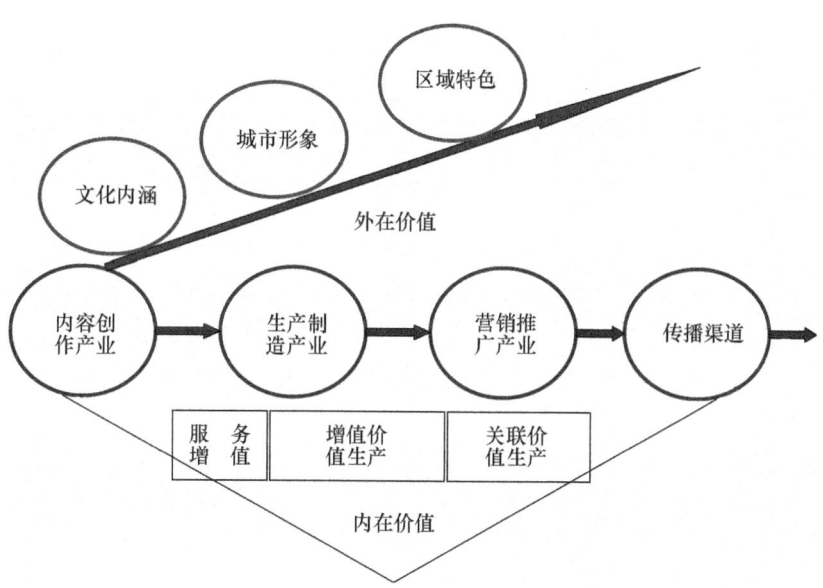

图4-3 创意产业区与区域特色系统发展综合模型

势形成的主要动力。因为创意产业区发展占据着产品的高端价值链位置，并通过个人创造力和文化的投入，更新了组织和管理模式，从而可以促进区域特色系统的形成和发展。

1. 文化作用力

在后现代社会中，文化消费和文化生产成为社会的主流，经济发展也由此进入了后工业时代的文化社会。而创意产业区正是生产以符号为特征的文化产品的产业区新形式。就其本质而言，文化是地方的和独一无二的，正是因为此种独特性，使得创意产业区形成的区域特色系统也是独特的，具有本国、本地区的文化特色。在全球化趋同时代，这种独特性正是区域竞争优势形成的体现。

文化是一个国家和民族的传统与历史沉淀，具有持久性和延续性特征。当文化注入区域特色系统发展时，其延续性和持久性使区域创新系统更加持久和可持续发展。反过来，唯有对传统文化不断创新和探索，才能使文化产品在全球竞争激烈的市场中立于不败之地。因此，区域特色系统的形成又将使一些陈腐和乏味的传统文化得以新生、发展和壮大，同时推动文化产品新形式的不断出现。可见，文化促进了区域特色系统的形成，而区域特色系统的形成又促进了文化的发展，当这种相互促进进入良性循环时，经济就进入了高速发展的轨道。

2. 城市形象作用力

在产业区的形成和发展过程中，以往的经济学界和政府部门强调发展的核心是技术，发展的主体是企业，并由此带来了营造硬件设施如办公高楼和厂区批地规划等投资环境建设，以吸引企业入驻，但是对创意产业区而言，创意人才是创意产业区发展的关键。也就是说，创意产业区对区域特色系统的形成在于"人"是特色创新的主体，城市发展的驱动力不是技术和组织，而是"人"。这种思想完全颠覆了传统的投资环境思想，其理论创新之处在于强调了新时期社会和经济发展的核心是人才，发展的主体还是人才，这与新时期区域特色系统竞争优势的形成思想是一致的。

在这种思想的指导下，经济学界和政府部门开始意识到，城市努力营造的是促使创造力产生的条件，城市需要为创意产业区营造可供创意潜力发挥的多样化环境，以形成区域特色系统。因此，为了吸引创意阶层入驻，他们将城市发展的重点转向于加强城市形象、宜居环境、便利性和文化设施等软环境的培育和建设上，包括创意人才的集聚、培育等城市基础设施、城市教育系统，城市功能系统，城市经济系统等的综合能力系统，并将这些系统融入全球化经济系统中。

三、创意产业区对创意经济核心价值培养的作用

（一）推动了产业结构优化和升级

创意产业区为创意经济核心价值的培养提供了良好的环境、基础设施和智力

支持，可谓是创意经济核心价值滋生的土壤。创意产业区内产业结构的优化升级是创意产业核心价值传播的内在优势。产业结构优化是把不符合比例关系的各产业、各行业及各企业调整为符合各种比例。产业结构升级则是在各产业、各行业及各企业中，不断淘汰旧技术，采用新技术，使产业结构逐步向高阶段转化，实现国民经济向现代化方向发展。创意产业的出现导致了新三大产业的划分，即传统产业（传统业态的第一、第二、第三产业部分）、信息产业和创意产业。新三大产业之间的逻辑关系是：创意产业常常借助传统产业的形式，以信息产业的面貌出现；创意产业决定信息产业的内容，信息产业一方面以传统产业为基础，另一方面又带动传统产业的升级。由此可见，创意产业的出现，本身就是产业结构优化和升级的表现，是社会分工和技术发展到了一定阶段的自然产物。在此，创造力形成一个单独行业，并对第一产业到第三产业的所有产业环节进行渗透和升级，从而一举成为以特色应用为产业核心基础的最高级产业形态。

具体而言，创意产业区对产业结构优化和升级作用主要有以下三点：①形成多样化的产业结构。创意产业区的发展使制造业、生产性服务业和创意产业区之间形成合作，形成产业结构的多样化发展，从而赋予了城市巨大的竞争优势。如创意产业区中的研发实验室，可以利用大都市巨大的人才市场和当地的生产企业制造出一批开创性的新产品，然后利用城市广告和市场营销等服务公司出售产品。这种在创意产业区内形成的协同作用促使企业之间保持深度研发，并与地方劳动力市场紧密联系。因此，创意产业区的生产依赖于生产性服务业，并有与毗邻生产性服务业集聚的趋势。②创意产业区的发展又促使城市房地产投资、广告、法律和咨询服务业等生产服务业的繁荣，从而在形成产业多样化发展的同时又促使集群和集群之间相互作用，形成了大都市多样化的产业结构，并使区域主导产业优势突出。③创意产业区在中心城区内形成以头脑经济为主的创意产业发展群体和社区，再次使这些具有重要区位价值的中心区域获得主导产业优势。这是因为创意群体是高素质和高收入人群，代表城市现代和未来发展的主导力量。因此，他们在城市的中心区域生活和工作，正是反映了城市产业发展的未来趋势，突出了区域的主导产业优势对大都市核心经济结构调整的作用。从这个角度讲，创意产业区形成了城市的新产业空间，代表了大都市核心经济发展的新阶段。而这些新产业空间和其支持性生产网络以及劳动力的新空间分割，对创意经济核心价值的传播意义重大。

（二）促进了新经济的形成和发展

创意产业区为创意经济核心价值的延续提供了新空间。新经济起源于计算机技术、全球竞争和共同战略，主要用于减少成本和增加生产率，其本质是一种以知识为基础，以信息为主导，以全球化市场为导向，以企业网络化为载体的经济，因此也称为知识经济。广泛地讲，新经济是文化形成的象征经济，其真正的社会特色是更具创业精神的新劳动力，即创意工作者或创意阶层。新经济主要以媒介、娱乐、时尚等高端服务业为主，它与创意经济的关系是：创意经济是新经济的核心内容，是新经济的重要表现形式，没有创意，就没有新经济；而新经济在本质上是一种以知识和创意为主的经济。因此，创意经济是知识经济的核心和动力。

新经济有三个最重要的共同特性：一是生产工作形式是一种以小企业运作方式为主的柔性专业化生产方式；二是劳动力市场与生产部门相联系，极端倾向于流动性和竞争性，这主要是因为劳动力市场出现了许多兼职个人，因而盛行短暂性和自由职业者的工作形式，由此造成的组织方式是以项目导向的团队为主；三是最终产品的竞争既体现为成本竞争，更体现为质量特性的竞争，并与地方特色的特定专业化生产相结合，如好莱坞的电影制造等。基于这些特点，不难认定，创意产业区是新经济发展集聚形式的极好体现，它为新经济提供了新的产业业态，本质上是新经济的重要组成部分。也就是说，创意产业区以文化、技术和城市环境为投入要素，是对新经济技术的拓展和应用，使新技术转化为人的创造力，进而转化为创意产品与服务，引领着新经济不断发展。对此，斯图亚特·坎宁安认为，创意产业区正在发挥而不是限制新经济的优势及特点，在这里，技术和制度的创新可以实现和顾客与公众的新联系。因此，创意产业区就其本质来说，可以认为是新经济的重要元素。

具体而言，创意产业区的发展对新经济的作用主要表现在为新经济技术转化提供高价值的产业形态。新经济技术如果不转化为产品和服务，而只是停留在技术成果阶段，就谈不上财富和价值的创造。而创意产业区通过人的创造力投入，消化和吸收新经济技术，并利用到创意产业的发展业态上，使新经济技术转化为创造高附加值的产品和服务，如网络游戏产业即是利用计算机网络技术开发的软件游戏，是对计算机网络技术的再利用和民用转化，超越了技术本身，带动了一系列相关产业的发展，在带来巨大利润的同时促进了新经济的范畴不断扩大。

（三）提升城市功能与形象

创意产业区提升了城市功能及形象，这对创意经济核心价值的文脉传承意义十分重大。在城市功能提升中，创意产业区的发展引领了内城复兴运动，使城市功能与空间重新吻合。在城市发展中，内城复兴和老城区改造一直是困扰城市建设者的难题。20世纪80年代，由于交通条件的改善和内城环境的不断恶化，西方国家富裕阶层纷纷向郊区迁移，部分工业由于内城的空间限制和地价等影响也开始向郊区迁移。与此同时，大量低收入者向内城涌入，使得内城税收下降，造成内城改造经费不足，从而出现了内城机能衰退、就业机会减少和社会环境进一步恶化等衰退现象,城市功能也由此衰退。此后,西方政府开始关注内城复兴问题,在复兴过程中,创意产业区的发展对内城重新"绅士化"起到了巨大的推进作用。

最初,创意产业区主要产生在城市的一些旧仓库、废弃工厂等衰败空间,这种做法使城市功能空间得到回收利用,当这些衰败空间赋予了新的创意产业时,产业结构得到了调整,衰败地区也重新走向繁荣。因此,中心城区的区位再次与城市功能一致发展,进而导致了内城地价上涨和商业气息再次浓厚,促使创意人员被迫迁出而继续寻求一个又一个城市衰败地区。如此循环,城市功能不断得到转换、创新和提升,城市形象也焕然一新。城市文脉的延续是地方独特性形成的根本,也是城市有别于其他城市的重要组成部分。可见,创意产业区的发展对创意经济核心价值的文脉传承至关重要。

第四节 创意经济与城市经济的发展

一、经济全球化环境下城市竞争力问题

全球化影响大部分经济城市的社会及经济转变,许多城市的众多社会经济进程证实了这一点。例如,国际资本流动、人才流动增加、对创新及专业的服务需求增加及不断变化的网络将企业联系到更广阔的国际市场领域。在经济全球化环境下,城市正面临难以应付的经济挑战,需要通过向全球市场提供与众不同的产品和有创意的服务,以及在世界经济生产链中的定位和重新定位来强化自身的竞争力。

随着全球化的发展,城市经济在过去几十年间已从一个以服务业为主的经济体系,发展成一个更专门的知识经济体系。知识产权和创意、创造财富和就业机会的新兴创意经济,表明城市的经济结构正在发生巨大转变。从一个更广泛的角度来看,许多指标可以反映出当前一个城市的竞争力水平。例如,知识工作者占总劳动人口的上升比例、教育水准的普遍提升、科学与艺术研究的增加,或有利于创新的客观环境的形成等。这些转变,无论是在产业的发展方面,还是人力资本对于经济发展的重要性方面,皆显示出城市的服务型经济的多变性。

二、城市经济发展驱动力研究——四种资本理论

目前,有四种资本理论用于解释经济的城市集群发展趋势,即经济(财政)

资本理论、人力资本理论、社会资本理论和创造性资本理论。

（一）经济（财政）资本理论

起源于20世纪20年代，主流学者是Marshall。他认为，企业形成集群是为了追求生产效率和获得比较优势。Porter（1990）的研究表明，集群的有效性由一个城市的微观经济环境的四个方面综合决定：输入环境、需求环境、相关商业战略和支柱产业及企业、结构与竞争状况。城市的天然资源、交通设施的便利性以及政府提供的税收优惠政策促使城市竞争力的提升。经济（财政）资本理论强调商业投资是推动城市经济发展的决定因素。

（二）人力资本理论

人力资本的概念最初是由经济学家舒尔茨在20世纪50年代提出的，人力资本的抽象形式即创意资本。人力资本理论认为，对研发设施和大学的研发投资是提高城市竞争力的关键，研发投资为经济集群提供高素质的劳动力并吸引外来人才。在城市经济增长和发展过程中，人力资源是最大的驱动因素。Jacobs（1961）认为城市培育和吸引受过高等教育、创新型人才才是经济发展的主要原因。

（三）社会资本理论

Robert Putnam等认为，社会资本作为隐性知识推动经济发展。作为社会资本，信任和互惠的人文环境和社会沟通网络可推动城市的空间竞争力。该网络中的企业受益于长期沉淀的、浓厚的人际和社会关系。Robert Putnam将社会资本分为两类：连接资本（Bonding Capital）和桥梁资本（Bridging Capital）。连接资本是让原本认识的人更加靠近从而形成的社会资本；桥梁资本是指让原本不认识的人形成团体或结合在一起的社会资本。

（四）创造性资本理论

德国经济学家熊彼特曾在1912年提出创新是经济发展的动力，而非金融资本和劳动力。创新的关键在于知识和信息的产生、传播和使用。硅谷作为一个典型的创意中心，因其文化包容性强、劳动力质量高且政府支出高等特点而吸引企业家和科学家。硅谷的创造性资本的增长依赖于人口的快速变动、有活力的学术环境、大公司的员工政策及风险投资的存在等因素。

作为经济竞争力重要驱动力的创造性资本包含两个因素：一是高水平的创新（包括专利、出版物和新公司的形成）；二是艺术、设计和服饰上的文化创造力。这两个因素的集合即Florida（2002）、Storper和Venables（2004）及Bathelt等（2004）定义的Buzz理论。

Buzz原意是指昆虫发出的嗡嗡声。针对经济领域的Buzz是指有相同意向的企业家相互沟通、相互依存并相互合作的信息和交流而创造的生态系统。Buzz存在于创造性活动的空间聚集,不一定基于空间上的相近。

经济学家 Frank Levy 和 Richard Murnane 在深入研究近年来工作类型变化的基础上,对美国劳工部"职位大辞典"中的12000种职业进行分类研究,从中发现两个创意经济领域:一是专家思维(需要创意能力和专家知识的工作);二是复杂沟通(指设计、创新和其他要求面对面互动的高收入工作)。以上两类工作增长很快,其收入涨幅很大。

三、创意城市

创意产业与城市经济发展关系密切,成为衡量后工业社会经济发展水平的重要指标之一,极富创新力的创意产业活动是城市活力的重要来源。发达国家已从较成熟的创意产业发展中获得利益,成为产业的全球中心,在带来丰厚利润的同时,也赢得了良好的城市形象。

Gert-Jan Hospers 根据历史发展进程,总结出四种类型的创意城市:①技术创新型城市(Technological-Innovative Cities)。此类城市多为技术取得重大发展或技术革新的诞生地,通常是由城市中具有创新精神的企业家,通过创造既相互合作又分工明确并且具有浓郁创新风气的城市环境而使城市快速增长。较为典型的有硅谷、牛津、格拉斯哥、西雅图等。②文化智力型城市(Cultural-Intellectual Cities)。与技术革新型城市不同,文化智力型偏重于"软"的创造性,诸如文学和表演艺术,通常出现于社会的转型期。主张改革的艺术家、哲学家、知识分子的创造性活动引发了文化艺术上的颠覆性转变。创新行为接二连三,形成多米诺骨牌效应。这种类型的城市有英国的剑桥、美国的波士顿、法国的图卢兹和德国的海德堡。③文化技术型城市(Cultural-Technological Cities)。这类城市兼有上述两类城市的特点,其特征是文化创意产业非常发达。比如好莱坞的电影业、孟菲斯的音乐产业、巴黎和米兰的时尚产业、阿姆斯特丹的旅游产业。④技术组织型城市(technological-Organizational Cities)。此种类型城市的创造性成就很大程度上来自城市本身,如美国的费城和巴尔的摩(引入私人部门进行城市更新)、比利时的安特卫普(港口区复兴)和法国的巴黎(结合轻轨、地铁、公交车道的捷运系统)等。

在此基础上,Gert-fan Hospers 进一步认为有三个要素在创意城市中占有重要地位:①集中性(Concentration)。创新行为需要被激励、被评价、被认可,被社会接受,人口大量集聚导致密集且频繁的信息传递、社会交往行为,经济学家称为由空间集聚产生的规模经济。②多样性。不仅仅是人的种族的不同,还包括他们不同的知识背景、工作技能、行为方式,甚至扩展到城市不同的意象、不同的建筑,创意的土壤便是多元文化的共生。③非稳定状态(Instability)。政治动荡、社会变革、技术创新都会对人们的观念形成巨大冲击，使旧的文化被遗弃，新的文化得以诞生。

根据创意资本理论，创意空间的形成，光靠吸引企业进驻或建设工业区是不够的。该理论认为：创意人才的聚集能为城市带来创意资本，而创意人才之所以会聚集在特定的地方，是因为该地方有独特性质与吸引力，我们将这些特质与吸引力称为地方品质（Quality of Place）①。就地方品质而言，创意人才比较偏好于多元化、包容力大、对新观念开放的地方，而创意经济园区通常具有吸引创意人才的地方品质。这种区域内的独特性质与生活风格会逐渐引领整个城市的风尚与潮流，改变城市的生活风格，吸引大批创意人才源源不断地进入该城市，从而为该城市提供构建创意城市的基础性条件。

创意经济园区的建设与发展，对创意城市的构建能起到引领作用，创意经济园区的发展可成为构建创意城市的基础。按照当前国际发展与竞争模式，我们发现很多城市正是通过创意经济的发展来带动城市相关产业群的发展，创造就业机会、更新城市设施、塑造城市新形象。而"创意城市"形象的塑造是"城市行销"的有效方法之一，能增强城市的文化竞争力，在一定程度上引领城市的未来发展。

创意城市通过自身的不断发展，形成强烈的示范和指导作用，对周边地区形成强烈的辐射，最终可形成创意城市群。俯瞰全球，发达国家全球文化产业的核心领域，如影视业、出版业、印刷业、演出业、网络业等，主要集中在大城市群，比如美国以洛杉矶为代表的西部城市群，集中了全国电影产业生产能力的70%；日本东京城市群，集中了全国电影产业的60%、出版产业的35%、印刷产业的40%；加拿大以多伦多、渥太华和蒙特利尔三大城市组成的中部城市群，集中了全国电影产业的45%、报业的55%；韩国首尔，不但集中了全国50%的人口，而且集中了全国主要的报业、电视台、广播电台、出版社、软件研发机构；至于赫赫有名的美国麦迪逊大街，则成为广告业的代名词，集中了全美主要广告公司，并且辐射国内外市场。可见，文化创意产业的发展不仅是一项国家层面的战略，更是一项城市层面的战略。

---

① 地方品质有几个要点：建筑环境与自然环境的综合，适合追求创意生活的环境，各种人彼此互动，每个人在这个社区中扮演不同的角色，街坊活动、餐厅文化、艺术、音乐及户外活动等事件，创造出活泼、刺激、有创意的生活。

第五节 创意经济核心价值的动力源泉——价值创新

一、创意经济核心价值创新的内涵

(一) 价值创新与蓝海战略

价值创新是相对于价值创造的新概念。传统的价值创造是指在经济结构既定的框架下,包括规模扩张等边际增量改变的一种企业战略,其明显缺陷就是缺乏在过剩经济下对以知识为价值创新来源的报酬递增及市场新空间的探索。严格地说,是在被迫条件下的竞争战略。而价值创新理论正是针对这些缺陷提出的。市场边界和产业结构并非既定,任何一个参与者的观念和行为都可以重构产业边界和改变结构性条件。在对全球 30 种行业的 300 余家高成长企业加以研究后,研究者发现了这类企业的重要特征:高成长性企业不受企业主体规模或技术装备的限制,而是更多地受到所遵从的创新逻辑的影响。在批判传统战略逻辑的基础上,Kim 和 Mauborgne 两位学者提出了价值创新的战略逻辑,为企业指出了一条通向未来增长的新路。

所谓价值创新,是指以顾客需求为基础,通过为现有市场提供完全新型且优越的顾客价值,或使顾客价值得到重大飞跃来创造新市场,从而脱离传统意义上的竞争模式,获取市场优势。价值创新的基本特征,可以归纳为以下两点:第一,价值创新并不瞄准某个既定的细分市场,只求在这个市场上更好地满足顾客的需求,它是在更广阔的范围内开发顾客需求,最大限度地利用顾客的共同点,进而实现重新划分市场的创新活动;第二,价值创新的目标是努力超越现有产品和服务的价值标准,使新产品或服务的价值曲线显著不同于以往产品和服务的价值曲线,因此具有激变型创新的特点。当然,价值创新的成功是以顾客最终接受这种独特的价值标准为标志的。

2005 年,Kim 和 Mauborgne 两位学者合著的《蓝海战略》一书出版,蓝海战略是以价值创新为基石的,它要求企业把视线从市场的供给方转向需求方,从关注并比超竞争对手的所作所为转向为买方提供价值的飞跃,从而摆脱红海(已知市场空间)的血腥竞争,开创"蓝海"新的市场空间。蓝海战略不以竞争对手为标杆,而是采用完全不同的战略逻辑——价值创新来实现企业的可持续发展。

创意的核心在于推动创意产业的价值创新,而价值创新的现实含义就是我们要转变发展方式。传统的粗放型增长方式是同质化产品的大规模生产,互相模仿，带来的两个结果就是使用价值的递减和成本递增。要转变这种发展方式，就要通过创意实现价值创新，提高产品的使用价值，让它在物质上有新意，在文化上有新内涵，消费者才会有消费的欲望，产品才能保持自己的价格。此外，价格战、广告战、经营战靠低价占领市场，实际上会造成成本的递增，致使企业利润减少，行业效益下降。而创意经济的价值创新突破了传统思维，服务于现代多元文化的生活方式，适应现代生活方式的走向。因此，创意经济的核心价值创新是实现效益递增、成本递减的最好途径。

（二）创意经济核心价值创新的要求

创意经济核心价值的创新要求创意产业必须对服务对象、社会生活以及时代有更深刻的认识：①生活方式和时尚创意。由于科技进步、世界交流、文化渗透，各民族的交往越来越多，时尚元素也越来越丰富。显然，现代生活方式是多元的。这种精神状态决定了人们对产品的消费需求不断发生变化并越来越具个性化。②知识经济与时尚的密切关系。在知识经济背景下，人们可以从不同时代、不同民族去挖掘文化元素，并将其融入到现代产品中，这是时尚的一种特点。因此，追求创意意味着要在产品的知识含量上进行提高。③视觉语境。所谓视觉语境，是指色彩、造型、材料肌理、形态与神态的关系等通过视觉表达出来，它是一种体验和感觉，与科学技术、艺术、文字语言不同，视觉语境主要发挥示范性、而非理论说教式的引导作用，创意产品尤其是设计类产品都需要创建一个良好的视觉语境。视觉语境的表达超越了民族语言的障碍，使人们可以任意交流。本土品牌要实现现代化、国际化，就必须要通过一种视觉语境，向世界的消费者宣传自己。

二、创意经济核心价值创新的影响因素

（一）商业发展模式

创意企业的商业发展模式是创意经济核心价值创新的影响因素之一，它直接影响着核心价值创新的可行性与持续性。虽然"商业模式"这一名词出现的频度极高，但关于它的定义仍然没有一个权威的版本。目前，对商业模式的理解大致可以分为三类：第一类属盈利模式论。该理论认为，商业模式是一个公司赖以生存的、能够为企业带来收益的模式，是一种包含了一系列要素及其关系的概念性工具，用以阐明某个特定实体的商业逻辑。盈利模式论描述了公司能为客户提供的价值以及公司的内部结构、合作伙伴网络和关系资本，用以实现创造、推销和交付这一价值并产生可持续盈利收入的要素。第二类属体系模式论。该理论认为，商业模式是价值流、收益流和物流这三种的混合体。商业模式是产品、服务或信息流的体系结构，包括不同商业角色、作用以及收益的来源。翁君奕认为，商业模式是由价值主张、价值支撑、价值保持构成的价值分析体系。该商业模式也被描述为在一个公司的消费者、联盟、供应商之间识别产品流、信息流、货币流和参与者主要利益的角色和关系。第三类属价值创造模式论。Hamel在其著作《领导企业变革》中提出了一个全面分析商业模式的框架，将其分为核心战略、战略资源、客户界面和价值网络四大组成部分。他认为商业模式描述了隐含在实际业务流程背后的商业系统创造价值的逻辑，商业模式是企业创新的焦点和企业为自己、供应商、合作伙伴及客户创造价值的决定性来源。而创意企业要取得利润，必须要为顾客提供产品或服务，为他们创造价值。因此，创意企业的商业模式应该以顾客为中心。

Hamel还指出，传统的商务模式越来越不适应全球化的市场要求，尤其是创意企业必须重新思考并创造一种新的商务模式，这种商务模式能够提供一种给客户带来价值的新途径。创意企业发展的商务模式应涉及产业链的各个环节，包括运营商、互联网公司、内容提供商、软件开发商、终端设备提供商以及平台提供商等。这些参考者需要以客户为中心，以网络为依托，在一定的政府管制政策限定下开展各种活动，以实现企业自身的商业价值。在市场全球化的大背景下，商业已不再是零和游戏。

（二）顾客价值

顾客价值这一要素决定着创意产品在其心目中的价值，因此也是创意经济核心价值创新的重要影响因素之一。一件珍贵的古董，对于偏爱古玩的人来说可能价值连城，但对一个对古董完全没有兴趣的人来说可能一文不值。通常，影响顾客价值的因素有很多，有必要进行相应的区分，以为创意企业提供一个提高顾客价值的较为结构化的思考视角和方法。

顾客价值即"顾客感知利得"减去"顾客感知利失"。因此，相应地提高顾客价值的途径有：①提高顾客的感知利得；②减少顾客的感知利失。通常对顾客而言，价格在很大程度上代表了顾客的感知利失。因此，企业往往通过对价值要素的选择和赋值来提高顾客的感知价值，提高顾客所感受到的差异化程度，以减少顾客在选择产品时考虑价格这一因素的程度。在此，我们所做的顾客价值要素的区分将不包含价格要素。

进行顾客价值要素创新的目的在于降低顾客对价格的敏感程度，从而给创意企业更多的定价自由。我们将顾客价值要素区分为商品类要素和支持类要素。支持类要素是指顾客在企业帮助他们选择、购买以及使用产品的过程中所感受到的与众不同的优势，而所有其他的差异性特征则属于商品类要素。比如，一辆汽车的商品类要素涉及它的色彩、车型、尺寸以及性能等；而支持类的要素则是指试车服务、使用说明书、交货速度、售后服务以及服务的网点等。顾客所感知的产品价值有一个程度问题。为了帮助企业更好地明确可以在哪些要素上进行选择投入和创新，有必要对顾客价值要素进行进一步的分类。

支持类顾客价值要素可以进一步区分为人情化要素和专业化要素。人情化要素赋予产品对顾客的关心和关怀；专业化要素主要是指影响顾客对企业在技术和经验等方面（如交货、产品安装等）所展示的卓越品质的感知程度。通常在汽车的驾驶座右侧设计有杯托的结构，以方便驾驶者放置茶杯。杯托的设计是由日本的汽车制造厂商推出的，这一个小小的结构，充分体现了企业从顾客的角度去创造、提高顾客使用的便利性，体现了对顾客的关怀，这次价值要素的创新，得到了各类汽车企业的普遍模仿。而售前对顾客个人境况、需求或爱好的特别关注，或叫得出顾客的姓名等，都可称为人情化要素。人情化要素可赢得顾客的高度信赖，体现了对单个顾客的熟悉程度。当然，人情化要素的开发需要企业付出很多努力，企业需要特别研究单个顾客的需求及其他相关因素，洞察顾客的需求和爱好，对企业成功设计未来的产品具有实际价值。

而商品类顾客价值要素可以进一步区分为实质性要素和品位性要素。所谓实质性要素也即产品能为顾客做什么，包括产品的性能、外观、技术或审美等要素，这些要素传达了产品的内在品质特征。有时，公司的规模、实力、可靠的信誉等可以增加产品的吸引力，因为它能使顾客感觉更放心。因此，它们也可以成为产品的实质性要素。而品位性要素能够为产品宣扬某种良好的形象和内涵，主要包括产品的品牌、标识、包装、设计风格等。有时，品位性要素甚至还代表了某种文化，顾客之所以选择该产品，主要是因为肯定了品位性要素所传达的形象，体现了顾客的层次和个人特点。所以，品位性要素常常可以带来高的顾客感知利得。在轿车市场上，企业常常并不强调产品的性能等实质性要素，而突出它对顾客的存在价值，代表了某种生活方式。香水的制造商们对品位性要素尤为重视，常常大做文章，他们通过强调品位性要素来宣传香水与使用者的关系，有些香水代表了独立个性，而有些则体现妩媚与浪漫。

顾客通过企业对顾客价值要素的组合运用来识别企业的产品和服务。顾客价值要素构成了产品，构成了企业对顾客需求和偏好的理解与看法，并通过要素传达开来。因此，创意者要通过有针对性地对某一类价值要素的运用，使创意产品产生具有不同特色的差异。

（三）创意人才的天赋

创意者的天赋是决定创意经济核心价值创新必不可少的基础因素。在创意产品的生产设计过程中，创意者的主观能动性几乎贯穿始终，这一点在传统文化产品如油画创作、工业设计、游戏编程等的生产过程中体现得尤为突出。事实上，创意产品的生产过程就是创意人才发挥创意的过程，在一定程度上可以概括为一种个性化的积累和知识创新的过程。创意经济的发展主要依赖创意人才对文化资源进行深度的挖掘，从而源源不断地产生出新的创意和策划，进而以策划和项目为依托，来吸引和配置资金、管理、营销等其他要素，最终实现产业化。由此可见，创意产品和服务的生产与再生产过程，在本质上是具有一定知识结构和创新能力的人才对文化资源的重新认识、挖掘和创新的过程。创意产业本身包含着丰富的智力内涵，这决定了人才在创意生产过程中的地位和作用是不可替代的。在一定程度上讲，创意者的天赋是主导创意经济核心价值创新的关键因素。

三、创意经济核心价值创新的路径

开辟新市场是创意经济核心价值创新的重要路径之一。开辟新市场空间的方式有两种：一是在既定的市场边界内开辟新的缝隙市场；二是重新构筑市场边界，即打破现有竞争局面，开创新的市场空间，进入"蓝海"。许多企业在用第二种方式时经常会碰到搜寻风险，其难点在于如何成功地从一大堆机会中准确地挑选出具有"蓝海"特征的市场机会。这一点对于企业经营者非常重要，虽然企业家都是具有冒险精神的创新者，但是他们也不希望通过类似于赌博的过程来进行价值创新，改变企业战略。如果能有一套系统的方法和框架可以降低在此过程中的风险，那无疑大幅度增加了企业实施蓝海战略的成功概率。在市场经济中，顾客是一项产品或服务是否具有价值的仲裁者，而价值是指为产品或服务所具有的、能够满足顾客需求并且顾客愿意为之支付货币的一组属性。创意企业在为顾客设计、创造、提供价值时，应该从顾客导向出发，把顾客对价值的感知作为决定因素。成功的价值创新的确蕴含着经营者的智慧与创意，但不是仅靠一些新奇的想法就能够赢得顾客的认可。从顾客角度看，开辟新的市场空间就是满足新的顾客需求。这个问题可以从顾客的需求层次角度进行分析。顾客价值区分为感知价值和期望价值，当顾客在感知上的收获超过其付出的代价时，就会感到物超所值。因此，创意经济核心价值创新中的创新必须紧紧盯在顾客价值上。企业只有通过同时追求崭新、超级的顾客价值带来的差异化和创新带来的低成本来提升顾客价值，才能获得成功。

尽管顾客价值广受关注，但在现实中，它又很难被企业完整和准确地把握，这就为价值创新提供了基础。期望价值具有层次性，既有显性部分，也有隐性部分，这种层次性是构成价值创新的重要利基。由于获取的信息不完全以及经营者对顾客需求的认知能力具有局限性等各种因素的存在，当前行业内提供的产品的价值要素往往未能准确把握顾客认为产品应具有的功能属性，未能完全涵盖顾客表达出的对属性的更高要求。另外，某些显性价值还可能提供了一些并非顾客需求的功能或属性，这就是当前红海内企业在产品和服务中竞争的要素；而"蓝海"潜在的空间由以下四个方面构成：一是企业没有满足的那些顾客表达出的要求；二是处于更高层次顾客未说出的要求；三是创意企业经营者可能提供的顾客未预期到的产品属性；四是非顾客的需求要素。可见，进行价值创新的创意企业，可以重新定义行业，重建市场边界从而开辟新领域。

在新的市场空间内进行产品或服务创新时，内部的业务资源也将随之调整，从而在战略上形成新的取舍与匹配。然而在实际推行时，创意企业还将面临很多难题，这对企业也提出了很高的要求。其中的挑战便在于如何维持众多的企业要素与面向顾客价值战略的整合，并使要素之间既达到相互支撑、均衡发展，又能驱动顾客购买行为的状态。为此，创意企业要有效地运用顾客的观点，在整合企业内部流程的基础上建立起顾客导向的核心流程。创意企业如果希望持续跟随顾客需求的变化，并确保企业能满足新的需求，那么就需要每一个关键流程都能够得到不断改造，以达到相互配合的理想境界。另外，创意企业还必须有良好的基础建设，如组织结构合理化，绩效衡量标准化，顾客信息收集与分析，良好的文化氛围等，这样才能拥有核心流程能力，为实现企业的目标和战略提供可能。

第六节 创意经济核心竞争力的培养

一、创意经济核心竞争力内涵分析

1990年，西方战略学家普拉哈拉德和哈默尔在《哈佛商业评论》中首次正式论述了企业核心竞争力，并将其定义为"组织中的共有性学识，特别是关于如何协调不同生产技能和有机整合多种技术流的学识"。两位大师于1994年又通力合著一部备受欢迎的论著——《竞争大未来》，把核心竞争力概念具体应用到战略管理中。从此，战略管理理论的发展进入到以企业素质为中心的新阶段，世界各国战略专家从此对核心能力的内涵、特征、构成要素等进行了诸多研究，使战略管理理论进入了基于核心竞争力的企业战略管理理论阶段。近年来，核心竞争力理论研究领域主要集中在以下四个方面：关于核心竞争力的内涵及特征的研究；关于核心竞争力构成要素的研究；关于核心竞争力识别与评价的研究；关于核心竞争力形成、发展及构建的研究。尽管在研究中有许多理论流派，从客观上讲还不成体系，甚至处于一种支离破碎的状态，但核心竞争力理论已一跃成为替代迈克尔·波特产业结构分析模式的战略管理理论，成为研究新时代的主旋律。

核心竞争力是一个相对抽象的概念，不同学者从不同的角度提出了不同的观点，本书作了大致的归纳。

（一）基于整合观的核心竞争力

以普拉哈拉德和哈默尔为代表，认为核心竞争力是属于组织共有的学识，是公司的资源，而不是属于某个人或战略业务单元专有的；核心竞争力不是企业技能和技术的简单堆砌，而是技术、技能协调和整合的结果，这种整合需要管理的介入，需要通过有计划的市场调研、技术研发、生产过程的控制、有效营销体系和方法，以确保向市场提供有竞争力的产品。整合观突出了核心竞争力构成要素的技术性。

（二）基于知识观的核心竞争力

以 Barton（1992）为代表，认为核心竞争力是指企业特有的、不易交易的并为企业带来竞争优势的专有知识和信息，是企业所拥有的提供竞争优势的知识体系。这一体系包括四个维度：一是企业的专有技能及员工的学习能力；二是企业的技术系统，即成员知识的系统合成；三是企业的管理系统，组织的管理制度；四是企业的价值观系统，即企业成员共有的价值观和行为规范。该流派特别强调管理系统和价值观系统在核心竞争力中的作用。

（三）基于文化观的核心竞争力

以 Raffa 和 Zollo 为代表，认为企业核心竞争力不仅存在于企业的业务操作子系统，而且还存在于企业的文化系统中，根植于复杂的人与人以及人与环境的关系中，核心竞争力的积累蕴藏在企业文化中。可见，这一观点强调在接受核心竞争力技术性特征的同时，不应忽视企业文化及人在核心竞争力形成中的作用。

（四）基于组合观的核心竞争力

Coulter（1998）认为，核心竞争力是组织中主要创造价值并被多个产品或多种业务共享的技能和能力。该定义除了强调技能和能力外，同时强调了核心竞争力的创造价值特性和多个产品或业务的共享特性。Bogner 和 Thomas 在《核心竞争力和竞争优势》（1994）中认为，核心竞争力是企业的专有技能和与竞争对手相比更好地指导企业实现最可能高的顾客满意的认知，而这种认知包括隐含性知识和企业价值观。可见，他们强调了核心竞争力应包括技能、知识和价值观等内容。Helleloid 和 Simonin 在《知识性学习和企业的核心竞争力》中认为核心竞争力应包括独特的人力资源组织、物质资源的组织和协调能力。Meger 和 Utterback 认为，核心竞争力是指企业的研究开发能力、产品制造能力和市场营销能力。可见，他们强调在产品创新的基础上，把产品推向市场的能力。

尽管不同学者对核心竞争力的描述不尽相同，但其内涵却有共同之处。综合不同观点不难看出：核心竞争力可以概括为企业在经营和发展中胜过竞争对手的核心资源与能力，它对企业的价值巨大，是企业做得越好其他企业越难以模仿和学习到的独特的、稀缺的优势。核心竞争力虽然诞生于战略管理学，但它的影响却不仅限于此，很多行业都结合本领域的实际提出了自身的核心竞争力战略，以求在未来的竞争中抢得先机。

对于创意经济的核心竞争力的理解，结合核心竞争力理论与创意产业的特点可以得出这样的结论：创意经济的核心竞争力是指创意企业在经营发展过程中优胜于对手的核心的资源和能力的总和。创意经济核心竞争力包含三个层面的含义：从宏观层面看，是国际间的比较，即创意经济的国际竞争力以及国际政治、经济、文化等环境的影响，对整个国家竞争力的提升意义重大；从中观层面看，则是整个创意产业内不同区域间（包括不同级别、集团间）的竞争力以及产业外部环境对这种竞争力的促进提升作用；从微观层面看，主要是创意产业内部各个企业的经营及管理水平以及产品的竞争力。

二、创意经济核心竞争力的基本特点

创意经济核心竞争力的基本特点一般包括以下四个方面：一是用户价值，核心竞争力能为用户提供实质性的效用，能够满足消费者的精神需求；二是独特性，创意企业的任何一项专利要成为核心能力，必须要独树一帜；三是公占性，创意企业的核心竞争力是由企业内部的固定资产和战略资源组成的；四是延伸性，创意企业的核心竞争力犹如一个"创造源"，能为企业延伸出一系列相关领域的产品或服务。

实施企业化管理和经营的创意企业应具备以下特点：一是价值优越性。以多媒体产业为例。多媒体的核心竞争力意味着其对传媒的观众有更多的、更优越的价值，观众能从该媒体获得比其他媒体更多的实惠。价值的本身并不仅仅在于媒体提供的节目本身，观众的享受感和一些外在形式及附加价值也可能受到观众的青睐而成为核心竞争力。二是独特性和稀缺性。核心竞争力一定是拥有其他创意企业所不具备的一些资源或能力，如优秀的人才、独一无二的作品等。三是难以模仿、难以替代性。当创意企业拥有某项核心竞争力时，必须使用专利或其他手段，使得其他竞争者和市场获得同样的竞争力是很困难的，其他企业想模仿必须要付出很大的模仿成本。同时，核心竞争力也是很难被替代的，如果某项竞争优势已普及或者极易被竞争对手模仿，也就不再是核心竞争力。

应该认识到，创意企业的核心能力是随着创意和市场的变化而不断改变的，企业核心竞争力的造就不能一蹴而就。并且，核心竞争力是相对的而不是绝对的，是动态的而不是静态的，是阶段性的而不是长期性的，奢望依靠一项核心竞争力便一劳永逸，从此高枕无忧，是不切实际的。因此，开发核心竞争力应成为创意企业永远的追求目标，应成为创意企业发展战略的一部分。当然，创意企业在打造企业核心竞争力的过程中，不能无视社会性、公益性和伦理性，而毫无顾忌地去追求自身利益，创意企业应将经济利益与承担的社会责任有机结合起来，互相协调发展。

三、培养创意经济核心竞争力的策略

创意产业核心竞争力开发主要从以下四个方面入手：创意产业开发核心竞争力的环境分析、战略资源利用分析、核心竞争力的培养分析和核心竞争力的应用与整合。一般来说，战略环境分析包括外部战略环境分析和内部条件分析。外部战略环境分析又可分为宏观环境和行业竞争环境，其分析的目的是要总结出环境给创意发展带来的机遇和挑战；内部条件分析主要分析创意企业本身所具备的条件，包括创意的生产和经营的各个方面，对这些方面的因素进行系统的分析和评价，区分优势和劣势，并对动因进行解读，以便在核心竞争力的构筑中有的放矢，扬长避短。通过上述两方面的分析，可以做到知己知彼，为开发核心竞争力奠定基础。

战略资源的利用分析、核心竞争力的培养分析这两个阶段实质是核心竞争力战略的实施过程。根据核心竞争力理论，资源和能力是其两大关键要素。资源可以被分为物质的和无形的两大类。而当前无形资源又可分为两类：一类是组织知识；另一类是边界资源。组织知识是存在于企业或机构内部的累积性学识；边界资源是具有关系特征的无形资产，存在于企业或机构与外部组织之间。应该说，每一个企业都包含这样的资源，但这些不同类型的资源对企业竞争优势的构筑产生不同的效果。在古典经济学研究范畴中，强调物质资源配置带来的经济回报，而在资源观理论中，则强调无形组织知识和边界资源对竞争优势的作用。能力是资源内在运用的过程，资源和能力紧密相关。资源的获取一方面是创造了竞争优势的基础，另一方面提高了运用能力的可能性，能力因为资源的拥有而提高。资源本身并不直接构成竞争优势，而是要通过对资源的激活，为外部社会提供独特的价值，才能实现资源的增值，外在地表现为竞争优势。

联系当前我国创意经济的发展实际，在构筑我国创意产业核心竞争力的过程中，同样存在着资源和能力两大关键要素。从资源看，在现阶段无形资源比物质资源更为重要。而在无形资源中，边际资源即创意产业发展的外部空间环境又更显突出，它主要包含政策资源、文化资源和制度资源。这三大资源是我国创意产业打造核心竞争力的前提和基础，但其本身并不直接成为核心竞争力，对这些资源的利用过程就是核心能力的培养过程。从能力来看，培养创意产业的核心能力是对人才、内容和观众的培养，这三种能力对于创意产业来说是最根本、最核心的，其重要性尤为突出。①从核心能力的基本特点来看，人才、内容和观众具有

价值优越性、稀缺性、难替代性等特点。同时，面对日益开放的国际竞争环境，资金、技术、管理可以从国外引进和借鉴，而人才的多元化，内容的民族化，观众的本土化却需要我们自己不断探索和挖掘，毕竟不同的价值观念、文化背景、意识形态以及政治体制决定我国创意产业发展特殊性的一面。②从创意经济核心价值的传播过程来看，人才、内容和观众三者之间的关系以及对传播效果的影响力都处在最基本、最关键的地位，缺少这三个核心要素，传媒也就失去了存在的基点。③企业应对核心竞争力进行应用与整合，创意产业拥有了一定的资源优势，具备了核心竞争能力，还必须在实践中把这些能力运用与整合起来，使之系统化，从而形成竞争优势。

第七节 创意企业核心竞争力评价指标体系

一、企业核心竞争力指标体系概述

企业核心竞争力是一个具有明确的直观含义但又难以准确定义的概念，它是一个企业在激烈的市场竞争中表现出来的生存能力和发展能力，既受企业自身素质的制约，也受外部环境的影响。应该承认，没有人可以百分之百地对企业的核心竞争力状况进行绝对精确的计量。对于企业核心竞争力的评价指标及方法，许多专家学者更是从不同层次、不同角度给出自己的解释，众说纷纭。

金碚的企业核心竞争力评价法，包括测评性指标和分析性指标。测评指标分为两类：一类是可以直接计量的指标；另一类是难以直接计量的因素。对不能直接量化的因素，用一些间接计量的指标来反映，即对一些特殊人群的问卷调查来实现；分析性指标一般能够更详细、具体地反映企业的实际核心竞争力状况。这些指标可以解释企业为什么有核心竞争力，或者为什么缺乏核心竞争力。其中，测评指标所反映的是竞争的结果或者核心竞争力的最终表现，而分析性指标所反映的是核心竞争力的原因或者决定因素。与测评指标不同，分析性指标是一个为数较多的多角度、多层次的指标体系。指标选取过程主要沿着两条线索进行：一条是专家学者通过理论分析来构架它的基本框架，另一条是用问卷调查的方法把有关人群（主要是企业经营管理者）的经验集中起来，即从科学理论和实践经验的契合点确定选取什么样的指标更好，这样可以做到理论依据可靠，选择程序合理，逻辑线路清晰，操作方式可行，实现逐步优化细化。

张金昌所设计的是一种以盈利能力为基础的指标评价体系。他认为从定量评价来看,显示竞争力高低的最基本指标是盈利能力指标,它可以用资产利润率或利润总额来表示。盈利能力是企业竞争力高低的最终反映,从相互比较角度来看,盈利能力是企业各种竞争优势的综合反映;从竞争结果来看盈利能力是企业最终取得收益水平的反映;从竞争过程来看盈利能力高低反映了企业在竞争过程中对竞争对象的吸引力。因此,从盈利能力角度出发来评价企业核心竞争力。企业的竞争力主要由利润、资产、销售收入、销售成本、销售数量、销售价格等因素决定,由此构成企业竞争力评价指标体系。

贾玉花等认为,企业核心竞争力评价指标体系用于对企业自身及竞争对手进行评估,其关键之一在于是否可获取全面、准确的数据。根据企业竞争力的特征,可把评价指标体系分为显在指标体系和潜在指标体系。其中,显在指标包括产品市场、资金市场、外围环境方面的指标,而潜在指标包括企业在技术素质、人员素质、管理素质等方面的指标。

张晓文等认为,评价指标既是企业竞争力评价内容的载体,也是企业竞争力评价内容的外在表现。由于影响企业竞争力的因素很多,非常复杂。为了把握企业核心竞争力的运动规律,把构成企业核心竞争力的因素分成两部分:评价因素和分析因素。评价因素是反映企业核心竞争力外显特征的评价指标,也就是表示企业竞争力得到发挥的那种状态的变数,称为"外显变数"。企业是否具有核心竞争力以及竞争力的水平高低可以通过这些评价指标的变化来测量。分析因素是影响企业竞争力水平变化的因素,这些因素可以通过宏观和微观的决策等进行制约。这些分析因素称为"动力因素"。张晓文等运用层次分析法,把企业核心竞争力评价内容分成四个层次:一是基本要素。包括能力资源、能力制度与机制、能力状态三方面。二是评价要素。在基本要素的基础上,抽取表示企业竞争力得到发挥的那种状态的变数,用"外显变数"来体现出评价因素功能的要素构成。三是指标层。把各种评价要素的状态进一步细化,用评价指标表现出来,从而更加直观、具体地体现企业竞争力在这一要素方面的外显特征。四是操作层。其功能是说明定性评价指标的内容及定量指标的计算方法。由此建立的企业核心竞争力评价指标体系由 11 个评价要素、30 项评价指标组成,其中定性评价指标 11 项,定量评价指标 19 项。

肖智等认为,21 世纪企业核心竞争力评价指标体系应包括六大基本要素:一是企业总体经济实力要素。包括物耗利税率、工资利税率、资金利税率、固定资产投资率、产品质量价格比。二是人力资本要素。包括职工教育、职业技术培训费占销售额比重,管理人员中管理专业大学生所占比重,职工人数中大学生占的比重。三是科技开发要素。包括科技开发经费占销售额的比例、职工中科技人员所占的比例、新产品投产率、新产品产值率。四是经济信息资源利用水平。包括应用经济信息的总量指标、经济信息的经济效益综合指标。五是技术创新能力。包括新产品替代率和开发率、技术进步项目收益率、新技术带来的成本降低额、新技术带来的劳动生产率提高率。六是企业偿债能力。包括资产负债率、现金净流量比率、长期负债率。

二、创意企业核心竞争力指标体系的构建

创意企业的经营与一般企业有很大不同,比如网络游戏、软件等企业,具有开发投入大、产品成本低、生产成本难以估算、产品易被复制、人是最根本的因素、创意骨干流动风险大等特征。经营状况的不同决定了创意企业核心竞争力的表现形式将与一般企业有所不同。为了准确评价,创意企业需要全新的竞争力评价指标体系。根据创意企业的竞争特点,在进行核心竞争力评价时,我们选取有代表性、可操作性强的14个要素作为评价指标。如表4-1所示。我们所选择的单个评价指标,虽然只能反映创意企业核心竞争力的一个侧面或某一方面,但整个评价指标体系却能够比较综合地反映创意企业竞争力的全貌。按影响因素的不同,将这14个要素分为四类:创意产品竞争力指标、创意能力指标、创意企业规模指标、创意企业经营业绩指标。

表4-1 创意企业核心竞争力评价指标

一级指标	二级指标	指标确定方法
创意产品竞争力指标	产品创意价值含量	定性指标(由专家给出)
	创意品牌(者)声誉	定性指标(由专家给出)
	创意人员比重	企业创意人员数/企业职工数
	市场保护程度	定性指标(由专家给出)
创意能力指标	创意投资比重	创意投资经费/企业销售收入总额
	创意企业对相关科研院所的依托程度	定性指标(由专家给出)
	创意产品产值率	创意产品产值/同期产品产值
创意企业规模指标	年销售收入	统计数据
	年利润总额	统计数据
	资产总额	统计数据
	员工总数	统计数据
创意企业经营业绩指标	销售利润率	利润总额/销售收入
	净资产收益率	净利润/净资产
	总资产周转率	销售收入/资产平均余额

注:由专家给出的定性指标评分值为0~10的数值。

为了有效说明上述评价指标体系的设计与运用，我们以创意行业中的软件企业为例进行分析。一般而言，创意行业中的软件、广告、设计等企业的发展需要大量资金的投入，企业规模过小将导致缺乏足够的资金投入，因而无法实现软件工程化生产，使企业在竞争中处于劣势。为了衡量软件企业的规模，我们选取了年销售收入、年利润总额、资产总额、员工总数四个指标。创意企业的经营与一般企业经营有本质的不同，它的产品边际生产成本接近于零。例如，使用只读光盘作为介质，则兆字节的存储费用目前已经不到1分钱，而且还会不断降低。特别是互联网的出现，很多开发商将软件放到互联网上由用户自行下载，由于互联网存储空间的无限可扩展性，使存储费用几乎等于零。因此，创意企业不存在一般企业的生产加工能力与存货周转等问题。为了反映创意企业的经营状况，我们主要选取了销售利润率、净资产收益率、总资产周转率三个典型指标。创意企业的竞争实质是创意产品的竞争，创意品牌至关重要，它关系到创意能否被消费者接受。因此，我们选取了产品创意价值含量、创意人员比重、创意品牌（者）声誉、市场保护程度来衡量创意企业的创意产品竞争力。创意企业属于高人才聚集的企业，企业创意能力在竞争中的作用不言而喻。由于创意产品是典型的短生命周期的产品，从长期来看，创意企业的竞争能力不仅来自当时所拥有的先进技术，而且从根本上取决于企业不断发掘创意的能力，所以选取了创意投资比重、创意企业对相关科研院所的依托程度、创意产品产值率三个关键指标来评价创意企业创意能力。

三、指标权重的确定方法

在核心竞争力评价指标体系中，各指标对核心竞争力的影响程度是不同的，当衡量各个指标对核心竞争力的贡献时，应赋予不同的权重，重要者应赋予较大权重（见表4-2）。指标权重是以定量方式反映各项指标在核心竞争力评价中所起作用大小的比重。确定指标权重可以使评价工作实现主次有别，抓住主要矛盾，准确掌握评估的标准与重点。

表4-2 定性指标评分标准

很强	强	较强	一般	弱
10	8	6	4	2

通过权重的确定还可以解决下面两个问题：一是解决不同类型指标之间的可比性问题，即解决多指标之间无统一量纲、不可度量的问题；二是避免指标权重的往复循环现象，即甲比乙优，乙比丙优，丙比甲优，而无法理出头绪。目前，

确定指标权重的方法主要有两类：第一类是基于决策者给出偏好信息的方法（也包括决策者直接给出指标的权重），例如，特征向量法、最小平方和法和 Delphi 法等。这类方法通常称为主观赋权法，这种方法虽然反映了决策者的主观判断或直觉，但方案的排序可能有很大的主观随意性，也可能受到决策者的知识或经验缺乏的影响。第二类是基于决策矩阵信息的方法，例如，熵值法等，这类方法可称为客观赋权法，这类方法虽然通常利用完善的数学理论，但忽视了决策者的主观信息；在上述诸多方法中，较为常用的当属 Delphi 法和熵值法。

（一）Delphi 法

Delphi 法是一种客观的综合多数专家经验与主观判断的技巧，故又称专家打分法，可用于各种领域的决策和判断过程，其具体的操作流程如图 4-4 所示。Delphi 法之所以在系统评价中占有重要地位，关键在于它能对大量非技术性的、无法定量分析的要素作出概率估算，并能将概率估算结果告诉专家，充分发挥信息反馈和信息控制的作用，使分散的评估意见逐次收敛，最后集中在协调一致的结果上。因此，其结果的可信度较高，是系统工程中一种很重要的测定方法。

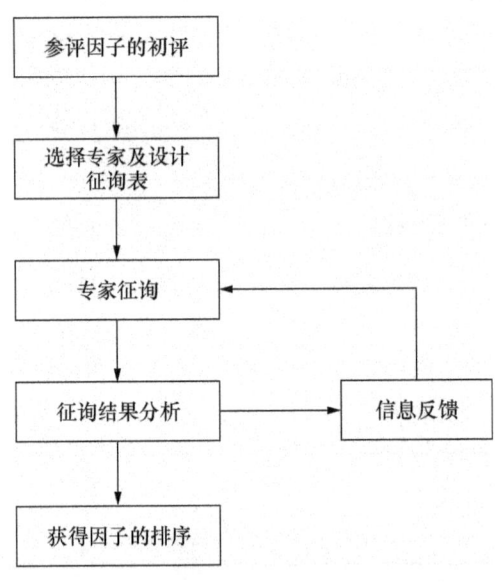

图 4-4 Delphi 法的步骤

在具体进行因素处理时，将采用如下公式：

$$E = \frac{1}{m}\sum_{i=1}^{m} v_i$$

$$R^2 = \frac{1}{m-1}\sum_{i=1}^{m}(v_i - E)$$

式中，m 表示专家总人数，v_i 表示第 i 位专家的评分值。

在专家打分过程中的具体要求是：

（1）各位专家独立地根据自己的实际工作经验进行打分，不允许相互间的讨论。

（2）各选择因子权重的总和为 10，否则为废票。

（3）最终参评因子及其权重的确定必须符合一定的数理统计要求，否则必须进行下一轮的打分。

（二）熵值法

熵值法确定权重的具体做法是：假设有 m 个待评方案，n 项评价指标，形成原始指标数据矩阵 $X = (x_{ij}) m \times n$，对于某项指标 x_j，指标值 x_{ij} 的差距越大，则该指标在综合评价中所起的作用越大；如果某项指标的指标值全部相等，则该指标在综合评价中不起作用。在信息论中，信息熵 $H(x) = \sum_{i=1}^{n} p(x_i) \ln p(x_i)$ 是系统无序程度的度量，信息是系统有序程度的度量，二者绝对值相等，符号相反。某项指标的指标值变异程度越大，信息熵越小，该指标提供的信息量越大，权重也应越大；反之，某项指标的指标值变异程度越小，信息熵越大，该指标提供的信息量越小，权重也越小。所以，可以根据各项指标值的变异程度，利用信息熵这个工具，计算出各指标的权重，为多指标综合评价提供依据。

第五章　创意经济福利实现效应分析

20世纪下半叶以来，社会经济形态的演变速度日益加快，进入知识经济时代后，随着主导性资源的升级换代，社会也经历了由信息经济到创意经济形态的转变。1998年英国政府出台《英国创意产业路径文件》，标志着创意经济形态在知识经济范畴内开始向主导性地位迈进。随着创意经济的稳步发展，社会的方方面面也发生了深刻的变革：由于收入水平的提高、物质生活的日渐丰富，人们开始追求更高层次的精神满足感，这种变革对传统经济形态下的各种理论产生了巨大冲击，并要求对此作出相应的演绎。

因为人的欲望是无限的，所以在物质资源有限的条件下，这一相对性矛盾是不可解决的。当今世界，发达国家自不待言，各新兴市场经济国家因经济的强劲增长，居民收入都得到了快速增加，这使得这些国家的大部分国民对物质和精神都有了更高层次的需求。经济学是经验科学，传统研究的基础认为，它的研究对象是一定社会关系中人们利用有限物质资源满足各种需要的物质生产活动。然而，这些理论在创意经济形态逐步过渡到主导性地位的过程中需要进行一些修正。经济学以理论思维的方式把握人们的经济行为，因此，现实中经济形态的变化要映射到理论演化之中。每一个概念、每一则命题、每一条原理，都应该得到逻辑的证明和实践的检验。由于认识和实践总是在一定的社会历史条件下进行的，所以同其他科学一样，经济学所揭示的，也都是有条件的真理：一方面，只在一定的条件下成立，在特定的时空中起作用；另一方面，只要条件具备，就不受时空限制，就总会起作用。由传统经济形态向创意经济形态的演化，福利实现效应包含的每一个概念、每一则命题、每一条原理都要随着这样的社会历史条件的变化而进行必要的修正。福利分析联结了社会资源配置、个人效用最大化，这也是我们要在该部分进行分析的主要内容。

本章通过对创意经济形态下的福利实现效应进行研究分析，希望能够找出一条有益于国民效用最大化和社会资源优化配置的经济发展道路。

第一节 传统经济形态下的福利实现效应分析

1920年，英国经济学家庇古出版了《福利经济学》，标志着传统经济形态下的福利经济学的诞生。由此，福利实现的研究正式作为经济学的一个课题，成为诸多经济学家研究的对象。此后，有关福利方面的分析也开始引入到经济学研究的各个分支中，特别是在微观经济学的研究中，对福利实现的研究更是成为终极研究课题。

一、传统经济理论中福利实现的内涵

福利经济学是西方经济学家从福利观点或最大化原则出发，对经济体系的运行予以社会评价的经济学分支学科。显然，福利经济学研究福利问题，而所谓福利，简单地说是指人的幸福和快乐。经过阿尔弗雷德·马歇尔，特别是他的学生A.C.庇古的综合，福利思想这一概念深入人心。在当时的研究和分析中，福利可以视为一个微观层面的集大成的概念来进行阐释和研究。

福利实现，即通过明确一般均衡所需的各项条件和所处经济形态下的消费函数和由生产函数导出的增长函数，力争实现经济人的效用最大化和社会资源的最优配置，同时保证社会公平，避免出现过大的分化。

（一）福利实现的解读

福利是能给人带来幸福的因素，其中既包含物质的因素，也包含精神和心理因素——福利就是能够让人类生活幸福的条件。日本学者康子的观点也与之类似，认为"福利不单单表现为心情等主观因素，而是作为一个人主动地追求人间幸福生活权利的基础、机会和条件"。她同时强调现代社会的"福利"是每个人对自己生存与发展的追求，这就把福利看作是一个动态过程。联合国社会开发研究所则把人们日常生活的需求分成三大类：基本的身体需求、基本的文化需求和更高层次的需求。在基本的身体需求和文化需求获得满足的基础上，向更高层次需求的过程，即可称为福利。这种观点对中国的影响越来越大。

从定义我们可以看出，福利实现包含了三方面内容：实现经济人的效用最大化；社会资源的最优配置；保证社会公平，避免出现过大的分化。这实际上是福利实现的三个目标性方向，也可以认为是福利实现的可操作性表达，即我们同时实现了社会资源的最优配置和经济人的效用最大化，也说明了这个形态的社会经济的福利实现达到了最优状况。这与我们平时所说的"效率"有关，而与"效率"相对的就是"公平理论"。关于两者的关系,一个最为形象的比喻就是一块蛋糕,"效率"指的是将这块"蛋糕"做大;公平则是在分这块"蛋糕"时,要分得合理,不让大多数人有委屈的感觉。

主流经济学提出了经济学的三个基础性假设:理性经济人、完全竞争、充分信息。这是传统经济学理论中福利实现的研究基础,要理解福利实现,首先要明了它的理论基础。

理性经济人的假设反映在福利实现中即为追求个人效用最大化,也就是个人总是选择他们能够负担的最佳物品。面对着林林总总的消费品,社会中的每个人都有他偏好的一个消费组合,当个人的收入确定后,根据他的偏好,他会选择在此层次收入约束下的最佳的消费组合,达到其所能达到的个人效用最大化。当社会中的每个人都达到了他个人的效用最大化时,整个社会也就达到了其福利实现的最优状态。

福利实现的条件要求整个社会的经济处于完全竞争形态,这在实际的经济运行中可以说几乎是不存在的,我们可以从完全竞争市场的概念得到验证。完全竞争市场是指这样的市场:①在该市场中买者与卖者的数目达到足够大,以至于单个买者购买的数量或单个卖者的销售量都无法影响市场价格的决定。单个买者或卖者只是价格的接受者(Price Takers),而不是价格的决定者(Price Makers)。②产品同质(Homogeneous),说明厂商之间的产品完全可以相互替代,这才导致完全的竞争。③进入与退出市场是充分自由的(Free Entry and Free Exit)。④信息充分,即买卖双方的信息是完全对称的。有人认为成熟的证券市场和农产品市场比较接近完全竞争的市场。根据以上条件,在实际社会经济环境中,完全竞争市场的条件是根本不可能实现的。但是我们在进行理论分析的过程中,寻找出最优的路径,既能为我们的经济实践提出参考依据,更是我们在进行更深一步的理论演绎时的基础。

我们根据上面的假设基础对福利实现的含义进一步说明。在完全竞争条件下,福利实现是双方面的:一方面是追求个人效用最大化的消费者,它们受收入和偏好的制约与影响,在市场上购买并消费商品和服务;另一方面是追求最大利润的生产者,它们在技术与成本的制约下,向市场出售其生产的产品,价格机制作为"看不见的手"引导着双方达成交易。所以,福利实现亦可以认为是消费者效用最大化和生产者利润最大化二者的达成。消费者效用最大化中的效用同时存在两种不同含义,经济学家将它们明确区分为客观的社会有用性和主观的需要或满足个人愿望的能力。例如良药苦口,对于病人来说具有效用但却并不是他所想要的,把病人不愿意吃但能治好病的苦药叫作该病人的非理性偏好或效用,这是效用区别于福利的一种可能的情况。在传统经济形态研究中,认为效用是客观的，效用在本质上是物质的，因而是可观察的。效用的人际比较是关于人们的物质福利的比较，也是客观的，它类似于使用价值的比较。这奠定了福利实现的主观（个体）可计量性，也在主观效用和客观利润之间架起了沟通的桥梁。

（二）福利实现的特点

传统经济形态下的福利实现，是受其所在的时空、社会历史条件和人们的思想认识所制约的。在理论认识制约和实践没有达到新的高度时，福利实现必然体现出传统经济形态的特点。

1. 福利实现具有层面性

一般认为，福利实现是一个微观概念，但是在一些经济学家的著述中也将资源配置和个人收入视为宏观层面的问题。他们认为，这些属于福利分析的社会选择方面。本书认为，这个问题确实可以从两个层面进行理解。

微观层面，首先个人收入的增加是一项最基本的福利实现，因为当一个人的收入增加后，其所能支配、购买的商品数量增加，这会使其消费约束曲线向远离原点的方向移动，从而使个人消费者所能买到的商品组合增加，进而增加消费者的福利；其次是新产品的问世，一种新产品能够为消费者带来一种新的满足，这种效用的增加也可视为福利实现。宏观层面，社会整体的福利实现，需要资源配置的优化和生产效率的提升，这样可以将社会所能生产的产品数量提高到一个更高的水平上，进而实现普遍福利的增加。

2. 福利实现具有刚性

福利实现的基础是社会提供的产品能够随着科技进步和生产效率的提升，在数量、种类、品质等方面出现质的飞跃，这样人们的消费数量和消费种类也都随之水涨船高。根据经济学家杜森贝利提出的理论，人们对于消费品的消费存在"棘轮效应"，所以当人们的福利实现上升到一个新的层次后，他们很难再回到原来的水平。这也符合经济学中对人的欲望的描述：人的欲望无限，这种驱动力使人们努力地提高科技水平，发明新的工具和材料，不断地将人的福利实现推向更高的阶段。虽然战争会对这一进程造成巨大的破坏，但因只是暂时性的破坏，因此无碍于整个人类社会福利实现提升的大趋势。

3. 福利实现具有阶段性

科技的进步和管理的提升，是提高劳动生产率的主要方式。但是创新是需要周期的，所以只有在科技和管理实现突破性进展的时期，劳动生产率才能有质的提高，生产的产品才能极大地增加，福利实现才能提升其层次。可见，福利实现有着螺旋阶梯式的上升方式。

4. 福利实现具有扩散性

福利实现和实现社会资源最优配置是同一表述的两种说法。当实现社会资源的最优配置时,各种资源的边际收益是相等的。所以,福利实现的过程恰恰也是获取超额利润的资源与普通资源收益趋于均衡的过程,这也是经济中福利实现扩散的表现。在这一过程中,有两种力量发挥着重要作用:一是人们对自身福利实现的追逐;二是人类追求平等的动力。上述两种力的合力正是使整个社会各种资源的边际收益趋于相等的根本。

5. 福利实现具有人本性

这一概念就是围绕着人来展开的。福利实现的对象是人,福利实现的能动性来自人,可以说人本主义是这一概念的精神所在。福利实现是为了提高人们的效用满足度,这是人类自诞生之日起就一直追求的终极目标。随着人在经济活动中作用的日益凸显,人力资本作为经济发展的重要推动力,使福利实现的推动力也落在了人力之上,所以福利实现的人本性也就成为一项重要的特征。

(三)福利实现的路径

从基础假设出发,消费者在预算约束下,根据其个人偏好以及追求个人效用最大化的最高原则,会做出他要消费的物品的最优选择。这个选择实际上是一种产品需求,而该需求会受到他的收入和商品价格变化的影响,此外还会受到时间变化以及不确定性的干扰。在考虑到这些影响后,我们将个人需求组合为市场需求。同时,厂商为了谋求其利润最大化,向市场提供产品,在完全竞争的市场上实现均衡。当这一均衡在整个社会的各个市场上实现之时,我们就可以说,消费者个人的效用达到最大化,厂商的利润达到最大化,福利实现达到了最终目标。这一过程我们可以用图5-1来表示。

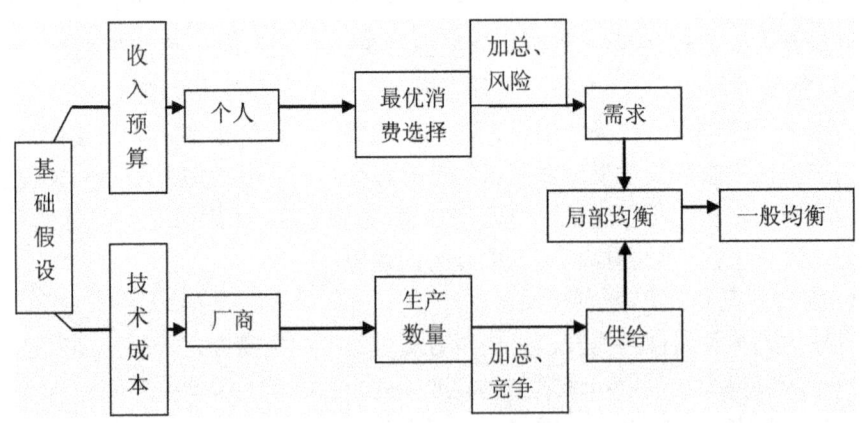

图5-1 福利实现的路径

宏观层面,我们根据社会选择理论,进行社会选择程序设计。这是出于对个人自由的尊重，也正是非福利主义研究的突破。只有在保证个人自由的前提下，才能得到真正的福利实现。而这一问题是个人无法解决的，只有提到宏观层面来给予保障。

二、一般均衡——福利实现的最优状态

（一）一般均衡的性质

单个市场的均衡是局部均衡，局部均衡是我们假设单个市场的价格和数量不受整个市场体系的其他部分影响，局部均衡分析可以帮助人们比较容易地理解市场行为。但是在现实社会中，任何决策个体都不是孤立的，而是相互依存、相互影响的。这就决定了任何商品的价格都不可能仅仅取决于该商品市场的供求关系，还必然受到其他商品市场供求关系的影响。因此，我们必须借助一般均衡分析，把所有市场综合起来考察商品价格的共同决定。例如，汽油的需求和供给就不仅仅是其自身价格的函数，还要受到其他因素影响。众所周知，轿车销量的变化会影响到汽油的需求，汽油的需求变化会影响到汽油市场价格的变化，汽油供给发生变化会影响作为汽油供给要素的石油价格变化，石油价格变化会影响到能源市场上其他替代品价格变化，等等。这一系列价格变化最终会相互影响，使其相应的各个市场的均衡数量与价格发生波动。通过一系列的价格、数量变化会形成一种新的市场均衡，市场上的价格、数量又开始稳定下来，这就是市场一般均衡的实现过程。

（二）帕累托最优与帕累托改进

帕累托标准是新福利经济学（New Welfare Economics）在评价经济效率时引进的。该标准最初由意大利经济学家 Pareto 在其 1906 年出版的著作《政治经济学指南》一书中提出的，帕累托最优化命题被称为新福利经济学命题。

假定一个社会有两种可能的资源配置状态 A 和 B。从理论上讲，社会中的人对这两种不同的资源配置有三种不同看法：A 优于 B；A 无差于 B；A 劣于 B。如果至少一个人认为 A 优于 B，而没有人认为 A 劣于 B，则从社会的角度看，有 A 优于 B，这就是帕累托最优状态标准，简称帕累托标准（Pareto Criterion）。

利用帕累托标准，可以对资源配置状态的任意变化做出"好"与"坏"的判断：如果给定的资源配置状态的改变使得至少有一个人的状态变好，而没有使任何其他人的状态变坏，则认为这种资源配置状态的变化是"好"的，这就是帕累托改进（Pareto Improvement）。否则，认为是"坏"的。更进一步，可以利用帕累托标准和帕累托改进来定义"最优"资源配置，即如果对于某种既定的资源配置状态，所有的帕累托改进均不存在，即在该状态上，任意改变都不可能使至少一个人的状态变好而不使其他任何人的状态变坏，则称这种资源配置

状态为帕累托最优状态（Pareto Optimum）。当一个社会中的资源达到了帕累托最优状态时，表示这时的资源配置是有效率的，或者称为帕累托效率（Pareto Efficiency）。

（三）福利实现与一般均衡的关系

通过上面的论述，我们可以得出，福利实现的最优结果与一般均衡是等价的。通过对一般均衡状态的认识，我们可以更加深刻地了解福利实现的目标。

1. 交换和生产的帕累托最优的含义

这是指两种既定数量产品的组合，既能使社会的交换达到最优，消费者的效用达到最大化，又能使社会的生产达到最优状态，即生产者的产量达到最大化（两种既定数量产品的组合，使生产者的利益与消费者的利益都最大化）。

2. 问题和假定

（1）整个经济只包括两个消费者 A 和 B，它们在两种产品 X 和 Y 之间进行选择。

（2）整个经济只包括两个生产者 C 和 D，它们在两种要素 L 和 K 之间进行选择以生产两种产品 X 和 Y；且假定 C 生产 X，D 生产 Y。

（3）假定消费者的效用函数即无差异曲线簇为给定不变，生产者的生产函数即等产量线簇为给定不变。

3. 生产可能性曲线的引出（产品转换曲线）（Social Transformation Curve）

如图 5-2 所示。

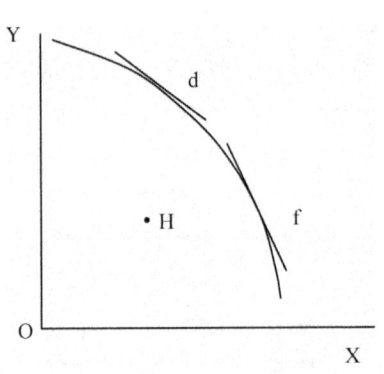

图 5-2　生产可能性曲线

（1）生产可能性曲线的引出。我们知道，图 5-3 中的生产契约线 AB 代表了所有生产的帕累托最优状态的集合。具体来说，生产契约线 AB 上的每一点均表示两种投入在两个生产者之间的分配为最优，即表示最优投入。但仔细观察，我们会发现，生产契约线 AB 还向我们提供了另一有用的信息，即在该曲线上的每一点也表示了一定量投入要素在最优配置时所能生产的一对最优产出（曲线上的每一点对应一对相切的等产量曲线,一条曲线代表 X 的最优产量,另一条与之相切的曲线代表 Y 的最优产量)。于是引出生产可能性曲线:遍取生产契约线 AB 上的每一点,可得到相应的所有的 X、Y 的最优产出量;利用另一坐标图,可以画出 X、Y 最优产出量的轨迹。这轨迹被称为生产可能性曲线 pp′,是 X、Y 最优产出量集合的几何表示。

(2)生产可能性曲线的特点。生产可能性曲线 pp′具有两个特点:

1)它向右下方倾斜。这一特点容易解释。从生产的契约曲线 AB 可知:当沿着该曲线运动时,一种产出的增加必然伴随着另一种产出的减少,即在最优产出量中,两种最优产出的变化是相反的。这种情况在生产可能性曲线中的表现就是:当我们从点 e″移到点 c″时,X 产出量增加了,但 Y 的产出量却下降了。这种反方向的变化说明两种最优产出之间是一种"转换"关系,即可以通过减少某种产出数量来增加另一种产出的数量。于是引出产品的边际转换率的概念:

$$MRT = \lim \left| \frac{d_y}{d_x} \right|$$

2)它向右上方凸出。如果借用产品的边际转换率这个概念,则可以将生产的可能性曲线的第二个特点描述为:产品的边际转换率递增。

(3)生产不可能性区域和生产无效率区域。生产可能性曲线 pp′将整个产品空间分为三个互不相交的组成部分:曲线 pp′本身;曲线 pp′右上方区域;曲线 pp′左下方区域。右上方区域是所谓"生产不可能性区域";左下方区域则是"生产无效率区域"。

(4)生产可能性曲线的位置高低取决于投入要素的数量和技术状况。如果要素数量或者技术状况发生了变化,则可能生产的最大产出组合就可能发生变化,从而生产可能性曲线的位置就可能发生变化。

4. 生产和交换的帕累托最优点

生产和交换的帕累托最优点,即生产和交换最优条件的结合点,就是无差异曲线与生产可能性曲线 pp′的相切之点 p。在切点 P 上,整个社会的交换和生产都达到了最佳状态(见图 5-3)。

5. 生产和交换的帕累托最优条件

给定生产可能性曲线上一点 B 和与 B 相应的交换契约曲线上一点 C,只要 B 点的产品的边际转换率不等于 C 点的产品边际替代率,则点 C 就仅表示交换的帕累托最优状态,而非生产和交换的帕累托最优状态。由此即得生产和交换的帕累托最优条件:

$RCS_{XY} = RPT_{XY}$

即产品的边际替代率等于边际转换率。图 5-3 中,无差异曲线与生产可能性曲线 pp′的相切之点 p。在这一点上,有上述条件的成立。

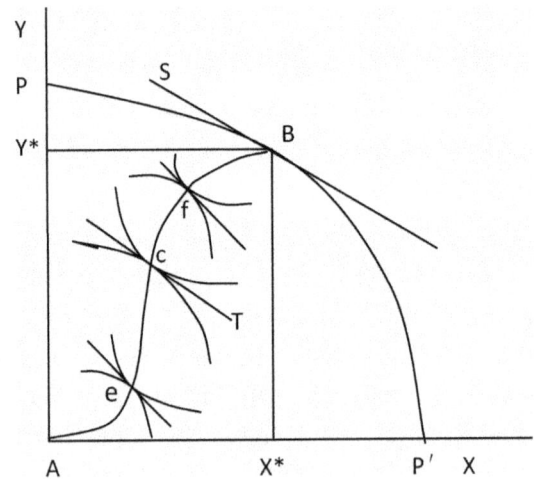

图 5-3 生产和交换的帕累托最优

本节的讨论可以总结如下：给定两种生产要素的既定数量 L 和 K（及两个生产者），则以 L 和 K 可以构造一个生产的埃奇渥斯盒状图。在生产的埃奇渥斯盒状图中加进两个生产者的生产函数即等产量线。由等产量线切点的轨迹可以得到生产契约曲线 qq′。qq′上任一点满足生产的帕累托最优条件。此外，qq′上任一点表示一个最优的产出组合（X，Y）。所有最优产出组合的轨迹即为生产可能性曲线 pp′。在生产可能性曲线上任选一点 B，则就给定了一对最优产出组合（X，Y）。以 X 和 Y 可构造一个交换的埃奇渥斯盒状图。在埃奇渥斯盒状图中加进两个消费者的效用函数即无差异曲线，则由这些无差异曲线的切点轨迹可得到交换的契约曲线 VV′。VV′上任意一点满足交换的帕累托最优。如果 VV′上有一点，如 e，此时点 e 亦满足生产和交换的最优。这就是福利实现的最优结果的表征之一，亦是进一步研究分配的基础。

第二节 创意经济形态与福利实现条件

一种经济形态的产生、发展、成熟和衰落是一个历史的过程，它是随着社会分工的深化和生产力的发展而逐步形成和演变的，这一过程同时也是该经济形态各个构成要素主体之间相互博弈的过程。

一、经济形态演化的要素分析

根据主流经济学的定义，一种经济形态的主要构成要素包括：经济资源及其配置方式、商品内容及其消费方式，这两类是经济形态演变中真正起决定作用的因素，我们可以通过其内涵的演化了解传统经济形态将如何被创意经济形态所取代。

（一）经济资源的演化

自人类诞生以来，人类的活动就是在追求物质生活的富足道路上不断努力前行。步入文明社会后，人类在追求衣食住行之外又开始注重自身精神世界的满足。人们对这一目标追求的努力程度，随着社会劳动生产率的日益提升而逐渐加强，由此带来了经济资源范畴的扩展。

在几千年人类文明史中，物质生产要素一直占据着主要份额。从石器时代、农耕时代、蒸汽时代一直到电力时代，人们一直孜孜不倦地钻研着物质资源开发。到20世纪末，社会上全物质生产要素的流动已经成为常态，这使人类社会的劳动生产率达到了一个前所未有的高度。在这一系列量变的积累中，酝酿着人类社会一场根本性的改变——经济资源范畴主导的演化，即主体资源开始替代客体资源成为社会经济生活中的主导。

对于客体资源，我们可以通过对资本主义生产方式的演变来认识。首先，19世纪是"自由"资本主义，各种资本的流通大致在地区层面上运作，交叉重叠很少。其次，20世纪是"组织化"资本主义，货币、生产资料、消费品和劳动力在全国范围内明显地流动。发达社会中出现了大型的官僚厂商，在全国范围内纵向、横向地整合在一起。同时，画地为牢的行业工会被产业工会所取代，其地界基础得到延伸，包容全国。商品市场、资本市场，乃至劳动力市场在整个国民经济范围内产生意义。最后，伴随资本主义的"非组织化"而出现零散的、柔性的生产种类，并使这种流通形成了国际规模。到目前为止，商品、生产资本、货币的流通有了质的扩张，臻于国际化，这表现在全球贸易扩大、外商直接投资增加、全球金融依存度加深几个方面。这种趋势进入21世纪以来尤其明显，外贸年均增长11.3%，经合组织成员国中，相互贸易每年均在增长；外商直接投资的增长速度更为迅速；至于货币资本，国际债券交易量增长飞速，国际股票市场交易量也屡创新高。

以上的变化既是"后福特制"——与批量生产和大众消费时代一脉相承，又是后现代的。三种资本形式——货币、生产资本、商品在国际空间流通，我们称为客体资源。而第四种可变资本即劳动力则是主体，人身上所具有的知识、思维就是主体资源。于是资本的流通表现为客体与主体的同时流通，但两者的地位在细微地发生改变并融合。这一现象的出现以及流通速度的加快是在电子网络兴起并日益扩容的情况下引起的。

基于客体资源和主体资源的上述定义，我们可以根据实际层面的各种现象去了解二者的内在演化。传统经济形态下，在经济增长和福利实现的过程中，我们一直通过各种物质要素的投入和深入以及对物质要素的潜能研究来实现产业的发展和物质产品的增量生产。这种生产方式从"粗放式"转为"集约式"，伴随这一过程的，不仅仅是人们物质生活的丰富和科技的进步，还有人的全面发展。在此基础上，人们开始追求内在的满足感，于是产生一种新的需求，这种新需求要求我们要寻找到能够应用于这种消费品生产的经济资源。

要满足人精神需求的产品，其所需的资源也只能从人自身角度进行探寻。这包括：人类时代积累下来的知识、习俗；人类相互的精神理解、共鸣等。这些要素既是产业结构演变的内在动力，同时又是生产力发展的要求。当然，这些要素如果要进入市场成为商品，还需要一个最为重要的保障——知识产权，这是一种制度因素，同时也是基础。只有产权明晰才能使生产者有动力去开发自身资源，向消费者提供创意产品。

（二）消费内容的演化

在日本松下和美国时代华纳两家企业总裁之间，有一段耐人寻味的对话。松下总裁很骄傲地认为：是他们造出了世界上最好的电器，然后卖到全世界；而时代华纳总裁反驳说：他本人在5年内只买了一两台电视机，但他每天在卖内容。卖机器与卖内容，哪一个盈利更大、赚钱更多呢？由此可见，创意产业第一重要的是内容，只有内容为产品形式服务，才能让产品增值。

创意产业提供的产品和服务与其他产业有极大的不同。在创意时代，更强调使产品或服务满足消费者的感觉诉愿，它们为消费者提供感觉和经验，而创意的产品和服务只有达到审美和愉悦的程度，才能形成体验式消费。因此，创意产业强调"生活氛围"的体验，提供消费者学习体验的机会与活动，将亲身经历、娱乐、教育与美学体验包括在内，从而提高了经营附加值。弗罗里达教授认为，创意与体验的关系极为密切，他认为："当经济对创意的需求增加，创意式或体验式的生活形态是对这种困境的直接响应。"约瑟夫·派因与詹姆斯·吉尔摩在《体验经济》一书中也写道："人们购买服务时，买的是加于身上的无形活动；但购买经验时，则是花钱去享受一段值得记忆的活动——例如一场戏剧演出——以个人的方式融入。"创意产业更强调体验和参与，强调一种更活跃、更真实、让消费者可以参与其中的经验。换句话说，广大的市场，要有一种高度个性化的、比日常感觉更猛烈、更典型、更充分、更独特的形式来引导。所以，需求不只是自身的需求，更是对社会的体验与文化认同所产生的生活观与形态。使人们消费的动机不只是来自功能的使用,而是被自身文化的风格、价值观和审美所刺激的冲动消费,在消费过程中又深化了文化积累。从心理学家马斯洛的需求理论来看,美感与自我实践正是人类追求生活的最高阶段,而创意产业正在推动将社会体验与文化认同作为内容的消费。

二、创意经济形态下资源配置的演进

主流经济学认为,要素的自由流动是为了能够获取最大化的资本利得。在创意经济形态下,知识与创意作为经济资源进入配置过程。一方面说明了它们可以作为生产要素投入生产;另一方面亦说明资源配置在创意产业与传统产业间要进行流动来保证实现帕累托最优。

传统经济形态下,资源配置往往注重规模,同质化的生产最终带来的是价格竞争,导致产业边际效益不断递减而成本却不断提高。为扩大销售,一些企业在宣传上投入巨额费用,造成边际成本不断上升,最终企业利润越来越低。造成这种局面的原因是企业水平地看待生产和销售过程,没有意识到经济在发展过程中的螺旋上升形态。在这种螺旋上升过程中,当达到知识经济阶段并发展到当下,知识与创意即成为主导性资源。

"创意经济"这一新术语的出现当然有其自身的背景和语境。新术语、新范式的出现往往意味着对旧术语、旧范式的反思与批评,反映了对传统经济形态的理论范式、现有机制、政策趋向和实际运作的调整或反拨。创意经济的兴起一方面是对现有产业的机制、政策和运作的总结,另一方面也是对其缺乏创造性的批评。

实际上,在传统经济形态下,几乎所有的产业都需要创造性,那为什么还要提出创意经济形态和创意产业呢?在传统经济形态下的绝大部分行业或领域中,创造性只是一种附属品而不具有产品的核心地位。同时,这种创造性或创意还只是相当泛化的一般概念。而按照创意经济时代的创意理念,创意或创造性成了特定产业的核心,成了新兴经济形态的主导和当代产业结构中的一种特殊的设置,它决定了经济形态的性质,并由此决定了产业的管理与操作。

传统经济的发展主要依靠机器、厂房、资源和劳动力,创意经济形态不同于传统经济时代的汗水产业、劳动力密集产业,创意产业的发展主要靠创意阶层,特别是创意阶层中最富创造性的高端创意人才。同时,还依靠创意群体的高文化、高技术、高管理和新经济的"杂交"优势。

从运作模式上看,创意经济的发展更加动态化,它远离了过去的计划经济方式,成为市场经济运行的高端。在全球化消费时代,市场和传播的全球性,需求的精神化、心理化、个性化、独特化,消费的时尚化、浪潮化,使得创意作为产

业从根本上改变了过去固化的稳态工业发展模式——常规结构、常规模式、常规营销、常规消费,而代之以不断变动的创意策划、创意设计、创意营销和创意消费。它不断在创意中寻找热点、利润和机会,以一种动态的平衡模式替代或提升过去的稳态工业发展模式。因此,它高度依赖策划、依赖人才、依赖变化,机会与风险并存,竞争与失败并存,这将是创意经济形态下的主旋律和大逻辑。

三、创意经济形态下福利实现的条件

创意经济形态是一种新兴的经济形态,所以我们要对传统经济形态福利实现的条件进行修改,使其能够满足新经济形态的需要。

(一)网络技术的进入

几十年来,技术的变革已经影响了知识的创造、传递和处理方式,数字化革命使非物质的商品化达到了新的高度。数字技术的快速发展,也使创意产业发生了巨大的变化。这些变化导致了新的服务与交易行为的产生,从而彻底威胁到传统的商业模式。因此,产品的生产、传播和消费的方式将越来越取决于技术创新和全球化市场。正如英国在《创意产业图录报告2001》中指出的,技术经常会对经济景观带来戏剧性的影响,它不仅正在推动整个新产业如视频游戏的创新性,也打破了已有产业的商业模式。首先,数字化技术成为推动创意产业各部门产品的生产与消费模式变化的一个驱动器。计算机技术与声像录制技术的发展,尤其是建立在数字化基础上的新媒体技术,促使创意产业的相关部门出现了新的生产服务模式。新的分销渠道如手机媒体、网络或数字电视的兴起,P2P的推送技术在未来很有可能成为一种重要的分销方式,它们最主要的影响就是带来了数字内容消费量的急速上涨。其次,数字编码背后的产业价值链也发生了变化。信息通信技术(ICT)及其数字编码为创意作品的生产、分销和消费创造了一条新的更广阔且更为复杂的价值链。当然,数字内容的生产与应用对信息通信技术也具有举足轻重的作用。与之相关的,数字知识产权的保护成为数字内容产业发展的一个重要的议题,英国贸工部早在2003年已在《创意产业的未来》报告中强调了这个问题。

(二)消费市场的开发

从创意产业现状看,产业已初具规模但产业链有待完善。经过几年的快速发展,中国的创意产业在2005年已形成了1200亿元的产业规模,并保持着30%以上的增长速度。目前,创意产业风险居高不下,收益率不尽相同。在创意产业几个主要的细分市场中,工业设计、网络游戏以及影音动画市场依然存在较大的产业进入风险。2005年,几个主要的网络内容提供商、网络游戏运营商和数字影视与动画节目制作商盈利状况出现下滑,产业收入不够支撑巨大的市场开发和设

备投入,产业整体盈利水平还有待提高。同时,在技术推动和良好的市场预期前景下,创意产业各市场中的新进入者骤增,企业数量的快速增长使产业内企业之间的竞争更加白热化。

"风险与机遇并存"是我国现阶段创意产业的真实写照。投资者应该兼顾两点:既要看到全行业的成长性,也要看到细分行业的风险性;既要关注企业近期收益率,也要注重企业长期获利能力。在消费对象上,应对不同社会阶层、年龄群体和专业人士的需求进行区分,在认真调研和分析的基础上,制定出多价格层次、多内容含量的创意消费产品。同时,要特别注重对同一创意的跨产业、多方面开发,将价值链延伸。

(三)创意人才

1998年,英国国会在一个报告中指出:"人民的想象力是国家的最大资源。想象力孕育着发明、经济效益、科学发现、科技改良、优越的管理、就业机会、社群与更安稳的社会。整个社会的兴旺繁荣也因想象力应运而生。"该论断充分说明,随着20世纪80年代末世界从工业时代向信息时代的转变,经济变得越来越以知识为基础,有形资产(如机器、工厂和资本)与无形资产(如网络、品牌、知识资本和人才)相比,其重要性发生了颠覆性变化,"人才"这一要素因为能创造更多、更大的价值而成为决定产业发展的关键因素。在此背景下,全球人才大战烽烟四起,由此引发了一系列社会与管理变革(见表5-1)。

表5-1 新的人才大战带来了新的变化

旧的情况	新的现实
人需要公司	公司需要人
机器、资本和地理因素是竞争优势所在	人才是竞争优势所在
好的人才会导致一些差别	好的人才会导致巨大差别
工作匮乏	人才匮乏
员工忠诚,工作有保障	人员流动,短期工作承诺
人们接受标准待遇	人们要求得更多

在整个20世纪,产业与企业对人才的依赖有了巨大增长。在1900年,只有17%的工业需要知识工人,而现在则超过了60%。今天,在美国,我们被告知漂泊性的工作(软件设计师和阁楼艺术家)占劳动力总数的比例从20世纪的5%提高至12%。英国学者弗罗里达指出,美国现有4000万人属于创造型人才,超过劳动力总数的30%,并为美国创造了60%以上的GDP。他根据Howkins的估

计，指出1999年全球创意经济的营业收入约2.24兆美元，而美国作为全球创意经济的龙头，收入达9.6万亿美元，占全球市场的42.8%。过去，我们主要从行业和部门的角度划分社会经济的各个产业门类。现在，当创意成为经济发展的重要推动力并成为一类独立的产业时，创意人才和人力资本就具有了重要意义。

在《创意阶层》一书中，弗罗里达强调了创意阶层对于创意产业的极端重要性。他认为，从根本上看，文化创意产业的高速发展依靠文化创意、人力资本的投入产出和文化创意阶层的崛起。今天的创意产业越来越多地被用来表述经济中利用人们的"智力资本"进行生产与流通的新兴产业。事实上，几乎所有保持了长久生命力的世界著名企业都是创意高度发达的企业，而多数知名企业家都是富有创意、推崇创意的企业家。可见，智力资本、创新和新的信息技术之间已经建立起复杂的深刻联系，创意人才是推动创意产业发展的根本动力。

在我国，以劳动力密集型产业为主的制造加工业似乎还未深切体会到文化创意人才的极端重要性。但综观当今世界市场，以效率更高的技术和劳动者来更新、取代效率较低的技术和劳动者，这一早年被熊彼特称为"创造性破坏"的论断，今天已是当代创意产业发展的现实。

(四) 知识产权的自由交易

在知识经济时代，诸如专利权、商标权、著作权等无形资产已成为各企业的战略性资产。因此，以信息、知识特别是以文化和技术等无形资产为核心要素的创意产业，其知识产权的交易将成为产业链上的关键一环。当前，包括出售、颁发许可证、合资、战略联盟、拆分、捐赠等知识产权交易类型让知识产权的证券化渐为风行，并从资本上为创意产业的发展提供助力。

据研究，在美国，知识产权证券化业务的比重正在快速增长。从电子游戏、音乐、电影、主题公园到时装品牌、最新医药产品专利、半导体芯片，甚至专利诉讼的胜诉金，几乎都成为知识产权证券化的对象资产（见表5-2），而这些成为知识产权证券化对象的行业大部分都集中在创意产业中。

表5-2 2002年知识产权证券化业务中各行业资产的比例

行业	发行金额 （百万美元）	占发行金额 百分比（%）	交易数量 （件）	占交易数量 百分比（%）
电影	865	42	2	10
音乐	446	22	14	70
体育	315	15	1	5
快餐	290	14	1	5
医药	100	5	1	5
服装	24	1	1	5

资料来源：岳峥：《知识产权证券化 头脑如何产生黄金》，载《新财富》（月刊）2006年4月。

以知识产权证券化较大的市场——电影行业为例。1996～2000年，这一行业完成了近79亿美元的证券化业务，相关业务主要来自电影制作领域，尤其是几家主要的制片厂，如福克斯、派拉蒙、索尼、梦工厂、华纳兄弟、环球等，如表5-3所示。

表5-3 电影行业的主要证券化交易

项目	电影公司	投资银行	时间（年）	金额（百万美元）
千禧年1	福克斯	花旗	1996	1000.0
派拉蒙	派拉蒙	大通	1996	500.0
凤凰	索尼	Chemical	1996	100.0
梦工厂	梦工厂	大通/贝尔斯登	1997	335.3
银河1	环球	花旗	1997	1100.0
星座	迪士尼	花旗	1997	200.0
新线	华纳兄弟	Soogen	1998	350.0
电影	Ceecchi Gori	美林	1998	350.0
Castle Rook	华纳兄弟	大通	1998	200.0
银河2	环球	花旗	1999	1065.0
新鲜王子妙事多	华纳兄弟	Westl B	1999	250.0
Artisan	Artisan	大通/贝尔斯登	1999	162.5
目的地	Destination	DLJ	1999	100.0
梦工厂Ⅱ	梦工厂	大通/贝尔斯登	2000	556.0
千禧年Ⅱ	福克斯	花旗	2000	824.5
革命	革命电影公司	大通	2000	400.0
木栅栏	索尼	DLJ	2000	400.0

资料来源：岳峥：《知识产权证券化 头脑如何产生黄金》，载《新财富》（月刊）2006年4月。

据研究，这一领域之所以交易多、金额大，是因为可以进行多种混合资产支持的交易，并且有大公司的信用支持。而且，与音乐资产证券化不同，电影行业的证券化常常以未来资产为基础，即以尚未拍好的电影的未来发行收入为基础发行债券，如福克斯两次以《千禧年》的收入为基础进行证券化。当然，也有一些以已经存在的"影片库"为基础的证券化项目，如派拉蒙、意大利影视集团Ceecchi Gori、梦工厂的证券化案例。

第三节 创意经济福利实现的决定

福利实现的直接表现就是消费者对创意产品的消费,但是消费能力又受分配的很大制约。因此,本书在此对消费和分配进行探讨,以期对创意经济福利实现的约束有一个较为清晰的轮廓和认识。

一、创意经济形态下的消费

创意经济形态下,社会分工进一步深化,劳动生产率得到提高,人均国民收入大幅攀升。这些变化不断催生了新的消费高峰,导致消费结构不断改变。按照国际经验,人均 GDP 超过 1000 美元之后,将触发国内社会消费的结构升级。以中国为例,2003 年,中国人均 GDP 达到 1090 美元,国内居民的财富积累达到了消费升级的临界点。教育、医疗、旅游、电信、信息和家庭娱乐商品成为消费支出中增速较快的项目,消费升级给我国社会经济发展提供了前所未有的市场机遇。

(一) 体验消费模式的内涵和特征

在创意经济时代,体验消费成为新的主导消费模式。1999 年 4 月,当约瑟夫·派恩和詹姆斯·吉尔摩合著的《体验经济》出版时,受到了广泛关注,该书提出了"工作是剧场、生意是舞台"的理念,体验经济从此走红。体验消费模式的含义:①现今的消费者不仅重视产品或服务给他们带来的功能利益,更重视购买和消费产品或服务过程中所获得的符合自己心理需要和情趣偏好的特定体验。在产品或服务功能相同的情况下,体验成为关键的价值决定因素,往往成为消费者作出购买决策的重要依据。②与以往相比,人们对纯体验性消费的需求日增,"花钱买刺激"已经成为一种消费时尚,人们全部收入中用于休闲、娱乐等方面的开支比重也呈不断加大之势。种种迹象表明,消费者变得越来越感性化、个性化、情感化,他们的需求重点已由追求实用转向追求体验。作为一种价值载体,体验具有多重存在形态,它既可以依附于产品和服务存在,也可以作为单独的出售物存在。

随着经济的发展,消费水平的提高,越来越多的消费者渴望得到体验。在当代,体验经济已逐渐成为继农业经济、工业经济和服务经济之后的一种经济形态。基于此,一些发达国家已把体验经济作为一个重要产业来开发。美国的休闲业已成为第一产业,据预测,2015 年,该产业将独占 GNP 中的半壁江山;

日本 2001 年仅电子游戏产业就占了全国经济的 20%，超过汽车工业成为第一产业；韩国的游戏产业也成为最有利润的行业，产值达 200 亿美元、年增长率高达 30%~40%。

体验消费具有以下特征：

第一，体验消费是个性化的消费，它尊重人性和人的个性，强调满足人的精神、社会、个性等需求的重要性。在体验消费中，消费是一个过程，消费者是这个过程的产品，当过程结束，记忆将长久保存对过程的体验。这种体验具有不可复制、不可转让性，因此消费者愿意为此类体验付费。可见，体验消费的个性化特征验证了马斯洛需求层次理论中关于人类最高的需求层次——"自我实现"。

第二，体验消费是情感和文化的消费。现代社会的激烈竞争使人类面临着越来越多的变化和不确定性，背负着越来越沉重的心理压力，人类脆弱的情感正经受着严峻的折磨和考验。正如著名未来学家阿尔温·托夫勒所预言的："一个高技术的社会必然是一个高情感的社会。"体验消费正是基于人们对情感和文化的需要，致力于抚慰人类迷茫和受伤的心灵，致力于打造人类梦寐以求的真、善、美的精神家园。

第三，体验经济的主要组成部分是现代休闲娱乐业。20 世纪 90 年代末，美国娱乐经济专家米切尔·沃尔夫在《娱乐经济》一书中指出："娱乐业——而不是汽车制造、钢铁、金融服务业——正迅速成为新的全球经济增长的驱动轮。在美国这个娱乐和传媒业最发达的国家，娱乐支出额位列家庭支出中的衣着、保健等类别之前（衣着 5.2%，保健 5.2%，娱乐 5.4%）……我们在考察的毕竟是一个产值高达 4800 亿美元的庞大产业……娱乐业已经成为世界上众多地区的经济中增长最快的部门，这在发展中国家是如此，在发达国家亦不例外。此外，影响更为深远的是，种种娱乐业内涵实际上正成为更广泛的消费经济各方面的重要区分特征。从旅游到超市购物、从商业银行到金融信息、从快餐到新式汽车，娱乐业成分在消费经济各个部分的渗透之广之深，足可以与计算机化浪潮过去几十年在经济中的扩展相媲美……娱乐业正对这些我们每个人每天要做的决策产生越来越大的影响。这种人们天天都在作出的决策成千上万地累积起来，便得到了一个娱乐业扮演着主导角色的社会概貌。倘若没有娱乐内涵，在明天的市场上消费性产品将越来越没机会立足。"沃尔夫明确强调了娱乐业在当今世界社会生活和经济发展中的重要地位。

（二）创意经济形态下消费结构的升级

1. 软需求取代硬需求

传统的消费结构占绝对比例的是有形物质商品的消费，在消费品的构成中物质需求占据了主要地位，驱动其发展的主导要素是自然资源、土地、资金、机器等。而创意经济则强调文化产品和主体感受的消费,高级人力资本、知识产权资本、技术资本和文化资本等软性资本成为其核心驱动要素。其中,创意经济下的消费特别注重满足人的内在感受,强调文化要素的推动力。

2. 消费导向取代产品导向

与传统消费结构中由生产者主导的注重改变产品功能价值(或使用价值)不同的是,创意经济主要是通过最大限度地满足消费者对于产品的观念价值获得市场和利润。以消费者的需求为导向,关注顾客价值,特别是对文化的认同成为创意产业的重要特征。创意灵感及其火花的迸发,创意产品的形成和销售推广,创意时尚潮流的引发,每个环节都需要根据顾客价值精心设计、呵护和挖掘。因此,从产品导向到消费导向的变化体现了创意经济"消费者为王"的发展思维模式,其意义在于通过产品的创意激发消费者的购买潜力,引导消费时尚,形成新的消费市场,同时提升社会品质,促进经济的持续增长。

3. 多元目标取代单一目标

消费目标的多元化是创意经济区别于传统经济单一目标的显著特征,也是创意经济形态是否是真正意义上的"经济形态"的争论点之一。在全球化、国际化和信息化的大背景下,经济的发展已经与整个社会的发展紧密联系在一起,消费结构的演变也呈现了新的格局。因此,在更为广泛的文化、经济和社会转型的大环境下,创意经济的消费超越单一目标,追求在经济、社会以及人本身发展上的多元目标成为创意经济的真正魅力所在。

4. 经营快乐是服务业的极致,是体验经济、休闲娱乐业的最佳切入点

每一个到过美国迪士尼乐园的游客都会被快乐淹没,那种"用心经营的快乐"让人兴奋不已,难以忘怀。于是,迪士尼的品牌价值得到无限放大、延伸、辐射,最终成为世界娱乐产业的商业巨头。迪士尼的成功,缘于抓住了服务业最本质的特征:制造快乐并经营快乐,而创意产业必会将这一特性发挥到极致。

(三)创意经济形态下的消费理论

根据凯恩斯的消费理论,在其他条件不变的情况下,影响一国居民消费的因素主要在于收入水平和边际消费倾向。在此,本书将分别从文化影响、收入角度来分析创意经济对边际消费倾向的影响及其在实际经济运行中的作用。

文化是经济的上层建筑,也是发展创意经济的思想基础和要素来源。伴随着商品经济的发展而出现的现代都市文化,是来源多元、题材多元、功能多元和受众多元的现代文化,是亦俗亦雅、与民同乐、群众和精英都喜闻乐见的流行文化,更是善于融合、选择吸收思潮的时尚文化。现代大都市往往是经济较为发达的地区,其市民素质、国际化程度都很高,这类城市往往是创意的最早发源地,也往往拥有庞大的创意消费群体。创意经济带来的创意理念和产品为居民消费增

加了文化内涵,注入了新鲜的内容。这些新兴的消费范畴自然提高了居民的边际消费倾向,优化了产业结构,提升了人们的消费层次,而边际消费倾向的提升又促进了一国国民收入的增加。

收入增加是消费升级的基础。据联合国的一项研究表明,当人均收入超过1000美元时,人们消费增长最快的是为了满足精神需要的花费,这说明人们的物质需求在一定阶段之内是可以趋向饱和的,而精神消费的增长潜力则是巨大的。所以,在创意经济形态中,一个社会经济体需要为其成员提供更多、更广、更高层次的精神产品。此时,本阶段收入的提升将使消费者对创意产品的需求通过更富有弹性的消费倾向充分释放出来。而消费能力的提升,将使创意经济的生产向一个更加良性的循环靠拢,这对于整个社会的福利实现有着非常积极的作用。

二、创意经济形态下的分配

分配决定了社会成员能够支配的收入,因此分配与福利实现的关系十分密切。在创意经济形态下,分配形式和依据都有了较大变化,这对于福利实现的研究有着非常重要的影响。根据分配理论,生产创造的利润要在生产要素的所有者之间分享。在传统经济形态下,这些利润主要表现为工资、地租、利息和企业家所得。其中,由于资本在整个经济运行中占主导地位,因此资本在分配过程中也占据支配地位。经济形态的区分在于其主导力量的不同,在创意经济形态下,创意、企业家能力与资本并称为最活跃性资源,在这三者中,创意以其强大的驱动力而产生对其余两者的吸附性。

在创意经济形态下,其主导性力量已经转变为创意,这种资源从知识中升华出来,并包含着人的智力能动性,它成为整个社会经济发展的主要推动力。这种资源与人力资本紧密结合,二者密不可分。创意上升为主导性资源,也使人力资本的地位提升到一个更高的水平上,这使一部分收入将从工资中脱离出来,并取代资本利得成为分配中的支配力量。据此,在创意经济时代,创意人才的价值实现就在分配中有了举足轻重的作用。

创意人才在分配中可以得到的收入报酬,是凭借其独有的人力资本通过参与收益分配获得的。在资本要素收益中,资本取得利息收入;普通劳动者取得工资收入;而剩余部分则包含企业家应取得的个人才能收入和创意人才的人力资本效益,这种分配模式是符合市场经济精神的。在经济理论中,创意人才的收益可以使用超额利润的概念进行度量。因为超额利润是从创新和风险中取得的超过正常利润的那部分利润,而创意及其产品正是创新与风险相并存的产物。

在实际经济运行中,分配的趋等化是一种显而易见的趋势。这种趋势的动力受到两种因素的制约：一是创意在社会资源中的稀缺程度；二是社会劳动生产率提高的程度。因为人们对收入始终存在一种公平化的期待和增长的向往，所以同行业内、社会各行业间的收入差距会有缩小的趋势。均等化趋势确实能够提高整个社会的福利实现程度，但是必要的差距更有利于保持大家对稀缺资源提供的能动性。作为发端于人自身智力的一种创造性资源，创意能够获得较高的回报，从而有利于整个社会对其的关注度。也就是说，在创意经济形态下，通过差距来激发创意的动力，确立创意在分配中的主导性地位以及在分配中对超额利润的占有权，并保证其在收入分配中相对于其他资源收入的领先优势，会给予整个创意经济强大的推动力，从而更有利于整个社会的福利实现。

对在分配中的福利实现，我们仍不能忽视公平性。因为具有创意天赋的人和在后天中通过大力培养而具有较强创意能力的人毕竟属于社会的稀缺资源，而整个社会的福利实现水平是一项全面的工作，所以在初次分配中，我们要注意保护创意人才的积极性来提高效率，而在二次分配时，我们也同样要注意保护社会整体的平衡性与和谐。

第四节　创意经济替代效应和收入效应分析

一种商品价格的变化会引起该商品的需求量发生变化，这种变化可以分解成替代效应和收入效应两个部分。替代效应是由商品价格发生变化所引起的商品相对价格的变动，进而引起商品需求量的变动；收入效应是指由商品价格的变动所引起的实际收入水平变动，进而引起商品需求量发生变动。

因创意产业的内容和形式纷繁多样，不同类别的创意和创意产品有着很大的不同，因此，我们将创意产品粗分为两大类：一是体验类创意产品，包括现场表演、视觉印象、旅游过程等；二是传统产品附加上的创意价值，即用文化创意来增强产品的竞争力和辐射力。这两类产品由于自身特点的不同，因而在替代效应和收入效应上有着不同的表现。

创意产品是居民消费中的升级产品，在最初阶段大部分的创意产品甚至属于奢侈品，其消费的价格弹性非常大，即消费数量受价格高低影响很强，所以当创意产品的价格出现波动时，消费者的购买意愿会发生很大的变化。如图5-4所示，当创意产品价格下降时，消费者的收入相对地可以购买更多的消费品，这样其福利实现可以达到一个更高的效用层次，其替代效应体现在图形上就是X_1至X_2的部分，收入效应是X_2与X_3之间的部分，两部分相加则为价格效应。

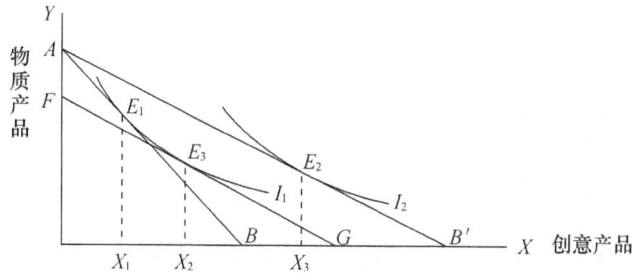

图 5-4 消费者购买创意产品的替代效应与收入效应

随着创意经济的深入发展,创意产品逐渐成为人们消费的正常品,其价格的提高或降低引起的价格效应波动幅度会逐渐缩窄。

创意产品的上述两种形式,因特性各有不同,所以在消费过程中也有很大的差异。体验类创意产品需要消费者参与整个过程,所以人们对其消费还要受到闲暇时间的制约,其价格弹性变动有限。另外,这类创意产品对人的精神需求满足程度更高,所以消费者对它的评价也高得多。加之此类产品的差异性较大,彼此之间具有一定的垄断性。因此,在进行消费选择时,只要条件允许,消费者一般都会做此选择。而作为附加在物质产品上的创意价值,因其没有跳出传统产品的范围,所以在实际中很多消费者易于冷落其创意价值而偏重其使用性,由此造成了具有不同附加创意价值的同类物质产品之间的替代效应较高,厂商的升级换代压力较大,苦于"红海"之中。

第六章 典型性国家创意产品贸易竞争力研究[①]

第一节 研究对象的界定

目前,创意产业是一个崭新的产业。需要说明的是,现在国际上没有一种分类方法将创意产品贸易单独列出来,甚至文化贸易也是如此,几乎所有的分类方法都将文化贸易列为"其他"项或者"额外"项,因此对于创意产品贸易的统计就很难做到精确。本章在建立创意产品贸易竞争力指标时,为了使选取的指标具有一致性和可比性,一致采用联合国贸易和发展会议以及联合国开发计划署于2008年4月出版的《2008世界创意经济报告》及其相关统计数据,将核心创意产品作为主要统计对象,具体分为七个大类:工艺品、视听、设计、音乐、新媒体、出版和视觉艺术。如表6-1所示。

表6-1 核心创意产品分类

分类	涵盖内容
Art Crafts(工艺品)	Carpets(地毯)
	Celebration(庆祝活动)
	Paper ware(纸制品)
	Wicker ware(植物制品)
	Yarn(纱制品)
	Other(其他)
Audio Visuals(视听)	Film(电影)

[①] 本章各图、表数据来源:①联合国贸易和发展会议对全球130多个国家创意产品贸易统计数据 http://stats.unctad.org/Creative/TableViewer;②世界贸易组织 *International Trade Statistics* 2008 相关数据整理和计算得出。

续表

分类	涵盖内容
Design（设计）	Architecture（建筑）
	Fashion（时尚）
	Glassware（玻璃制品）
	Interior（内部装饰）
	Jewellery（珠宝）
	Toys（玩具）
Music（CDs，Tapes）（音乐）	Printed（印刷品）
	Records（唱片）
New Media（新媒体）	Digital records（数码）
	Video games（视频游戏）
Publishing（出版）	Books（书籍）
	Newspapers（报刊）
	Other（其他）
Visual Arts（视觉艺术）	Antiques（古董）
	Paintings（绘画）
	Photography（摄影）
	Sculpture（雕塑）
	Other（其他）

资料来源：《2008 世界创意经济报告》（*Creative Economy* 2008）。

该报告对全球 130 多个国家的创意产品贸易水平进行了统计，2000～2005 年，创意产品和服务的全球贸易额年均增长率为 8.7%，2005 年总出口达到了 335.5 亿美元，使创意产业成为当今国际贸易中最具有活力和市场前景的产业之一。

第二节 评价指标的选取

一国对外贸易竞争力水平的高低由贸易绩效、商品和服务出口、商品和服务进口指标反映。其中，贸易绩效从整体上反映一国对外贸易的总体获利状况。贸易绩效包括 5 项指标：国际市场占有率、贸易收支差额、贸易竞争力指数（TC

指数)、显示性比较优势指数(RCA 指数)、纯出口比较优势指数(NEPR 指数)。此外,选取出口技术复杂度指数(ES 指数)与相对出口技术复杂度指数(RES 指数)来反映贸易出口结构和产品技术附加值的重要作用。

一、国际市场占有率

国际市场占有率指标是一国出口总额占世界出口总额的比例,反映一国出口的整体竞争力,即国际市场占有率=一国出口总额/世界出口总额。

该指标是一个国家出口总额与世界出口总额之比,反映该国出口在世界出口市场上的比重,也可以是一国特定产业或者产品的出口总额与世界特定产业或产品的出口总额之比。国际市场占有率的变化反映了一国某产业或产品国际竞争力和竞争地位的变化,比例提高说明出口竞争力增强。

二、贸易收支差额

贸易收支差额(Balance of Trade)也称为净出口,是一国在一定时期内(如一年、半年、一季、一月)某产业或产品出口总值与进口总值之间的差额,是反映一国某产业或产品从国际贸易中取得的净收入。当出口总值与进口总值相等时,称为"贸易平衡";当出口总值大于进口总值时,出现贸易盈余,称为"贸易顺差"或"出超";当进口总值大于出口总值时,出现贸易赤字,称为"贸易逆差"或"入超"。通常,贸易顺差以正数表示,贸易逆差以负数表示。一国的进出口贸易收支是其国际收支中经常项目的重要组成部分,是影响一个国家国际收支的重要因素。贸易收支差额的计算公式为:

$$TB = X - M$$

式中,TB 表示一国某产业或产品贸易的收支差额,X 表示一国某产业或产品一定时期内的出口总值,M 表示一国某产业或产品一定时期内的进口总值。

对于一国的创意产业而言,贸易收支差额为正,表明在包括国内市场在内的全球市场上,本国创意产业具有国际竞争力,贸易收支差额为负则表示本国创意产业国际竞争力较小。

三、贸易竞争力指数(TC 指数)

测度贸易国际竞争力的一个重要指标就是贸易竞争力指数(TC 指数),也称贸易专业化系数(Trade Specialization Coefficient,TSC),是一国某一产业或产品的净出口与其进出口总额之比,表示一国进出口贸易差额占进出口贸易总额的比重。贸易竞争力指数的计算公式为:

$$TC = (X - M)/(X + M)$$

式中，TC 表示贸易竞争力指数，X 表示一国某产业或产品一定时期的出口总额，M 表示一国某产业或产品一定时期的进口总额。

贸易竞争力指数表示一个国家某产业或产品是净进口还是净出口，与此同时，作为一个与贸易总额的相对值，它剔除了通货膨胀、经济膨胀等宏观总量方面波动的影响，即无论进出口的绝对值是多少，它均介于（-1, 1），因此在不同时期、不同国家之间是可比的。

创意产品贸易竞争力指数的取值范围也为（-1, 1），当其值接近 0 时，说明创意产品贸易竞争力接近平均水平；大于 0，且越接近 1 时，说明竞争力越大；小于 0，且越接近 -1 时，说明竞争力越小；如果 TC = 1，说明创意产品只有出口而没有进口；如果 TC = -1，说明创意产品只有进口而没有出口。

四、显示性比较优势指数（RCA 指数）

显示性比较优势（the Revealed Comparative Advantage，RCA）指数，由美国经济学家巴拉萨（Balassa）于 1965 年提出，它是衡量一国某一产业或产品在国际市场竞争力的强有力指标。它旨在定量地描述一个国家内各个产业（产品组）相对出口的表现。通过 RCA 指数可以判定一国的哪些产业更具出口竞争力，从而揭示一国在国际贸易中的比较优势。反映的是一国在某个产业或产品上的出口占世界出口的比例与该国出口总额占世界出口总额的比例之间的比较优势，说明相对于该国其他出口产业或产品来说的出口优势。其公式为：

$$RCA_{ij} = (X_{ij}/X_{tj})/(X_{iw}/X_{tw})$$

式中，RCA 表示显示性比较优势指数，X_{ij} 表示 j 国在 i 产业或产品上的出口，X_{tj} 表示 j 国在 t 时期的出口总额，X_{iw} 表示 i 产业或产品在世界市场上的出口总额，X_{tw} 表示 t 时期世界市场上的出口总额。

一般而言，若 RCA_{ij} < 1，则该国该产业或产品没有显著比较优势；若 RCA_{ij} > 1，则该产业具有竞争力，且取值越大竞争力越强；若 RCA_{ij} > 2.5，则该产业具有极强的国际竞争力；若 1.25 < RCA_{ij} < 2.5，表明该出口产业或产品具有较强的竞争力；若 0.8 < RCA_{ij} < 1.25，则表明该出口产业或产品具有中度竞争力；若 RCA_{ij} < 0.8，则表明该出口产业或产品竞争力较弱。

创意产品显示性比较优势指数是一国创意产品的出口在全世界创意产品出口总额中的份额与该国所有产品的出口在世界出口总额中的比率，反映了一国创意产品的出口与世界平均出口水平的相对优势，它剔除了国家总量波动和世界总量波动的影响，较好地反映了产业的相对优势。

当然，显示性比较优势指数也有其局限性，表现在当一个产业的产业内贸易盛行时，以显示性比较优势指数所衡量的该经济体和产业的比较优势不具有客观性，更不能用来预测一个贸易发展的模式。另外，RCA 指数忽视了进口的作用。

五、纯出口比较优势指数（NEPR 指数）

纯出口比较优势指数（NEPR）是指一国纯出口中某类商品所占份额相对于该商品在世界贸易总额中所占比例的大小。其公式为：

$$NEPR = [(X_{ij} - M_{ij})/X_{tj}]/(X_{iw}/X_{tw})$$

式中，X_{ij} 表示 j 国 i 产业或产品的出口额，M_{ij} 表示 j 国 i 产业或产品的进口额，X_{tj} 表示 j 国在 t 时期的出口总额，X_{iw} 表示 i 产业或产品的世界出口总额，X_{tw} 表示 t 时期的世界出口总额。一般认为，若 NEPR > 1，则具有较强的竞争优势；若 0 < NEPR < 1，则具有一定的竞争优势；若 NEPR < 0，则说明该产业或产品在国际市场上比较优势较弱或没有比较优势。

由于 NEPR 指数是将 RCA 与一国的贸易竞争力结合起来衡量对外贸易比较优势的，它既可弥补 RCA 只考虑出口的缺陷，又可以较容易地判断该国对外贸易在世界贸易中的位置，在分析对外贸易结构及贸易竞争力方面是一个较好的综合指标。

六、出口技术复杂度指数（ES 指数）

出口贸易对一国的经济发展有推动作用，然而相对于出口数量而言，出口产品的结构和技术水平更能促进一国经济的增长。出口技术复杂度（Export Sophistication, ES）正是通过方法和指标的设计，对出口贸易的技术附加值进行分析。

作为出口贸易结构研究的一个重要方面，出口技术复杂度已成为当前国际贸易领域研究的热点问题。这里借鉴 Hausmann 的收入比重指标计算各国创意产品贸易出口技术复杂度，具体分两步进行：

第一步，测度各类创意产品的劳动生产率，作为各类产品的技术复杂度指数（TSI）。这里假定，同一种产品在不同国家具有相同的劳动生产率，且由于比较优势的分工结果，生产某产品的国家收入越高，该产品的劳动生产率就越高。因此，TSI_k 的公式为：

$$TSI_k = \sum_j \frac{x_{jk}/X_j}{\sum_i (x_{ik}/X_i)} Y_j$$

式中，x_{jk} 表示国家 j 创意产品 k 的出口额；X_j 表示国家 j 的创意产品贸易出口总额；$\sum_i (x_{ik}/X_i)$ 表示全球各国创意产品 k 的出口额占其创意产品贸易出口总额的比例之和；Y_j 表示国家 j 的人均 GDP。

第二步，计算各国创意产品贸易的出口技术复杂度（ES），公式如下：

$$ES = \sum_k \frac{x_k}{X} TSI_k$$

式中，x_k 表示一国创意产品 k 的出口额，X 表示该国创意产品贸易总出口额。

公式表明，出口技术复杂度由两个因素决定：一是创意产品贸易出口结构（x_k/X）；二是各类创意产品的劳动生产率（TSI_k）。从中可以看出，如果一国偏向出口劳动生产率高的创意产品，则该国的出口技术复杂度就会相对偏高。

七、相对出口技术复杂度指数（RES 指数）

相对出口技术复杂度指数（Relative Export Sophistication，RES）用于对各国创业产品贸易出口技术复杂度与样本国家的平均水平之间的差距进行进一步的衡量。其公式如下：

$$RES = ES_c / (\sum_i ES_i / n)$$

式中，ES_c 表示 C 国创意产品贸易出口技术复杂度；ES_i 表示第 i 个样本国家创意产品贸易出口技术复杂度；n 表示样本国家的数量。

明显地，若 RES > 1，则表示 C 国创意产品贸易出口技术复杂度领先于样本国家的平均水平，RES 值越大领先地位越明显；若 RES < 1，则表示 C 国创意产品贸易出口技术复杂度落后于样本国家的平均水平，RES 值越小差距越大。

第三节 典型性国家创意产品贸易的国际市场占有率分析

一、英国

20 世纪 90 年代以来英国的创意产品贸易取得了快速的发展，从图 6-1 可以清楚的看出英国创意产品国际市场占有率的变化呈逐年上升趋势，1996 年为 4.14%，1997 年降为 3.78%，1998 年又开始恢复增长为 4.26%，1999 年很快增长为 7.75%，2000 年和 2001 年有所下降，分别为 6.35% 和 5.87%，说明其竞争力稍微减弱，但丝毫不影响英国创意产品贸易的国际领先水平，从 2002 年开始继续保持高增长，到 2006 年达到 14.48%。

二、美国

美国创意产业的发展始终处于世界领先地位，从图 6-2 可以清楚的看出美国创意产品贸易的国际市场占有率情况。自1996年开始，美国创意产品贸易始终占有世界20%以上的份额，其中1999~2002年甚至达到了25%以上，最高为2000年的26.94%。虽然自2003年开始有所回落，但丝毫不影响美国创意产品贸易的国际龙头老大地位，2004~2006年始终保持在22%以上的高国际市场占有率。

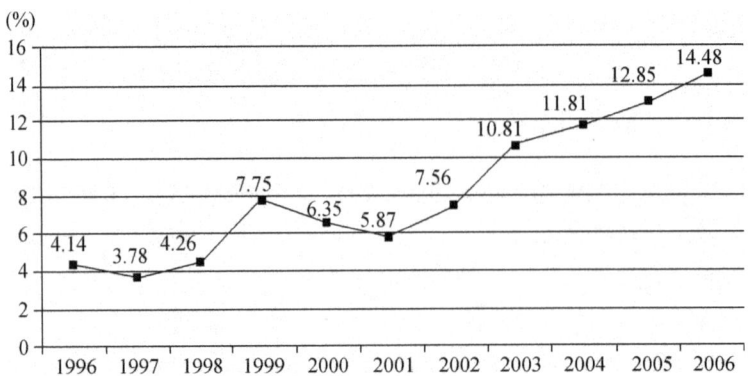

图6-1　1996~2006年英国创意产品国际市场占有率情况

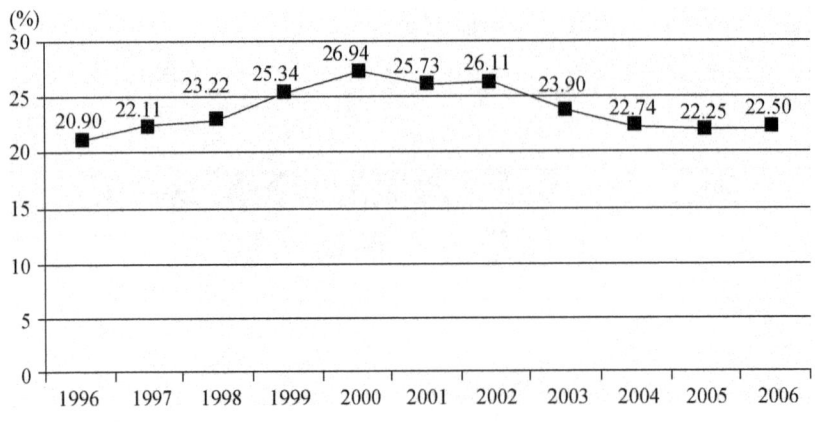

图6-2　1996~2006年美国创意产品贸易国际市场占有率情况

三、日本

日本也属于创意产品贸易相对较发达的国家之一，1996~1998年其国际市场占有率为5.99%、5.07%、4.27%，虽然不断下降，但仍然高于英国同期的国际市场占有率。日本创意产品贸易的国际市场占有率在2001年达到最高，为5.50%，之后始终无法阻挡其逐年下降的趋势，2002~2005年分别为4.87%、4.67%、4.55%、4.40%，都较上一年有所下降。因此，从国际市场占有率的角度来看，日本创意产品贸易虽然占有世界市场5%左右的市场份额，但是其贸易竞争力却逐渐减弱。

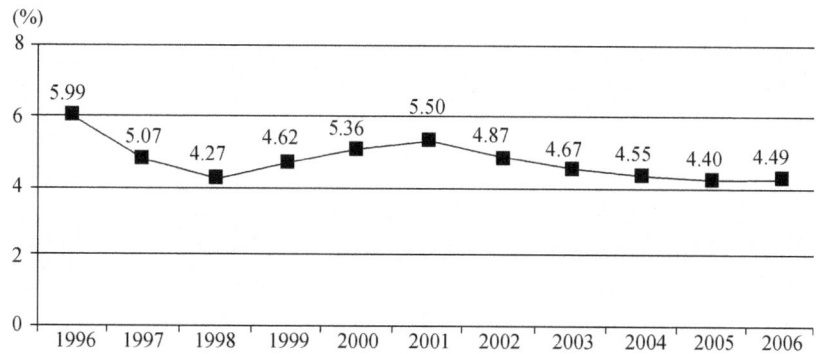

图6-3 1996~2006年日本创意产品贸易国际市场占有率情况

四、韩国

韩国的创意产品贸易在亚洲处于领先地位，从世界范围来看，其国际市场占有率除1998年降为0.42%之外，基本维持在1%左右，2006年达到最高的1.25%，总体表现为上升趋势，因此其贸易竞争力不断增强。

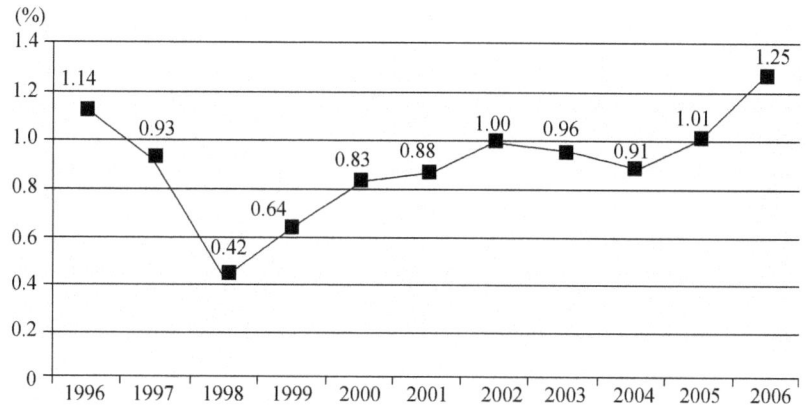

图6-4 1996~2006年韩国创意产品贸易国际市场占有率情况

五、中国

从世界范围来看，中国的创意产品出口占据了世界创意产品出口的1.2%左右的份额，该比例自1996年开始，变化始终不大，2005年开始有所提高，为1.36%，2006年达到1.61%。因此，从国际市场占有率的角度分析，中国的创意产品贸易竞争力平稳提高。

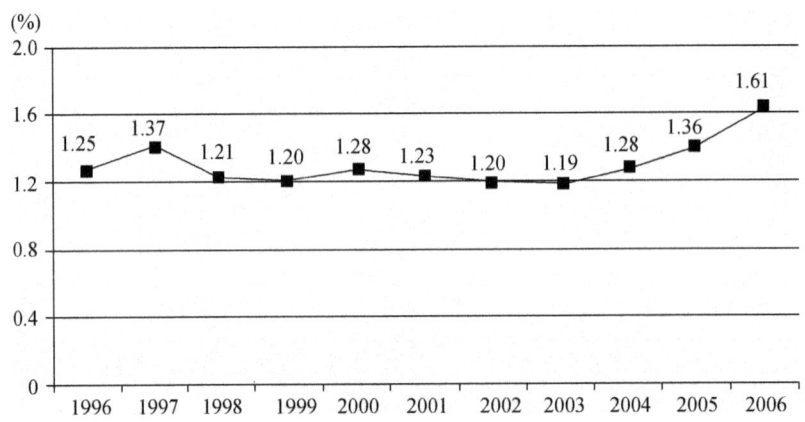

图6-5　1996~2006年中国创意产品贸易国际市场占有率情况

六、国别比较分析

由图6-6可知，典型性国家创意产品贸易国际市场占有率从大到小依次为美国、英国、日本、中国、韩国。根据前文的分析，按照国际市场占有率指标，英国、韩国的创意产品出口表现为上升趋势，贸易竞争力不断增强；美国、中国

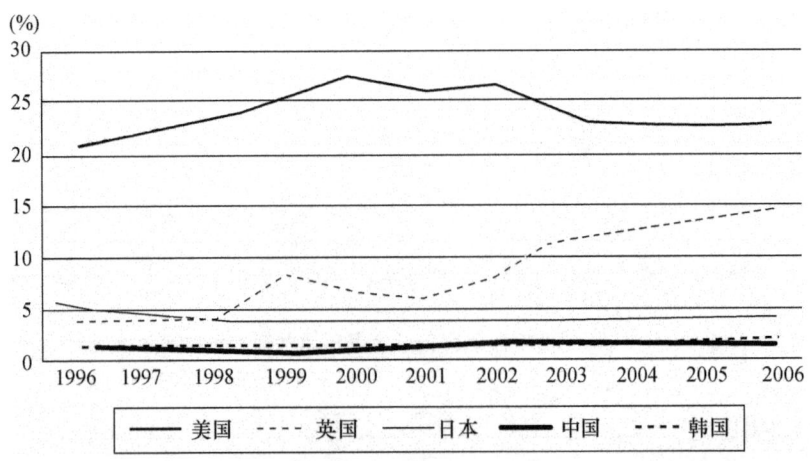

图6-6　1996~2006年典型性国家创意产品贸易国际市场占有率情况

的创意产品出口变化不大,其中美国始终占据世界出口 1/5 的份额,保持世界第一的位置;日本的创意产品出口则表现为缓慢下降趋势,其创意产品出口能力逐渐减弱。

图 6-7 显示了 2006 年典型性国家的创意产品贸易的国际市场占有率情况,共占世界创意产品出口 40% 以上的份额。

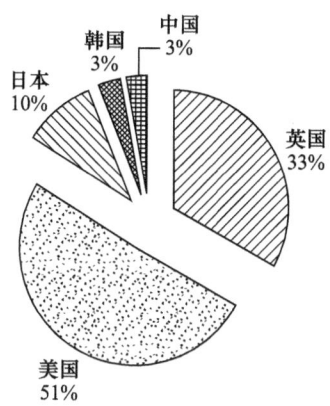

图 6-7 2006 年典型性国家创意产品贸易国际市场占有率情况

第四节 典型性国家创意产品贸易收支差额分析

一、英国

1996~2006 年英国创意产品进出口额如图 6-8 所示。

根据图 6-8 的相关数据可以计算出英国创意产品在 1996~2006 年的贸易收支差额,如表 6-2 所示。

对于英国的创意产品贸易而言,从 1996 年开始,其创意产品出口额始终表现为上升趋势,2005 年高达 215.94 亿美元,虽然 2006 年下降了 21.63 亿美元,为 194.31 亿美元,但其进口额始终在 100 亿美元上下浮动。从 1999 年开始英国的创意产品贸易收支差额为 42.75 亿美元,之后逐年上升,2003 年达到最高,为 84.1 亿美元,虽然 2003 年以后有所下降,但英国创意产品贸易收支差额始终为正。这表明以贸易收支差额为评价指标来看,英国的创意产品贸易具有很强的国际竞争力,其带来的贸易顺差有效地弥补了英国的货物贸易逆差。

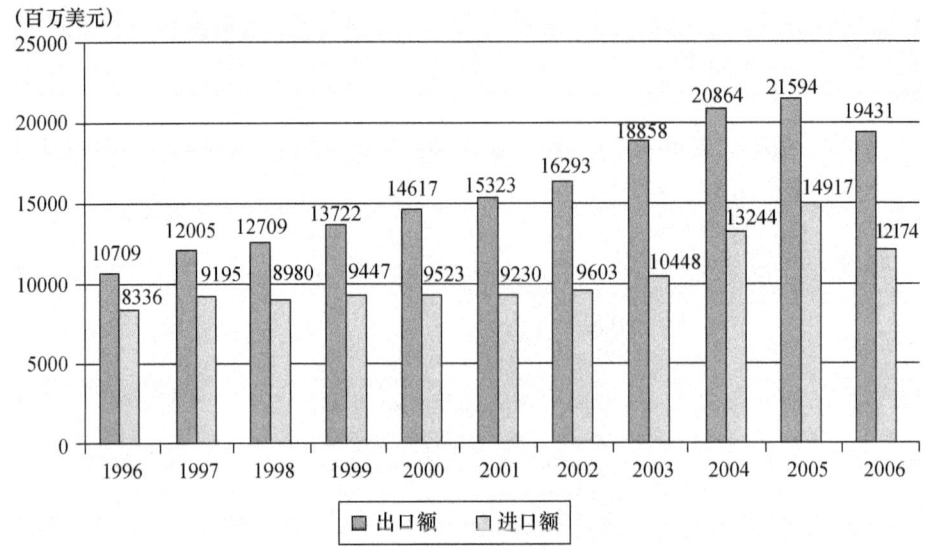

图6-8 1996~2006年英国创意产品进出口额

表6-2 1996~2006年英国创意产业贸易收支差额   单位：百万美元

年份	1996	1997	1998	1999	2000	2001	2002	2003	2004	2005	2006
贸易收支差额	2373	2810	3729	4275	5094	6093	6690	8410	7620	6677	7257

二、美国

1996~2006年美国创意产品进出口额如图6-9所示。

根据图6-9的相关数据可以计算出美国创意产品1996~2006年的贸易收支差额，如表6-3所示。

从1996年开始，美国的创意产品出口额表现为不断上升趋势，虽然2001年和2006年有所下降，分别较2000年和2005年下降了30.4亿美元和60.44亿美元，但其出口的增长趋势不变，2005年高达746.56亿美元。1996~2006年美国创意产品的年均进口额为196.76亿美元，各年均没有显著的增减变化。

美国创意产品贸易收支差额逐年上升，2005年达到最高，为541.2亿美元，虽然2006年有所下降，为492.39亿美元，但其始终为正，且贸易额巨大，表现为上升趋势。这表明以贸易收支差额为评价指标来看，美国的创意产品贸易具有极强的国际竞争力，其带来的贸易顺差可以有效地弥补货物等其他产品的贸易逆差。

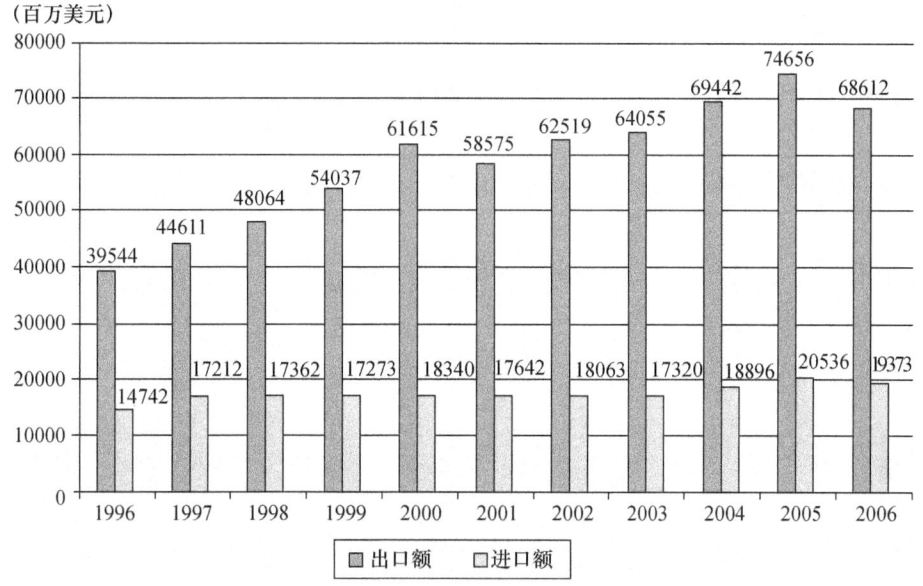

图6-9 1996~2006年美国创意产品进出口额

表6-3 1996~2006年美国创意产品贸易收支差额　　单位：百万美元

年份	1996	1997	1998	1999	2000	2001	2002	2003	2004	2005	2006
贸易收支差额	24802	27399	30702	36764	43275	40933	44456	46735	50546	54120	49239

三、日本

1996~2006年日本创意产品进出口额如图6-10所示。

计算1996~2006年日本创意产品贸易收支差额，具体变化如图6-11所示。

1996~1998年日本创意产品出口额不断下降，贸易收支差额也表现为不断下降趋势，从1996年的60.93亿美元下降至1998年的10.87亿美元，贸易竞争力大幅减弱。自1999年开始，出口加强，贸易收支差额显著增加，到2000年达到47.18亿美元。由于出口的大量增加和进口的相对减少，2003年开始日本创意产品贸易收支差额大幅提高，2004~2006年贸易收支差额分别为83.66亿美元、74.17亿美元、75.23亿美元，均高于英国同期的贸易收支差额水平，这表明以贸易收支差额为评价指标来看，日本的创意产品贸易具有较强的国际竞争力。

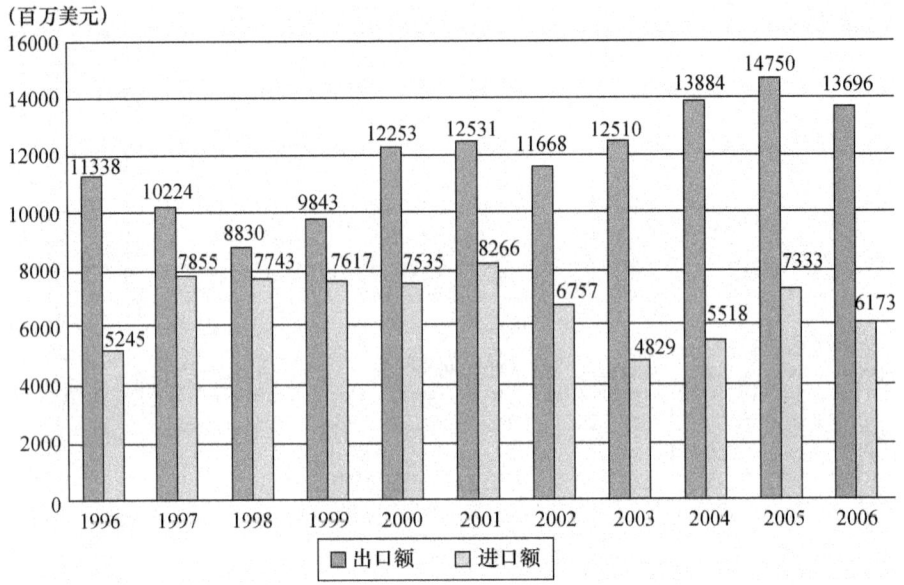

图6-10　1996~2006年日本创意产品进出口额

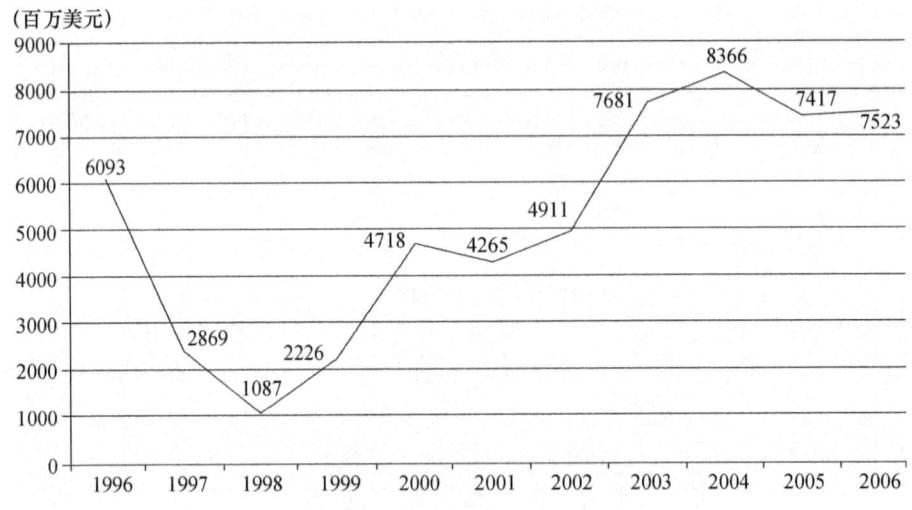

图6-11　1996~2006年日本创意产品贸易收支差额

四、韩国

1996~2006年韩国创意产品进出口额如图6-12所示。

根据图6-12的相关数据计算韩国创意产品贸易收支差额，如表6-4所示。

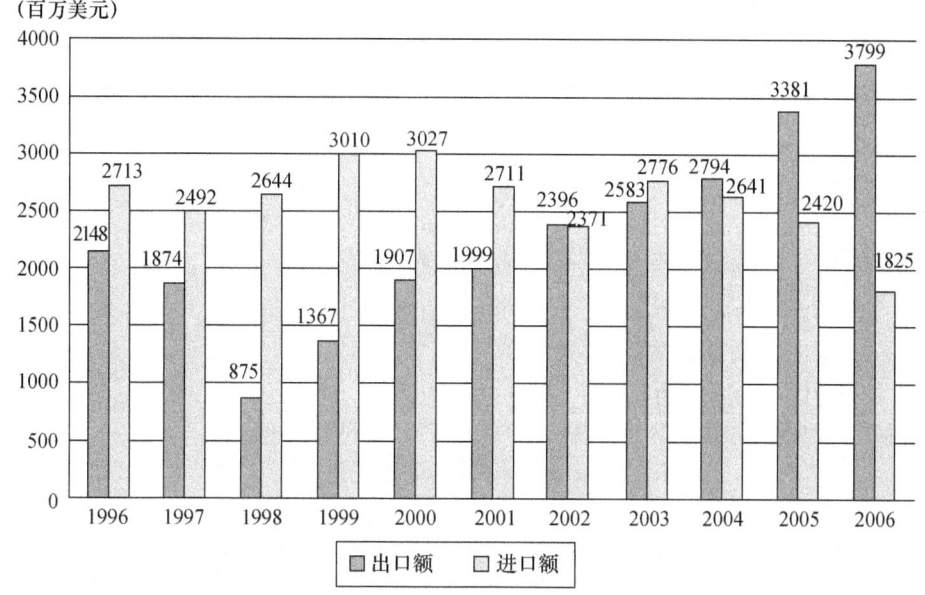

图6-12 1996~2006年韩国创意产品进出口额

表6-4 1996~2006年韩国创意产品贸易收支差额　　单位：百万美元

年份	1996	1997	1998	1999	2000	2001	2002	2003	2004	2005	2006
贸易收支差额	-565	-618	-1769	-1643	-1120	-712	22	-193	153	961	1974

综合图6-12和表6-4的数据，韩国创意产品贸易由2002年之前的逆差变为顺差。贸易收支差额2002年之前始终为负，2004年开始，出口额大幅提高，2006年的贸易收支差额达到了前所未有的19.74亿美元，创意产品贸易竞争力显著提高。

五、中国

1996~2006年中国创意产品进出口额如图6-13所示。

根据图6-13的相关数据计算中国创意产品贸易收支差额，如表6-5所示。

综合图6-13和表6-5的数据，1996~2006年中国创意产品出口额和进口额都不断增加，但贸易收支差始终为负，为贸易逆差，因此出口竞争力较弱。

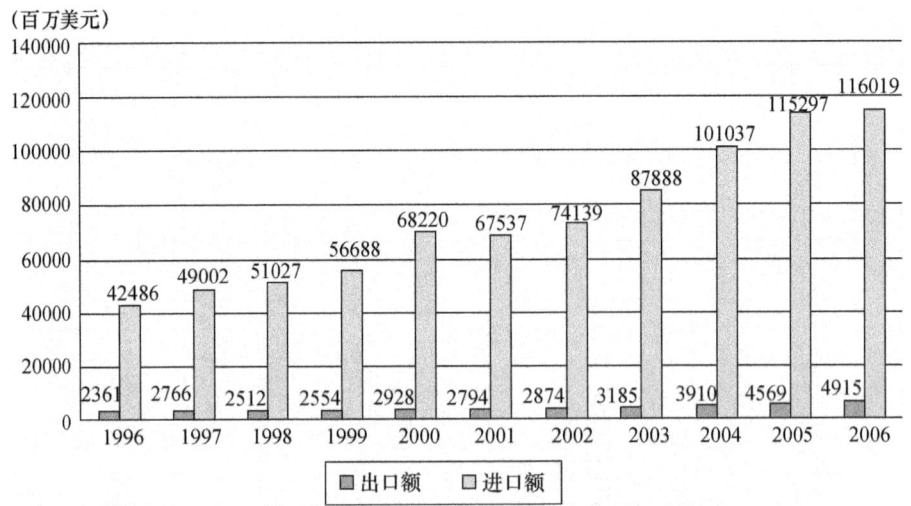

图6-13　1996～2006年中国创意产品进出口额

表6-5　1996～2006年中国创意产品贸易收支差额　　单位：百万美元

年份	1996	1997	1998	1999	2000	2001	2002	2003	2004	2005	2006
贸易收支差额	-40125	-46236	-48515	-54134	-65292	-64743	-71265	-84703	-97127	-110728	-111104

六、国别比较分析

图6-14显示了1996～2006年典型性国家创意产品贸易收支差额的情况。以

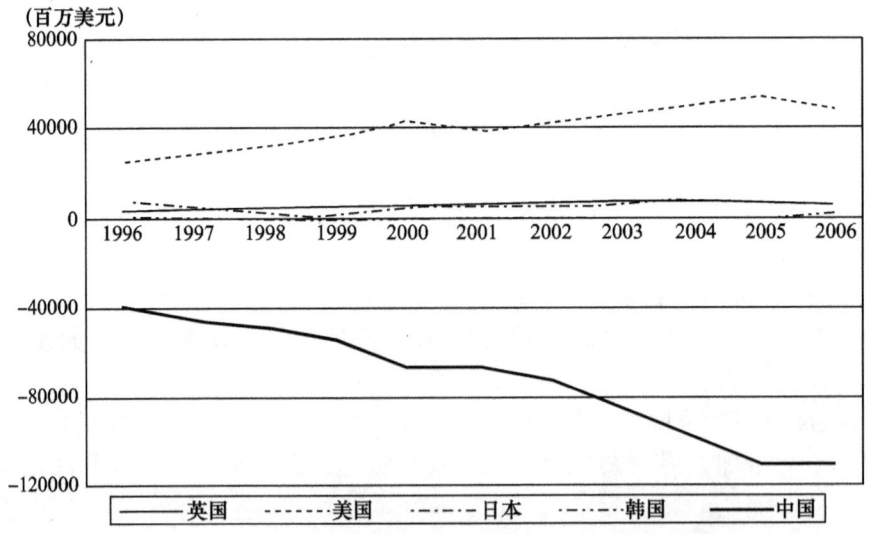

图6-14　1996～2006年典型性国家创意产品贸易收支差额情况

第六章 典型性国家创意产品贸易竞争力研究

贸易收支差额为评价指标来看,美国、英国的贸易收支差额始终为正,其带来的贸易顺差可以有效地弥补货物等其他产品的贸易逆差,因此具有很强的国际竞争力。

日本的贸易收支差额也表现为正值,且由于出口的大量增加和进口的相对减少,2003年开始日本创意产品贸易各年收支差额均高于英国同期水平,因此具有较强的国际竞争力。

韩国创意产品贸易由2002年之前的逆差变为顺差,创意产品贸易竞争力不断提高。

中国创意产品贸易收支差始终为负,出口竞争力较弱。

第五节 典型性国家创意产品贸易竞争力指数分析

一、英国

用英国创意产品进口额和出口额计算其创意产品的贸易竞争力指数(TC指数),计算公式为:英国创意产品TC=(英国创意产品出口额-英国创意产品进口额)/(英国创意产品进口额+英国创意产品出口额),计算结果如表6-6所示。

表6-6 1996~2006年英国创意产品贸易竞争力指数

年份	1996	1997	1998	1999	2000	2001	2002	2003	2004	2005	2006
TC指数	0.125	0.133	0.172	0.185	0.211	0.248	0.258	0.287	0.316	0.183	0.230

英国的创意产品贸易竞争力指数始终大于0,且取值接近于0,表明从1996年开始,英国的创意产品贸易一直表现为净出口,且每年都较前一年有所提高(除2005年外)。从2000年开始,英国创意产品贸易竞争力指数始终在0.2以上,且不断提高,说明英国的创意产品具有较强的贸易竞争力,处于国际贸易的绝对优势地位。用贸易竞争力指数作为指标衡量英国创意产业的对外贸易竞争力,说明英国的创意产品贸易竞争力发展优势不断提高。

由于贸易竞争力指数可以很有效地反映产品和行业的竞争优势,下面将按照联合国贸易和发展会议有关创意产品的统计分类,从工艺品、视听、设计、音乐、视觉艺术、出版、新媒体七个产品大类考察英国创意产品贸易竞争力状况。

1996~2006 年，英国创意产品出口前三位的产品类别是设计、出版和视觉艺术类产品；进口前三位的产品类别也是设计、出版和视觉艺术类产品。可见英国对这三个创意产品类别的需求量是很大的，国内需求的拉动，带动了这三个产品类别的国际贸易。仅就 2006 年来说，英国设计类产品的进出口额分别为 45.3 亿美元和 115.03 亿美元，分别占英国 2006 年创意产品进出口额的 37.21% 和 59.20%；出版类产品进出口额分别为 29.48 亿美元和 26.74 亿美元，分别占英国 2006 年创意产品进出口额的 24.22% 和 13.62%；视觉艺术类产品进出口额分别为 28.48 亿美元和 20.16 亿美元，分别占英国 2006 年创意产品进出口额的 23.39% 和 10.38%。从表 6-7 数据也可以看出，英国创意产业中的视听类产品即电影进出口占比相对较低，均不到 1%。

表 6-7　1996~2006 年英国创意产品各分类贸易竞争力指数

年份	工艺品	视听	设计	音乐	视觉艺术	出版	新媒体
1996	-0.426	-0.629	0.323	-0.163	-0.179	-0.030	-0.014
1997	-0.437	-0.639	0.340	-0.029	-0.104	-0.093	-0.063
1998	-0.425	-0.528	0.396	-0.118	-0.102	-0.045	-0.037
1999	-0.322	-0.299	0.432	-0.104	-0.091	-0.048	-0.079
2000	-0.394	-0.475	0.464	-0.075	-0.062	-0.072	0.109
2001	-0.218	-0.419	0.497	-0.083	0.017	-0.042	0.142
2002	-0.231	-0.333	0.514	0.061	-0.062	-0.035	-0.044
2003	-0.165	-0.181	0.533	0.130	0.067	-0.052	0.080
2004	0.075	0.054	0.494	0.070	-0.154	-0.118	-0.124
2005	0.262	0.147	0.451	0.039	-0.182	-0.143	-0.131
2006	0.443	0.452	0.435	0.055	-0.171	-0.054	0.498

表 6-7 和图 6-15 反映了英国创意产品七个分类的贸易竞争力指数情况。可以直观地看出，在这七个创意产品分类中，设计类产品的对外贸易竞争力远远高于其他产品类别，TC 指数始终保持在 0.2~0.6，且从 1998 年开始，一直高于 0.4，因此具有很强的贸易竞争力，处于国际贸易的绝对优势地位。出版类产品的 TC 指数始终小于 0，保持在 -0.2~0，且接近于 0，说明其国际贸易竞争力接近于世界平均水平。工艺品的 TC 指数除 2006 年出现最高，达到 0.452 之外，2001 年之前始终保持在 -0.7~-0.4，说明该类别产品的贸易竞争力较弱。视听类产品的 TC 指数呈上升趋势，从 1996 年的 -0.629 增长到 2006 年的 0.452，说明该类别产品的贸易竞争力不断增强，从贸易劣势地位逐渐转变为贸易强势地

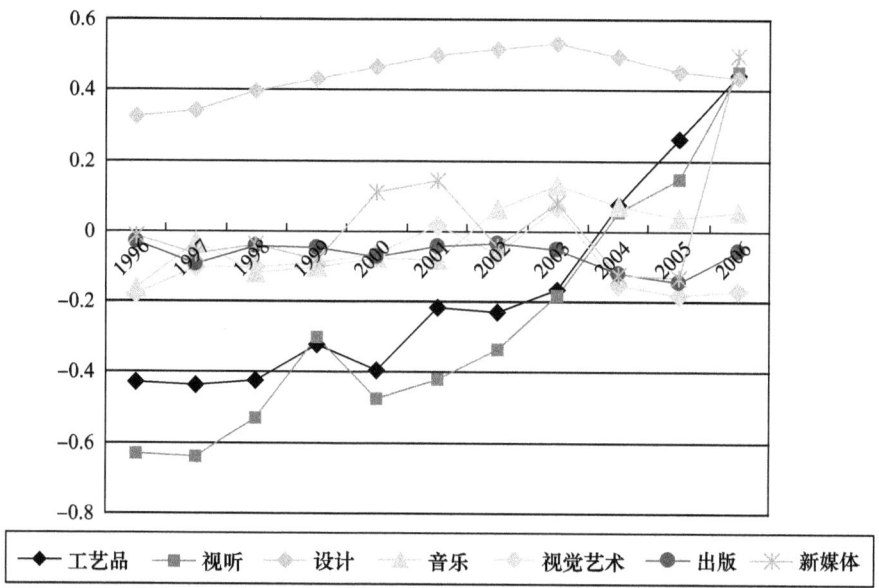

图 6-15 1996~2006年英国七大类创意产品贸易竞争力指数

位。音乐、视觉艺术、新媒体的 TC 指数在 0 上下浮动,说明其贸易竞争力处于世界平均水平,其中的新媒体类别产品的 TC 指数在 2006 年达到 0.498,说明该年新媒体类别产品的贸易竞争力很强,处于国际贸易的绝对优势地位。

二、美国

用美国创意产品进口额和出口额计算其创意产品贸易竞争力指数(TC 指数),计算公式为:美国创意产品 TC =(美国创意产品出口额 - 美国创意产品进口额)/(美国创意产品进口额 + 美国创意产品出口额),计算结果如表 6-8 所示。

表 6-8 1996~2006年美国创意产品贸易竞争力指数

年份	1996	1997	1998	1999	2000	2001	2002	2003	2004	2005	2006
TC 指数	0.457	0.443	0.469	0.516	0.541	0.537	0.552	0.574	0.572	0.569	0.560

美国创意产品贸易竞争力指数始终大于 0,且自 1999 年开始取值就高于 0.5,根据对贸易竞争力指数取值大小的界定,当其大于 0 且越接近 1 时,竞争力就越大。因此,说明美国的创意产品贸易具有很强的国际竞争力,处于国际贸易的绝对优势地位。

为了反映创意产品各分类的竞争优势，与英国类似，下面按照联合国贸易和发展会议有关创意产品的统计分类，从工艺品、视听、设计、音乐、视觉艺术、出版、新媒体七个大类考察美国创意产品贸易的竞争力状况。

1996～2006年，设计、出版和视觉艺术为美国进出口前三位的创意产品类别。2006年，美国设计类产品进出口额为74.52亿美元和461.19亿美元，分别占美国2006年创意产品进出口额的38.47%和67.22%；出版类产品进出口额分别为53.07亿美元和4.58亿美元，分别占比27.39%和10.87%；视觉艺术类产品进出口额分别为29.96亿美元和75.93亿美元，分别占比15.46%和11.07%。美国创意产品贸易中新媒体、音乐以及视听类产品出口量较小，其中又以视听类产品为最小，进出口额均不到美国全部创意产品进出口额的1%。

表6-9和图6-16反映了美国创意产品七大类的贸易竞争力指数情况，竞争力最高的为设计类产品，取值为0.6～0.8，且逐年上升，最高为0.748，因此具有很强的贸易竞争力，处于国际贸易的绝对优势地位；工艺品类别的产品也处于国际贸易的优势地位，贸易竞争力指数在0.7上下浮动；视觉艺术类产品的贸易竞争力指数保持在0.3～0.5，因此具有较强的国际竞争力；出版类产品的贸易竞争力指数保持在0.1～0.2，因此处于国际贸易竞争力的平均水平，具有一定的国际竞争力；视听类和新媒体类产品的贸易竞争力指数取值浮动很大，2000年都下降为最低水平，但自2002年开始不断上升，2006年取值都高于0.4，视听类产品的贸易竞争力指数在2006年高达0.559，说明这两个创意产品分类也具有较强的贸易竞争力，且竞争力表现为不断增强的趋势；美国音乐类创意产品的竞争力最弱，贸易竞争力指数始终为负。

表6-9 1996～2006年美国创意产品各分类贸易竞争力指数

年份	工艺品	视听	设计	音乐	视觉艺术	出版	新媒体
1996	0.721	0.216	0.641	-0.452	0.334	0.110	0.126
1997	0.687	0.320	0.622	-0.507	0.335	0.061	0.134
1998	0.703	0.438	0.641	-0.413	0.306	0.109	0.196
1999	0.693	0.466	0.683	-0.354	0.407	0.121	0.345
2000	0.720	0.280	0.697	-0.336	0.554	0.125	0.142
2001	0.724	0.066	0.713	-0.352	0.464	0.139	0.129
2002	0.729	0.350	0.726	-0.388	0.436	0.138	0.433
2003	0.723	0.491	0.748	-0.269	0.541	0.130	0.181
2004	0.714	0.476	0.743	-0.269	0.473	0.149	0.300
2005	0.710	0.564	0.745	-0.271	0.455	0.115	0.302
2006	0.662	0.559	0.722	-0.348	0.434	0.169	0.474

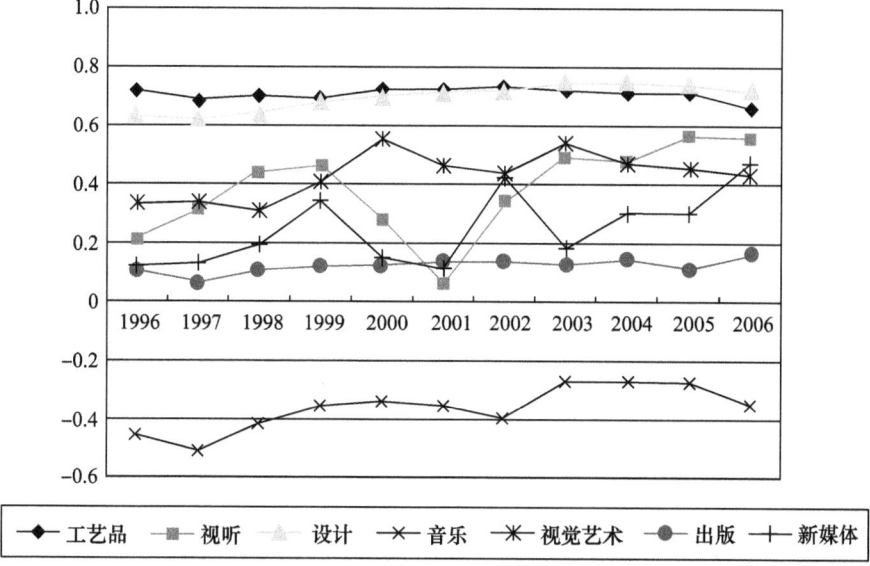

图 6-16 1996~2006 年美国创意产品贸易竞争力指数

三、日本

用日本创意产品进口额和出口额计算其创意产品贸易竞争力指数（TC 指数），计算公式为：日本创意产品 TC =（日本创意产品出口额 − 日本创意产品进口额）/（日本创意产品进口额 + 日本创意产品出口额），计算结果如表 6-10 所示。

表 6-10 1996~2006 年日本创意产品贸易竞争力指数

年份	1996	1997	1998	1999	2000	2001	2002	2003	2004	2005	2006
TC 指数	0.367	0.131	0.066	0.127	0.238	0.205	0.267	0.443	0.431	0.336	0.379

日本创意产品贸易竞争力指数始终大于 0，1998 年最小为 0.066，2003 年和 2004 年达到 0.4 以上，根据对贸易竞争力指数取值大小的界定，说明日本的创意产品贸易具有一定的比较优势和国际竞争力。

为了反映创意产品各分类的竞争优势，下面按照联合国贸易和发展会议有关创意产品的统计分类，从工艺品、视听、设计、音乐、视觉艺术、出版、新媒体七个大类考察日本创意产品贸易的竞争力状况。

1996~2006年，日本出口前三位的创意产品类别为设计、出版和视觉艺术类产品；进口前三位的创意产品类别为设计、新媒体和出版类产品。综合来看，日本工艺品类的创意产品进口额很小，约占日本创意产品进口额1%的比例，远远小于其出口额。视听类产品出口额和进口额为最少。新媒体类别的产品进口额变化十分显著，自2003年开始显著减少，占比由2002年的43.87%降为19.20%，且之后不断下降，说明日本新媒体类创意产品的国内需求不断降低。

表6-11和图6-17反映了日本创意产品七大类的贸易竞争力指数情况。竞争力最强的为工艺品类创意产品，贸易竞争力指数始终保持在0.8左右；设计类产品的贸易竞争力指数在0.4~0.6，具有较强的国际竞争力，且竞争力变化不大；音乐和出版类创意产品的贸易竞争力指数变化趋势大致相同，介于0~0.4，因此具有一定的比较优势，竞争力略高于世界平均水平；视觉艺术类产品的贸易竞争力指数自2002年开始在0上下浮动，说明其竞争力接近于世界平均水平；新媒体类产品的贸易竞争力指数始终为负，但自2003年开始，其进口额大幅度减少，而出口额保持不变，则说明其贸易竞争力虽然相对较弱，但表现为不断增强的趋势。

表6-11　1996~2006年日本创意产品各分类贸易竞争力指数

年份	工艺品	视听	设计	音乐	视觉艺术	出版	新媒体
1996	0.877	0.250	0.604	0.462	0.448	0.462	-0.655
1997	0.861	0.333	0.553	0.364	0.254	0.440	-0.871
1998	0.826	0.455	0.514	0.164	0.166	0.409	-0.872
1999	0.815	0.217	0.489	0.222	0.307	0.313	-0.858
2000	0.814	0.100	0.503	0.204	0.476	0.299	-0.834
2001	0.816	0.077	0.524	0.398	0.352	0.365	-0.838
2002	0.816	0.600	0.546	0.278	0.065	0.273	-0.760
2003	0.818	0.667	0.570	0.257	0.108	0.252	-0.429
2004	0.796	-0.053	0.542	0.113	-0.021	0.245	-0.292
2005	0.805	0.727	0.415	0.021	-0.057	0.192	-0.418
2006	0.795	0.385	0.428	0.135	0.187	0.258	-0.444

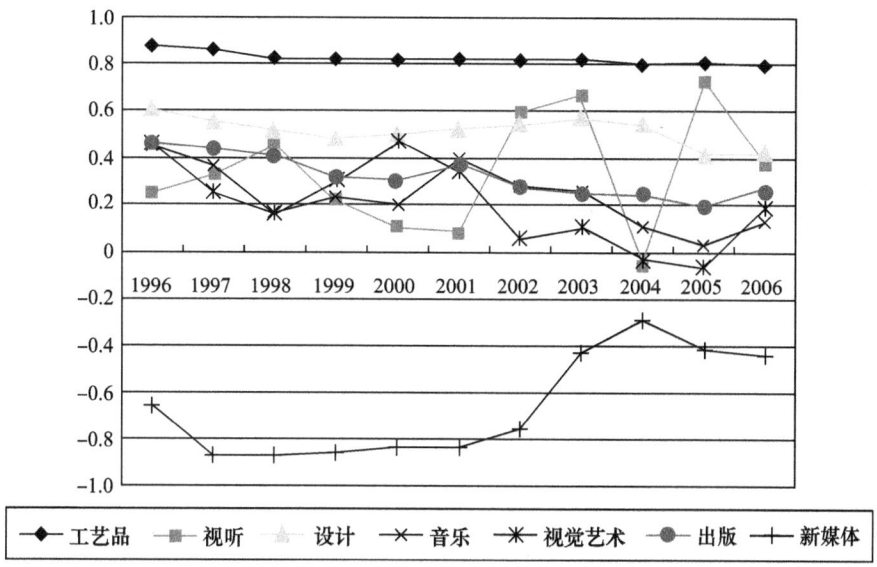

图 6-17 1996~2006 年日本创意产品分类贸易竞争力指数

视听类产品的贸易竞争力指数变化范围最大,2001 年之前均大于 0,2002 年和 2003 年该指数大于 0.6,贸易竞争力显著提高。受进口增加的影响,2004 年该指数降为 -0.053,2005 年和 2006 年又提高到 0.727 和 0.385。综合来看,日本的视听类创意产品具有一定的比较优势,但根据表 6-11 的数据,由于视听类产品进出口额占日本所有创意产品进出口额的比例非常小,不到 0.1%,因此其对日本整体创意产品贸易的影响也是很小的。

四、韩国

用韩国创意产品进口额和出口额计算其创意产品贸易竞争力指数(TC 指数),计算公式为:韩国创意产品 TC=(韩国创意产品出口额-韩国创意产品进口额)/(韩国创意产品进口额+韩国创意产品出口额),计算结果如表 6-12 所示。

表 6-12 1996~2006 年韩国创意产品贸易竞争力指数

年份	1996	1997	1998	1999	2000	2001	2002	2003	2004	2005	2006
TC 指数	-0.116	-0.142	-0.503	-0.375	-0.227	-0.151	0.005	-0.036	0.028	0.166	0.351

贸易竞争力指数的取值范围为(-1,1),由表 6-12 可知,韩国创意产品

贸易竞争力指数 2002 年之前为负，2004 年开始变为正值，但取值始终接近于 0，因此总体来看说明韩国的创意产品贸易竞争力接近于平均水平。

下面按照联合国贸易和发展会议有关创意产品的统计分类，从工艺品、视听、设计、音乐、视觉艺术、出版、新媒体七个大类考察韩国创意产品贸易的竞争力状况。

1996~2006 年韩国创意产品贸易中设计类产品表现最为突出，进出口额均占韩国创意产品总进出口额的 2/3；视听类产品的进出口额最小，占比均不到 1%；其他各创意产品类别进出口额大致持平。

表 6-13 和图 6-18 反映了韩国创意产品七大类的贸易竞争力指数情况。总体来看，1998 年开始韩国各创意产品分类的贸易竞争力指数开始提高，工艺品、设计、音乐、视觉艺术、出版、新媒体等产品取值均在 0 上下浮动，说明其竞争力接近平均水平。其中，视觉艺术类产品 2006 年的贸易竞争力指数达到 0.585，因此说明相对于韩国其他各创意产品类别来说，该产品类别的贸易竞争力相对较强，具有一定的国际比较优势。2000 年之前，韩国视听类创意产品的进口额远大于其出口额，因此贸易竞争力指数为负数，且接近于 -1，表明其贸易竞争力相对较弱；随着进口额的减少，2000 年开始该指数为正数，取值在 0.2~0.7 之间变化，表明其具有一定的贸易竞争力。

表 6-13　1996~2006 年韩国创意产品各分类贸易竞争力指数

年份	工艺品	视听	设计	音乐	视觉艺术	出版	新媒体
1996	0.426	-0.692	-0.269	0.446	-0.005	0.147	0.525
1997	0.377	-0.739	-0.249	0.071	-0.040	-0.151	0.541
1998	-0.232	-0.778	-0.538	-0.211	-0.151	-0.685	-0.019
1999	-0.021	-0.667	-0.402	-0.140	-0.187	-0.529	-0.250
2000	0.032	0.667	-0.262	0.200	0.006	-0.431	-0.016
2001	0.112	0.200	-0.160	-0.041	0.187	-0.332	-0.381
2002	0.084	0.667	-0.015	-0.098	0.280	-0.098	0.118
2003	0.069	0.667	-0.061	0.011	0.361	-0.162	-0.069
2004	0.003	0.429	0.082	-0.090	0.301	-0.359	-0.005
2005	0.044	0.667	0.285	-0.143	0.367	-0.341	0.121
2006	0.240	0.500	0.444	-0.030	0.585	-0.168	-0.128

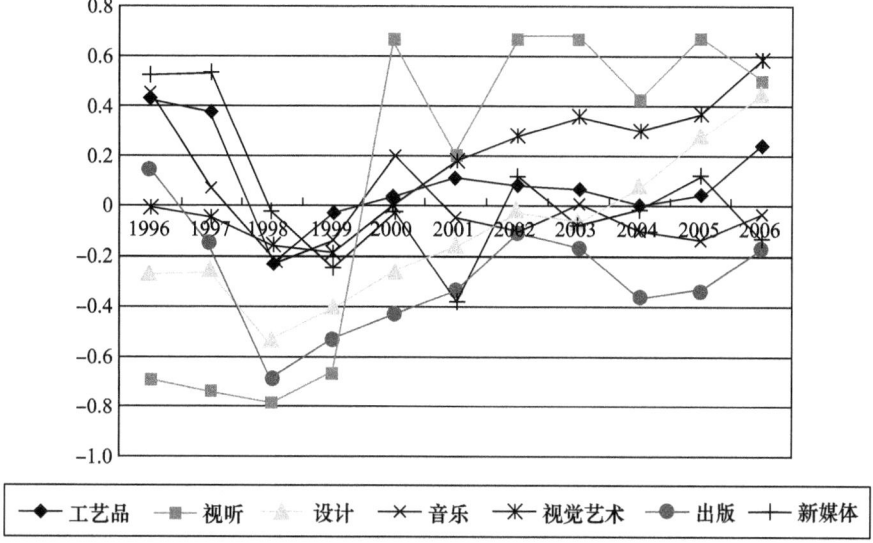

图 6-18 1996~2006 年韩国创意产品分类贸易竞争力指数

五、中国

用中国创意产品进口额和出口额计算其创意产品贸易竞争力指数（TC 指数），计算公式为：中国创意产品 TC =（中国创意产品出口额 - 中国创意产品进口额）/（中国创意产品进口额 + 中国创意产品出口额），计算结果如表 6-14 所示。

表 6-14 1996~2006 年中国创意产品贸易竞争力指数

年份	1996	1997	1998	1999	2000	2001	2002	2003	2004	2005	2006
TC 指数	-0.895	-0.893	-0.906	-0.914	-0.918	-0.921	-0.925	-0.930	-0.925	-0.924	-0.919

中国创意产品贸易竞争力指数始终小于 0，且接近于 -1，因此根据对贸易竞争力指数取值大小的界定，说明中国的创意产品贸易竞争力很小。

为了反映创意产品各分类的竞争优势，下面按照联合国贸易和发展会议有关创意产品的统计分类，从工艺品、视听、设计、音乐、视觉艺术、出版、新媒体七个大类考察中国创意产品贸易的竞争力状况。

1996~2006 年，中国创意产品贸易各分类均为贸易逆差，工艺品、设计、视觉艺术、出版、新媒体等产品进口额都远小于出口额，其中设计类产品进口额和出口额占比最大,分别占中国创意产品贸易进出口总额的 3/4 和 2/3;视听类产品的进出口额最小,占比可以忽略不计;音乐类产品进出口额大致持平。

表 6-15 和图 6-19 反映了中国创意产品七大类的贸易竞争力指数情况。1996 年开始中国各创意产品分类的贸易竞争力指数都不断下降,工艺品、设计、视觉艺术、新媒体等产品类别的贸易竞争力指数均略高于 -1,说明其竞争力很小;出版类产品的贸易竞争力指数由 1996 年的 -0.234 下降至 2006 年的 -0.766,贸易竞争力不断下降;视听类产品贸易竞争力指数受进口额的影响很大,1998 年和 1999 年该指数为 1,说明只有出口没有进口,由于视听类产品贸易占中国创意产品贸易总额的比例很小,不到 0.05%,所以整体来看,其贸易竞争力很弱。音乐类产品的贸易竞争力指数在 0 上下浮动,虽然 2001 年之后也表现为下降趋势,但其贸易竞争力仍然可以看作是接近世界平均水平。

表 6-15　1996~2006 年中国创意产品各分类贸易竞争力指数

年份	工艺品	视听	设计	音乐	视觉艺术	出版	新媒体
1996	-0.901	0.000	-0.906	0.214	-0.976	-0.234	-0.702
1997	-0.903	0.000	-0.910	-0.024	-0.935	-0.136	-0.823
1998	-0.903	1.000	-0.920	-0.015	-0.978	-0.251	-0.885
1999	-0.915	1.000	-0.926	0.263	-0.975	-0.408	-0.874
2000	-0.913	-0.333	-0.932	0.121	-0.975	-0.452	-0.915
2001	-0.914	-0.333	-0.933	0.005	-0.970	-0.532	-0.933
2002	-0.906	0.333	-0.939	0.081	-0.964	-0.607	-0.964
2003	-0.900	0.143	-0.943	-0.077	-0.970	-0.635	-0.979
2004	-0.884	-0.600	-0.938	-0.241	-0.957	-0.721	-0.955
2005	-0.866	-0.750	-0.940	-0.284	-0.948	-0.747	-0.933
2006	-0.893	-0.500	-0.934	-0.255	-0.891	-0.766	-0.911

六、国别比较分析

考察 1996~2006 年典型性国家创意产品贸易竞争力指数的情况,如图 6-20 所示。

根据图 6-20 显示的贸易竞争力指数比较情况可知,美国的贸易竞争力指数最高,具有最强的贸易竞争力;2002 年之前英国的贸易竞争力指数高于日本,2002 年之后低于日本,但英日两国的贸易竞争力指数均大于 0,因此都具有很强的贸易竞争力;韩国的贸易竞争力指数提高很快,2003 年开始转为正值,2006

年与英国、日本的贸易竞争力指数水平大致相同,因此也具有一定的比较优势;中国的贸易竞争力指数始终为负,且接近于 -1,说明中国的创意产品贸易竞争力很小。

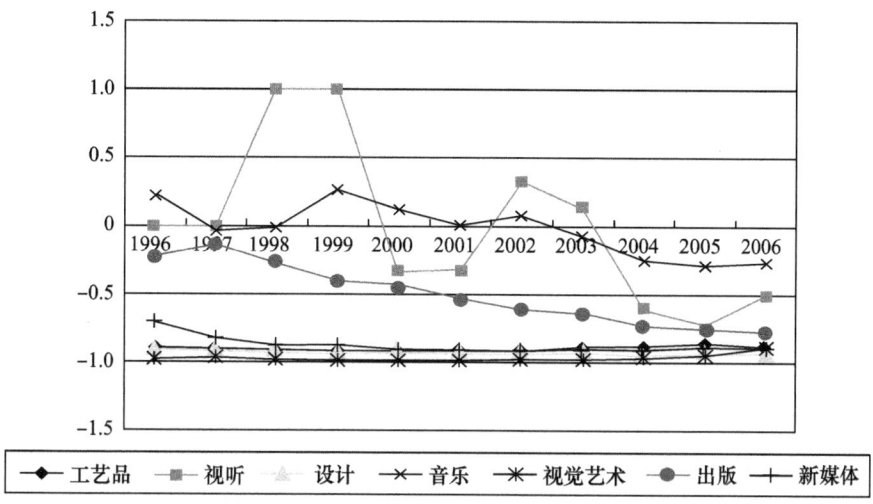

图 6-19 1996~2006 年中国创意产品分类贸易竞争力指数

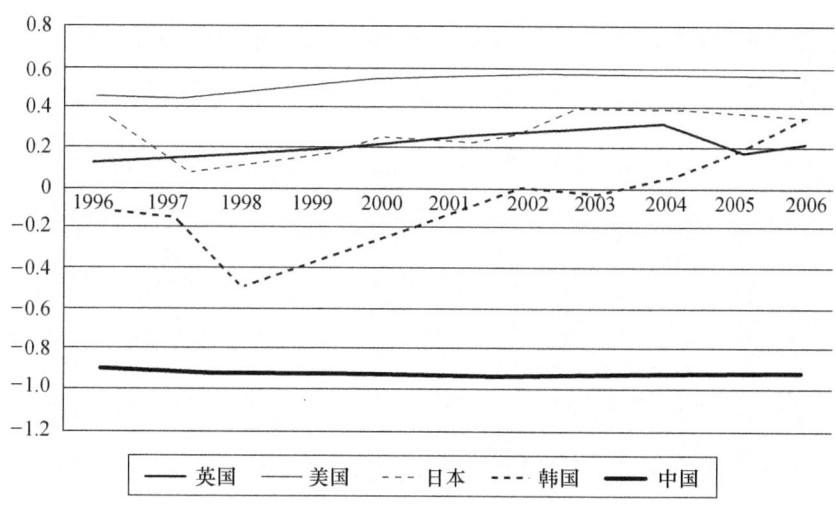

图 6-20 1996~2006 年典型性国家贸易竞争力指数比较

通过以上综合比较,根据贸易竞争力指数的指标,典型性国家贸易竞争力水平由高到低依次为美国、英国、日本、韩国、中国。

下面按照联合国贸易和发展会议有关创意产品的统计分类,从工艺品、视听、设计、音乐、视觉艺术、出版、新媒体七个大类比较 2004~2006 年典型性国家创意产品贸易的竞争力状况。

根据图 6-21 显示的 2004~2006 年典型性国家创意产品各分类的 TC 指数情况,可以对典型性国家各创意产品分类的贸易竞争力进行比较。

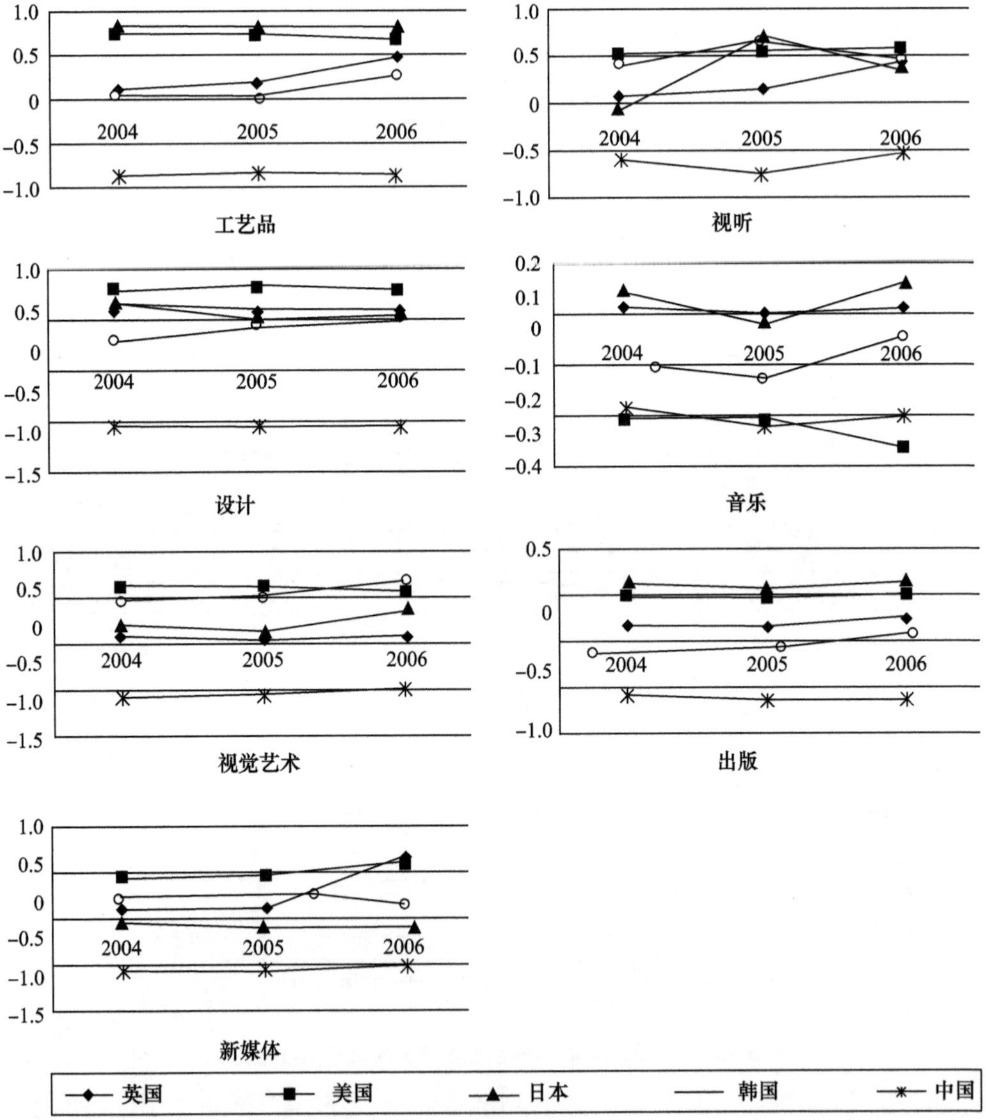

图 6-21　2004~2006 年典型性国家创意产品各分类贸易竞争力指数比较

第六章 典型性国家创意产品贸易竞争力研究

(1) 工艺品。2004~2006年,典型性国家工艺品类别创意产品贸易竞争力由高到低为:日本、美国、英国、韩国、中国。其中,日本和美国的工艺品贸易竞争力很强且差距不大;英国和韩国竞争力呈现上升趋势;中国的工艺品TC指数始终接近于-1,因此竞争力很弱。

(2) 视听。2004~2006年,典型性国家视听类创意产品的贸易竞争力变化各年不同,其中以日本的变化最大。以2006年的TC指数为指标,各国视听类创意产品贸易竞争力由高到低为:美国、韩国、英国、日本、中国,其中美国、英国、日本、韩国四国TC指数非常接近,排序差距不大,可以认为竞争力相似。相比较2005年的TC指数,除英国有显著提高外,其他各国均没有显著变化。中国视听类创意产品TC指数始终为负,竞争力最小。

(3) 设计。2004~2006年,典型性国家设计类创意产品贸易竞争力由高到低为:美国、英国、日本、韩国、中国。其中,美国的TC指数均大于0.7,竞争力最强;英国和日本的TC指数差别不大;韩国的TC指数上升很快,2006年与日本、英国差距很小;中国的TC指数略高于-1,竞争力最弱。

(4) 音乐。2004~2006年,典型性国家音乐类创意产品TC指数变化大致为:日本、韩国、中国先下降后上升;英国基本保持不变,在0~0.1浮动;美国在-0.3上下浮动,2006年略有下降。以2006年的TC指数为指标,各国音乐类创意产品贸易竞争力由高到低为:日本、英国、韩国、中国、美国。综合来看,各国音乐类创意产品三年的TC指数虽然各有差别,但大致在0上下浮动,因此可以认为贸易竞争力都处于世界平均水平。

(5) 视觉艺术。2004~2006年,典型性国家视觉艺术类创意产品贸易竞争力由高到低为:美国、韩国、日本、英国、中国。其中,2006年韩国的TC指数大于美国,贸易竞争力增加;美国的TC指数在0.5上下浮动,贸易竞争力较强;日本、英国的TC指数在0上下浮动,属于贸易竞争力的平均水平;中国的TC指数略大于-1,贸易竞争力很弱。

(6) 出版。2004~2006年,典型性国家出版类创意产品贸易竞争力由高到低为:日本、美国、英国、韩国、中国。2006年,日本、美国、英国、韩国的TC指数均位于-0.2~0.3,因此贸易竞争力均处于世界平均水平;中国的TC指数在-0.8~-0.7,贸易竞争力最弱。2006年,英国出版类产品的TC指数显著提高为0.5,超过韩国和美国,贸易竞争力为5个国家中最强,其他各国贸易竞争力基本保持不变。

(7) 新媒体。2004~2006年,典型性国家新媒体类创意产品贸易竞争力由高到低为:美国、韩国、英国、日本、中国。其中,美国的TC指数保持在0.3,贸易竞争力最强;韩国、英国的TC指数接近于0,贸易竞争力处于平均水平;

日本的 TC 指数下降，贸易竞争力减弱；中国的 TC 指数略大于 -1，贸易竞争力最弱。

综合以上分析，典型性国家各创意产品分类的贸易优势不同，其中美国的竞争优势最强，中国的贸易竞争力最弱。

第六节 典型性国家创意产品 RCA 指数和 NEPR 指数分析

一、英国

用显示性比较优势指数（RCA）描述英国创意产品贸易相对出口的表现，计算公式为：英国创意产品贸易 RCA =（英国创意产品出口额/英国所有产品出口总额）/（世界创意产品出口总额/世界所有产品出口总额）。

用纯出口比较优势指数（NEPR）描述英国创意产品纯出口的表现，计算公式为：英国创意产品 NEPR =（英国创意产品纯出口额/英国所有产品出口总额）/（世界创意产品出口总额/世界所有产品出口总额）。

由表 6-16 可以看出，1997~2006 年英国创意产品贸易的显示性比较优势指数始终大于 1 并逐年增加，表明英国的创意产品贸易具有国际竞争力。且自 2000 年开始，RCA 指数大于 1.25，则表明英国的创意产品贸易的国际竞争力高于世界平均水平，具有较强的国际竞争力。英国创意产品贸易的纯出口比较优势指数也反映了其国际竞争力的强弱，该指数始终大于 0，则表明英国的创意产品贸易在国际市场上具有一定的比较优势。

表 6-16　1997~2006 年英国创意产品贸易显示性比较优势指数和纯出口比较优势指数

年份	1997	1998	1999	2000	2001	2002	2003	2004	2005	2006
RCA	1.079	1.092	1.173	1.255	1.319	1.332	1.436	1.443	1.413	1.397
NEPR	0.234	0.293	0.312	0.348	0.398	0.411	0.446	0.365	0.309	0.373

表 6-17 综合整理了 2004~2006 年英国创意产品七大分类显示性比较优势指数和纯比较优势指数的相关数据，进而考虑英国各创意产品分类的贸易竞争力情况。

表 6-17 2004~2006 年英国创意产品分类显示性比较优势指数和纯比较优势指数

创意产品分类	RCA 指数			NEPR 指数		
	2004 年	2005 年	2006 年	2004 年	2005 年	2006 年
工艺品	1.345	1.344	1.002	0.827	0.857	0.566
视听	1.806	1.417	1.486	0.184	0.363	0.924
设计	1.535	1.398	1.156	1.015	0.870	0.701
音乐	2.914	2.936	1.696	0.382	0.221	0.178
视觉艺术	2.191	2.173	1.995	-0.800	-0.965	-0.823
出版	1.784	1.681	1.310	-0.479	-0.563	-0.149
新媒体	1.038	1.416	1.827	-0.294	-0.426	1.215

表 6-17 数据显示，英国各创意产品分类的 RCA 指数均大于 1，表明英国各创意产品分类都具有一定的国际竞争力；其中，工艺品、视听、设计、出版和新媒体等产品分类的 RCA 指数三年来均在 1.25 上下浮动，表明英国这 5 个创意产品分类的出口具有较强的竞争力，该结果与 TC 指数的计算分析结果大方面基本吻合；从 RCA 指数的角度来看，英国的音乐和视觉艺术两个创意产品分类的取值均高于 1.99，因此其出口具有很强的国际比较优势，这与 TC 指数所得的结果不相一致。

由于 RCA 指数忽视了进口的作用，下面考虑 NEPR 指数的显示结果。从表 6-17 的数据来看，英国工艺品、视听、设计、音乐四大创意产品分类的 NEPR 指数均大于 0，因此具有一定的竞争优势；而视觉艺术和出版这两个创意产品分类的 NEPR 指数均小于 0，虽然逐年有所提高，但其比较优势相对较弱；新媒体类产品的 NEPR 指数由 2006 年之前的负值增加到 2006 年的 1.215，说明该类产品出口能力不断增强，国际比较优势不断增强。

通过上述指标分析，综合来看，TC、RCA、NEPR 指数的计算分析结果大的方面基本吻合，均表明英国的创意产品贸易具有较强的国际竞争力，表现出一定的比较优势，且竞争优势逐年增强。

二、美国

用显示性比较优势指数（RCA）描述美国创意产品贸易相对出口的表现，计算公式为：美国创意产品贸易 RCA =（美国创意产品出口额/美国所有产品出口总额）/（世界创意产品出口总额/世界所有产品出口总额）。

用纯出口比较优势指数（NEPR）描述美国创意产品纯出口的表现，计算公式为：美国创意产品 NEPR =（美国创意产品纯出口额/美国所有产品出口总额）/（世界创意产品出口总额/世界所有产品出口总额）。

表6-18　1997~2006年美国创意产品贸易显示性比较优势指数和纯出口比较优势指数

年份	1997	1998	1999	2000	2001	2002	2003	2004	2005	2006
RCA	1.654	1.725	1.885	2.017	1.983	2.184	2.230	2.269	2.278	2.336
NEPR	0.614	0.639	0.680	0.702	0.699	0.711	0.730	0.728	0.725	0.718

由表6-18可知，1997~2006年美国创意产品贸易的显示性比较优势指数始终大于1.25并逐年增加，表明美国的创意产品贸易具有较强的国际竞争力。且自2004年开始，RCA指数大于2.0，则表明美国的创意产品贸易的国际竞争力远远高于世界平均水平，具有极强的国际竞争力。美国创意产品贸易的纯出口比较优势指数始终大于0且接近于1，在0.7上下浮动，则表明美国创意产品贸易在国际市场上具有很强的比较优势。

表6-19综合整理了2004~2006年美国创意产品七大类显示性比较优势指数和纯比较优势指数的相关数据，以考虑美国各创意产品分类的贸易竞争力情况。

表6-19　2004~2006年美国创意产品分类显示性比较优势指数和纯比较优势指数

创意产品分类	RCA指数			NEPR指数		
	2004年	2005年	2006年	2004年	2005年	2006年
工艺品	2.325	2.346	1.620	1.937	1.948	1.291
视听	5.050	5.180	5.190	3.256	3.735	3.721
设计	2.722	2.621	2.194	2.321	2.238	1.840
音乐	0.976	0.926	0.628	-0.720	-0.689	-0.671
视觉艺术	4.228	3.915	3.559	2.715	2.450	2.155
出版	1.945	1.852	1.747	0.505	0.383	0.504
新媒体	2.088	2.293	2.225	0.964	1.063	1.432

表6-19数据显示，除音乐类创意产品的RCA指数小于1之外，美国其他创意产品分类RCA指数均大于1；其中，工艺品、出版和新媒体三个产品分类的RCA指数三年来均在2.0上下浮动，表明美国这三个创意产品分类的出口具有较强的竞争力，该结果与TC指数的计算分析结果大方面基本吻合；美国视听、设

计和视觉艺术三个创意产品分类的取值均高于2.0,其中又以视听类创意产品的RCA指数为最高,始终大于5,因此美国这三个创意产品分类的出口具有很强的国际比较优势,这与TC指数所得的结果大致相同。

由于RCA指数忽视了进口的作用,下面考虑NEPR指数的显示结果。从表6-19的数据来看,美国音乐类创意产品分类的NEPR指数小于0,因此比较优势相对较弱;出版和新媒体产品类别的NEPR指数介于0~1,则具有较强的比较优势;工艺品、视听、设计和视觉艺术四个创意产品分类的NEPR指数均远大于1,说明这四个创意产品分类的出口能力很强,其中视听和视觉艺术类产品的竞争力最强,2006年NEPR指数为3.721和2.155,这与TC指数所得的结果大致相同。

通过上述指标分析综合来看,TC、RCA、NEPR指数的计算分析结果在大的方面基本吻合,均表明美国的创意产品贸易具有很强的国际竞争力,处于世界绝对领先地位。

三、日本

用显示性比较优势指数(RCA)描述日本创意产品贸易相对出口的表现,计算公式为:日本创意产品贸易RCA=(日本创意产品出口额/日本所有产品出口总额)/(世界创意产品出口总额/世界所有产品出口总额)。

用纯出口比较优势指数(NEPR)描述日本创意产品纯出口的表现,计算公式为:日本创意产品NEPR=(日本创意产品纯出口额/日本所有产品出口总额)/(世界创意产品出口总额/世界所有产品出口总额)。

表6-20 1997~2006年日本创意产品贸易显示性比较优势指数和纯出口比较优势指数

年份	1997	1998	1999	2000	2001	2002	2003	2004	2005	2006
RCA	0.713	0.647	0.684	0.775	0.902	0.816	0.808	0.793	0.817	0.878
NEPR	0.232	0.123	0.226	0.385	0.340	0.421	0.614	0.603	0.503	0.549

由表6-20可见,1997~2006年日本创意产品贸易的显示性比较优势指数始终小于1,表明日本整体的创意产品贸易不具有显著的比较优势。考虑进口的影响,日本创意产品贸易的纯出口比较优势指数始终大于0,则表明日本创意产品贸易在国际市场上具有一定的比较优势,有效弥补了RCA指数只考虑出口的缺陷。

表6-21综合整理了2004~2006年日本创意产品七大类显示性比较优势指数和纯比较优势指数的相关数据,以考虑日本各创意产品分类的贸易竞争力

情况。

表 6-21 2004～2006 年日本创意产品分类显示性比较优势指数和纯比较优势指数

创意产品分类	RCA 指数			NEPR 指数		
	2004 年	2005 年	2006 年	2004 年	2005 年	2006 年
工艺品	0.707	0.774	0.633	0.627	0.691	0.561
视听	0.274	0.530	0.265	-0.030	0.447	0.147
设计	1.089	1.091	0.988	0.766	0.640	0.592
音乐	0.686	0.630	0.473	0.139	0.026	0.113
视觉艺术	0.613	0.624	0.540	-0.026	-0.075	0.170
出版	0.421	0.359	0.317	0.165	0.116	0.130
新媒体	0.712	0.509	0.339	-0.586	-0.731	-0.542

表 6-21 数据显示，日本设计类产品的 RCA 指数约为 1，因此具有一定的国际比较优势，其他各产品分类的 RCA 指数均不到 1，因此不具有显著的国际比较优势。

由于 RCA 指数忽视了进口的作用，下面考虑 NEPR 指数的显示结果。从表 6-21 的数据来看，日本设计和工艺品类别的创意产品比较优势相对较强，具有一定的国际竞争力；音乐、出版类创意产品的 NEPR 指数略大于 0，具有相对较小的国际竞争优势；视觉艺术类产品的 NEPR 指数 2006 年为 0.170，因此也具有相对较小的比较优势；新媒体类别产品虽然比较优势较弱，但与 TC 指数计算分析的结果基本吻合，随着进口的大量减少，比较优势不断增强。

通过上述指标分析综合来看，TC、NEPR 指数的计算分析结果在大的方面基本吻合，均表明日本的创意产品贸易具有一定的国际竞争力。

四、韩国

用显示性比较优势指数（RCA）描述韩国创意产品贸易相对出口的表现，计算公式为：韩国创意产品贸易 RCA =（韩国创意产品出口额/韩国所有产品出口总额）/（世界创意产品出口总额/世界所有产品出口总额）。

用纯出口比较优势指数（NEPR）描述韩国创意产品纯出口的表现，计算公式为：韩国创意产品 NEPR =（韩国创意产品纯出口额/韩国所有产品出口总额）/（世界创意产品出口总额/世界所有产品出口总额）。

由表 6-22 可见，1997～2006 年韩国创意产品贸易的显示性比较优势指数始终小于1，表明韩国整体的创意产品贸易不具有显著的比较优势。纯出口比较优势指数弥补 RCA 指数只考虑出口的缺陷，韩国创意产品贸易的纯出口比较优势指数在 0 上下浮动，2006 年达到 0.520，则表明韩国创意产品贸易竞争力接近平均水平，2006 年竞争力显著提高。

表 6 – 22 1997 ~ 2006 年韩国创意产品贸易显示性比较优势指数和纯出口比较优势指数

年份	1997	1998	1999	2000	2001	2002	2003	2004	2005	2006
RCA	0.396	0.184	0.269	0.328	0.377	0.426	0.402	0.355	0.398	0.496
NEPR	-0.330	-2.022	-1.202	-0.587	-0.356	0.009	-0.075	0.055	0.284	0.520

表 6 – 23 综合整理了 2004 ~ 2006 年韩国创意产品七大类显示性比较优势指数和纯比较优势指数的相关数据，以考虑创意产品各分类的贸易竞争力情况。

表 6 – 23 2004 ~ 2006 年韩国创意产品分类显示性比较优势指数和纯比较优势指数

创意产品分类	RCA 指数			NEPR 指数		
	2004 年	2005 年	2006 年	2004 年	2005 年	2006 年
工艺品	0.280	0.357	0.355	0.002	0.030	0.137
视听	0.339	0.296	0.180	0.203	0.237	0.120
设计	0.445	0.466	0.499	0.068	0.207	0.307
音乐	0.309	0.247	0.173	-0.061	-0.082	-0.011
视觉艺术	0.577	0.658	0.818	0.267	0.354	0.604
出版	0.228	0.257	0.203	-0.256	-0.267	-0.082
新媒体	0.446	0.617	0.361	-0.004	0.133	-0.106

根据表 6 – 23 的数据显示，2006 年韩国视觉艺术类产品的 RCA 指数为 0.818，接近于 1，因此具有一定的国际比较优势，其他各产品分类的 RCA 指数均不到 1，因此不具有显著的国际比较优势。

由于 RCA 指数忽视了进口的作用，下面考虑 NEPR 指数的显示结果。从表 6 – 23 的数据来看，韩国视觉艺术类创意产品比较优势相对较强，2006 年 NEPR 指数为 0.604，因此具有一定的国际竞争力；其他各产品类别的 NEPR 指数在 0 以上但接近于 0，因此韩国其他各创意产品分类具有一定的竞争优势。

通过上述指标分析综合来看，TC、NEPR 指数的计算分析结果在大的方面基本吻合，均表明韩国的创意产品贸易具有相对平均的国际竞争力。

五、中国

用显示性比较优势指数（RCA）描述中国创意产品贸易相对出口的表现，计算公式为：中国创意产品贸易 RCA =（中国创意产品出口额/中国所有产品出口总额）/（世界创意产品出口总额/世界所有产品出口总额）。

用纯出口比较优势指数（NEPR）描述中国创意产品纯出口的表现，计算公式为：中国创意产品 NEPR =（中国创意产品纯出口额/中国所有产品出口总额）/（世界创意产品出口总额/世界所有产品出口总额）。

表6-24 1997~2006年中国创意产品贸易显示性比较优势指数和纯出口比较优势指数

年份	1997	1998	1999	2000	2001	2002	2003	2004	2005	2006
RCA	0.456	0.400	0.385	0.364	0.315	0.266	0.231	0.223	0.211	0.226
NEPR	-16.716	-19.313	-21.196	-22.299	-23.172	-24.796	-26.594	-24.841	-24.235	-22.605

由表6-24可知，1997~2006年中国创意产品贸易的显示性比较优势指数始终小于1，纯出口比较优势指数远远小于0，因此表明中国创意产品贸易整体不具有比较优势，国际竞争力很弱。

表6-25综合整理了2004~2006年中国创意产品七大类显示性比较优势指数和纯比较优势指数的相关数据，以考虑创意产品各分类的贸易竞争力情况。

表6-25 2004~2006年中国创意产品分类显示性比较优势指数和纯比较优势指数

创意产品分类	RCA 指数			NEPR 指数		
	2004年	2005年	2006年	2004年	2005年	2006年
工艺品	0.533	0.565	0.340	-8.152	-7.290	-5.679
视听	0.030	0.023	0.021	-0.091	-0.140	-0.042
设计	0.255	0.221	0.195	-7.784	-6.873	-5.542
音乐	0.214	0.194	0.169	-0.136	-0.154	-0.116
视觉艺术	0.097	0.093	0.151	-4.341	-3.371	-2.461
出版	0.204	0.177	0.156	-1.056	-1.046	-1.021
新媒体	0.204	0.313	0.480	-8.757	-8.736	-9.770

表6-25数据显示，中国各创意产品分类的RCA指数均小于1，因此不具有显著的国际比较优势。

考虑NEPR指数的显示结果。从表6-25的数据来看，中国音乐、视听类产品的NEPR指数小于0但接近于0，因此可以认为其竞争力接近世界平均水平；其他各创意产品分类的NEPR指数均远小于0，因此不具有国际竞争优势，这与

第六章 典型性国家创意产品贸易竞争力研究

TC 指数的结果相一致。

通过上述指标分析综合来看，TC、NEPR 指数的计算分析结果在大的方面基本吻合，均表明中国的创意产品贸易的国际竞争力很弱，需要采取相应政策不断提高。

六、国别比较分析

以 2006 年的 RCA 和 NEPR 指数为指标，比较典型性国家创意产品贸易竞争力情况，如表 6-26 所示。

表 6-26 2006 年典型性国家 RCA 指数和 NEPR 指数

	英国	美国	日本	韩国	中国
RCA	1.397	2.336	0.878	0.496	0.226
NEPR	0.373	0.718	0.549	0.520	-22.605

以 RCA 指数为标准，2006 年典型性国家创意产品贸易比较优势由大到小依次为美国、英国、日本、韩国、中国，这与 TC 指数的结果相一致。结合 NEPR 指数，以上比较优势排序略有差别，由大到小依次为美国、日本、韩国、英国、中国。但由于英国、日本、韩国三国的 NEPR 指数比较接近，所以我们依然可以接受 RCA 指数的排序结果。

综合来看，美国的创意产品贸易具有很强的比较优势，英国、日本、韩国具有较强的比较优势，中国的创意产品贸易 NEPR 指数远小于 0，因此比较优势很小或不具有比较优势。

下面按照联合国贸易和发展会议有关创意产品的统计分类，从工艺品、视听、设计、音乐、视觉艺术、出版、新媒体七大类比较 2006 年各典型性国家各创意产品贸易的竞争力状况。

考虑到 NEPR 指数是将 RCA 与一国的贸易竞争力结合起来衡量对外贸易比较优势的，它既可弥补 RCA 只考虑出口的缺陷，又可以较容易地判断该国对外贸易在世界贸易中的位置，因此直接采用 NEPR 为标准比较典型性国家各创意产品分类的贸易比较优势。如表 6-27 所示。

表 6-27 2006 年典型性国家各创意产品分类 NEPR 指数

	英国	美国	日本	韩国	中国
工艺品	0.566	1.291	0.561	0.137	-5.679
视听	0.924	3.721	0.147	0.120	-0.042

续表

	英国	美国	日本	韩国	中国
设计	0.701	1.840	0.592	0.307	-5.542
音乐	0.178	-0.671	0.113	-0.011	-0.116
视觉艺术	-0.820	2.155	0.170	0.604	-2.461
出版	-0.150	0.504	0.130	-0.082	-1.021
新媒体	1.215	1.432	-0.540	-0.106	-9.770

以 NEPR 指数为标准考察典型性国家各创意产品分类的贸易比较优势，一般认为，若 NEPR 指数大于 1 则具有较强的竞争优势，若小于 1 但大于 0 则具有一定的竞争优势；若 NEPR 指数小于 0，则说明比较优势较弱或没有比较优势。

（1）工艺品。2006 年典型性国家工艺品贸易比较优势由大到小依次为：美国、英国、日本、韩国、中国。与 TC 指数结果大致相同。其中，美国、英国、日本工艺品贸易的比较优势只是略有差距；中国工艺品贸易的比较优势最弱。

（2）视听。2006 年典型性国家视听类创意产品贸易比较优势由大到小依次为：美国、英国、日本、韩国、中国。其中，美国的 NEPR 指数大于 1，因此具有较强的比较优势；韩国、日本的 NEPR 指数近似，具有近似比较优势；中国的 NEPR 指数小于 0，因此比较优势很弱。

（3）设计。2006 年典型性国家设计类创意产品贸易比较优势由大到小依次为：美国、英国、日本、韩国、中国。其中，美国的比较优势最强，中国的比较优势最弱，英国、日本、韩国的 NEPR 指数差距不大，都具有一定的比较优势。

（4）音乐。2006 年典型性国家音乐类创意产品贸易比较优势由大到小依次为：美国、英国、日本、韩国、中国。其中，英国和日本的 NEPR 指数差距不大，都具有相对较强的比较优势，与 TC 指数的分析结果大致相同。

（5）视觉艺术。2006 年典型性国家视觉艺术类创意产品贸易比较优势由大到小依次为：美国、韩国、日本、英国、中国。其中，美国的 NEPR 指数大于 1，因此具有较强的比较优势；英国、中国的 NEPR 指数均小于 0，因此比较优势较弱。该结果与 TC 指数分析结果大致相同。

（6）出版。2006 年典型性国家出版类创意产品贸易比较优势由大到小依次为：美国、日本、韩国、英国、中国。其中，美国和日本，英国和韩国的 NEPR 指数接近，因此可以认为比较优势近似；中国的 NEPR 指数最小，因此比较优势最弱。该结果与 TC 指数分析结果差距不大。

（7）新媒体。2006 年典型性国家新媒体类创意产品贸易比较优势由大到小依次为：美国、英国、韩国、日本、中国。其中，美国、英国的 NEPR 指数均大于 1，因此比较优势较强；日本、韩国、中国的 NEPR 指数均小于 0，因此比较优势较弱；其中又以中国的比较优势最弱。该分析结果与 TC 指数分析结果相同。

第七节　典型性国家创意产品 ES 指数和 RES 指数分析

一、出口结构分析

出口技术复杂度同时受产品贸易出口结构和各类产品的劳动生产率两个因素的影响。前文假设同类产品在不同国家之间具有相同的劳动生产率，因此，各国创意产品贸易出口技术复杂度与其他国家的差距就完全取决于贸易出口结构的不同。这里，首先对英、美、日、韩、中五国的贸易出口结构进行分析，如图 6 - 22 至图 6 - 26 所示。

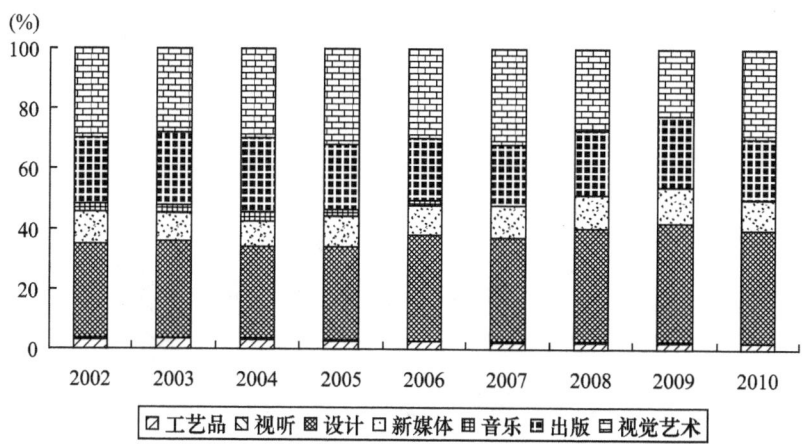

图 6 - 22　英国创意产品贸易出口结构

英国和美国的创意产业发展在全球均位于领先地位。英国 2002 年的创意产品贸易出口额 13.31 亿美元，2010 年增长为 18.36 亿美元，年均增长率 4.93%；美国 2002 年的创意产品贸易出口额 17.05 亿美元，2010 年增长为 32.05 亿美元，年均增长率 8.68%。与中国 15.40% 的年均增长率相比，英国和美国的创意产品贸易发展较稳定。在出口结构方面，英国和美国的出口结构较为相似，设计类、视觉艺术类和出版类产品占比较大;美国的新媒体类产品近年来更是呈现快速发展的趋势,并于2007年超越出版类产品成为占比前三的创意产品。

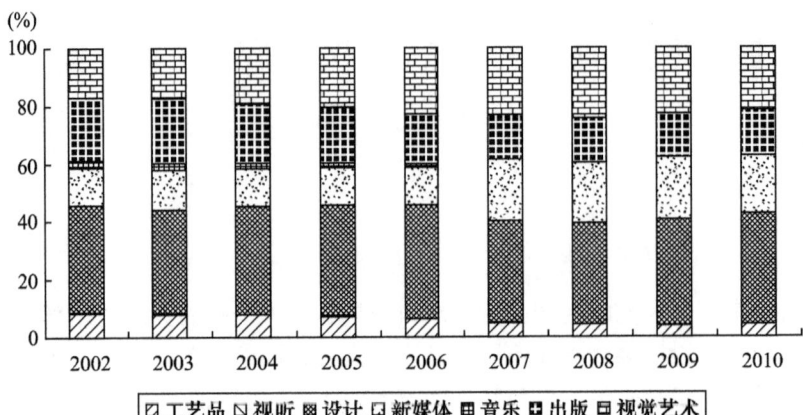

图6-23 美国创意产品贸易出口结构

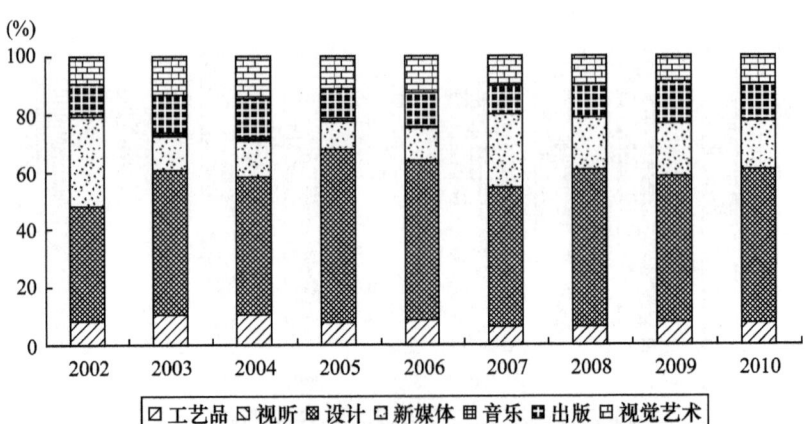

图6-24 日本创意产品贸易出口结构

日本是亚洲创意产业发展最好的国家之一。2002年日本创意产品贸易出口额仅为3.84亿美元,2010年增长为5.83亿美元,不及中国同期创意产品贸易出口额的1/10。然而,这并不影响日本成为亚洲创意产业发展最好的国家。日本的各类创意产品中,设计类产品占据约50%的份额,音乐类和视听类产品占比相对偏低,其余各类产品占比较为平均,其中,包含动漫在内的新媒体类产品占比排名第二。

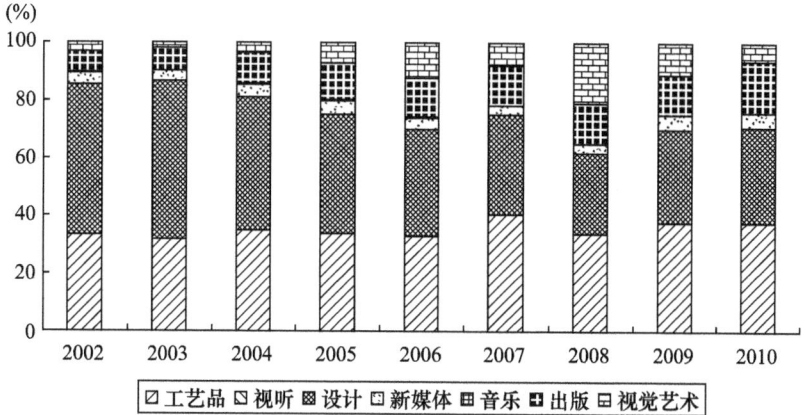

图 6-25 韩国创意产品贸易出口结构

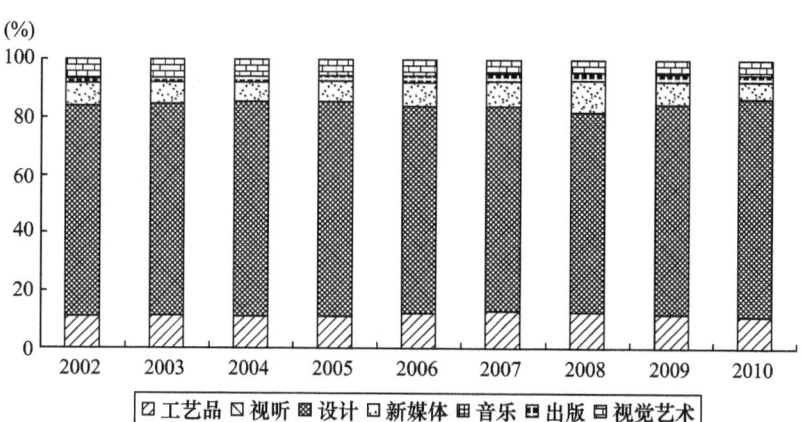

图 6-26 中国创意产品贸易出口结构

亚洲金融风暴过后,创意产业成为韩国的首选目标,并确定了"文化立国"的国家方针。韩国创意产品贸易出口额由 2002 年的 3.19 亿美元涨至 2010 年的 3.99 亿美元,年均增长率仅为 3.59%。韩国的各类创意产品中,设计类产品和工艺品类产品占比较大,其中,设计类占比逐年下降,工艺品类占比保持稳定;其次是出版类产品,占比持续上升;音乐类和视听类产品占比相对偏低。

中国创意产品贸易起步较晚,但发展较快。2002~2010 年,中国创意产品贸易出口额由 32.32 亿美元攀升到 97.75 亿美元,在全球创意产品贸易出口额中所占比重更是由 2002 年的 16.31% 上升到 2010 年的 25.51%。在创意产品贸易的出口额方面,中国稳居全球第一;创意产品贸易出口额年均增长率 15.4%,在全球各国的年均增长率中也名列前茅。中国的各类创意产品中,视听类、音乐类、出版类产品是薄弱环节,而设计类、工艺品类等产品占比较大,尤其是设计类产品在整个创意产品贸易出口额中占比高达70%以上。

二、ES 指数分析

(一) 数据说明

采用收入比重指标法计算各国创意产品贸易出口技术复杂度指数,需要使用全球各国创意产品贸易出口额数据,考虑到数据获取的局限性,无法将所有国家作为样本纳入计算。因此,选取2010年创意产品贸易出口额排名前50位的国家作为样本进行计算(见表6-28)。选取的50个国家创意产品贸易出口额在2010年占全球创意产品贸易出口额的90.13%,在2002~2009年占全球创意产品贸易出口额的比重在87.02%~88.13%,具有很高的代表性。同时,由于数据获取的局限性,将样本区间设定在2002~2010年。

表6-28　2010年全球各国创意产品贸易出口额排序(前50位)　　　单位:亿美元

序号	国家	出口额	序号	国家	出口额
1	中国	97.745	26	巴基斯坦	1.388
2	美国	32.049	27	葡萄牙	1.322
3	德国	28.362	28	俄罗斯联邦	1.274
4	意大利	23.322	29	伊朗	1.237
5	英国	18.356	30	罗马尼亚	1.160
6	法国	15.616	31	斯洛伐克	1.133
7	印度	13.796	32	匈牙利	0.990
8	瑞士	9.600	33	澳大利亚	0.958
9	荷兰	8.226	34	巴西	0.930
10	比利时	7.554	35	立陶宛	0.791
11	加拿大	7.011	36	爱沙尼亚	0.780
12	新加坡	6.953	37	希腊	0.780
13	日本	5.828	38	巴拿马	0.745
14	泰国	5.434	39	芬兰	0.691
15	奥地利	5.397	40	斯洛文尼亚	0.677
16	土耳其	5.256	41	乌克兰	0.607
17	西班牙	5.144	42	沙特阿拉伯	0.583

续表

序号	国家	出口额	序号	国家	出口额
18	波兰	4.838	43	菲律宾	0.528
19	捷克共和国	4.575	44	以色列	0.501
20	瑞典	4.143	45	哥伦比亚	0.441
21	墨西哥	4.020	46	白俄罗斯	0.379
22	马来西亚	4.009	47	南非	0.351
23	韩国	3.991	48	智利	0.341
24	丹麦	3.766	49	克罗地亚	0.333
25	爱尔兰	1.537	50	挪威	0.309
	全球	383.208		合计	345.368

上述各国各类创意产品贸易出口额数据来自联合国贸易和发展会议推出的"全球创意产品和服务贸易数据库"（UNCTAD）；各样本国家人均 GDP 数据来自世界银行的"世界发展指数数据库"（World Database）。

（二）各类创意产品的劳动生产率测算

2002~2010 年七大类创意产品的劳动生产率见图 6-27。从中可以看出，随着全球各国人均 GDP 的增长，七大类创意产品的劳动生产率大体呈现上升趋势。劳动生产率由高到低的基本排名为：新媒体类、视觉艺术类、音乐类、视听类、出版类、设计类和工艺品类。其中，视听类产品的劳动生产率在 2007 年小幅下降后快速上升，在 2009 年甚至超过新媒体类和视觉艺术类成为劳动生产率最高的产品；由于创意产品分类的变化，音乐类产品的数据在 2007 年之后不可用。

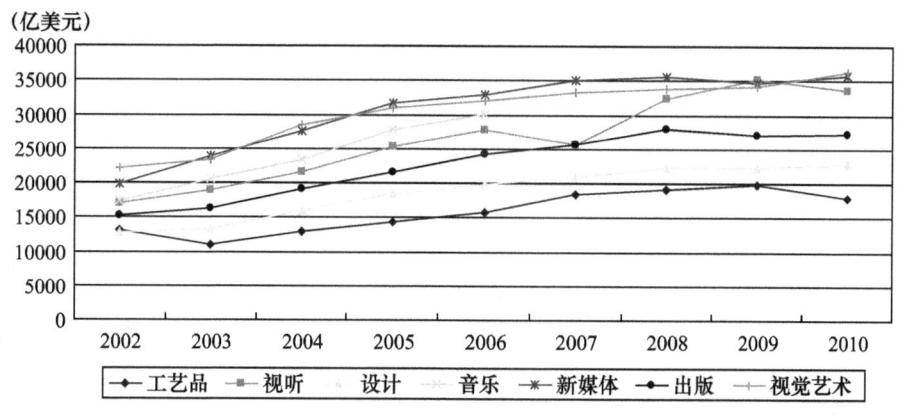

图 6-27 各类创意产品的劳动生产率变化趋势

(三) 各国创意产品贸易 ES 测算

英、美、日、韩、中五国的创意产品贸易 ES, 以及全球 50 个样本国家创意产品贸易 ES 平均值如图 6-28 所示。需要注意的是, 由于创意产品分类的变化, UNCTAD 数据库中缺少 2007 年之后音乐类产品的数据, 因此 2007 年之后各国创意产品贸易 ES 指数值会略有偏差。

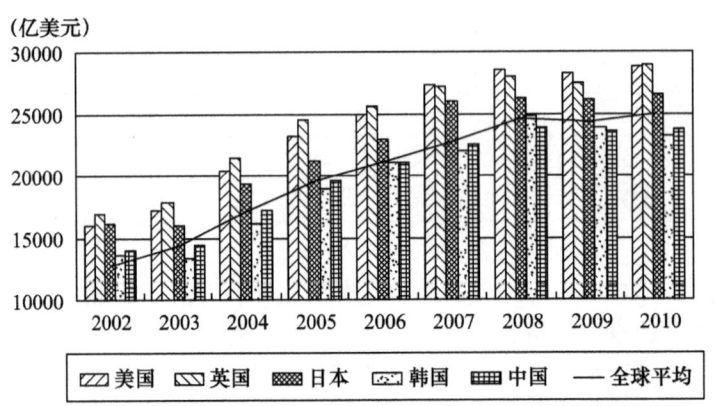

图 6-28　各国创意产品贸易 ES 变化趋势

可以看出, 英、美、日、韩、中五国的创意产品贸易 ES 整体呈现上升趋势, 2008 年出现短暂小幅下降, 这主要是受到全球经济危机的影响。然而, ES 的增长趋势还不足以说明各国创意产品出口竞争力的不断增强, 一方面, 人均 GDP 的增长可能导致产品劳动生产率的增加, 进而导致 ES 的提高; 另一方面, 技术含量的提高可能与出口规模的扩大存在关系。

国际竞争力的强弱应该来源于国家间的比较, 2002~2010 年, 英国、美国、日本三国的创意产品贸易 ES 明显高于样本国家平均水平, 且 2007 年左右, 美国 ES 开始超越英国; 韩国、中国的创意产品贸易 ES 略低于样本国家平均水平, 且中国 ES 自 2007 以后一直低于韩国。由于前文假设各类创意产品在不同国家具有相同的技术附加值, 因此典型性国家之间创意产品 ES 的差距就由出口结构的差别造成。

对比上文的出口结构, 以中国为例进行分析, 视听类等劳动生产率排名靠前的创意产品在中国的出口比例基本为 0; 而设计类、工艺品类等劳动生产率最低的创意产品则占据了绝大部分。可见, 中国创意产品贸易出口以劳动密集型产品为主, 技术密集型产品缺乏竞争力, 这是导致中国创意产品贸易出口国际竞争力不强的主要原因。

三、RES 指数分析

接下来，采用 RES 指标分别对英、美、日、韩、中五国创意产品贸易 ES 与 50 个样本国家平均水平之间的差距进行进一步的衡量，计算结果如图 6-29 所示。

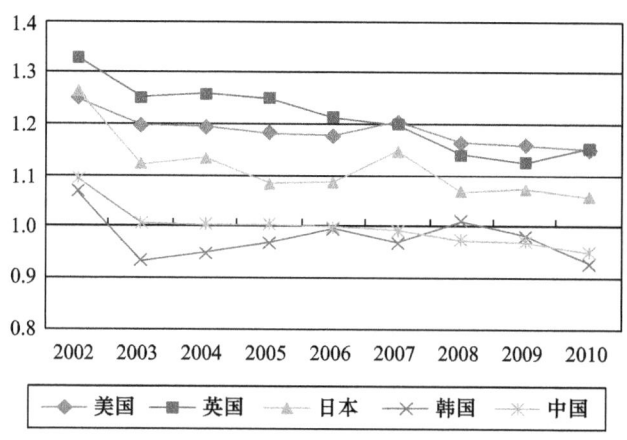

图 6-29 各国创意产品贸易 RES 变化趋势

可以看出，相对 50 个样本国家创意产品贸易 ES 的平均水平而言，英、美、日、韩、中等国均呈现下降趋势，分析认为，造成这一现象的原因是由于近年来创意产品贸易在全球各国得以蓬勃发展，改变了最初由英、美、日等几国独大的贸易格局；全球创意产品贸易集中度的降低，更加凸显出近年来该领域竞争的日益激烈。

重点来看中国，2002 年中国创意产品贸易 ES 指数排名第 25 位，相对于样本国平均水平具有领先优势；2003 年这种领先优势急剧消失，一直到 2006 年都保持与样本国平均水平的基本一致；2006~2010 年，中国创意产品贸易 ES 逐渐落后于样本国平均水平，且差距越来越大，2010 年中国创意产品贸易 ES 指数仅排在第 33 位。上述分析证明，在全球创意产品贸易出口大发展的背景下，虽然中国创意产品贸易出口总量呈现繁荣发展的表象，但是出口技术附加值的增长却滞后于全球多数样本国家。也就是说，虽然我国创意产品贸易在全球市场上具有一定的总量优势和发展潜力，但在创意产品贸易发展实现规模增长的同时，技术水平的提升现状并不容乐观。中国作为创意产品大国，在提升创意产品贸易 ES 方面存在很大的潜力。

四、RES 趋势预测

这里采用灰色 GM（1,1）预测模型对英、美、日、韩、中五国在 2011～2018 年的 RES 指数进行预测，通过对创意产品贸易发展趋势的进一步分析，为我国创意产品贸易的发展提供借鉴。

（一）灰色 GM（1,1）预测模型

灰色系统理论以"小样本""贫信息"的不确定性系统为研究对象，是现代预测与决策科学的一个重要领域。其中，灰色 GM（1,1）预测模型突破了一般建模方法要求大样本数据的局限，是建模思路和方法的创新。使用 GM（1,1）模型进行预测的方法如下：

设有原始数据序列 $X^{(0)} = \{x^{(0)}(1), x^{(0)}(2), \cdots, x^{(0)}(n)\}$，累加生成 $X^{(1)} = \{x^{(1)}(1), x^{(1)}(2), \cdots, x^{(1)}(n)\}$，其中，$x^{(1)}(k) = \sum_{i=1}^{k} x^{(0)}(i), k = 1, 2, \cdots, n$。

根据党耀国等提出的通过非齐次指数函数拟合一次累加生成序列构造背景值计算公式的方法，令 $Z^{(1)} = \{Z^{(1)}(2), Z^{(1)}(3), \cdots, Z^{(1)}(n)\}$，其中，

$$z^{(1)}(k) = \frac{x^{(0)}(k)}{\ln x^{(0)}(k) - \ln x^{(0)}(k-1)} + \frac{[x^{(0)}(k-1)]^k}{[x^{(0)}(k)]^{k-2}[x^{(0)}(k-1) - x^{(0)}(k)]}$$

于是，$B = \begin{bmatrix} -z^{(1)}(2) & 1 \\ -z^{(1)}(3) & 1 \\ \vdots & \vdots \\ -z^{(1)}(n) & 1 \end{bmatrix}, Y = \begin{bmatrix} x^{(0)}(2) \\ x^{(0)}(3) \\ \vdots \\ x^{(0)}(n) \end{bmatrix}$

对参数列 $\hat{a} = (a, b)^T$ 进行最小二乘估计，得 $\hat{a} = (B^T B)^{-1} B^T Y$，则 GM(1,1) 模型的白化方程为 $\frac{dx^{(1)}}{dt} + ax^{(1)} = b$，时间响应序列为 $\hat{x}^{(1)}(k+1) = \left(x^{(0)}(1) - \frac{b}{a}\right)e^{-ak} + \frac{b}{a}$，$k = 1, 2, \cdots, n$，$X^{(1)}$ 的模拟值 $\hat{X}^{(1)} = \{\hat{x}^{(1)}(1), \hat{x}^{(1)}(2), \cdots, \hat{x}^{(1)}(n)\}$，还原 $X^{(0)}$ 的模拟值 $\hat{X}^{(0)} = \{\hat{x}^{(0)}(1), \hat{x}^{(0)}(2), \cdots, \hat{x}^{(0)}(n)\}$，其中，$\hat{x}^{(0)}(k) = \hat{x}^{(1)}(k) - \hat{x}^{(1)}(k-1)$。

最后，需要对模型的误差进行检验，残差平方和为：

$$s = \varepsilon^T \varepsilon = [\varepsilon(2), \varepsilon(3), \cdots, \varepsilon(n)] \begin{bmatrix} \varepsilon(2) \\ \varepsilon(3) \\ \vdots \\ \varepsilon(n) \end{bmatrix}$$

平均相对误差为：

$$\Delta = \frac{1}{n-1}\sum_{k=2}^{n}\Delta k = \frac{1}{n-1}\sum_{k=2}^{n}\left(\frac{|\varepsilon(k)|}{x^0(k)}\right)$$

其中，平均相对误差值越小，模型的精确程度越高。

（二）各国创意产品贸易 RES 预测

英、美、日、韩、中五国的创意产品贸易 RES 的可获数据区间均为 2002~2010 年，通过 9 年的数据对各国 RES 的未来变化趋势进行预测，属于灰色系统理论"小样本"、"贫信息"的研究范畴。因此，这里采用灰色 GM（1，1）预测模型，对五国在 2011~2018 年的创意产品贸易 RES 进行预测。

将英、美、日、韩、中五国的创意产品贸易 RES 分别作为原始数据系列 $X^{(0)}$ 构造预测模型，计算分析得出，各国预测模型的时间响应序列依次如下：

英国：$\hat{x}_1^{(1)}(k+1) = [x_1^{(0)}(1) - 70.0904]e^{-0.0187k} + 70.0904$

美国：$\hat{x}_2^{(1)}(k+1) = [x_2^{(0)}(1) - 219.6519]e^{-0.0055k} + 219.6519$

日本：$\hat{x}_3^{(1)}(k+1) = [x_3^{(0)}(1) - 134.0756]e^{-0.0085k} + 134.0756$

韩国：$\hat{x}_4^{(1)}(k+1) = [x_4^{(0)}(1) + 1947.1812]e^{0.0005k} - 1947.1812$

中国：$\hat{x}_5^{(1)}(k+1) = [x_5^{(0)}(1) - 130.5445]e^{-0.0079k} + 130.5445$

其中，k = 1，2，…，n

对各模型的精确度进行检验，残差平方和与平均相对误差如表 6-29 所示。

表 6-29　预测模型的残差平方和与平均相对误差

	英国	美国	日本	韩国	中国
残差平方和	0.0033	0.0010	0.0045	0.0059	0.0003
平均相对误差（%）	1.5365	0.6031	1.5494	2.3349	0.5966

可以看出，各预测模型的平均相对误差都很小，模型的精确度较高，可以根据上述时间响应序列公式预测英、美、日、韩、中五国在 2011~2018 年的创意产品贸易 RES，预测结果如图 6-30 所示。

由预测值不难发现，与 50 个样本国家平均水平相比，英、美、日、中四国的 RES 都呈现下降趋势，而韩国的 RES 呈现平缓上升的趋势。也就是说，英、美、日、中四国的创意产品贸易 ES 的领先水平将逐年降低，其中，英国和日本预计将于 2017 年左右落后于样本国家的平均 ES；中国的创意产品贸易 ES 与样本国平均水平的差距会越来越大；而韩国的创意产品贸易 ES 将逐渐缩小与样本国家平均水平的差距。

一方面，全球创意产品贸易竞争将日趋激烈的趋势得到了进一步的印证；另一方面，在英、美、日、韩、中五个国家中，唯独以科技创新为核心驱动力的韩国的创意产品贸易能够在激烈的竞争当中更好地发展,科技创新是增强创意产品贸易技术复杂度的有效途径,是提高创意产品贸易国际竞争力的关键所在。

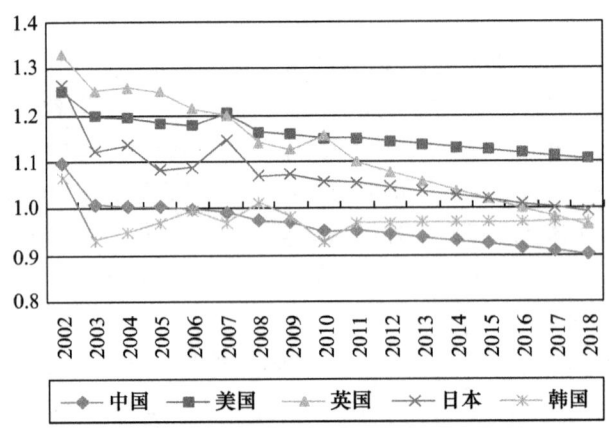

图 6-30　各国创意产品贸易 RES 及预测

综上所述,通过 ES 指数和 RES 指数分析可知,中国创意产品贸易的国际竞争力依靠的是设计类和工艺品类产品劳动力成本的显著优势,在以创意元素为主的视听类、音乐类产品上缺乏竞争力。中国要在竞争日益激烈的创意产品贸易中取得一席之地,应该借鉴各国成功经验,提高创意产品贸易国际竞争力。

第八节　典型性国家创意产品贸易竞争力研究对中国的借鉴

一、典型性国家创意产品贸易竞争力形成的原因

(一) 政府的政策引导与支持

首先,政府大力倡导创意产业的概念,发掘文化对创意经济的影响力。其次,政府对创意公司的文化产品,从研发、制作、经销到出口,实施全方位和系统性扶持,并对组织管理、人才培养、资金支持、生产经营等有关方面加强机制建设。最后,鼓励各地政府与民间通力合作,以伙伴关系来推动创意企业所面临

诸如缺乏支持的网络、缺乏经营忠告、缺乏良好的策略、教育机会有限等问题，采取对创意投资的财务支持（税收优惠）、智慧财产权的保护、促进输出、教育和训练等补救对策，促进软件开发、出版、广告、电影和电视，艺术和设计，以及表演艺术等创意产品的出口。

（二）金融支持

为了促进创意产品的出口，各国不断完善投融资体制，加大对创意产业的资金投入。一是政府各相关职能机构加大投入。如英国投资局计划在未来5年中加强提升英国创意产业在世界中的竞争力，英国科技策略委员会（The Technology Strategy Board）将提供1000万英镑来协助创意的研发及合作，刺激创意产业和创意产品贸易的发展。日本政府对文化事业的投资也逐年增加，1990年日本文化厅的预算为432亿日元，1997年这一预算达到828亿日元，约为1990年的两倍。韩国2000年的创意产业预算占国家总预算的1%，2001年则超过1万亿韩元。

二是投资日益多元化。如日本的民间企业投资是主要的资金来源；韩国以动员社会资金为主、官民共同投资的运作方式多渠道筹措创意产业和创意产品贸易发展的资金，以多项专项基金运作"文化产业专门投资组合"。

（三）注重创意人才培养

为了促进创意产业和创意产品贸易的发展，"人才"是关键。各典型性国家政府都不断加大投入力度，大力培养创意人才。

2008年，英国文化、媒体和体育部主导，与英国商业、企业和规制改革部及创新、大学与技能部合作共同推出"创意英国"政策报告，该方案包括许多重点策略及做法以培养英国的创意人才。如政府补助约600万英镑设立"寻找你的才华"专案，为儿童或年轻人推出每周5小时文化时间，并协助创意人才寻求合适的工作及产业；成立"学术社群"来支援学校与具有创意技能的人才之间的桥梁，使小学、中学等14~25岁的学生与创意发展接轨，充分发展创意潜能；计划在2013年以前，将鼓励当地创意产业提供5000个培训创意人才的机会，并提供1000个创意接班人的机会。

目前，美国有30多所大学开设了艺术管理专业，培养了一批高质量的创意产业经营和管理人才。此外，美国利用各种条件，吸引全球范围内创意人才进入美国。著名创意经济学家理查德·弗罗里达测算，现今美国的创意阶层的总数达到3850万人，占全美劳动力的30%左右。

韩国产学研联手，2002~2005年共投入2000多亿韩元培育复合型人才。同时，积极开拓多种人才培养渠道，壮大人才队伍。如成立"CT产业人才培养委员会"，负责创意产业人才培养计划的制定、协调等；设立"教育机构认证委员会"，对创意产业教育机构实行认证制，对优秀者给予奖励和提供资金支持，建立创意产业专门人才数据库。

日本在民间积极兴办动漫学校，通过举办动漫和游戏大赛等各种方式培育人才，鼓励并加强国际人才交流。

（四）经济全球化的影响

随着经济全球化的纵深发展，创意产品贸易也必然朝着自由化和多元化趋势发展。创意产品贸易的全球化既体现了一国在国际文化贸易中的地位，也反映了一国本土文化在世界范围内的传播以及与其他国家进行文化交流的状况。

WTO 也在逐步推动创意产品贸易的自由化。以最为敏感的国际影视服务贸易的谈判为例，在 GATT 关贸总协定乌拉圭回合谈判中，有关电影的分歧十分严重。美国方面希望所签订的条约涵盖电影领域，以使电影可以像其他产品一样在各国自由流通，而这种观点却遭到许多欧洲国家，特别是英国的反对。然而最终，除法国拒绝将视听产品列入谈判外；英国和德国都提出了"文化特殊性条款"，而不是把影视服务作为"例外"，这实际意味着同意将视听产品列入谈判，而不是拒绝。

通信技术特别是网络在世界范围的普及，给各国创意产品贸易全球化的发展带来了机遇，创意产业不仅是各国经济发展中的"朝阳产业"，创意产品贸易也将是国际贸易中竞争最激烈的领域之一。

（五）知识产权保护

知识产权的立法和执法保护，是创意产品贸易发展的根本。美国的创意产品贸易主要是版权贸易，其现行的版权法是第 106 届国会于 2000 年公布的修订本，对信息时代的版权进行了全面的界定。作为一部比较完善的版权法，该法对版权所有权的确立和转让、版权的侵权和救济、版权的保护和管理体系等重要方面都作了详尽的规定。同时美国还依据该法成立了版权办公室，并于 2002 年制定了《2002～2006 年财政年度战略计划》，大大加强了对美国版权贸易的立法、执法保护力度，为版权贸易的发展创造了更加适宜的条件和更为广阔的发展空间。

英国商业部门在 2009 年 4 月开始收集网络服务业及权益拥有者的意见后，开始修正网络资讯分享的法规，制止不合法的资讯分享。UK–IPO 与相关组织合作推出了一个全球审判网络犯罪的网络，宣导抵制网络侵权的犯罪行为。

日、韩两国也在完善知识产权保护方面做出了许多努力。如日本 2001 年将《著作权法》进行修改，并更名为《著作权管理法》，之后相继出台了《著作权中介业务法》《IT 基本法》等法规；韩国也陆续对《著作权法》《电影振兴法》《演出法》等法规作了部分或全面修订，以适应创意产品贸易发展的需要。同时，韩国还在文化出口战略地区建立"前沿据点"，在构建营销网络的同时，加强海外市场的反盗版工作。

二、中国创意产品贸易发展存在的问题

（一）创意产品国外需求规模有限

国外需求是衡量一国经济增长的重要指标之一，中国创意产品国外需求规模有限。2006年，我国进出口总额占GDP比重达67%，其中出口总额占比36.1%。而创意产品贸易在我国进出口贸易总额中的比例却是微乎其微的。据统计，2006年我国文化创意产业中的核心文化产品进出口额约为103.2亿美元，只相当于同年我国进出口总额的0.59%；出口额为96.53亿美元，不足该年出口总量的1%。虽然中国和美、日、英、法位居世界文化贸易的五强，占据世界创意产品出口的53%和进口的47%，但实际世界创意产品贸易额的50%以上是集中在发达国家之间进行的，中国所占世界份额很小，且出口市场过于单一，缺少多元化。以我国电影出口为例，出口美国和日本的贸易额约占我国对世界出口总额的一半，而出口欧盟地区和东南亚地区的收入所占比例很小。在版权贸易方面，仅就中国对美国的版权产品输出而言，在美国的版权贸易统计里所占比重不足1%。

（二）创意产品贸易长期逆差

中国创意产品贸易发展迅速，在创意输出方面仅次于英国和美国。但相对于中国国际贸易的发展，创意产品贸易发展明显处于弱势地位，不仅增幅远远落后于发达国家国际贸易的总体增幅，而且还存在着巨大的贸易逆差。根据联合国贸易和发展会议网站对全球130多个国家创意产品贸易的相关统计数据可知，2006年中国创意产品进口额为1160.19亿美元，占世界创意产品进口额的36%；出口额为49.15亿美元，仅占世界出口额的1.6%，贸易逆差为1111.04亿美元。

（三）创意产品出口结构不均衡

中国创意产品贸易的出口结构极其不平衡，各创意产品大类的出口额相差很大。其中，设计类产品出口比例最高，在整个创意产品贸易出口额中占比高达70%以上；工艺类、新媒体类、视觉艺术类、出版类产品的出口比例相对偏低；以电影为主的视听类产品出口比例基本为0，是我国创意产品贸易中的弱项。据统计，中国引进的外国演出几乎都是商业演出，而中国派往国外的表演则多为"友情演出"，即使同为商业演出，商演收入也往往只有引进的同级别演出的1/10左右。

（四）缺乏品牌创意产品

虽然我国目前创意产业的发展十分迅速，但总体发展规模还比较小，且主要集中在一些经济较为发达的沿海大中型城市，竞争力较弱，还没有形成自己的创意品牌。以动漫产业为例，上海零点市场调查公司曾对北京、上海、广州三个城

市 1753 名 10~35 岁的动漫消费者进行入户调查。调查结果显示，排在消费者心中前 10 名的动漫节目中，日本占据了 8 名，另两名是美国迪士尼的经典动漫作品《米老鼠和唐老鸭》以及《猫和老鼠》，而美国迪士尼早在 1997 年就跻身世界 500 强企业。

（五）服务创意产业的复合型人才匮乏

创意产业是高技术与高文化高度"联姻"的领域，因此，创意产品贸易的发展也需要一大批把文化创意、科技和经济三方面结合起来的复合型人才。而中国创意产业的复合型人才严重匮乏，不仅创意人才在数量上相对偏少，而且在层次和结构上存在较大差异，甚至于出现"十个岗位等一人"的局面。据中国经济网《2007 年中国创意产业调查报告》数据显示，中国创意产业平均本科以上学历人员占在岗人员在总数比例不到 50%，如图 6-31 所示。巨大的人才缺口成了阻碍创意产业和创意产品贸易进一步发展的现实桎梏。而且，人才培养过程中标准化的缺失、一些关键硬件设备价格的居高不下，长期以来一直阻碍着创意专业人才的批量"制造"。

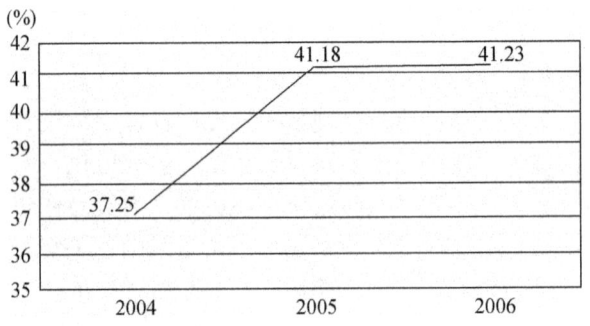

图 6-31　中国创意产业平均本科以上学历人员占在岗人员总数比率情况

资料来源：中国经济网《2007 年中国创意产业调查报告》。

三、提升中国创意产品贸易竞争力的对策

（一）发挥政府宏观引导作用，推动扶持创意产业和创意产品贸易的发展

首先，准确把握世界创意产业发展的动向，深刻认识创意产业内涵及产业理念，关注和学习国外创意产业和创意产品贸易发展经验。其次，积极发挥政府的宏观引导作用，制定有利于创意产业和创意产品贸易发展的政策，成立创意产业指导小组，全面促进推进创意的发展；政府要及时掌握产业的发展现状，结构比重和变化趋势，为政府决策提供参考服务；及时发布产业发展的重要信息，为企

业提供产业信息服务,引导创意产业健康发展;举办以创意产业为主题的高层论坛会、专家研讨会和设计比赛等。最后,充分依靠各级地方政府,使全社会达成高度共识形成合力,促使政府和相关创意企业开展创意产业项目的论证、方案的制订,在项目实施中给予必要的产业导向、分类指导、资金支持和政策扶持,共同推动创意产业和创意产品贸易的快速发展。

(二)加强知识产权保护,完善创意产业和创意产品贸易发展的相关法律法规

创意产业和创意产品贸易的发展离不开知识产权的保护。对创意产品原创性的承认和保护,就是对创意个人和创意企业劳动力和创造力价值的尊重和肯定,是创意产业和创意产品贸易发展和生存的关键,必须上升到战略高度,在国内逐步形成尊重、保护知识产权的良好氛围,营造适宜创意产业及创意产品贸易发展的规范、健康、有序的外部条件。

第一,一方面要抵制世界知识产权组织所提出的一些苛刻的知识产权规定,避免发达国家任意提高知识价格,成为阻碍我国创意企业学习新技术,进行技术提升和创新的手段;另一方面也要保护包括跨国公司在内的在我国进行创意产业投资的公司的合法权益,并加强我国出口创意产品的反盗版工作。

第二,要根据创意产业和创意产品贸易的特点及发展要求,抓紧时间修改、制定和完善符合国际化要求的知识产权法律法规,尽快公布和实施国家知识产权战略,加强对市场知识产权的管理、规范和打击力度。另外,在立法时必须充分考虑到创意产业与其他产业领域的互渗性、相关性和兼容性,立法时可多点试验性和灵活性。

第三,建立银行对表演、设计、广告、影视等创意产品无形资产的评估体系;加大对版权、专利、商标和设计等知识产权的保护力度;保护创意企业的创作价值和合法利益;鼓励创意产品申请专利权,注册商标专用权;鼓励计算机软件等版权登记;强化知识产权社会中介服务;帮助企业建立知识产权保护机制,形成贯穿于创意产品创作、生产、流通和消费全过程的知识产权保护体系。

第四,在全社会形成尊重知识产权保护的良好氛围,加大对侵权、盗版行为的打击力度,刺激创意产品的生产和消费。

(三)坚持人才领先战略,加快创意人才的引进、培养和集聚

创意产业和创意产品贸易的发展壮大,最缺的就是能够把文化创意、科技和经济三方面结合起来的复合型人才。有专家表示,中国创意产业发展的"瓶颈"就是由于创意人才稀缺造成的,因此要大力引进和培养创意人才。

第一,要建立人才培养机制,树立多元化的人才观,鼓励人才的多元化发展,重用既具有深厚文化底蕴,又拥有广阔国际视野的高素质、高层次专业

人才。

第二，要注重对本土人才的培养，以人力资源开发为重点，大力培育具有原创力的创新型人才。一方面从基础教育入手，主张创意从娃娃抓起，加快中小学教育，培养中小学生的艺术情操和创意意识，鼓励有原创性的、有特长的学生发展，发现和培育有潜力的创意人才；另一方面以高校为依托，努力挖掘高校创意人才，鼓励有条件的高校设置创意产业学等创意产业相关专业，致力于建立多层次、多渠道的创意人才培养方案和教育培训体系，系统地进行创意教学和研究，培养文化创意艺术、经济素养其经营管理方面的高级人才，为创意产业的发展提供强有力的人才支撑。

第三，出台相关的人才开发政策。如2005年7月14日，上海市人事局、中共上海市委宣传部等部门联合发布《上海市重点领域人才开发目录》，将创意产业招揽人才计划列在首位。2006年11月7日，北京市出台《北京市促进文化创意产业发展的若干政策》，大力强调文化创意人才的培养，支持高校、职业院校与文化创意企业联合建设文化创意产业人才培养基地，鼓励高等院校、研究机构和企业开展文化创意人才的国际交流，对创意人才进行海外培训并予以资助。

第四，建立创意人才激励机制，奖励创新成果，使各种创意得到应有的认可和尊重。

（四）加大科技投入，提高创意产品科技含量

在投资、财税、准入许可、文化产品流通，以及研发、引用高新技术等方面，给创意企业以政策优惠，提高创意产品技术含量，增强市场竞争力；在创意产业结构重组中形成体制和机制创新的成熟商业模式，活跃资本市场；推动创意产业结构及其链条发生历史性的重组；最大限度地放开市场准入，统一体制性环境和政策性环境。

（五）打造创意产业商业模式，培育创意产品贸易市场环境

创意产业的商业模式不同于制造产业的商业模式，它对客户的需求认知，动作理念、方式、程序等各方面都提出了新的要求。我国可以通过开展打造创意城市，举办创意原创大赛、展览等活动加强创意产品的宣传推广；通过促进创意产品的消费和销售，形成创意引领消费、消费促发创意的良性循环；通过培育和发展专业性强的营销策划、销售代理等中介公司，包装创意产品促进销售；通过鼓励创新、时尚、超前的构思，引导公众喜爱并消费创意产品，拓展创意产品的市场空间。

（六）加大资金投入，建立完善的投融资体制

第一，通过建立各种基金，如科技研发基金、文化创新基金、创业投资基金等，为创意产业和创意产品贸易，营造一个成本低、信息灵、效率高的投融资环

境。第二，加大投融资支持力度，政策性银行提供融资支持，利用中小企业创业投资有关基金加大风险投资机构参与，鼓励我国有实力的大型企业通过参股、控股或兼并等方式进入有关创意产业，鼓励非公有资本平等地投资和参与各类创意产品的研究开发和创作生产，优先安排符合条件的创意企业境内上市融资。第三，对国家认定的自主研发创意产品，可申请享受国家现行鼓励产业发展的有关增值税、所得税优惠政策，让更多的创意人才和机构来我国发展创意产业。

（七）坚持国际化战略，树立创意品牌

创意产业是强调"内容为王"的新兴产业。世界经济一体化的今天，创意产品贸易必须牢牢把握创意产品的"原创"核心，在此基础上依托各种新的技术平台（如通信技术、数字技术、网络等），走国际化道路。要加强国际合作，学习先进的产品开发、运作、营销理念，借助国外相关企业的平台进行演出、播放，抢占国外市场，积极打造、开发和生产拥有自我版权，属于我国自有品牌的创意产品。

（八）发挥北京奥运会示范效应，把握上海世博会机遇，以文化促进创意产品贸易

2008年北京奥运会本着"绿色奥运、科技奥运、人文奥运"的申办理念，将中国文化推向世界。奥运会上很多的电视编播系统或者转播系统都是由北京中关村软件园中的企业提供技术、系统与服务，同时还提供语音设备、动漫画设备以及渲染技术等。2010年上海世博会以"理解、沟通、欢聚、合作"为理念，对创意产品贸易产生了巨大的后发效应，继续凝聚和激发文化的消费功效。创意产业是体现一个国家"软实力"的重要内容。在中国，创意产业发展有两个阶段要走：一是把高科技和中国文化进行渗透和结合，达到质的提升；二是在中国传统文化的基础上创造出具有现代特征的作品，并与大众传播方式相结合，创造出中国自己的知名创意品牌，为后代留下文化遗产，促进创意产品贸易的繁荣发展。

第七章 创意中心城市竞争力的实证分析

第一节 创意中心城市竞争力评价

一、创意中心城市竞争力评价指标

从目前的理论和研究来看,对创意中心城市竞争力的影响因素研究尚未明确提出,但与此相关的内容如创新力、创意经济的研究成果颇多,如表7-1所示。由于创意中心城市本身就是建立在知识经济基础之上,城市内部具有强烈的创造能力。因此本书将借鉴近年来以知识经济、创意经济、城市竞争力等为主题的测评指标方面的理论,来构建创意中心城市竞争力的影响因子。

表7-1 国内外与创意中心城市竞争力相关的评价模型指标[①]

指标	研究机构、人员	研究时间
创意经济发展支点的概念化模型	王志成、陈继祥、姜晖	2008年
欧洲创意指数	Florida	2004年
城市竞争力指标体系	世界经济论坛	2004年
创意指数	Florida	2002年
欧洲创新计分表	欧盟	2000年
国家创新能力指数	Porter	1999年
科学、技术和创新指数	OECD	1998年

① 资料来源:根据相关文献资料整理得到。

第七章 创意中心城市竞争力的实证分析

（1）王志成、陈继祥、姜晖在对发展创意经济的理论进行分析后，认为城市发展创意经济是内外部多方面因素共同支撑的过程，并提出构筑创意经济发展支点的概念化模型，详见表7-2。

表7-2 创意经济发展支点的概念化模型指标

一级指标	二级指标
教育水平	由人口知识层次、国际专利数量、国际社科论文发表数量、公共教育投入水平等构成
经营环境水平	由政府规模、法制水平、贫困率、贸易自由度等构成
媒体平台	由城市信息基础设施、电子设施水平、信息披露程度、媒体曝光率构成

（2）2000年，卡内基梅隆大学教授Florida提出了著名的"3Ts"理论。在此架构之后，Florida与其他人合作提出了欧洲创意指数，该指数的组成与在《创意阶层的崛起》中提到的"创意指数"具有不同之处，表7-3对欧洲创意指数进行了说明。

表7-3 欧洲创意指数

一级指标	二级指标	指标说明
欧洲人才指数	创意阶层 人力资源数 科学才能指数	统计创意职业 年龄在24~64岁人群中拥有学士或以上学位人口的比重 每1000名工人中研究人员和工程师的数量
欧洲技术指数	创新指数 高科技创新指数 研究发展指数	每百万人口中拥有专利数量 每百万人口中拥有高科技专利的数量 R&D投入占GDP的比重
欧洲宽容指数	态度指数 价值指数 自我表达指数	少数人群的态度 一国人民对宗教、民族、执政当局、家庭、女权、离婚以及人工流产等问题的态度和价值取向 人们对自我表达、生活品质、民主、信任、休闲、娱乐和文化的态度

（3）2004年，世界经济论坛全球竞争力项目负责人兼首席经济学家奥古斯都·洛佩斯·克劳罗斯和全球竞争力项目经济学家萨蒂亚·扎西迪运用和修正国家经济增长竞争力的框架，提出了经济增长竞争力的概念，首次尝试对全球53个主要中心城市竞争力进行测评，具体指标见表7-4。

表 7-4　全球城市竞争力指标体系

一级指标	二级指标	三级指标
宏观经济环境指数	景气衰退预期	—
	信用规模	—
	政府盈余	—
	国债水平	—
	通货膨胀率	—
	实质有效汇率指数	—
	借贷利率差	—
	政府支出浪费情况	—
公共部门指数	合约与法规分项指数	财产权
		政府官员决策偏见
		组织犯罪的商业成本
		与上级政府官员进行谈判所需要的时间
		企业整体税负
		城市管理要求负担
		政府公司法清晰度
		给政府的非法支出占合约价值的比重
		平息私人企业争端的法律框架
	腐败分项指数	为进口而支付的公司贿赂
		公用事业的公司贿赂
		年度纳税的公司贿赂
		为求得公共合约的公司贿赂
科技指数	创新与技术转让分项指数	公司对新技术的吸纳度
		公司在研发上的开支
		企业与大学合作研究度
		带来新技术的外国投资
		外国技术特许制在吸纳新科技的普通途径中所占比重
	信息通信技术分项指数	商业电话线
		商业移动电话线
		互联网在学校的普及程度
		互联网服务商的竞争程度
		信息通信技术在政府中的优先度
		政府在信息技术推动的成功之处

续表

一级指标	二级指标	三级指标
科技指数	信息通信技术相关法规	生产与基础设施分项
		与所在国最强企业相比的企业生产能力
		与世界最强企业相比的企业生产能力
		铁路发展程度
		港口设施及内陆水运发展
		空中客运效率
		电力供应的质量
		邮电系统可靠性的信任度

（4）Florida 在对创意经济、创意阶层的研究中，提出了创意指数的指标体系，诠释了创意的影响因子（见表 7-5）。

表 7-5 创意指数指标

一级指标	二级指标	指标说明
人才指数	—	创意阶层在全体劳动力中所占比例
创新指数	—	人均专利数
高科技指数	比重指数	指城市高科技产出占全国产出的比例
区位权重指数	—	城市高科技产出在城市全部经济产出的比重/城市高科技产出在全国经济产出的比重
宽容度指数	同性恋指数	城市同性恋比重/城市人口在全人口的比重
	人口混杂指数	城市外国人口的比重
	波西米亚指数	城市艺术家在城市人口的比重
	种族融合指数	城市种族比例与城市种族结构的近似程度

（5）欧洲创新计分表是由欧盟企业高级理事会制定的，包括知识经济的主要动因和创新产出的指标，如表 7-6 所示，用于关注欧洲企业政策与竞争力，了解在创新绩效上的优势与劣势。

（6）Porter 和 Stern 在 1999 年建立了国家创新能力指标体系来评估国家创新体系的强度，并使用统计上的回归分析和数学模型，以辨认与国家创新绩效以及相关贡献密切的因素（见表 7-7）。

表7-6 欧洲创新计分表

一级指标	二级指标
人力资源	自然科学专业毕业生比例、高中程度以上的就业比例、从事中高科技制造业和高科技制造业的劳动力比例、高科技服务业的从业比例
知识创新	政府R&D、企业R&D、高科技专利数量
知识传播与应用	独立创新的制造业中小企业比例、合作创新的制造业中小企业比例、创新费用占营业额的比重
创新财务	技术公司的风险投资在GDP中的比重、新市场资本占GDP的比重、新产品市场占有率、网络使用的比例、ICT产值的GDP份额、高科技制造产值比例的变化

表7-7 国家创新能力指标

一级指标	二级指标
一般性的创新基础设施	研发人员、研发支出、国际贸易和投资开放度、知识产权保护强度、用于高等教育的GDP份额、人均GDP
产业聚集特有的创新环境	民间产业在总体研发支出的比例
联结的品质	大学研发的比例
其他测评指标	资本投入/推出、国家反垄断政策的强度

(7) 1998年,欧洲指标和数据分析机构发表欧洲技术、创新和经济政策计划,提出该指标体系——科学技术和创新指数,主要从社会和经济角度对知识基础的关键方面进行研究和评价(见表7-8)。

表7-8 科学技术和创新指数

一级指标	二级指标
标准化处理完成的指标	研发人员、研发支出、专利数、技术创新调查、技术收支差额、高科技产品国家贸易分析、出版量、人力资源
尚在标准化处理中的指标	技术期刊信息指标、无形资本投资、制造技术调查、信息及通信技术领域普及的指标、企业组织变革测评、科技洞察力、公众对科技的了解

综合以上学者、机构对城市竞争力、创意指数、创新能力等指标的构建,并结合创意中心城市自身的特征,本书将创意中心城市的评价指标归纳为城市经济水平、社会环境、人力资本、科技创新能力4个一级指标和24个二级指标,如图7-1所示。

第七章　创意中心城市竞争力的实证分析

在这些一级指标中，城市经济水平是衡量创意中心城市竞争力的基础。如前文所述，创意产业一般产生于经济水平比较发达的城市或地区，而且根据研究，只有在经济水平相对发达的城市发展创意产业才能对城市发展产生重要作用，带来强大的效应。因此，可以说创意中心城市的经济越发达，也越有竞争优势。

社会环境是衡量创意中心城市竞争力的一个方面。首先用社会的包容度来评价城市内部环境，这也是创意中心城市社会环境中更加强调的；其次在制度、商务经营环境上对城市社会环境进行比较；最后从对人才吸引方面来综合评价。

人力资本在城市竞争力的比较中已经成为一个核心内容，特别是创意中心城市是以人为基础的创意生产和应用，人力资本自然成为城市发展潜力的关键所在。

科技创新能力是创意中心城市得以产生和发展的技术支持，反映了其持续发展的能力，是比较城市竞争力的重要指标。

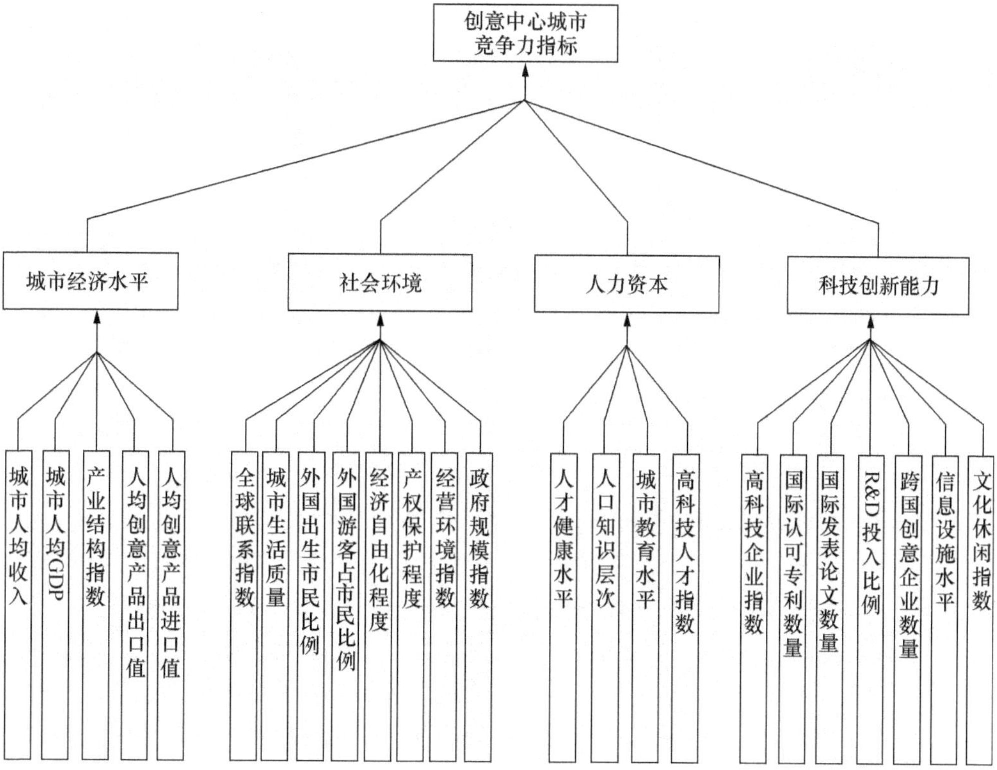

图7-1　创意中心城市竞争力评价指标

城市人均GDP①和城市人均收入都反映了一个城市经济发展的程度和市民消

---

① 城市人均GDP指标由城市所在区域（州、市等）的人均GDP值表示。

费能力，同时本书选取人均值有效地避免了城市规模、人口数量带来的差异。产业结构指数反映了城市产业结构的特点，指数高的城市就更多地占据了价值链的高端，具有竞争优势，通常城市经济越发达，其第三产业的比重就越大。人均创意产品进口值和人均创意产品出口值①都是对创意中心城市创意经济的发达程度进行衡量的指标。

城市生活质量是指城市居住、出行、娱乐、教育、医疗等方面的条件。外国出生市民比例、外国游客占市民比例突出表现了城市包容性，即文化的多元性、社会宽容指数等，以及对人才吸引的能力。全球联系指数表现了一个城市与世界各国或是经济体联系的程度，该指数越高说明城市在世界经济中越活跃，社会环境越有利于创意经济的发展。经济自由化程度、产权保护程度、经营环境指数都反映了城市商务环境的竞争力情况，如吸引投资等。政府规模是指政府公务员占城市总人口的比例，也是社会环境竞争力强弱的体现。

人才健康水平、人口知识层次两个二级指标分别从卫生健康状况、教育水平（城市大学学历的人员占总人口比例）反映了城市人力资本的基本状况。高科技人才指数集中表现了城市中从事创意产业和高科技产业的人员占总人口的比例，针对创意中心城市所需求的人才进行比较。

高科技企业指数、国际认可专利数量和信息设施水平都从存量的角度综合地衡量了城市的科技力量。国际发表论文数量、R&D 投入比例（研发投入占 GDP 比重）和城市跨国创意企业数量（主要是城市跨国广告、媒体公司的数量）分别从研究层面、投入情况、企业群体上反映了城市创新能力。文化休闲指数体现了创意中心城市特有的文化氛围、创意消费情况等。

二、创意中心城市竞争力评价方法：主成分分析法

目前，国内外学者在对城市竞争力的评价方面，主要采取了主成分分析法、因子分析法、层次分析法、回归分析法、数据包络分析法、模糊曲线法、多因素综合评价等方法。本书采取主成分分析法来构建创意中心城市的评价模型。

主成分分析法是广泛应用的一种多元统计方法，通过对数据的提取，采用较少的公因子来代替原有繁杂的指标，同时这些少量的公因子尽可能地包含数据信息，得到一个综合性的结论，并且无须主观地确定指标的权重。主成分分析方法也可以用于客观数据的权数确定，通过构建模型，用"能观察"的变量来评价不可观察的变量。

主成分分析法将给定的一组变量 X_1, X_2, $\cdots$, X_n，通过线性变化，转化成

---

① 人均创意产品出口值和人均创意产品进口值均为城市所在国家的数据。

为一组不相关的变量 Y_1、Y_2、…、Y_n。在这一变化中保证变量的总方差不变，让 Y_1 具有最大方差，成为第一主成分，Y_2 具有次大方差，成为第二主成分，并以此类推，将 n 个变量转化为 n 个主成分，在实际运用中我们一般只需要找到几个能够代表大部分信息的主成分就可以了。

进行主成分分析方法主要的步骤：首先将评价指标的数据标准化；其次对指标的相关性进行判定；再次确定主成分个数；最后得出主成分 F_i 的表达式。通过主成分分析法，我们可以得到各主成分和综合主成分的评价值。

$$\begin{cases} F_1 = a_{11}ZX_1 + a_{21}ZX_2 + \cdots + a_{i1}ZX_i \\ F_2 = a_{12}ZX_1 + a_{22}ZX_2 + \cdots + a_{i2}ZX_i \\ \vdots \\ F_j = a_{1j}ZX_1 + a_{2j}ZX_2 + \cdots + a_{ij}ZX_i \end{cases}$$

其中，a_{ij} 为 X 的协方差矩阵 Σ 的特征值的特征向量，ZX_i 为原始变量标准化后的值。

三、创意城市竞争力评价模型

本书实证部分需要以创意中心城市的相关数据为样本来进行竞争力的比较，所选取的数据来源于联合国发布的《2008 创意经济报告》、《全球城市竞争力报告（2007～2008）》、《全球城市竞争力报告（2005～2006）》、《上海文化发展报告 2006》、《中国创意产业发展报告 2006》、《中国创意产业发展报告 2008》、《上海文化年鉴》等，以及各大城市政府网站、统计机构等（具体数据参见附录）。

模型构建

在进行主成分分析的时候，选用软件 SPSS 11.5 对各城市指标数据进行分析。

据创意中心城市竞争力主成分碎石图（见图 7-2），第一主成分重要程度大于第二主成分，第二主成分重要程度又大于第三主成分。从第七主成分到最后，每个主成分之间重要程度相差不大，且重要程度远小于前六个主成分，在比较分析中可以忽略以简化问题。

在主成分方差百分比的表（见表 7-9）中对 24 个二级指标进行分析，可知各主成分的特征值，各个特征值以及累计特征值所占方差的比例。其中，前 6 个主成分的特征值分别是 7.723、4.429、3.541、3.094、2.246、1.016；前 6 个主成分的方差贡献率分别为 32.180%、18.453%、14.755%、12.892%、9.358%、4.235%。前 6 个主成分的累计方差贡献率就超过了 91%，因此可以认为前 6 个主成分可以代表 24 个指标的全部信息。

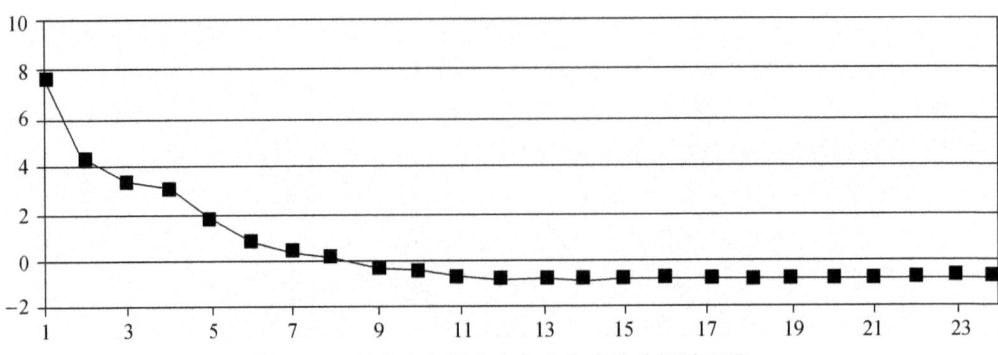

图 7-2 创意中心城市竞争力主成分分析碎石图

表 7-9 创意中心城市竞争力的主成分方差百分比

Component	Initial Eigenvalues			Extraction Sums of Squared Loadings		
	Total	% of Variance	Cumulative %	Total	% of Variance	Cumulative %
1	7.723	32.180	32.180	7.723	32.180	32.180
2	4.429	18.453	50.633	4.429	18.453	50.633
3	3.541	14.755	65.388	3.541	14.755	65.388
4	3.094	12.892	78.281	3.094	12.892	78.281
5	2.246	9.358	87.638	2.246	9.358	87.638
6	1.016	4.235	91.873	1.016	4.235	91.873
7	0.855	3.565	95.438			
8	0.599	2.497	97.935			
9	0.319	1.328	99.263			
10	0.177	0.737	100.000			
11	$1.986E-15$	$8.276E-15$	100.000			
12	$5.360E-16$	$2.233E-15$	100.000			
13	$4.516E-16$	$1.882E-15$	100.000			
14	$3.738E-16$	$1.558E-15$	100.000			
15	$2.860E-16$	$1.192E-15$	100.000			
16	$2.280E-16$	$9.501E-16$	100.000			
17	$1.608E-16$	$6.701E-16$	100.000			
18	$2.670E-17$	$1.112E-16$	100.000			
19	$-1.093E-17$	$-4.553E-17$	100.000			
20	$-7.832E-17$	$-3.264E-16$	100.000			
21	$-1.679E-16$	$-6.994E-16$	100.000			
22	$-2.238E-16$	$-9.326E-16$	100.000			
23	$-3.741E-16$	$-1.559E-15$	100.000			
24	$-6.418E-16$	$-2.674E-15$	100.000			

主成分分析的载荷矩阵中，每个载荷量都表示了每一主成分与对应变量的相关系数。根据表7-10的数据，高科技企业指数、国际论文数量指数、城市教育水平、产业结构指数都在第一主成分中占据较大载荷；外国出生市民比例、经营环境指数在第二主成分占据较大的载荷；外国游客比例、经济自由化程度、城市生活质量在第三主成分中占据较大的载荷；人均创意产品出口值、人均创意产品进口值在第四主成分中占据较大载荷；国际认可专利数在第五主成分载荷较大；第六主成分中产权保护程度具有较大的载荷。

表7-10 创意中心城市竞争力主成分的载荷矩阵

Zscore	Component					
	1	2	3	4	5	6
城市人均收入	0.780	0.237	0.387	-0.130	0.093	0.177
城市人均GDP	0.648	0.377	0.029	-0.088	-0.538	-0.084
全球经济联系指数	0.749	-0.015	0.106	0.281	-0.349	-0.459
产业结构指数	0.827	-0.277	0.172	0.402	0.073	0.115
文化休闲指数	0.272	-0.240	0.360	-0.713	-0.424	0.134
城市生活质量	0.288	0.525	0.668	-0.205	0.328	0.164
外国出生市民比例	0.166	0.925	0.095	-0.135	-0.194	0.016
外国游客比例	0.004	-0.293	0.664	-0.366	-0.432	0.251
经济自由化程度	-0.276	0.479	0.643	0.493	0.033	-0.151
产权保护程度	0.366	0.257	-0.633	-0.286	-0.089	0.530
经营环境指数	-0.404	0.810	0.033	-0.073	0.161	-0.077
政府规模指数	-0.269	-0.012	0.539	-0.585	0.259	-0.160
人才健康水平	-0.397	-0.797	0.339	0.094	0.261	0.044
人口知识层次	0.612	-0.066	0.518	-0.230	0.080	-0.048
城市教育水平	0.838	-0.452	-0.099	-0.106	-0.020	0.126
高科技人才指数	0.484	-0.405	0.444	-0.341	0.389	-0.218
高科技企业指数	0.913	-0.122	-0.118	0.152	0.228	0.105
国际认可专利数	0.661	-0.230	-0.105	0.125	0.575	0.006
国际论文数量指数	0.847	0.278	0.061	0.170	-0.376	-0.034
R&D投入比例	0.678	0.218	-0.142	0.302	0.445	0.146
跨国创意企业数	0.732	-0.198	0.003	0.449	-0.264	-0.177
信息设施水平	0.015	0.718	0.415	0.385	0.264	0.183
人均创意产品出口值	-0.431	-0.327	0.414	0.606	-0.251	0.298
人均创意产品进口值	-0.427	-0.254	0.486	0.624	-0.237	0.235

在累计方差贡献率大于90%的原则下,根据以上数据选取6个主成分构建创意中心城市竞争力的评价模型。

首先建立各主成分函数:

为便于下文使用变量,将假设城市人均收入为 X_1、城市人均 GDP 为 X_2、全球经济联系指数为 X_3、产业结构指数为 X_4、文化休闲指数为 X_5、城市生活质量为 X_6、外国出生市民比例为 X_7、外国游客比例为 X_8、经济自由化程度为 X_9、产权保护程度为 X_{10}、经营环境指数为 X_{11}、政府规模指数为 X_{12}、人才健康水平为 X_{13}、人口知识层次为 X_{14}、城市教育水平为 X_{15}、高科技人才指数为 X_{16}、高科技企业指数为 X_{17}、国际认可专利数为 X_{18}、国际论文数量指数为 X_{19}、R&D 投入比例为 X_{20}、跨国创意企业数为 X_{21}、信息设施水平为 X_{22}、人均创意产品出口值为 X_{23}、人均创意产品进口值为 X_{24}。

第一主成分:

$$Z_1 = 0.78 \times X_1 + 0.648 \times X_2 + 0.749 \times X_3 + 0.827 \times X_4 + 0.272 \times X_5 + 0.288 \times X_6 + 0.166 \times X_7 + 0.004 \times X_8 - 0.276 \times X_9 + 0.366 \times X_{10} - 0.404 \times X_{11} - 0.269 \times X_{12} - 0.397 \times X_{13} + 0.612 \times X_{14} + 0.838 \times X_{15} + 0.484 \times X_{16} + 0.913 \times X_{17} + 0.661 \times X_{18} + 0.847 \times X_{19} + 0.678 \times X_{20} + 0.732 \times X_{21} + 0.015 \times X_{22} - 0.431 \times X_{23} - 0.427 \times X_{24}$$

第二主成分:

$$Z_2 = 0.237 \times X_1 + 0.377 \times X_2 - 0.015 \times X_3 - 0.277 \times X_4 - 0.24 \times X_5 + 0.525 \times X_6 + 0.925 \times X_7 - 0.293 \times X_8 + 0.479 \times X_9 + 0.257 \times X_{10} + 0.81 \times X_{11} - 0.012 \times X_{12} - 0.797 \times X_{13} - 0.066 \times X_{14} - 0.452 \times X_{15} - 0.405 \times X_{16} - 0.122 \times X_{17} - 0.23 \times X_{18} + 0.278 \times X_{19} + 0.218 \times X_{20} - 0.198 \times X_{21} + 0.718 \times X_{22} - 0.327 \times X_{23} - 0.254 \times X_{24}$$

第三主成分:

$$Z_3 = 0.387 \times X_1 + 0.029 \times X_2 + 0.106 \times X_3 + 0.172 \times X_4 + 0.36 \times X_5 + 0.668 \times X_6 + 0.095 \times X_7 + 0.664 \times X_8 + 0.643 \times X_9 - 0.633 \times X_{10} + 0.033 \times X_{11} + 0.539 \times X_{12} + 0.339 \times X_{13} + 0.518 \times X_{14} - 0.099 \times X_{15} + 0.444 \times X_{16} - 0.118 \times X_{17} - 0.105 \times X_{18} + 0.061 \times X_{19} - 0.142 \times X_{20} + 0.003 \times X_{21} + 0.415 \times X_{22} + 0.414 \times X_{23} + 0.406 \times X_{24}$$

第四主成分:

$$Z_4 = -0.13 \times X_1 - 0.088 \times X_2 + 0.281 \times X_3 + 0.402 \times X_4 - 0.713 \times X_5 - 0.205 \times X_6 - 0.135 \times X_7 - 0.366 \times X_8 + 0.493 \times X_9 - 0.286 \times X_{10} - 0.073 \times X_{11} - 0.585 \times X_{12} + 0.094 \times X_{13} - 0.23 \times X_{14} - 0.106 \times X_{15} - 0.341 \times X_{16} + 0.152 \times X_{17} + 0.125 \times X_{18} + 0.17 \times X_{19} + 0.302 \times X_{20} + 0.449 \times X_{21} + 0.385 \times X_{22} +$$

$0.606 \times X_{23} + 0.624 \times X_{24}$

第五主成分：

$Z_5 = 0.093 \times X_1 - 0.538 \times X_2 - 0.349 \times X_3 + 0.073 \times X_4 - 0.424 \times X_5 + 0.328 \times X_6 - 0.194 \times X_7 - 0.432 \times X_8 + 0.033 \times X_9 - 0.089 \times X_{10} + 0.161 \times X_{11} + 0.259 \times X_{12} + 0.261 \times X_{13} + 0.08 \times X_{14} - 0.02 \times X_{15} + 0.389 \times X_{16} + 0.228 \times X_{17} + 0.575 \times X_{18} - 0.376 \times X_{19} + 0.445 \times X_{20} - 0.264 \times X_{21} + 0.264 \times X_{22} - 0.251 \times X_{23} - 0.237 \times X_{24}$

第六主成分：

$Z_6 = 0.177 \times X_1 - 0.084 \times X_2 - 0.495 \times X_3 + 0.115 \times X_4 + 0.134 \times X_5 + 0.164 \times X_6 + 0.016 \times X_7 + 0.251 \times X_8 - 0.151 \times X_9 + 0.53 \times X_{10} - 0.077 \times X_{11} - 0.16 \times X_{12} + 0.044 \times X_{13} - 0.048 \times X_{14} + 0.126 \times X_{15} - 0.218 \times X_{16} + 0.105 \times X_{17} + 0.006 \times X_{18} - 0.034 \times X_{19} + 0.146 \times X_{20} - 0.177 \times X_{21} + 0.183 \times X_{22} + 0.298 \times X_{23} + 0.235 \times X_{24}$

综上，选取各主成分的方差贡献率来构建创意中心城市竞争力的综合评价函数：

$F = 0.3218 \times Z_1 + 0.18453 \times Z_2 + 0.14775 \times Z_3 + 0.12892 \times Z_4 + 0.09358 \times Z_5 + 0.042358 \times Z_6$

根据计算数据，创意中心城市竞争力综合得分和排名如表 7-11 所示。

表 7-11 创意中心城市竞争力排序

城市	竞争力得分	排名
纽约	0.61516	1
伦敦	0.444424	2
东京	0.411759	3
巴黎	-0.14991	8
新加坡	-0.11692	7
多伦多	0.203663	4
中国香港	-0.22858	9
洛杉矶	0.016632	6
上海	-0.96223	11
悉尼	0.018273	5
惠灵顿	-0.25228	10

在本书选取的 24 个二级指标的评价下,创意中心城市最具有竞争力的是纽约、伦敦、东京三大都市;竞争力相对较差的创意中心城市主要为中国上海、惠灵顿、中国香港等。下面进一步在 4 个一级指标上对创意中心城市竞争力进行比较。

(1) 城市经济水平。城市经济水平主成分分析碎石(如图 7-3 所示)中清楚地反映出第一主成分重要程度大于第二主成分,第二主成分重要程度大于第三主成分,第四、第五主成分重要程度很低,可以忽略。

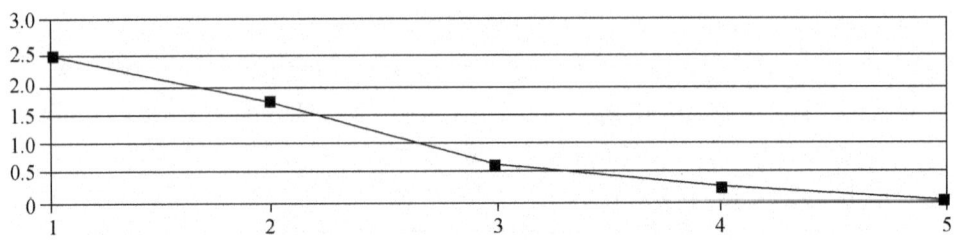

图 7-3 城市经济水平主成分碎石图

表 7-12 城市经济水平主成分方差百分比

Component	Initial Eigenvalues			Extraction Sums of Squared Loadings		
	Total	% of Variance	Cumulative %	Total	% of Variance	Cumulative %
1	2.458	49.155	49.155	2.458	49.155	49.155
2	1.679	33.571	82.725	1.679	33.571	82.725
3	0.597	11.949	94.675	0.597	11.949	94.675
4	0.260	5.203	99.878			
5	0.006	0.122	100.000			

根据统计结果表 7-12 显示,5 个主成分的特征值分别是 2.458、1.679、0.597、0.260、0.006。其中前三个主成分的累计贡献率分别达到了 49.155%、33.571%、11.949%,可以累计解释方差比例大于 94%,基本能代表城市经济水平所有指标的全部信息。

在第一主成分中城市人均 GDP 和城市人均收入占据较大的载荷;产业结构指数、人均创意产品进口值和人均创意产品的出口值在第二主成分中占据较大的载荷;城市人均 GDP 在第三主成分中占据较大的载荷。

表 7-13　城市经济水平主成分载荷矩阵

Zscore	Component		
	1	2	3
城市人均收入	0.751	0.529	0.027
城市人均 GDP	0.719	0.359	0.546
产业结构指数	0.405	0.726	-0.513
人均创意产品出口值	-0.789	0.601	0.117
人均创意产品进口值	-0.769	0.618	0.147

构建主成分方程：

第一主成分：

$Z_1 = 0.751 \times$ 城市人均收入 $+ 0.719 \times$ 城市人均 GDP $+ 0.405 \times$ 产业结构指数 $- 0.789 \times$ 人均创意产品出口值 $- 0.769 \times$ 人均创意产品进口值

第二主成分：

$Z_2 = 0.529 \times$ 城市人均收入 $+ 0.359 \times$ 城市人均 GDP $+ 0.726 \times$ 产业结构指数 $+ 0.601 \times$ 人均创意产品出口值 $+ 0.618 \times$ 人均创意产品进口值

第三主成分：

$Z_3 = 0.027 \times$ 城市人均收入 $+ 0.546 \times$ 城市人均 GDP $- 0.513 \times$ 产业结构指数 $+ 0.117 \times$ 人均创意产品出口值 $+ 0.147 \times$ 人均创意产品进口值

综上，我们根据选取的主成分的各自累计贡献率构建综合评价函数：

$F = 0.49155 \times Z_1 + 0.33571 \times Z_2 + 0.11949 \times Z_3$

根据计算，可以得到如下城市经济水平得分排序（见表 7-14）。

表 7-14　城市经济水平排序

城市	城市经济水平得分	城市经济水平排名
纽约	0.91	1
伦敦	0.79	2
东京	0.16	5
巴黎	0.60	3
新加坡	-0.74	10
多伦多	-0.16	6
中国香港	-0.47	9
洛杉矶	0.27	4
中国上海	-0.94	11
悉尼	-0.21	7
惠灵顿	-0.22	8

从表7-14中我们可以看出纽约、伦敦、巴黎在城市经济水平上具有领先优势；洛杉矶、东京次之，但明显好于其他的一些创意中心城市的经济水平。在经济上欠发达的创意中心城市主要是中国上海、新加坡和中国香港，而这些城市位于发展中国家或是新兴的经济体，与发达国家的城市相比在经济实力上还有一定距离。

(2) 社会环境。表7-15中数据显示，前五个主成分各自解释方差的比例分别是33.558%、22.700%、17.127%、14.837%、5.413%，它们的累计贡献率达到了93.635%，可以用来代表城市环境水平中的所有指标。

表7-15 社会环境的主成分方差百分比

Component	Initial Eigenvalues			Extraction Sums of Squared Loadings		
	Total	% of Variance	Cumulative %	Total	% of Variance	Cumulative %
1	2.685	33.558	33.558	2.685	33.558	33.558
2	1.816	22.700	56.258	1.816	22.700	56.258
3	1.370	17.127	73.384	1.370	17.127	73.384
4	1.187	14.837	88.222	1.187	14.837	88.222
5	0.433	5.413	93.635	0.433	5.413	93.635
6	0.377	4.716	98.351			
7	0.113	1.411	99.762			
8	0.019	0.238	100.000			

从主成分的载荷矩阵（见表7-16）中看出，城市生活质量、经济自由化程度、经营环境指数在第一主成分占据较高的比重；第二主成分中外国出生市民比例和产权保护程度具有较大的载荷；第三主成分中全球联系指数载荷最大；第四主成分中具有较高载荷的是外国游客比例；第五主成分中政府规模指数和全球联系指数的载荷相对较高。

由此可以构建主成分表达式：

第一主成分：

$Z_1 = -0.175 \times$ 全球联系指数 $+ 0.779 \times$ 城市生活质量 $+ 0.597 \times$ 外国出生市民比例 $+ 0.208 \times$ 外国游客比例 $+ 0.768 \times$ 经济自由化程度 $- 0.361 \times$ 产权保护程度 $+ 0.756 \times$ 经营环境指数 $+ 0.596 \times$ 政府规模指数

第二主成分：

$Z_2 = 0.087 \times$ 全球联系指数 $+ 0.077 \times$ 城市生活质量 $+ 0.678 \times$ 外国出生市民比例 $- 0.636 \times$ 外国游客比例 $- 0.053 \times$ 经济自由化程度 $+ 0.678 \times$ 产权保护程度 $+ 0.4 \times$ 经营环境指数 $- 0.561 \times$ 政府规模指数

第七章 创意中心城市竞争力的实证分析

表7-16 社会环境主成分载荷矩阵

Zscore	Component				
	1	2	3	4	5
全球联系指数	-0.175	0.087	0.897	0.126	0.304
城市生活质量	0.779	0.077	0.157	0.387	0.152
外国出生市民比例	0.597	0.678	0.189	0.279	-0.102
外国游客比例	0.208	-0.636	0.110	0.628	-0.335
经济自由化程度	0.768	-0.053	0.370	-0.411	-0.264
产权保护程度	-0.361	0.678	-0.296	0.528	-0.039
经营环境指数	0.756	0.400	-0.352	-0.249	0.063
政府规模指数	0.596	-0.561	-0.379	0.198	0.347

第三主成分：

$Z_3 = 0.897 \times$ 全球联系指数 $+ 0.157 \times$ 城市生活质量 $+ 0.189 \times$ 外国出生市民比例 $+ 0.11 \times$ 外国游客比例 $+ 0.37 \times$ 经济自由化程度 $- 0.296 \times$ 产权保护程度 $- 0.352 \times$ 经营环境指数 $- 0.379 \times$ 政府规模指数

第四主成分：

$Z_4 = 0.304 \times$ 全球联系指数 $+ 0.152 \times$ 城市生活质量 $- 0.102 \times$ 外国出生市民比例 $- 0.335 \times$ 外国游客比例 $- 0.264 \times$ 经济自由化程度 $- 0.039 \times$ 产权保护程度 $+ 0.063 \times$ 经营环境指数 $+ 0.347 \times$ 政府规模指数

第五主成分：

$Z_5 = 0.126 \times$ 全球联系指数 $+ 0.387 \times$ 城市生活质量 $+ 0.279 \times$ 外国出生市民比例 $+ 0.628 \times$ 外国游客比例 $- 0.411 \times$ 经济自由化程度 $+ 0.528 \times$ 产权保护程度 $- 0.249 \times$ 经营环境指数 $+ 0.198 \times$ 政府规模指数

综上，根据主成分各自的方差贡献率，我们可以构建城市环境水平的评价函数：

$F = 0.33558 \times Z_1 + 0.227 \times Z_2 + 0.17127 \times Z_3 + 0.14837 \times Z_4 + 0.05413 \times Z_5$

再将各主成分结果代入计算得到各城市环境的得分（见表7-17）。

在城市环境水平这个指标上看，纽约、多伦多、伦敦、洛杉矶等城市具有显著优势地位，这样的社会环境有利于创意经济的进一步发展。其中，在城市环境水平中得分较低的城市是上海和香港地区，在这一指标中相对不具备竞争优势。

（3）人力资本。由表7-18可知，四个主成分的特征值分别为2.113、1.055、0.597、0.235，其各自的方差解释率为52.820%、26.363%、14.931%、5.885%，累计方差贡献率达到了94%以上，可以代表人力资本中所有指标的信息。

表7-17 城市环境水平排序

城市	城市环境水平得分	城市环境水平排名
纽约	0.51	1
伦敦	0.33	3
东京	-0.33	9
巴黎	-0.09	8
新加坡	0.01	7
多伦多	0.39	2
中国香港	-0.52	10
洛杉矶	0.32	4
中国上海	-1.04	11
悉尼	0.18	6
惠灵顿	0.25	5

表7-18 人力资本主成分方差比例

Component	Initial Eigenvalues			Extraction Sums of Squared Loadings		
	Total	% of Variance	Cumulative %	Total	% of Variance	Cumulative %
1	2.113	52.820	52.820	2.113	52.820	52.820
2	1.055	26.363	79.183	1.055	26.363	79.183
3	0.597	14.931	94.115	0.597	14.931	94.115
4	0.235	5.885	100.000			

在主成分的载荷矩阵（见表7-19）中，高科技人才指数在第一主成分中载荷最大，人口知识层次和城市教育水平也具有较大的载荷；第二主成分中，人才健康水平具有较大载荷；城市教育水平在第三主成分中载荷最大。

表7-19 人力资本主成分载荷矩阵

Zscore	Component		
	1	2	3
人才健康水平	0.260	0.951	0.058
人口知识层次	0.802	-0.226	-0.502
城市教育水平	0.750	-0.275	0.582
高科技人才指数	0.915	0.153	-0.053

依据载荷矩阵建立主成分方程：

第一主成分：

$Z_1 = 0.26 \times$ 人才健康水平 $+ 0.802 \times$ 人口知识层次 $+ 0.75 \times$ 城市教育水平 $+ 0.915 \times$ 高科技人才指数

第二主成分：

$Z_2 = 0.951 \times$ 人才健康水平 $- 0.226 \times$ 人口知识层次 $- 0.275 \times$ 城市教育水平 $+ 0.153 \times$ 高科技人才指数

第三主成分：

$Z_3 = 0.058 \times$ 人才健康水平 $- 0.502 \times$ 人口知识层次 $+ 0.582 \times$ 城市教育水平 $- 0.053 \times$ 高科技人才指数

按照各主成分的方差贡献率，构建人力资本的评价函数：

$F = 0.5282 \times Z_1 + 0.26363 \times Z_2 + 0.14931 \times Z_3$

由评价函数计算得到各创意中心城市在人力资本这个指标上的排名（见表7-20）。

表7-20 人力资本排序

城市	人力资本得分	排名
纽约	-0.31	8
伦敦	-0.12	5
东京	1.15	1
巴黎	1.04	2
新加坡	0.29	3
多伦多	-0.71	11
中国香港	0.10	4
洛杉矶	-0.36	9
中国上海	-0.21	6
悉尼	-0.29	7
惠灵顿	-0.59	10

根据人才健康水平、人口知识层次、城市教育水平和高科技人才指数4个二级指标的分析，东京、巴黎在人力资本上具有绝对的竞争优势，新加坡、中国香港等城市次之，多伦多和惠灵顿在人力资本这一指标上相对不具备优势。而创意

中心城市竞争力综合排名第一的纽约却在这个指标上相对较弱；创意中心城市综合竞争力较差的上海则在这个指标上凸显，居于中间位置。

（4）科技创新能力。通过主成分，前四个主成分各自对方差的解释达到了49.033%、22.071%、14.164%、7.831%，而总的累计贡献率超过了93%，可以代表科技创新能力这个指标的全部情况。

表7-21 科技创新能力主成分方差比例

Component	Initial Eigenvalues			Extraction Sums of Squared Loadings		
	Total	% of Variance	Cumulative %	Total	% of Variance	Cumulative %
1	3.432	49.033	49.033	3.432	49.033	49.033
2	1.545	22.071	71.103	1.545	22.071	71.103
3	0.991	14.164	85.267	0.991	14.164	85.267
4	0.548	7.831	93.098	0.548	7.831	93.098
5	0.299	4.277	97.375			
6	0.170	2.426	99.801			
7	0.014	0.199	100.000			

由表7-22可知，高科技企业指数、R&D投入比例在第一主成分中最重要，占据的载荷最大；国际认可专利数量、国际论文数量指数、跨国创意企业数量也相对重要。第二主成分中文化休闲指数占据较大的载荷。信息设施水平在第三主成分中载荷较大。文化休闲指数在第四主成分中具有较大的载荷。

表7-22 科技创新能力主成分载荷矩阵

Zscore	Component			
	1	2	3	4
文化休闲指数	-0.074	0.853	0.236	0.425
高科技企业指数	0.960	0.128	-0.195	0.109
国际认可专利数量	0.731	-0.112	-0.562	0.269
国际论文数量指数	0.761	0.247	0.495	0.004
R&D投入比例	0.858	-0.300	0.000	0.044
跨国创意企业数量	0.793	0.269	0.190	-0.449
信息设施水平	0.161	-0.752	0.548	0.284

由主成分载荷矩阵，我们可以建立各主成分的表达式：

第一主成分：
$Z_1 = -0.074 \times$ 文化休闲指数 $+ 0.96 \times$ 高科技企业指数 $+ 0.731 \times$ 国际认可专利数量 $+ 0.761 \times$ 国际论文数量指数 $+ 0.858 \times$ R&D 投入比例 $+ 0.793 \times$ 跨国创意企业数量 $+ 0.161 \times$ 信息设施水平

第二主成分：
$Z_2 = 0.853 \times$ 文化休闲指数 $+ 0.128 \times$ 高科技企业指数 $- 0.112 \times$ 国际认可专利数量 $+ 0.247 \times$ 国际论文数量指数 $- 0.3 \times$ R&D 投入比例 $+ 0.269 \times$ 跨国创意企业数量 $- 0.752 \times$ 信息设施水平

第三主成分：
$Z_3 = 0.236 \times$ 文化休闲指数 $- 0.195 \times$ 高科技企业指数 $- 0.562 \times$ 国际认可专利数量 $+ 0.495 \times$ 国际论文数量指数 $+ 0.34 \times$ R&D 投入比例 $+ 0.19 \times$ 跨国创意企业数量 $+ 0.548 \times$ 信息设施水平

第四主成分：
$Z_4 = 0.425 \times$ 文化休闲指数 $+ 0.109 \times$ 高科技企业指数 $+ 0.269 \times$ 国际认可专利数量 $+ 0.004 \times$ 国际论文数量指数 $+ 0.044 \times$ R&D 投入比例 $- 0.449 \times$ 跨国创意企业数量 $+ 0.284 \times$ 信息设施水平

由各主成分各自方差贡献率建立科技创新能力综合评价函数：

$F = 0.49033 \times Z_1 + 0.22071 \times Z_2 + 0.14164 \times Z_3 + 0.07831 \times Z_4$

代入各城市四个主成分值，可以得到该指标的排名（见表7-23）。

表7-23 城市科技创新能力排序

城市	科技创新能力得分	排名
纽约	0.86	1
伦敦	0.83	2
东京	0.35	4
巴黎	0.58	3
新加坡	-0.41	8
多伦多	-0.01	5
中国香港	-0.52	9
洛杉矶	-0.27	7
中国上海	-0.54	10
悉尼	-0.24	6
惠灵顿	-0.63	11

在城市科技创新能力上，纽约、伦敦、巴黎、东京具有较大竞争优势，多伦多、悉尼、洛杉矶居中。相比而言，在创意中心城市科技创新能力比较中，惠灵顿和中国上海最没有竞争力。

第二节 全球三大创意中心比较分析

一、创意中心城市分类

本书在上一节中得出了创意中心城市竞争力的综合排名以及在4个一级指标中的比较分析。为了更全面地比较创意中心城市竞争力，采用聚类分析法对所选11个创意中心城市进行分类比较。

聚类分析是研究样品或指标分类问题的一种多元统计方法，把没有分类信息的资料按照相似程度归类，找出具有相似性元素的聚合。

本书通过SPSS 11.5进行分析，将创意中心城市分为三类，在聚类分析树状图（见图7-4）中展示了创意中心城市竞争力聚类的过程和分类情况。

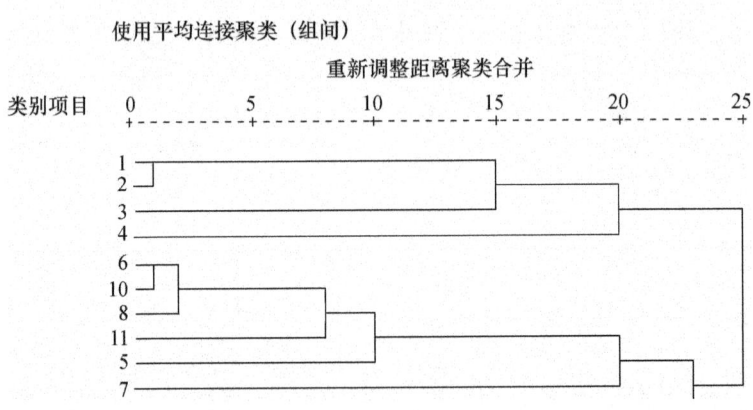

图7-4 创意中心城市竞争力聚类分析树状图

通过创意中心城市竞争力比较分析，创意中心城市大致可以分为三大类，如表7-24所示。

第七章 创意中心城市竞争力的实证分析

表7-24 创意中心城市分类

城市	类别	特点
纽约	1	普遍具有很高的竞争力
伦敦	1	
东京	1	
巴黎	1	
新加坡	2	竞争力处于中间水平
多伦多	2	
中国香港	2	
洛杉矶	2	
悉尼	2	
惠灵顿	2	
中国上海	3	竞争力相对较差

第一类创意中心城市：纽约、伦敦、东京、巴黎。在各评判指标上普遍较好，突出表现为城市经济发达，社会环境良好，人力资本较高，城市科技创新能力较强，具备综合的竞争优势。

第二类创意中心城市：新加坡、多伦多、中国香港、洛杉矶、悉尼、惠灵顿。在创意中心城市竞争力的比较中居于中间位置，有一定的竞争力，在部分指标中较弱，总体低于第一类的城市。

第三类创意中心城市：上海。在创意中心城市竞争力上表现较弱，处于末位。在城市经济水平、社会环境、城市科技创新能力等指标上相对欠缺。

二、三大创意中心城市现状

2006年，全球创意经济的总产值达到3.2万亿美元，约占世界贸易量的8%，到2010年达到4.6万亿美元。在巨大的产值中，以伦敦、纽约、东京三大创意中心城市为核心的城市群创造了超过60%的份额。纽约、伦敦、东京三大创意中心根据自身不同的主体资源，奠定了它们在创意经济全球布局中的主导性地位。

（一）纽约

纽约将城市精神确定为"高度的融合力、卓越的创造力、强大的竞争力、非凡的应变力"。纽约拥有全美50%的广播电视公司，并举办纽约时装周，同时拥有百老汇等全球蜚声的舞台剧表演。纽约市在2005年发布的创意产业报告中，首次定义了"创意核心产业部门"，即创意内容在产业产出的文化和经济价值中居于中心地位的产业部门,包括创意过程中各阶段(产品理念的产生、产品产出及产品的最初展示)涉及的企业与个人。基于这一创新定义,并结合美国国家统计局的 NAICS 产业代码,确定了纽约"创意核心产业部门"的九大产业组成:广告、电影和电视、广播、出版、建筑、设计、音乐、视觉艺术、表演艺术。同时还包括不在创意产业部门的创意雇员。

截至 2002 年,纽约市创意产业部门就业大军总数约为 309142 人,约占纽约下属五个行政区总就业人口的 8.1% 以上。其中,278688 人从事创意产业。余下 30754 人从事创意相关职业,如为服装制造商工作的时装设计师,并未作为创意产业的组成。

纽约市"创意核心产业部门"包括 11671 家企业和非营利机构,占全市雇主的 5.7%。"创意核心产业部门"中还包括 79761 名个体业主,意味着约 29% 的创意大军是自主创业。

近年,纽约已丧失某些产业部门的部分市场份额,但仍是美国无与伦比的创意经济中心,全美 8.3% 的创意产业部门员工在此工作。从国际层面而言,只有创意大军接近 52.5 万人的伦敦市,才有资格夸赞拥有比纽约更为庞大的创意劳动力群体。

近年,"创意核心产业部门"成为纽约经济最为依赖的增长领域之一。1998～2002 年,纽约市"创意核心产业部门"就业人数增长了 13.1%,即 3.2 万个就业机会;同期纽约全市所有职位增长幅度为 6.5%。

创意产业新近增加的就业职位大多源自自主创业。1998～2002 年,自主创业人群在创意核心产业部门就业增长幅度中占将近半数(48%)。

(二)伦敦

(1)伦敦创意产业的规模越来越大。伦敦市长肯·利文斯通指出,从经济角度讲,创意产业算是伦敦的第二大产业部门(仅次于金融与商业服务业),每年的产值均超过 210 亿英镑,解决了 50 多万伦敦人的就业问题,也就是说每增加 5 个新的工作岗位,就有 1 个工作岗位在创意产业中。而且,对其前景也相当看好。伦敦的创意产业是伦敦经济增长最快的几个产业之一。伦敦发展局的调查显示,创意产业中诸如数字内容、音乐、设计和时装设计等部门在未来几年内都将会维持 4.5% 的增长速度。因此,到 2012 年伦敦奥运会时,伦敦的创意产业产值将达到 300 亿英镑,比金融业的产值更大。①

(2)作为英国的创意之都,伦敦创意产业各部门在全国的比重也非常大。在伦敦,创意产业的艺术基础设施占了全国的 40%,由此集中了全国 90% 的音

---

① Ernst, Young: What is the Knowledge Economy, World Development Report, 1999.

乐商业活动、70%的影视活动。伦敦这个有600万~700万居民的都市，有1850家书籍的出版商，目前有75000名学生在伦敦各高等教育机构里就学，学习与创意相关的主题。若与整个英国相比，伦敦在创意产业方面之比例高出全英国之"正常"比例甚多。如英国1/3以上的设计机构都位于伦敦，产值占设计产业总产值的50%以上。伦敦的音乐产业产值也达到15亿多英镑，大约占英国音乐产业产值的1/2。广播与电视产业一半以上的雇员在伦敦工作，人数达25000人。而在全英国1100多家独立电视机生产企业（2003年产值达15亿英镑）中，伦敦拥有700多家，包括最大的几家。英国的时尚设计产业每年的产值均达到81亿英镑，出口创汇额高达4亿英镑，而伦敦则拥有全国85%以上的时尚设计师。伦敦出版产业的产值也非常可观，达到34亿英镑，大约占全英国出版产业总额的36%。当然，伦敦也是英国的游戏产业中心。无论是英国本身或来自远方的创意从业人员，他们都是组成伦敦特殊身份的代表，让伦敦变得独一无二。

（3）作为全球创意中心，伦敦的地位也无与伦比。它是全球三个广告产业中心之一，2/3以上的国际广告公司将它们的欧洲总部放在了伦敦。伦敦也是全球三大最繁忙的电影制作中心之一，英国电影产业中2/3以上的全职工作在伦敦，并包揽了全国73%的电影后期制作活动。当然，伦敦作为国际设计之都的声誉也为人所称道，它拥有世界一流的教育和设计机构，这些机构中近3/4在全球都设有分部。它也吸引了全球的教育与设计机构。Istituto Marangoni是米兰的一所顶级时尚设计学校。2003年该校就在伦敦开设了一家新的分校，这是它在意大利以外地区开设的第一家分校。该校董事长认为："伦敦是全球时尚产业相当重要的创意中心，它是一个优秀的文化基地，学生在其中能真正学到本事。"

（4）以文化艺术活动为先导。即使是一个充满活力的"知识城市"，伦敦市政当局仍然以打造知识城市为契机，瞄准更高目标，继续挖掘利用"城市创新引擎"新的内涵。以文化艺术活动为依托和纽带，通过在本市或是直接走出去等方式，举办各种文化、艺术、科技博览、教育交流活动，来增强伦敦作为典型"知识城市"的品位和影响力。据统计，2006年伦敦各种重大的文化艺术活动应接不暇。其中，喜剧活动11场、家庭活动23场、电影活动11场、歌剧节9场、体育赛事24场、重大事件8场、舞蹈活动4场、节庆活动24场、各种展览36个、音乐活动39场、戏剧活动64场、古典和传统艺术4场，始终让城市的主人和外国访问者感受到艺术无处不在，知识无处不有。

（三）东京

东京的动漫、电子游艺产业在世界独占鳌头。秋叶原地区原是世界著名的电器街，现在已经转型为多媒体文化区，是东京最著名的动漫街区。区内经营有各类的动漫商店、漫画茶馆或游戏厅等。

据初步统计,目前全球播放的动画节目约有60%是在东京制作的,世界上有68个国家播放日本电视动画、40个国家上映其动画电影。仅以宫崎骏的《千与千寻》为例,该片不仅在日本市场上获得近3亿美元的票房价值,也在北美市场上取得了超过2亿美元的收入。由日本经产省等公布的资料可知,2001年日本动画市场规模达到1860亿日元(约130亿元人民币),市场规模大幅增长,较2000年增长14.4%,如图7-5所示。

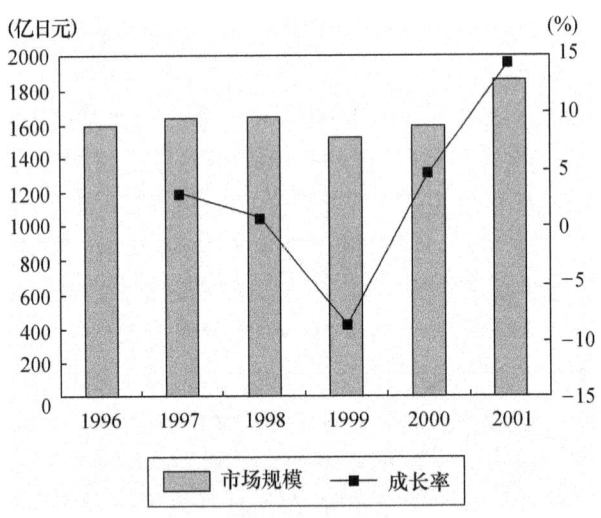

图7-5　1996~2001年日本动画市场规模情况

东京动漫产业不仅在动画方面具有强大的市场竞争力,而且在漫画、电子游戏方面也成绩斐然。事实上,东京在动漫产业的发展中,就是将动画片、电子游戏和漫画视为一个经济整体——AGC(Anime, Game, Comic),齐头并进、共同发展。

蒸蒸日上的动漫产业不仅带来了可观的经济效益,也对"内容产业"的整体发展产生了巨大影响。以2003年为例,这一年,东京的内容产业市场规模已达到14.7万亿日元。其中,除动漫产业外,包括出版、广播电视、音乐、卡通形象等相关产业市场的规模总和超过了10万亿日元。在东京,有几千家动漫和游戏软件公司。这些公司的职员一般每天都要工作12个小时,他们所制作的新产品源源不断地被输往国外。

在电子游戏方面,因为与动漫画的相互渗透,东京的电子游戏产品也得到了飞速的发展。如《宠物小精灵》就是由掌上游戏机发展而来的动画电视片,并且由此衍生出动画电影、玩具等产品,创下近1万亿日元的经济规模。同时,动漫画以及其他衍生产品对电子游戏所涉及形象的具象化,极大地促进了新款掌上游戏机的发售。由此,东京动漫产业链的每一个环节都处于活跃状态,相互联动,获得了巨大收益。

东京电玩展是亚洲地区最大的电玩展,于1996年首度举办,展出内容以电视游戏主机平台游戏为主,之外也包含PC与手机等平台,是续E3之后的全球第二大游戏展会。

三、三大创意中心成因

(一)经济基础雄厚,综合实力超群

伦敦是世界金融、保险、股票交易中心。目前,城内共有500多家银行,银行数居世界大城市之首,仅外国银行就有470家,每年外汇成交总额约3万亿英镑,是世界最大的国际外汇市场。同时,伦敦城又是世界上最大的欧洲美元市场,石油输出国的石油收入成交额每天可达500多亿美元,占全世界欧洲美元成交额的1/3以上。伦敦的保险公司高达800多家,其中170多家是外国保险公司的分支机构。伦敦股票交易所为世界四大股票交易所之一。

纽约的华尔街是美国大垄断组织和金融机构的所在地,集中了包括纽约证券交易所、美国证券交易所、投资银行、信托公司、联邦储备银行、各公用事业和保险公司的总部以及美国洛克菲勒、摩根等大财团开设的银行、保险、铁路、航运、采矿、制造业等大公司的总管理处,成为美国和世界的金融、证券交易的中心。纽约证券交易所(New York Stock Exchange,NYSE)是美国和世界上最大的证券交易市场。

东京作为全球经济实力第一的城市,其地位将至少保持到2020年。目前东京的国内生产总值GDP超过了加拿大。报告显示,2005年东京的GDP为1.19万亿美元,2020年将达到1.6万亿美元。作为日本的首都,东京的GDP总量相当于上海的20倍、首尔的10倍、中国香港的7倍、巴黎的5倍、伦敦的3.5倍。后面这五大城市的GDP总量加起来仅为东京的4/5。

(二)政府积极主动,服务支持到位

伦敦的协调工作始于2003年,当时的伦敦市长肯·利文斯通设立了一个委员会,专门评估伦敦的创意产业。创意伦敦推动小组负责人格雷厄姆·黑琴表示:"作为一个经济发展机构,这是我们正在全力支持的产业部门。在我们眼中,该产业具有巨大而明显的增长潜力。例如,伦敦市每年新增5个就业岗位中就有1个岗位出自创意产业。因此,2003年我们建立了一个委员会,试图确定在伦敦发展局框架下应采取什么行动支持创意产业发展。我们开展了大量调研工作,包括现场采访、开放论坛和研究等。我们关注的重点是阻碍增长的障碍。"同时他们在商务支持服务与资源等诸多方面提供了一系列的支持措施，如为个人与中小企业提供研发基金以促进伦敦的创新能力，并为中小企业提供创新支持。2005年6月成立的伦敦科技基金，促进了伦敦高技术产业的发展。作为创意伦敦计划的一部分，2005年3月设立的"创意之都基金"，为伦敦创意产业中有才华的企业家或商人提供原始资本投入和商业支持以激发他们的创意潜力，基金原资产净值达500万英镑，加上私人投资相配套，其资产达到了1亿英镑。

纽约文化事务局则承担了同类工作。2006财政年度，其费用总开支为1.31亿美元，其中大部分用于支付给纽约市内各大文化组织——遍布纽约下属五个行政区市属地产中的34家博物馆和其他机构的拨款。纽约文化事务局中相对较少但也是很重要的一部分资金，为全市600家以上艺术和文化集团提供项目支撑。纽约市文化事务局拨款8.03亿美元，用于支持全市169家文化机构与基础设施相关的项目。近年，文化事务局的资金已资助了艾利·阿尔文美国舞蹈剧院7.6万平方英尺设施的开发拓展，以及布鲁克林音乐学院在拉法耶特大道上的地标建筑的重新修整。

东京建立了知识产权中心和东京纳米技术中心，支持中小企业保护和有效利用知识产权，并推动先进技术开发。首先，对开发新市场和新产品的小型企业实施援助。其次，有效利用东京艺术中心青山创造者住居（Creator in Residence at the Tokyo Wonder Site Aoyama），提供逗留和交流的场所，并充分利用东京政府当前未使用设施，搭建制作和交流的平台，让来自国内外有才华的青年艺术家能够聚集起来，进行多种创造性活动。最后，继续进行东京及国外其他城市间的优秀艺术家的相互派遣以及合作工作室项目，邀请国内外的艺术界学生共同参与作品创作，发掘并培育卓越人才。同时，为了扩展青年艺术家展示作品的平台，除了当前接受的平面艺术作品申请外，一个暂称作"东京神奇装置"的立体作品部门也将设立。获奖作品将在东京都立文化设施展出。东京神壁（Tokyo Wonder Wall）的作品也会邀请外国评审参与审评，支援获奖者迈向世界舞台。①

（三）基础设施完善，人才培训机制健全

纽约市创意核心产业部门的地位，源于无可匹敌的基础设施支撑，不仅有蜚声国际的教育机构，诸如著名的茱莉亚音乐学院、全美最优秀的美术学院之——纽约大学蒂什文科学院、位于曼哈顿绿洲旁的艺术名校——派特学院、汇集全美芭蕾舞精英的舞蹈名校——美国芭蕾舞学院，还有大量对艺术持友好态度的慈善基金会、赞助机构、知名贸易机构，以及提供重要层面关注和支持的当地政府。纽约市称，本地有15家以上工会和50家工会分会，服务于创意大军。纽

---

① 参见东京都厅：《东京都厅人才培育计划》，2006年。

约市非营利与营利性质创意活动非比寻常的融合,对成就其创意中心地位的贡献极大。这一融合营造了这样的环境:个人长期持续享有创意生活方式,提供赚钱发达、接近公众的机遇,以及实验、创新与失败的机遇。

伦敦也拥有完善的文化艺术基础设施。数百家各类大小博物馆、图书馆、艺术馆、展览馆、市民中心遍及整个城市。建于18世纪的大英博物馆,是世界上最大的博物馆,聚集了英国和世界各国许多的古代文物。伦敦大学、皇家舞蹈学校、皇家音乐学院、皇家艺术学院和帝国理工学院等举世闻名,其中成立于1836年的伦敦大学拥有60多个学院。来自世界各国的学生构成的文化多样性,在这里表现得淋漓尽致。伦敦著名的《泰晤士报》、《金融时报》、《每日电讯报》、《卫报》、《观察家报》、《周刊》等报刊和英国广播公司(BBC)以及路透社,每天都是世界关注的焦点。

第三节　我国创意中心城市分析

从"十一五"规划开始,中国率先在东部沿海地区,特别是长江三角洲、珠江三角洲以及环渤海等地区的城市群实施创意经济的发展计划。上海、广州、北京等地相继制定了一系列与创意产业相关的政策和规划,创意经济迅速发展起来;中国香港、中国台湾等地区创意经济也悄然崛起,立于世界创意经济发展的前沿。

根据《中国文化产业发展报告(2005)》,2004年我国城镇居民文化娱乐服务支出在消费支出的项目中比例最大,文化娱乐消费总量约达到了7000亿元,据计算,2004年的文化及相关产业创造的增加值接近3900亿元。在全国文化产业工作会议上公布的消息指出,我国文化产业发展迅猛,已成为国民经济的支柱产业。据国家统计局测算,2003年底我国文化及相关行业从业人员达到了1274万人,占城镇从业人员的5%。

一、我国典型城市创意产业发展状况

(一)上海

上海目前人均GDP超过了7000美元,就整个社会而言,中等收入人群数量较多,中产阶级的消费拉动了整个创意经济的发展。目前上海市创意经济的产值已占到全市GDP的7.5%,成为上海经济发展的新兴支柱,上海也成为我国创意经济发展最快的城市。2010年上海世博会,以会展业为核心,带动文化娱乐、

创意经济新思维：面向价值思考

传媒、设计、广告、软件等相关创意产业的发展，无疑为上海及周边创意经济发展创造了重要条件并且带来了机遇。

2004年，上海文化产业总产出达到1563.78亿元，实现增加值445.73亿元，对全市经济增长的贡献率达到了7.9%，占全市GDP的6%。2005年，上海文化产业全年总产值达到2081.01亿元，全年增加值的增幅达到13.2%，高出同期地区生产总值的2.1%，文化产业对上海经济增长的贡献率达到6.5%。在上海文化产业发展"三年规划"中提出，2005~2007年，上海文化创意产业总值达到2200亿元，增加值为600亿元。

据《2006上海文化统计概览》，2005年上海市民人均文化娱乐支出为1137元。2005年，文化产业从业人员达到44.48万人，占上海从业人员的5.2%。截至2005年底，上海拥有"广播电视节目制作经营许可证"的机构共186家，仅上海木偶剧团年演出就有510场以上，演出收入达192万元；上海的图书、电子出版物共输出版权354项，同比增长37.2%；文艺演出和展览出口共221批次，出口收入达到1667万元；对外印刷服务收入达到13.5亿元；全市各县区共拥有文化设施580处，其中图书馆28个、艺术表演场所160个、群艺馆文化馆32个、文化站216个、公园144个。

早在2003年，上海市研发经费投入占GDP的2.29%。2004年度上海市科技进步奖共授奖316项，申请国内外专利750项，比上年增加56.3%。随着经济的发展，上海已经成为全球化的市场，2004年底上海的专业咨询机构已有1736家，从业人员23.9万人，咨询总收入达到188.6亿元。上海游戏产业是其发展创意经济中一个亮点，拥有盛大网络、第九城市等网络游戏的"领头羊"企业。上海游戏产业的直接产值达15亿元，约占全国游戏产业的70%，其对相关产业的带动率为1:8。

上海在发展创意经济时，通过自发聚集和政府规划等方式，形成了很多集艺术、设计、广告、公关等创意服务为一体的创意产业聚集区，目前已有四批共75家产业园区，入驻企业2500多家，建筑面积达到225万平方米，形成了多元文化区域和创意服务产业链。如卢安区的"8号桥"、广告湾、泰康路艺术街等综合性的体验经济园区、基地，长宁区天山路时尚产业园，普陀区的莫干山路50号，静安区的昌平路990号和1000号广告、动漫、影视产业基地等。仅2004年，长宁区的多媒体产业园区就实现税收超过1亿元；根据规划，浦东张江将建成中国第一个文化科技创意产业基地，5~10年内将聚集200多家文化企业，2万多名从业人员，创意产值将达到200亿~500亿元，其中出口值占40%以上。

为了确保创意经济的顺利运行，上海市成立了创意产业中心，主力打造了信息服务、融资、知识产权保护、国际交流、展示、教育六大平台营造创意氛围。2005年8月，开通了上海创意产业中心与专业网络运营商共同投资运作创意产业网，建立了信息服务平台。信息服务平台不仅为各类创意型企业和个人提供信息、交流机会、展示平台、知识产权转化等中介服务，还与全球20多个创意机构网站链接，及时反映有关国际创意产业、市场行情、人才资源、对外交流等情况。该中心还与联合国教科文组织、贸易发展组织、知识产权组织、全球创意产业联盟以及英国、美国、德国、法国、意大利、日本、韩国、瑞典、加拿大、丹麦、荷兰、新加坡等30多个国家和地区的创意产业机构建立了合作关系。2006年5月，上汽集团、上海创意产业中心和英国霍金斯机构共同组建了上海创意产业投资有限公司，并与上海银行、国家开发银行等金融机构建立了合作伙伴关系，联合风险投资基金，为众多创意型企业提供融资的平台。此外，上海创意产业中心还与相关法律、专利事务所联合成立了"上海创意产业知识产权事务中心"，为创意产业发展提供全方位的知识产权保护服务。

上海在重视发展创意经济的同时，也不断对其规模和发展程度进行衡量。上海在国内率先制定了城市创意指标体系，从2004年开始每年都进行测评。2005年上海城市创意指数同比增长9.1%，2006年同比增长9.32%。

（二）中国香港

在中国香港特别行政区，创意产业主要包括广告、建筑、设计、出版、软件和资讯科技服务、传统及数码娱乐、艺术及古董、漫画影视等共13类。以就业人数和附加值而言，资讯科技服务、出版和广告是香港地区三大创意产业。2002年，创意产业占就业人数的3.7%，提供了超过9万个职位，并在过去的5年中，这一数据年增长3.7%。

从20世纪80年代开始，香港地区凭借自身在经济上的优越，已经成为亚洲的广告中心。2004年亚洲金融危机后，香港地区成为全球第二大人均广告开支地区（见图7-6）。2004年上半年的广告开支较同期增长24.38%。

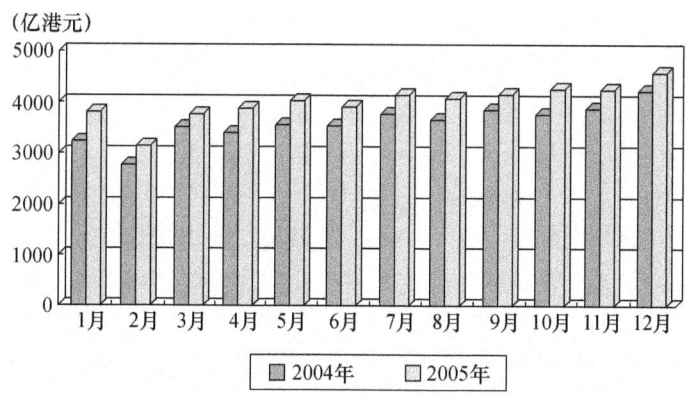

图7-6　2004~2005年香港地区广告开支每月趋势

根据《2004 香港经济年鉴》，2003 年香港地区进口的艺术品总额 13.323 亿港元，出口总额 8.38 亿港元。2003 年，艺术品拍卖占全球拍卖业绩的 1.2%，香港苏富比在春秋季的拍卖会上，拍卖总额超过 1 亿港元；佳士得的珠宝、翡翠首饰拍卖会上，拍卖总额超过 6000 万港元。

在数码娱乐产业中，根据 2004 年香港特别行政区政府咨询科技总监办公司委托生产力促进局进行的一项研究表明，近半数的香港数码娱乐企业在过去三年内成立，为香港地区经济在金融危机后的恢复和发展做出了贡献。动漫、影视、游戏市场的增长也极为迅速。

由于创意经济给香港地区带来了前所未有的发展空间，原有一些评价香港地区经济的指标已经不能满足评价现行创意经济的发展。在香港地区政府高度重视下，2004 年委托香港地区大学文化政策研究中心设计了香港创意指数的"5C"模型，即利用创意产出、文化资本、人力资本、社会资本、结构/制度资本来衡量。

二、我国典型创意中心城市差距分析

尽管近几年来创意产业逐渐植根于我国大型城市，并在上海、香港和台湾地区、北京等城市也取得了骄人的成绩，为我国城市经济发展和竞争力提升做出了突出贡献，然而由本书第七章的实证分析结果可知，香港地区和上海相对其他的创意中心城市还有很大的差距，仍需不断完善城市硬软实力，以求更好地增强城市综合实力。

根据本书第七章分析的数据显示，从城市经济发展水平来看，2007 年的城市人均收入纽约、伦敦、东京分别是上海的 15 倍、18 倍、17 倍，约是香港地区的 2 倍，说明我国典型创意中心城市人均经济规模严重偏低，必须坚持经济发展道路。

从城市经营环境来看，上海的经济自由化程度也位于 11 个城市末尾；香港地区在产权保护方面不及纽约、伦敦、东京的 1/4。为了进一步地发展，我国典型城市还需建立健全制度体系，保障城市经济顺利运行。

从人力资本角度看，虽然我国已提出了"人才兴国"的战略口号，可是距离发达国家、城市还有很大差距。上海、香港地区人口知识层次指数相对别的创意中心城市偏低，城市教育水平也有待进一步提高；在高科技人才数量方面，纽约、伦敦、东京是上海的 14 倍、14 倍、42 倍，是香港地区的 7 倍、7 倍、20 倍。典型的创意中心城市在人才的培养（特别是高端创意、科技人才）、市民素质的提高、教育的发展水平上存在欠缺。

从科技水平来看，上海、香港地区的高科技企业数量仅为纽约、伦敦、东京的一半左右，R&D投入比例还不及这3个城市的1/4；纽约、伦敦、东京的国际认可专利数量分别是上海的12倍、6.5倍、33倍，比起香港地区就更多了；国际论文数量指数上，上海与最高城市伦敦相差达到68.2%，不足其1/3；信息设施水平指标上，相对几个创意中心城市上海处于最弱地位。科技力量是一个城市综合实力的体现，通过这些比较分析可知，我国典型创意中心城市科研力量相对薄弱。这是由于城市发展起步晚、经济不发达、对科技发展重视不足、缺少对口的专业高科技人才等原因造成的。

在创意产业发展方面，上海、香港地区创意企业数量居于11个创意中心城市中等水平，但我国人均创意产品进出口值远低于其他发达国家和新兴工业化国家。这同样也反映了我国城市产业结构还不尽合理，高附加值的产业比重太低，不利于城市可持续发展。

我国典型城市经过几十年的发展虽然取得了显著的成果，但与国际创意中心城市的比较分析中发现，影响城市竞争力的各方面因素明显有待进一步提升。

三、全球三大创意中心对我国的借鉴意义

（一）顺应经济发展、产业结构升级的需要

我国北京、上海、广州、深圳等走向国际化的中心城市正处于一个产业升级、全面调整产业结构的非常重要的历史时期，这是全面实施科学发展观的极好机遇。在英国，创意产业是文化产业发展到新阶段的产物，我国香港、台湾地区选择创意产业或文化创意产业也是社会经济发展到一定阶段的选择。北京、上海提出发展文化创意产业是基于新的发展现实、适应该地区经济文化现实发展的需要。在上海、北京、深圳等城市人均GDP达到5000美元，服务业比重达到60%~70%的现实条件下，产业结构的发展需要新的调整，产业自身需要上层次、上台阶，在服务业内部也需要更高的产业细分和产业提升。文化创意产业，一方面是在过去总体的文化产业基础上发展起来的产业概念；另一方面又是不同于过去文化产业的新的产业形态，它将着力推动产业结构实现升级、越界、调整和重组。

创意产业的根本观念是通过"越界"促成不同行业、不同领域的重组与合作。它往往是在制造业开始衰落或转型，服务业不断壮大的基础上形成的，是第二、第三产业融合发展的结果。创意产业中既有设计、研发、制造等生产活动领域的内容，也有传统"三产"中的一般服务业，更有与高科技相关的内容产业。

毋庸置疑，创意产业是科技文化化和文化科技化的高端产业。我国北京、上海等地的网络信息产业的发展紧跟国际步伐，在技术与人才上，有着自身独特的优势，这为北京、上海等中心城市文化创意产业奠定了跨越式发展的科学基础、

技术保障和人才储备。目前，北京、上海、深圳等城市的IT业、互联网和信息传播业的发展正迫切需要内容文化产业的支持和推动。因此，北京、上海、深圳等城市提出发展文化创意产业的战略，为城市提供了高端起步、跨越式发展的良好机遇。应推动新兴数字技术支持的新媒体信息内容文化率先产业化，从新兴的创意内容产业等高端产业入手，以数字化等高新技术促进文化的产业化，改造传统文化生产流通方式，带动整个文化创意产业的全面发展和提升。

（二）围绕核心城市，推动创意产业多层次发展

著名经济学家约翰·霍金斯表示，创意产业将成为中国经济新的增长点。在世界产业发展的大格局中，中国已成为关注的焦点。从全球创意中心城市的比较分析中可以看出，参与创意产业国际竞争的城市基本上都是世界城市，如伦敦、纽约、东京等。在我国，特别对北京、上海两个特大城市来说，发展创意产业已成为城市发展的必然选择。

作为国际化程度较高的城市，2008年奥运会为北京带来了空前的国际化机遇，这为创意产业的发展创造了条件。目前，"中欧国际创意产业园联合办公室"已在北京CBD财富中心正式成立，该园建成后，将成为英、法、意等国家知名度高、实力强的创意企业在北京投资发展的大本营。上海也有数十个创意产业基地已聚集了来自美国、日本、比利时、意大利等30多个国家的800多家创意设计企业，几乎涉及创意产业的所有领域。2010年世博会为上海创意产业的发展和繁荣提供了前所未有的机遇。上海市通过抓住世博会所形成的综合性国际化需求，推动了上海创意产业的国际化和市场化进程。深圳、广州背靠香港，也有得天独厚的国际化优势。当然，内地一些中心城市的总体国际化优势虽不明显，但也有各自的国际化空间，如果整理得当，也能聚集起创意产业的国际化通道。

不同的城市有不同的文化性格、文化传统、消费能力和消费观念，这决定了不同的城市发展创意产业的基础是各异的。根据国内发展不平衡的特点，我国可以依据各大城市创意产业发展的不同层次和阶段形成创意梯次。北京、上海、深圳各有所长，创意产业具有较好的基础，以它们为中心形成"东部三极"，能够对全国产生第一级效应，其他与之相邻的城市可以与之协调整合。在中部，武汉与长沙可以成为创意产业发展集聚地。武汉仅东湖开发区就有武汉大学、华中科技大学等18所全国知名高等学府构成的中国最大的大学城，为全国第二大智力密集区；而长沙的"创意精神"全国闻名，毋庸赘言。如果说"东部三极"由北至南，如一张创意之"弓"，而由武汉、长沙两市构成的中部之轴则似一支射向世界的"箭"。西部创意中心也有几个候选城市。一是成都，该城市的优势在于综合实力强，人居环境好，文化气氛浓厚；缺陷在于工业基础不强，国际化水

平有待提高。二是西安,文化资源丰富,高校密集,国际知名度高,综合科技实力,长期以来位居全国的前几位。三是重庆,老工业基地,直辖市的活力四射,有诸如四川美术学院这样颇具实力的创意人基地。四是昆明,与东盟直接接壤,国际通道畅通,而且文化产业基础好,城市创新气氛浓。

(三)因地制宜发展,避免盲目上马

事实上,中国"创意之都"的大旗不仅在北京、上海存在,而且在各城市随处可见。创意已成为最时髦的标签与口号,几乎所有的产业都试图与创意相连,创意产业似乎成了各城市经济发展的一剂良药。应该说,发展创意产业所含的有关产业部门,普遍提倡创意精神,对任何城市都是具有积极意义的。但如果要将其作为城市的根本方略,超越于其他产业、其他领域,则需要更多的思考。即使京、沪这样的特大城市,对待创意产业也需要注意对城市特质与创意产业"门槛"的审视,需要对创意产业的全球容量、全国容量、区域容量予以考量。京、沪两大城市尚且如此,其他城市就更无须多言。创意产业体系实际上也是一种竞争体系:从全球看,存在着国际竞争;从国内看,有区域竞争。意图发展创意产业的城市需要综合考虑城市区位、国际化或全国化的地理通道,城市竞争与合作格局,城市性质,城市文化传统,城市现代化、工业化、信息化、国际化水平,城市总体发展水平,城市地位,城市形象与城市品牌等多样指标。

综上所述,具有基本条件的城市应依据自身的差异化优势,审时度势,创造条件,抢占先机。值得注意的是,在建立竞争体系的同时,我国城市更应探讨"创意合作体系"的推进,促进创意城市之间的产业衔接,明确各城市的创意分工,使各城市之间的创意产业链更为合理。如将成都建成"中国文化遗产创意之都"、"中国创意生活产业中心",将长沙建成"中国传媒创意中心",而不必非得谋求成为全国的综合性创意中心。另外,一些城市可以更多地承接其他城市的产业转移,做好"文化传播产业城市",发展文化旅游等产业。

(四)夯实基础条件,找准产业发展突破口

从整体上说,我国文化创意产业的市场不够成熟,需求也不稳定。如前所述,据国外经验,人均 GDP 超过 1000 美元之后,将触发社会消费的结构升级。2003 年,我国人均 GDP 达到 1090 美元,国内居民的财富积累已到了消费升级的临界点,在消费结构升级阶段,人们对文化内容的消费需求将日益增长。但是,相对于文化产业、创意产业发展的国际水准,这个消费水平在我国仍然是非常低的。居民消费结构中,文化消费、创意消费的比例仍然不容乐观,特别是生活性、精神性的消费比例非常低。以纯粹创意为主的创意产品,如文学艺术,因为人们对它的需求属柔性需求,其市场空间很难得到保证,这势必对这部分创意产业的发展产生影响。相反,人们对与工业紧密相连的生产性创意消费(工业设计、建筑设计等消费)、附属于物质产品的创意消费(如家具设计、服饰设计等消费)呈现出刚性需求特征。创意虽然附着在物质产品上,但是,由于物质产品的消费是刚性的,因此这类创意产品能够获得较为广阔的消费市场。从这个角度分析,一个城市若具有相应的生产性创意消费市场的开拓与辐射能力,则发展创意产业将更有可能获得市场保障。

另外,一个城市创意产业的发展需要以"创意型人才的数量、质量"做保证。拥有强大的创意能力、宽广的视野、独到的眼光、掌握了国际标准、拥有广泛的国际关系的高规格人才,对高水平、国际化的创意产业来说是必需的。资料显示,在纽约,文化创意产业人才占所有工作人口总数的12%,伦敦是14%,东京是15%,而目前上海创意产业从业人员占总就业人口的比例还不到0.1%。面对高端人才,北京、上海求贤若渴。据悉,2010年的上海世博会需要相当多的创意人才,多媒体设计人才缺口高达8万多名,而且在此方面的领军人物更为稀少,这就严重阻碍了创意产业的发展。

不难理解,城市创意产业的发展基础根本在于人才环境的营造。工业经济时代,"企业区位"吸引人;创意经济时代,有创造力的"人"吸引企业和资本。一个城市有"创意人"才是最大的"创意资源"。因此,创意产业若要实现大规模可持续发展,除了积极引进优秀"海归"外,同时还必须依靠本地培养。这就要求大学、科研等机构要发挥培养创意人才主力军的作用,积极破除学科本位主义,切实推进学科交融,大力发展创意型人文教育,培养具有强烈"创意冲动"、"创意快感"、能迅速进入"创意状态"的复合型人才。

而创意人才与创意消费市场形成的基础又取决于一个城市的创意环境。创新意味着打破墨守成规,挑战现有利益格局,改变社会的分配状态,这就要求人们对创新首先要有信任、包容的态度,并在体制上能予以保证。当然,一个城市的创新氛围与文化传统也有很大关系。我国传统文化中,兼容并包的文化弹性彰显不足,凡事"可行性"、"可操作性"思想容易占上风,社会缺乏空想、幻想的氛围。世界创意产业之父约翰·霍金斯曾表示:"创意经济的基础是那些使用自己的想象力、梦想和幻想的人。""我确信,在21世纪,一个国家只有设法将个体作为具有思想和创造力的人融入其经济体系,才能获得成功。"由此可见,我国各城市在积极培育、发展创意产业过程中,应着力培养国民对创意的欣赏与需求,为创意人才、创意消费市场的形成创造有利条件。

(五)依靠政府引导与扶持,加强园区建设

在推动创意产业发展过程中,政府可以有两种作为:一是以强势推动方式,促使资本、创意能力等资源要素迅速向文化创意产业汇聚,从而推动产业快速起步;二是政府通过创造最有利于文化创意产业发展的整体性政策环境和氛围,培养文化创意产业的整体性、内生性的发展能力。显然,强势推动能收到快速回报,但其短期效应也将凸显出来。相反,通过培养产业环境,实现产业的内生性成长,其产业自身可持续发展将可靠得多。

从英国、澳大利亚、韩国等国的经验看,发展创意产业,企业是主体,政府要主导。根据我国的实际,创意产业的发展也必须依靠政府的力量来推动。联合国教科文组织自由顾问波尼·阿斯科鲁德曾说过"中国创造"面临的症结:有的时候,政府并没有意识到创意产业作为整体的存在,因此不能够正确作出政策和投资的决定,要推动整个社会创意产业的发展,还要靠更广泛资本的大力扶持,包括政府的支持力度。中国多方面的体制问题制约了创意产业链的发展。比如在现在的体制环境下,媒体还没有办法进行跨媒体的运作,报纸、电视台、出版社相互分割,不能实现资源整合和资源优化。一些可以市场化的领域被国有单位垄断。在体制外,盗版是制约创意产业发展的另一重大问题……这些问题的解决都需要政府有所作为。

针对波尼·阿斯科鲁德的上述意见,政府可为之处,可以集中在园区建设与人才环境、创意气氛的营造方面。政府可以设立"创意产业引导资金",考虑对创意产业实施贷款贴息等奖励措施,同时努力探索"非权力管理模式",建立"创意产业的公共领域"来推进创意产业。如上海创意产业中心是从事推动上海创意产业发展的专门机构,它可以整合上海发展创意产业资源,制定上海创意产业的发展目标及策略,强化导向、构筑平台、推动集聚、形成体系,逐步形成以中心为平台、各个创意产业企业和创意产业集聚区为支撑的现代产业体系构架,整体推进上海创意产业发展。

建设产业园区有其必要性。园区可以形成规模效应、品牌效应,有利于在园区内形成产业链,降低企业成本,增加企业的市场机会。一个城市创意产业的集群发展,可以依托老厂房,利用工业用地,或依托高新技术开发区、大学科技园、文化街区、文化产业园等加以建设。从短期来看,产业园区对推广概念、形成氛围都有直接效果。此外,政府还要积极建设园区公共技术平台和公共市场体系,打造产业链,推广新业态。

第八章 中国创意城市指数研究

第一节 研究说明

一、创意指数理论的产生

(一) 创意经济的发展需要新的经济评价指标体系

全球范围内尤其是城市的经济发展越来越复杂,迫切需要建立一种能让人捕捉近期及未来经济发展根本特质的概念工具,而且,该工具能够演示城市的经济生命力与竞争核心不断演化的关系。

当前,传统的衡量经济环境和发展的工具,如国民生产总值、年经济增长率、外汇储备、失业率等已不能揭示目前创意经济发展所依赖的驱动力——知识、信息和创意等无形资产。知识经济和全球创意经济的发展需要新的经济评价指标,以综合衡量国家或地区创意经济对整个国民经济的影响。在此背景下,许多学者致力于分析创意经济的内涵及运行机制、创意经济的要素构成和决定创意竞争力的因素等。同时,学者们也在研究建立一套适合各国国情的、综合性和可比性的创意城市评价指标体系,以更好地评估各城市及地区的创意经济发展水平,推进创意经济的发展。

(二) 创意指数理论的提出

创意来源于社会环境,创意发生在一个人的思想和社会文化环境之间的相互作用中。人文环境、制度环境和社会结构的相互作用对创意起着重要作用。如图8-1所示,Eysenck 在 1996 年首次建立了认知、环境和性格变量模型,并提出这三个变量的互动产生了创意产品,即创意的成长依赖于社会、文化和制度等因素的互动。另外,创意表现在经济生产和文化领域中,可以通过社会认同的外界标准来建立。

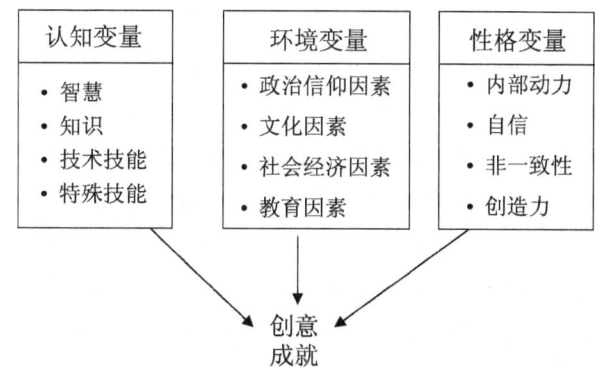

图 8-1 创意的产生：认知、环境和性格变量模型

创意指数最早是由卡内基·梅隆大学教授、区域经济发展研究专家 Richard Florida 首次提出的，该指数能整体反映城市、地区或国家创意经济及其带动其他产业的发展情况。一方面，该评价体系将创意经济放在与社会、经济、文化融为一体的发展中进行评估，反映创意经济对经济、社会、文化发展的促进作用，整体反映了一个城市创意经济发展的情况，为国家或地区创意经济的持续发展提供综合性的参照体系；另一方面，创意指数体系还反映创意经济与社会、经济、文化的关联度，将城市、地区或国家的社会、经济、文化发展作横向比较，特别是反映创意经济对其他产业的带动，因此创意指数体系还具有横向可比性。

可见，创意指数模型的建立有助于分析某一地区创意经济的发展状况和决定因素，有助于评估创意经济的竞争力，能够反映该地区的创造活力和未来发展能力。

二、研究目的与内容

（一）研究目的

本书旨在对建立适合我国创意经济发展特色的评价指标体系进行研究，借此分析创意经济与经济发展、社会文化结构之间的关系，同时衡量创意对经济的贡献。本书研究的创意指数可以从一个侧面考察影响创意经济发展的各关键要素及其相互之间的关系。

在研究过程中，充分运用国内外已有的案例资料，结合多目标决策分析、逻辑思辨和统计分析方法，力求在纷繁复杂的现象中寻找影响创意生产的各种因素，继而总结出创意生产的相关规律并加以理论概括，从而能为政府制定创意经济及创意经济发展战略提供理论指导。

（二）研究目标和内容

本书旨在对建立我国创意指数的研究，具体有以下七个子目标：

（1）不是为了解释传统的经济增长，而是以"创意人才"为基础的创意经济为研究对象，研究人才、技术和宽容度等方面因素的相互作用对经济增长的影响要素的衡量。

（2）提出一套评价我国创意活力和竞争力的指标体系框架。

（3）建立显示我国创意经济持续增长的综合指标（度量创意经济对整个国民经济发展的贡献）。

（4）分析创意增长因素及其互动。

（5）为未来建立我国创意经济持续深入发展的数据资料库提供理论框架，为我国创意经济发展的整体政策制定提供参考依据。

（6）在对各地区创意经济发展比较研究的基础上，利用创意指数评估城市或地区促进创意经济增长的社会经济和文化环境的相对竞争力。

（7）基于创意指数的静态评价。通过考虑各个指数在一定时间内的动态增长情况，即创意人群、科技人才、专利数、研发经费等的增长率，可以得出创意趋势指数。通过创意指数与创意趋势指数的比较则可以得到我国各区域未来创意发展的趋势图。

第二节　国内外创意指数研究

目前较成熟的创意指数研究包括 Florida 教授的 3Ts 理论、欧洲创意指数、全球创意指数、Charles Landry 创意城市的规模等级理论、中国台湾创意绩效指标、中国香港创意指数和上海城市创意指数等。

除了借鉴以上提到的国内外创意指数研究成果外，本书研究还参照了其他一些指标体系。

（1）四个竞争力指数体系：包括世界经济论坛的全球竞争力指标体系（Global Competitiveness Index，GCI）、瑞士洛桑国际管理发展学院研究的国际竞争力指数（World Competitiveness Index，WCI）、全球城市竞争力指数（Global City Competitiveness Index，GCCI）及上海等城市竞争力指标体系。

（2）两个创新指数体系：欧洲创新计分牌（European Innovation Scoreboard，EIS）和全球创新计分牌（Global Innovation Scoreboard，GIS）体系。

一、Florida 的 3Ts 理论

传统的经济模型认为，经济增长来源于企业、就业或技术。Florida 以传统模

型为基础,提出 3Ts 模型,强调技术是经济发展的核心,但人力资本和宽容的环境同样推动经济发展。他认为,3Ts 模型更适应当前主要以知识和创意驱动的经济发展状况。

Florida 教授基于 3Ts 理论,建立了由三个指标构成的创意指数体系:人才(Talent)、技术(Technology)和宽容度(Tolerance)。Florida 教授认为,创意指数是显示某地区创意经济发展水平的根本指标,同时能够预测地区中长期发展趋势。一个国家或地区的经济竞争力的提高依赖 3Ts,缺一不可。三者完美结合的城市或国家才能获得经济的成功发展,即投资技术、吸引人才并乐于接受新人和新观念。人才、技术和宽容度等要素与经济增长的关系如图 8-2 所示。

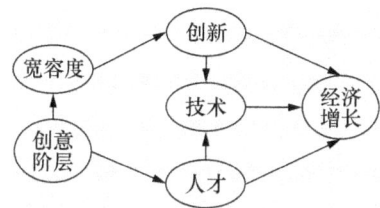

图 8-2 宽容、创意与经济增长

(一)人才(Talent)指数

从全球视角看,人才因素对创意竞争力的提升起决定作用。人是物质财富和精神财富的创造者,是社会经济发展的主体。同时,人才的集聚存在乘数效应和规模效应,即创意人才在城市的集聚可以吸引更多的人才,城市最终会获得人力资源的规模效益,并进一步提升城市竞争力。人才的会聚和人文、社会及制度环境紧密相关。

创意人才在各国定义不同,分为广义和狭义两种。广义的定义包括科学家、工程师、艺术家、文化创意人员、专业人士和技师。狭义的创意人才不包括技师。Florida 通常采用狭义的定义,但不容忽视的是有些国家,比如德国的技师占创意人才的一半。

(二)技术(Technology)指数

世界著名经济学家 Schumpeter、Solow 和 Romer 等均认为技术是经济发展的推动力。拥有高创新能力和高科技产业的国家或地区在新产品、新服务、新财富和新职业的创造上占优势,且有利于经济的持续增长。

传统的技术竞争力指标包括研发指标和创新指标。研发指标指研发经费占国民总收入的比例,而创新指标指每 100 万人口拥有的专利项。另外,出版物也广泛用于衡量科技创新能力。

(三)宽容度(Tolerance)多元化指数

开放的文化对经济发展有重要作用,体现在吸引、发掘和激发创意力。每个人都有创造潜能，文化能创建一个吸引、激发和释放人们才能的环境，并开启一个开阔的、开放的和宽容的文化。盖特和普特南在2004年调查了美国的300多个地区，其研究表明，多样化与经济发展有密切联系，尤其是社区的种族、民族、同性恋、移民多样化程度越高，一体化程度越高，其社会资本程度越高，经济增长率就越高。

全球宽容度指数包括两部分：价值观指数和自我表现指数。价值观指数是衡量国家对"现代"对"传统"的反对程度及对世俗价值观表现出宗教的反对程度。价值观考虑民众对一系列问题如宗教、神、民族主义、权威、家庭、妇女权利、离婚和堕胎的态度。自我表现指数反映一个民族对个人权利和自我表现、表达的重视程度，包括对自我表达、生活质量、民主、科技、休闲、环境、信任、政治抗议、移民和同性恋等问题的态度。

全球宽容度指数是基于 Michigan 大学的 Ronald Inglehart 对价值观的研究（1995~1998年，65个国家的数据，样本大）。宽容度代表国家或地区吸引人才的能力。一个地区越开放，外来人才进入的门槛越低，就越能促进人才流动和人才竞争，并超越人种、种族、性别、年龄、性导向和阶级地位。

二、欧洲创意指数

Florida 和 Tinagli 综合了"3Ts"指标，即欧洲人才指数、欧洲技术指数、欧洲宽容度指数，进而确定了"欧洲创意指数"（European Creativity Index，ECI）。ECI 与国际竞争力测评标准有相似之处，包含技术、人力资源指标。另外，ECI 还补充延伸了传统测评结果，增加了宽容度指标。

（一）欧洲创意指数的评价指标及数据

Florida 在《创意时代的欧洲》一书中研究了欧洲14个国家的创意经济发展要素，并与美国的情况进行了比较。所用的层次型指标体系如图8-3所示。

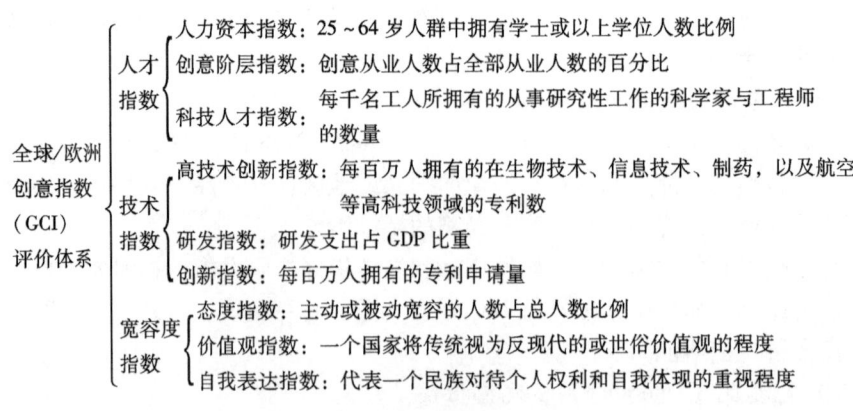

图8-3 欧洲创意指数评价指标体系

图 8-3 表达 ECI 的四层指标体系，该指标体系又可称为价值树（Value Tree）。图 8-3 是一棵横躺的树，最左端是树根，最右端是树叶。

（1）最高层是决策的目标，即确定欧洲创意指数。该目标可分解为第二层的三个指标。

（2）第二层由人才指数、技术指数和宽容度指数构成，这三个指数的综合评价构成 ECI。第二层的三个指数本身可以再分解成第三层的指标。

（3）第三层共有九项指标，分别代表人才、技术和宽容度指数的子指标。

（4）第四层表达第三层各个指标的具体数据。

图 8-3 的第四层指标数据显示，各个指标的量纲不尽相同。比如，宽容度的三个测评指标态度指数、价值观和自我表现指数的原始数值采用其他量纲和标度。态度指数用百分数表达，价值观和自我表达指数均采用 -2.5~2.5 的标度。为了综合评价三个具有不同量纲的数据，需要对这些数据进行规范化（标准化）以使不同指标具有可比性。Florida 通过线性转换法将各个国家的态度指数、价值观指数和自我表现指数转化到 0~15 标度。各个指标上表现最好的国家获得 15 分，其他国家的得分则根据其相对优劣而确定。规范化后的数据可以通过加权和法进行综合评价，以获得各个国家的宽容度指数，其标度为 0~15。

（二）欧洲创意指数的评价方法

在欧洲创意指数的评价指标及数据已知的情况下，还需要合适的方法对这些数据进行处理，以最终科学地确定 ECI。由以上分析可知，ECI 的确定需要三个步骤：

步骤一：确定各个指标的相对重要性。

欧洲创意指数的评价指标体系树叶端包含九个指标。在确定 ECI 时，指标在此决策问题中一般来说并非同等重要，某些指标可能比其他指标更重要。因此需要确定指标属性的相对重要性，这九个指标的相对重要性可以用权重向量表达：

$W = (w_1, w_2, \cdots, w_9)^T$

且 $\sum_{j=1}^{9} w_j = 1$（指标总个数为 9）。

其中，w_j 是指标 j 的相对重要性（权重），已经归一化。

在《创意时代的欧洲》一书中，九个指标设为同等重要，即 $W = (0.11, 0.11, 0.11, 0.11, 0.11, 0.11, 0.11, 0.11, 0.11)^T$。

步骤二：原始指标数据的规范化处理。

v_{ij} 是方案 i 在指标 j 上的评分，可通过规范化方法确定，也可根据价值函数确定。在 ECI 体系中，原始指标数据通过规范化方法转化成 0~15 标度。

ECI 体系应用的规范化方法是线性变换法，具体数学表达式如下：

$$v_{ij} = \frac{x_{ij}}{x_{jmax}} \times 15 \text{（针对效益型指标）}$$

或 $v_{ij} = \dfrac{x_{jmin}}{x_{ij}} \times 15$ （针对成本型指标）

其中，x_{ij} 是方案 i 在指标 j 上的表现，即原始属性值。x_{jmax} 表示某个指标上最大的属性值。x_{jmin} 表示某个指标上最小的属性值。

步骤三：多指标数据的综合评价。

ECI 使用简单加权和法对多个指标数据进行综合分析，其基本思路如下：

$$V_i = \sum_{j=1}^{n} w_j v_{ij}$$

$$R_i = \frac{V_i}{15}$$

通过以上数据处理，ECI 规范到 0~1 区间。需说明的是，为了显示各国在 ECI 体系的第二、第三层指标的评价差异，Florida 有意采用 0~15 标度，而最终评价结果回归到 0~1 标度。从数据处理方法上看，ECI 的计算方式是采用线性转换方式将数据规范化，进而采用简单加权法进行综合评价。决策树中的各层指标视为等权重。

（三）欧洲创意指数的评价结果分析

基于欧洲人才指数、欧洲技术指数、欧洲宽容度指数，通过对欧洲创意指数的评价，结果表明：瑞典是最有创意的一个国家，美国居第二。

从人才指数的创意人才比较，美国的创意人员比例最高，接近 30%。其次是比利时、荷兰和芬兰，均超过 28%。此外，英国、爱尔兰和丹麦的创意经济从业人数均超过蓝领工人数。然而并不是所有参与比较的国家都已经成功地转型到创意型经济或是以创意为主的就业结构，如意大利和葡萄牙，创意人员的比例均低于 15%。

从技术指数分析，瑞典和芬兰是欧洲范围内技术指数最高的，仅次于美国。其次是德国、丹麦、荷兰、比利时、法国和英国。如果仅就其中研发指数而言，瑞典研发占 GDP 之比为 3.7%，芬兰为 3.3%，两者均远远高于美国的 2.62%。但在创新指数和高科技创新指数两项中，美国遥遥领先。2000 年的数据显示，美国平均每百万人年专利申请量大于 300 件，瑞典不足 200 件；美国平均每百万人拥有的在生物技术、信息技术、制药以及航空等高科技领域的专利数超过 80 件，芬兰不足 40 件，瑞典不足 30 件。

欧洲宽容度指数的评比结果表明，最宽容的是西班牙人和瑞典人；自我体现指数最高的分别是瑞典、荷兰和丹麦，均高于美国；价值指数最高的分别是瑞典、挪威、德国和丹麦，美国、葡萄牙和爱尔兰甚至被评为负值。

三、全球创意指数

在欧洲创意指数的研究基础上，Florida 和 Tinagli 建立了全球创意指数（Global Creativity Index，GCI）系统，数据覆盖了 45 个国家，包括绝大多数欧洲国家和经合组织成员国、主要的亚洲国家（如中国及印度）。全球创意指数是根据经济增长要素"3T"，即人才、技术和宽容度作出的国家竞争力综合评价方法。

全球创意指数为衡量全球创意水平提供了一个概念框架，因为国家比较的技术难度较大，尤其是数据的可比性。不过，全球创意指数不是短期经济增长的预报器，而是衡量一个国家为企业创新、企业家精神、产业形成和经济的长期繁荣而吸引创意人才的能力，如图 8-4 所示。

图 8-4　全球创意指数评价指标体系

GCI 采用三个等权重的指数：人才指数、技术指数和宽容度指数。每个指数取值为 0~1。具体数据来源如下：

（1）人才测评标准用创意人才比例，使用劳工部统计局 2001 年的"职业和就业调查"。

（2）高技术指标资料来源于 Milken Institute 在 2000 年的 Tech-Pole 指数；创新指数根据 1990~1999 年的年均专利增长状况。

（3）宽容度指数包括四个维度：同性恋指数、人口混杂指数（外国人的集中程度）、波西米亚指数（艺术家、音乐家和艺人的相对集中程度）、种族融合指数（指每个人口普查区种族比例与该区种族结构的相近程度）。

四、Charles Landry 的创意城市发展规模等级

英国学者 Landry 是当代"创意城市"研究的代表人物。Landry 将创意归纳为下列三项核心特质：以开放的思维解决问题的能力；勇于承担知识风险、尝试以新的方式探讨问题、具有实验精神；具有反思与不断学习的能力。Landry 认为创意城市发展规模可以分成下列十个等级。

创意经济新思维：面向价值思考

第一级，创意甚至未被视为重要的或相关的城市发展驱动力，也未被看作是属于发展周期的某特定阶段，如观念建立或营销等；存在非常基本、简单的创意活动；对于发展议题，各个城市行动者具备极其微弱的自我意识。没有公开讨论创意或革新议题。即使有，其活动往往是隐匿的，没有受到政府部门的鼓励。城市不是在追求未来，可能已经在衰败。

第二级或第三级，城市决策者自己本身开始意识到创新议题很重要。有一些是来自政府部门的鼓励，例如庆祝地方性的成果；工商企业有一些偶发的创新活动，但未有全盘的发展策略，已获得媒体最低程度的承认。一些地方企业经常是以层次不高的接触方式去帮助"创意者"，让他们获得机会阶梯的第一步。城市仍然没有想到，应该去培养创意。城市的组织和管理仍旧是因循传统的。城市留不住创意人才的现象仍然非常明显。

第四级，政府部门及工商企业的管理层面临的压力越来越大，意识到创新议题的重要性。鼓励地方大学进行一些具有前瞻性的计划或研究。可能出现另类文化，开始去创造有关城市或一部分城市的"杂音"；这可能会因此产生许多计划构想，但实际上很少被真正实现。政府部门及工商企业都面临重新思考组织伦理的压力。此时是城市"起飞"阶段，开始对创意人才产生吸引力。一些创意工作者开始获得支持和关注。

第五级或第六级，不论是通过商业公司、教育部门还是活跃的非政府组织，城市地区此时已获得某一程度的自主能力，而且个别的创意者开始能够在其所处的环境中实践他们的抱负。存在促进创意的基础设施，如活泼的研究或另类文化；财务网络发展成熟；政府与工商企业的伙伴关系以及部门间的共生共享逐渐形成。与国内其他地区以及国际间的联系开始形成并且是稳固可信的。活泼的技术转移或交换方案遍布在商业、教育和公共领域之间。既有的成就像磁铁般吸引他人竞相仿效，而且导致他们流连在城市里。经过协调的公共介入手段经常被引用，尤其在技术领域。创意人才开始回流。

第七级或第八级，政府与工商企业都承认创新动力的重要性。城市表面上已经能够培养"创意者"，让他们大多能在其所处的环境中实现抱负。在策略层次上强调整合性的思考，其充分表现出针对多元目标而设定的创意计划，像结合社会、文化和经济等目标的生态环境创新活动。有助于活动的促进结构散布在五个领域中，是从观念建立到生产、物流、传递机制和扩散。城市或是城市里的某一地区已有能力与国外建立稳固可信的联系，而不用通过中心城市或是国家组织。创意工作者在这个地区生活与工作，其所创造的价值大多数回馈到地区，例如通过地方的生产能力或是管理与行政组织的服务等方式。研究和反思能力已在大学中建立起来，创意的发动机和周期循环得以持续且不断更新。城市虽然吸引了创意人才，但是仍然缺乏一些高级资源，没有让创意发挥终极的潜力。政治结构安定平和，广纳新观念并且建立了发展策略的重点。

第九级，城市或地区成为全国或国际知名的创意中心。它自己本身的优势即足以吸引创意人才以及专业人士。拥有所有的设施，并且几乎是自给自足。重要研究机构总部或创新公司在此设立。城市是以文化的生命力与活力著称的地方，因而吸引来自世界各地各部门有想象力的创意人才。城市已经能够轻易地为本身提供大多数的附加价值服务。

第十级，一个实际上完全自给自足的地方，已建立有效率的自我更新、自我批判和自我反思的创意等发展循环周期。城市是一个吸引创意人才的地方，并且能为自己不断增强创造附加价值。拥有高水平的设施与国际的旗舰店，以及所有类型的必要专业服务。城市是策略决策中心，并且提供最好的活动。有能力在国际水平上跟任何城市竞争。

Landry 认为，创意城市的基石包括七大要素：人员质量、意志与领导素质、人力的多样性与各种人才的发展机会、组织文化、地方认同、都市空间与设施、网络动力关系。

Landry 在《创意城市》（*The Creative City*）提出了创意城市的测量指标，尤其强调了城市的活力和生命力。活力是一座城市天然的力量和能源，需要加以集中以形成生命力。创意是活力的催化剂，活力是创意过程的重心。创新和创意可以为城市带来长期效益和可持续的生命力。他指出，活力包括：①活动程度——事件的进行；②使用程度——参与；③互动、沟通、交流与交易程度；④再现程度——活动、使用和互动在内部是如何被规划以及在外部是如何被讨论。生命力指的是长期的自足、持续性、适应能力和自我再生。增强活力是形成生命力的必要前提。Landry 认为，通过创意过程开发城市的活力与生命力必须兼顾经济、社会、环境与文化四个方面。

对创意城市的活力与生命力的评估，Landry 给出了四个方面的九项指标：关键群体（Critical Mass）、多样性（Diversity）、渠道（Accessibility）、安全和保障（Safety and Security）、身份认同与差异化（Identity and Distinctiveness）、创新（Innovation）、联系和综效（Linkage and Synergy）、竞争力（Competitiveness）和组织能力（Organizational Capacity）。这些指标反映了经济、社会、环境以及文化四个方面。其中，关键群体指的是创意群体的适当水平，其形成可以让活动得以顺利开展，产生增强效果与群聚效应。保障指的是持续性、稳定、舒适和缺乏威胁。渠道则指的是便利性和机会。

Landry 通过对创意城市指数的研究，指出创意作为竞争力源泉，可以产生经济活力，进而转化为生命力，并最终促进竞争力的发展模式。

五、中国香港创意指数

2004年，香港大学文化政策研究中心受香港政府委托，研究并提交了香港创意指标的框架。在借鉴 Florida 教授 3Ts 体系并在总结世界创意指数研究的基础上，选择了 5 个均等加权的指数组合 5Cs（创意资本理论）作为香港创意指标的框架，即"结构与制度资本、人力资本、社会资本、文化资本与创意效益/成果"。图 8-5 界定了 5Cs 的逻辑结构，强调了四种资本形态的互动是影响创意增长的决定因素，这些决定因素之间的影响和互动的结果表现为创意成果或创意效益。5Cs 模型可以较好地度量经济效益、诱发创意活动、其他形式的创意产品、服务与成就等。

香港创意指数包括五个方面，具体的 88 个指标见附表 1。

（1）结构与制度资本：结构和制度等社会条件提供经济发展创意的背景，并确定其他资本的分配及运用情况。

（2）人力资本：人力资本的高流动性，将有助于社会的文化交流、技术转移和知识的流通，以及新构思的产生。

（3）社会资本：技术与人才是一个创意经济体系中不可或缺的资产。但城市拥有一个能够吸引、动员和维持创意的社会环境，是同等的重要。

（4）文化资本：一个有利于文化参与的社会环境，能促使新意念的诞生与表达，因而从广义来说，这样的社会环境能够提高创造力。香港创意指数体系中的文化资本，是指在日常生活中与文化、艺术和创意有关的特定活动和特质。

（5）创意成果与效益：创意对经济和社会发展的贡献。

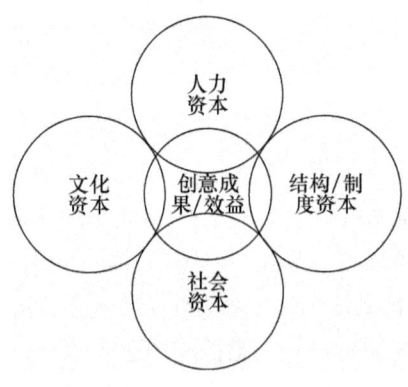

图 8-5　香港创意指数 5Cs 框架

六、中国台湾创意绩效指标系统

台湾创意绩效指标系统包含产业规模、政府投入、经济效益、研究与发展、市场化、竞争力、人力资源、消费八项指标，以整体产业体系为对象，强调以创意为产业核心，指标体系与发展政策一致。指标的架构反映了创意经济由多个环节构成的产业链（创意形成、生产制造、物流、营销、消费等）特征。详细指标体系见附表2。

文化创意经济绩效指标并非实际的统计指标，而是创意经济的发展目标。指标体系侧重于政策推动，比如，提升文化创意经济产值的一倍；增加文化创意经济就业机会的两倍；研发投资金额总数及增长率；文化消费占家庭总支出比重；文化创意经济大专以上人力比例；政府投入文化创意经济基础建设。

七、上海城市创意指数

上海市创意经济中心于2006年7月编制并完成了上海城市创意指数。这是我国内地第一个城市创意指数。上海创意指数体系借鉴了欧美、中国香港等发达国家和地区的经验，并结合我国国情和上海地域特点，设立了产业规模、科技研发、文化环境、人力资源、社会环境五方面，共35个分指标构成。创意指数用于评估上海创意经济的竞争力，并比较上海与世界其他城市的创造活力，分析创意经济在促进工业化、城市化和现代化方面的贡献。根据各指标对创意经济发展的重要程度，确定其在指标指数中所占权重，每个指数内各个分指标，按照平均分配权重的原则进行细分。五大体系中，设计研发是创意经济的灵魂，表明创新能力在激增并将带动创意经济持续快速发展。

（一）上海城市创意指标体系

上海市统计局公布的《上海市统计年鉴》以及2005年上海市经济委员会和上海市统计局发布的《上海创意经济发展重点指南》，统计数据具有可获得性和准确性。综合考虑不同地区的创意经济发展的不同侧重，涵盖了各地区创意经济发展的关键影响要素。在计算地区创意指数时可以通过调整不同指标的权重，反映创意指数的地区特性。产业规模、科技研发、文化环境、人力资源、社会环境五方面所积累的影响和互动形成了最终创意产品或成果。细化以上各方面因素的过程即是寻找合适的度量依据。

1. 产业规模

采用创意经济的增加值占地区经济增加值的百分比和人均GDP两个指标。

2. 科技研发

反映一个城市的创新能力，是创意经济的重要驱动力。包括研究与发展经费支出占GDP的比值；高技术产业拥有自主知识产权产品实现的产值占GDP比值；高技术产业自主知识产权拥有率；每十万人专利申请量；每十万人发明专利量；地区企业技术中心数。

3. 文化环境

一个有利于文化参与的环境，能够促使新思想的诞生，从而提高社会的创造力。主要包括：家庭文化消费占家庭全部消费的百分比；公共图书馆每百万人拥有数；艺术表演场所每百万人拥有数；博物馆和纪念馆每百万人拥有数；人均报纸数量；人均借阅图书馆图书的数目；人均参观博物馆的次数；举办国际展览会项目数。

4. 人力资源

人力资源的层次越高，流动性越强，从而有助于社会文化交流、技术的转移和知识的流通以及新构思的产生。该指标包括：新增劳动力人均受教育年限；高等教育毛入学率；人均高等学校在校学生数；户籍人口与常住人口比例；国际旅游入境人数；外地到本经济区的旅游人数。

5. 社会环境

能够吸引、动员和维持创意的社会环境指标包括：全社会劳动生产率；社会安全指数；人均地区基础设施建设投资额；每千人国际互联网用户数；宽带接入用户数；每千个移动电话用户数；环保投入占GDP的百分比；人均公共绿地面积；每百万人拥有的实行免费开放公园数等。

（二）上海城市创意评价方法

分指数的权重分配不等：产业规模指数占30%，科技研发指数占20%，文化环境指数占20%，人力资源指数占15%，社会环境指数占15%。各个分指数内的指标按照等权重分配。

上海创意指数的计算按照纵向比较的方式。城市创意分指数如产业规模指数、科技研发指数、文化环境指数、人力资源指数、社会环境指数按照如下公式计算：

$$城市创意分指数\ v_i = \sum_{j=1}^{n} \frac{测评年度指标j的数值\ x_j}{基准年度指标j的数值\ x_j^0} \times 指标j的权重\ w_j$$

$$城市创意指数 = \sum_{i=1}^{6} 测评年度创意分指数\ v_i \times 创意分指数i的权重\ w_i$$

比如，产业规模指数 =（2005年创意经济增值占GDP的百分比/2004年创意经济增值占GDP的百分比+2005年人均GDP/2004年人均GDP）÷2×100。

以2004年为基准年，上海2005年的创意指数为109.1。

八、全球竞争力指标体系

本书研究并借鉴目前最有影响的两个国际竞争力评价体系：WEF 国际竞争力评价体系和 IMD 国际竞争力评价体系。两个国际竞争力的评价体系创立于 20 世纪 80 年代，它们以国际竞争力理论为依据，运用系统和科学的统计指标体系，从经济运行的事后结果和发展潜力两个角度，对一国经济运行和社会发展的综合竞争能力进行全面、系统的评价。

（一）世界经济论坛（WEF）的全球竞争力指标体系

世界经济论坛对国际竞争力进行比较研究，并每年发表《全球竞争力报告》。2001 年以来，世界经济论坛以杰弗里·萨奇斯和约翰·迈克阿瑟尔开发的模型为基础，建立了发展竞争力指数评估体系。发展竞争力指数评价是一个国家持续繁荣发展的能力，也是研究生产力的驱动要素。目前，世界经济论坛每年发布两个竞争力指数：发展竞争力指数（Growth Competitiveness Index，GCI）和新的 GCI（Global Competitiveness Index）。

（1）发展竞争力指数采用两组指标构成的评价体系：发展竞争力指数和商业竞争力指数。发展竞争力指数由宏观经济环境指数、公共制度指数、技术指数三个成分指数构成。这些指标以硬指标和经济论坛的高管意见调查数据为基础。调查数据以问题形式，问题的答复采用 1~7 标度；硬数据通常从统计资料中获取。在创新准备水平一项，按照人均专利数把国家分为两类：一类是核心创新国家（每百万人拥有的专利数不低于 15 项；如瑞士非常重视创新和技术的作用）；另一类是非核心创新国家（如智利，技术引进和转移更重要）。对核心创新国家和非核心创新国家的评估采用不同的权重分配，如表 8-1、表 8-2 所示。

表 8-1 核心创新国家与非核心创新国家的发展竞争力指数构成

权重	核心创新国家	非核心创新国家
技术指数	1/2	1/3
公共制度指数	1/4	1/3
宏观经济环境指数	1/4	1/3

表 8-2 核心创新国家与非核心创新国家的各个技术指数构成

权重	核心创新国家	非核心创新国家
创新分指数	1/2	1/8
技术转移分指数		3/8
信息与通信技术分指数	1/2	1/2

商业竞争力指数作为辅助资料，不影响竞争力排名，旨在为微观层面改进效率和生产率提供参照，包括公司运营和战略以及经济体商业环境质量两个子项，关注决策生产率和竞争力可持续水平的基本微观经济因素。

（2）新的 GCI 指标体系。经济全球化发展趋势要求一种更具综合性的工具，不仅能解释制度和结构的多样化发展进程，而且能更好地反映全球经济性质的变化和关键因素的相对重要性。世界经济论坛与哥伦比亚大学专家泽维尔、沙利伊-马丁教授合作建立了新的更具综合性的竞争力指数体系，以此衡量决定现期和中期可持续的经济繁荣的一整套制度、政策和要素。新的 GCI 围绕 9 个支柱展开，并增加了发展阶段。

第一阶段是要素驱动，要素包括制度、基础设施、宏观经济，健康与基础教育起重要作用；第二阶段是效率驱动，高等教育与培训、市场效率和技术准备状况等指数较重要；第三阶段是创新驱动阶段，商业现代化和创新的重要性增加。随着经济水平的提高，竞争力会越来越依赖于经济体的创新潜力。创新能力对于那些技术已经相当成熟的经济体更为重要。这些经济体无法再依赖外来技术提高竞争力。创新能力的提高要依靠工商、企业共同努力来建立适宜的创新环境，大学和企业之间的合作研究也十分重要。在创新驱动阶段，企业需要通过产业集群的组织和出色的运营来提高其成熟度和竞争力。支持创新的制度和激励机制成为经济竞争的核心内容。

另外，还存在两个过渡阶段，即要素驱动向效率驱动的过渡阶段和效率驱动向创新驱动的过渡阶段。不同的发展阶段，各个支柱的相对重要性如表 8-3 所示。每个阶段的多个支柱（驱动要素）具有等权重。新的 GCI 体系的层次结构和解释见附表 3。

表 8-3　三个主要支柱群在每个发展阶段的权重

权重	基本条件	效率增强因素	创新与现代化	发展阶段定义
要素驱动阶段	50	40	10	人均 GDP 低于 2000 美元
效率驱动阶段	40	50	10	人均 GDP 为 3000～9000 美元
创新驱动阶段	30	40	30	人均 GDP 大于 17000 美元

（3）全球竞争力的评价方法。WEF 构建全球竞争力指数的步骤：①利用统计数据和调查数据构建竞争力管理支柱；②构建基本要求、效率增强因素和创新因素三类子因素；③将参评经济体归入 5 个不同的发展阶段；④为每个经济体估算每类子指标的权重；⑤以加权法估算全球竞争力指数。

第一，确定权重。

$$W = (w_1, w_2, \cdots, w_9)^T 且 \sum_{j=1}^{n} w_j = 1$$

其中，w_j是指标j的相对重要性（权重），已经归一化。

四个支柱具有等权重，各为0.25。在整个决策问题中，支柱1制度指标的权重为0.25×基本条件权重（0.5——要素驱动阶段；0.4——效率驱动阶段；0.3——创新阶段），假设某个样本城市处于效率驱动阶段，则支柱1制度指标的权重为0.25×基本条件权重0.4＝0.1。

第二，数据规范化处理。

调查数据指高管意见调查的回复，从1～7排列的回答；硬指标指从资料来源（如统计年鉴）中收集的数据，硬指标数据需转换为1～7标度范围内，即数据的规范化处理。转换方法采用0～1转换法，转换公式如下：

$$v_{ij} = \frac{x_{ij} - x_{j\min}}{x_{j\max} - x_{j\min}} \times 6 + 1 \quad (效益型指标)$$

或 $v_{ij} = \dfrac{x_{j\max} - x_{ij}}{x_{j\max} - x_{j\min}} \times 6 + 1$ （成本型指标）

其中，x_{ij}是方案i在指标j上的表现，即原始属性值。$x_{j\max}$表示某个指标上最大的属性值，$x_{j\min}$表示某个指标上最小的属性值。

第三，多指标数据的综合评价。

GCR使用简单加权法对多个分指数进行综合分析，其基本思路如下：

$$V_i = \sum_{j=1}^{n} w_j v_{ij}$$

（二）IMD国际竞争力指数体系

自1989年起，IMD的国际竞争力评价体系由九大要素指标构成：经济推动力、工业效率、市场导向、金融推动力、人力资源、政府影响、自然资源利用、国际化、社会政治稳定的竞争力。九大要素指标均分别包含多个子要素指标。1992～2001年，国际竞争力评价体系由九大要素指标调整为八大要素指标。这八大要素指标是国内经济实力、国际化、政府管理、金融体系、基础设施、企业管理、科学技术、国民素质的竞争力。

IMD国家竞争力模型使用八大要素（国内经济实力、国际化程度、政府作用、金融环境、基础设施、企业管理、科学与技术、人力资源）、40个领域和224个指标（其中有72个问卷调查的软数据指标）。

从2001年开始，瑞士国际管理发展学院提出了新的国际竞争力评价体系，由新的竞争力四大要素指标取代原有的八大要素指标。这四大要素指标是经济运行竞争力、政府效率竞争力、企业效率竞争力和基础设施竞争力，四大要素指标均分别包含5个子要素指标。完整的IMD国家竞争力评价指标体系见附表4。

九、全球城市竞争力报告

由中国社会科学院和美国巴克内尔大学主编,美、中、加、意等八国学者合作完成了第一部《全球城市竞争力报告(2005~2006)》。书中美国纽约、爱尔兰都柏林、英国伦敦位居前三位,中国香港位居第 19 位。城市竞争力是个相对概念,是指世界各城市在发展竞争中,与其他城市相比较所显现出的"多快好省"以及创造财富和收益的能力。该报告在"建立研究框架、设计指标体系、采集客观城市数据并进行计量分析"的基础上,利用七大类共 75 个指标对全球 110 个城市的综合竞争力进行了综合评价。国际城市竞争力评价指标体系包括显示性指标和解释性指标两类,如表 8-4 所示。

表 8-4 国际城市竞争力评价指标体系包括显示性指标和解释性指标

显示性指标	解释性指标
①规模:GDP	①人才本体竞争力
②质量:人均 GDP	②企业本体竞争力
③效率:劳动生产率和地均 GDP	③生活环境竞争力
④增长:三年 GDP 增长率	④商务环境竞争力
⑤就业:就业增长额、就业率	⑤创新环境竞争力
⑥结构:高科技和生产性服务业就业比例	⑥社会环境竞争力
⑦效益:单位耗电的 GDP 产出	⑦产业综合竞争力

(1)显示性指标体系,即城市竞争力的七个表现维度:规模、质量、效率、增长、就业、结构和效益。

(2)解释性指标体系,即影响城市竞争力的七类因素:人才本体、企业本体、生活环境、商务环境、创新环境、社会环境以及产业综合竞争力。该七项指标构成城市竞争力评价体系的一级指标,即构成城市竞争力的概念框架。每个一级指标有 5~7 个二级指标,每个二级指标又有 2~3 个三级指标,共设置 40 项二级指标和 68 项三级指标。完整的指标体系见附表 5。

全球城市竞争力报告所用的评估方法是在规范化基础上采用几何平均法。权重的确定采用模糊因素分析法。规范化方法为 0~1 转换法,几何平均法对表现差的指标反应灵敏,对表现好的指标反应迟钝。

$$V_i = \sum_{j=1}^{n} v_{ij} w_j$$

十、上海和 15 个地级市竞争力优劣势分析

上海和 15 个地级市竞争力分析包括六大综合指标：地区生产总值、人均地区生产总值、金融机构贷款余额、社会消费品零售总额、协议外资总额及城镇居民人均可支配收入。完整的指标体系见附表 5。

十一、欧洲创新计分牌（EIS）与全球创新计分牌（GIS）

欧盟理事会自 2001 年每年发表欧洲创新计分牌（European Innovation Scoreboard，EIS），以衡量欧盟各国创新表现。2006 年欧洲创新计分牌的指标体系包括五大类 25 个具体硬指标，其层次体系结构如表 8-5 所示。

表 8-5 欧洲创新计分牌（EIS）的评价指标体系

五类指标		具体指标
投入	创新驱动力	科学与工程类毕业生/20~29 岁人口（‰）
		受过高等教育人口/25~64 岁人口（%）
		宽带普及率（%）
		参加终身学习人口/25~64 岁人口（%）
		20~24 岁人口中青年受高中以上教育程度的比例（%）
	知识创造	公共 R&D 支出占 GDP 的百分比（%）
		企业 R&D 支出占 GDP 的百分比（%）
		中、高技术 R&D 占制造业 R&D 支出百分比（%）
		企业 R&D 支出中来自公共基金的投入比例
	企业创新	开展内部创新的中小企业在中小企业总数中所占的比例（%）
		中小企业中参与合作创新的比例（%）
		创新支出占销售总额的百分比（%）
		早期阶段的风险资本投资占 GDP 的百分比（%）
		信息通信技术支出占 GDP 的百分比（%）
		中小企业中采用组织创新的比例（%）
产出	技术应用	高新技术服务行业的就业人口比重
		总出口额中高技术产品出口比例（%）
		销售总额中市场新产品销售额比例（%）
		销售总额中企业新产品销售额比例（%）
		受雇于中、高技术制造业的就业人口比重
	知识产权	百万人口拥有的欧洲发明专利数
		百万人口拥有的美国发明专利数
		百万人口拥有的三方（欧洲、美国和日本）专利数
		百万人口新注册的欧盟范围内的商标数
		百万人口新注册的欧盟范围内设计数

欧盟理事会于 2006 年首次发表全球创新计分牌（Global Innovation Scoreboard，GIS）。GIS 比较欧盟 25 个国家与其他 R&D 支出表现较好（R&D 支出占全球总量的 0.1% 以上的国家）的国家或地区（中国 2.12%）的创新绩效。因数据收集的难度，GIS 采用 12 个评价指标，如表 8-6 所示。GIS 和 EIS 评价结果高度相关。

表 8-6　2006 年全球创新计分牌（GIS）的指标体系结构

一级指标	二级指标
创新驱动力	新科学和工程类毕业生占第三阶段教育毕业生的比重
	完成第三阶段教育的劳动力占劳动力总数的比重
	每百万人口的研究人员比重
知识创造	公共 R&D 支出占 GDP 的比重
	商业 R&D 支出占 GDP 的比重
	每百万人口的科学文章数量
传播	信息通信技术支出占 GDP 的比重
应用	高新技术产品的出口占全部制造业出口的比重
	中高技术和高技术产品增加值占制造业增加值的比重
智力财产	每百万人口 EPO 专利数
	每百万人口 USPTO 专利数
	每百万人口的三方（欧洲、美国和日本）专利数

第三节　国内外各种指数体系的比较

基于对国内外创意指数体系、竞争力指数体系和创新指数体系的分析，表 8-7 从指标的结构、内容、数据和理论基础等方面对各种指数的指标体系进行了比较，表 8-8 列举并比较了各种指数的评价方法。这两方面的比较为研究我国创意城市创意指数体系奠定了基础。

第八章 中国创意城市指数研究

表8-7 国外主要创意指数、创新指数及竞争力指数评价体系比较

评价方法	指数研究机构	指标个数	数据类型	指数的应用	体系特点	一级指标个数	一级指标的内容	相关信息
ECI 欧洲创意指数	Florida	9	硬数据和调查数据	中长期	3T理论	3	①技术 ②人才 ③宽容度	图8-3
GCI 全球创意指数	Florida	7	硬数据和调查数据	中长期	3T理论	3	①技术 ②人才 ③宽容度	图8-4
5C 香港创意指数	香港大学文化政策研究中心	88	硬数据和调查数据	中长期	5C理论	5	①人力资本 ②文化资本 ③社会资本 ④制度资本 ⑤创意资本	附表1
上海城市创意指数	上海创意经济中心，上海统计局	33	硬数据	短	要素驱动理论	5	①产业规模 ②科技研发 ③文化环境 ④人力资源 ⑤社会环境	
EIS 欧洲创新计分牌	欧洲理事会	25	硬数据	短期	创新驱动理论	5	①创新驱动 ②知识创造 ③传播 ④应用 ⑤智力财产	表8-4
GIS（GSII）全球创新计分牌	欧洲理事会	12	硬数据	中期	创新驱动理论	5	①创新驱动 ②知识创造 ③企业创新 ④技术应用 ⑤知识产权	表8-5

续表

评价方法	指数研究机构	指标个数	数据类型	指数的应用	体系特点	一级指标个数	一级指标的内容	相关信息
WCI世界创新指数	IMD瑞士洛桑管理学院	323（77个参考数据）	硬数据和调查数据；观察5年的数据	短、中期	竞争力理论	4	①经济表现 ②治理效率 ③商业效率 ④基础设施	附表3
GCI全球城市竞争力指数	全球城市竞争力项目组	75	硬数据和调查数据；比WCI所用的调查数据多	长期		显示性指标7个	①规模 ②质量 ③效率 ④增长 ⑤就业 ⑥结构 ⑦效益	附表4
						解释性指标7个	①人才本体 ②企业本体 ③生活环境 ④商务环境 ⑤创新环境 ⑥社会环境 ⑦产业综合	附表4

另外，对下列指数体系的研究也为本书的研究提供了一定的思路。

（1）Kearney 在外交政策中提出的全球化指数（Globalization Index）。

（2）联合国人类发展指数（United Nations Human Development Index）。

（3）联合国教科文组织研发的用于衡量地区文化产业的驱动力指标，包括人力资本、技术发展市场需求和基础设施等。

（4）联合国文化指标体系包含六类指标：文化活动和趋势、文化习俗和遗产、文化协定、文化贸易和交流趋势、翻译、文化脉络等。完整的指标体系见附表6。

（5）硅谷文化创始人 John Kreidler 提出"创意社区指数"，用于衡量硅谷艺术文化对硅谷商业和技术创新的贡献。

（6）Insead/World Business 提出的创新指数（Innovation Index）。

第八章 中国创意城市指数研究

表8-8 主要创意指数、创新指数及竞争力指数评价方法比较

指数体系	指标权重确定	数据规范化	所用的标度	综合评价方法	结果分析方法
ECI 欧洲创意指数	指标等权重	线性转换法	①分指数：0~15 ②创意指数：0~1	简单加权法	优劣势比较
上海创意指数	①一级指标权重不等 ②产业规模占30% ③科技和文化各占20%；人力与社会各占15%	以2004年为基数100，进行纵向比较		比例法	纵向比较
EIS 欧洲创新计分牌	所有指标等权重	0~1转换法	标度：0~1	简单加权法	聚类比较
GIS（GSII）全球创新计分牌	①商业研发指标是其他指标的两倍 ②其他指标等权重	①标准化方法（平方根） ②对基准年度和评价年度分别计算 ③专利数据用三年的平均数	①聚类分析 ②多元尺度法 ③标度0~1	简单加权法	聚类比较
GCR 全球竞争力报告	根据样本国家的发展阶段变化权重	0~1转换法	标度：1~7	简单加权法	①比较分析法 ②相关性分析
GCI 全球城市竞争力指数	模糊曲线分析法	①标准化方法 ②0~1转换法	标度：0~1	几何平均法	相关性分析

第四节 我国城市创意指数体系研究

创意经济的七个支柱：创意资本、人力资本、经济资本、技术资本、社会资本、文化资本和制度资本。这七个资本要素互相作用，共同促进创意经济的发展。

创意是资本。不同于资源资本（原材料、土地）、投资资本（金融资本）、人力资本（受教育人群）和社会资本（通力合作的人群），创意资本指的是构建新理念、新技术、新商业模型、新文化形式和新产业的人才。其中隐含的基础理念是教育使人才具有技能。传统的人力资本衡量方法是教育水平和学历，即持有

学士学位的人口比例，而诸如 Bill Gates 之类的未完成大学学业的企业家及创意人则被忽略了。但在创意时代，学历未必带来经济发展。

加拿大经济学研究小组试图分别量化创意资本和人力资本，以证明创意资本对经济发展的贡献。他们用实际技能或实际文化水平指标（与经济相关的技能，基于职业的创意资本）量化创意资本。该指标的优点在于，它与经济的长期繁荣呈显著正相关关系（实际文化指数高 1%，代表劳动生产率高 2.5%，人均 GDP 高 1.5%）。创意投资的增加有助于提高国家 GDP 和劳动生产率的增长。

一、我国创意经济的发展状况

和发达国家相比，我国的创意经济存在着巨大差距。要积极借鉴学习和整合国内外关于创意经济发展的信息、技术、方法、理论和产业动态，加快创意经济发展，着力培养创意人才，为建设创新型国家贡献力量。

我国创意经济已达到一定的规模。2005 年上海创意经济的行业结构重点包括五大类（38 个中类、55 个小类），其增加值为 549.4 亿元，较上年增长 17.9%，占当年全市 GDP 的 6.0%。其中研发设计创意为 240.8 亿元，咨询策划创意为 136.8 亿元，建筑设计创意为 98.7 亿元，文化传媒创意为 49.4 亿元，时尚消费创意为 23.6 亿元。北京、上海、深圳、南京、杭州、重庆、长沙等大城市均依托各自人才、区位以及资源优势，将创意经济视为经济发展的新亮点和新举措。各大城市纷纷出台创意经济发展规划和优惠扶持政策，设立各种创意经济基地和园区，抢占创意经济发展战略高地。北京市成立了文化创意经济领导小组，出台扶持政策，启动 10 亿元创意经济专项资金，用于发展六大重点创意经济（全国文艺演出中心、出版发行和版权贸易中心、影视节目制作和交易中心、动漫和网络游戏研发制作中心、文化会展中心、古玩艺术交易中心）。

上海创意经济在短短几年时间里，获得了快速发展，推动了一批创意型行业起飞，建立了一批具有很高知名度的创意经济园区，聚集了一批具有创造力的优秀创意人才。上海大力开展国际的电影节、电视节、音乐节、艺术节、各类设计展，在国际上赢得了广泛的声誉，创意经济已初具规模，形成了一定的创意设计方面的集聚效应。上海开发改造和利用了 100 余处老上海工业建筑，对老厂房、老仓库进行了改建，形成了一批独具特色的创意工作园区，如泰康路视觉创意设计基地、昌平路新型广告动漫影视图片生产基地、杨浦区滨江创意经济园、莫干山路春明都市工业园区、福佑路旅游纪念品设计中心、共和新路上海工业设计园、"八号桥"时尚设计产业谷和天山路上海时尚产业园等，闯出了创意经济和城市改造的新路。2004 年 12 月"2004 我国创意经济发展论坛"在上海举行，这是我国创意经济领域的又一个高层次的国际会议。论坛以"创意经济，领航我国城市发展"为核心议题,探讨了我国创意经济面临的机遇和挑战,分享各国、各地区发展创意经济的成功经验,探索了具有我国特色的创意经济发展之路。

统计资料显示,在覆盖我国近30个行业领域中,开展自主创新的企业只有6133家。而在同时期,我国的发明专利申请虽然达到了13万件,但其中的50%来自跨国公司。美国公司在我国申请专利的年增长量超过20%,高技术领域的专利申请也主要来自国外公司。另外,从专利构成来看,我国企业申请的每100件专利中,只有18件是发明专利,其余都是实用新型和外观设计专利。而国外企业的申请,每100件中有86件是技术含量较高的发明专利。

二、我国创意经济发展驱动模式

从发展的驱动力分析,国内外创意经济的发展模式有七种:

(一) 政府驱动型

政府驱动型是指以国际战略为形态,由政府积极推动创意经济发展的类型。该类型以美国、英国、日本、新加坡、韩国和中国香港为代表,尤以英国政府1997年后大力推动的"创意工业"成效最为显著。

(二) 艺术家驱动型

艺术家驱动型是原生态的创意经济形态。其主要代表是闻名于世的美国纽约市的SOHO区,法国巴黎塞纳河边的画家村。近几年,在我国出现的北京798厂大山子艺术区、上海苏州河仓库艺术区、昆明上河创库区等,是创意经济在我国开始起步的先声。

(三) 社区合作型

社区合作型是指政府在公共发展的区域政策指导下,在调动财政、税收、金融、补贴、科研、规划等政府力量的同时,充分发挥市场、社会、企业不同的创新力量,吸引各国各地创意人才共同参与,形成复合型的区域创新商业模式创意经济新社区。这种发展形态以20世纪90年代以来东柏林旧城区的成功改造最具代表性。

(四) 传统保护型与旅游泛化型

依据本地城镇与街区的传统文化、建筑、工艺与人文资源,或利用专项基金进行传统艺术或遗产文明的保护性移植、复制与传承,均可以列为创意经济的范围;而旅游泛化型则多依靠旅游经济带动,在以旅游为主的同时,由创意艺术家与商家相互促动形成新的创意工业。

(五) 企业推动型

企业推动型是指企业依靠自身的资源与优势,在发现、识别并选择了创意经济作为企业投资的产品方向后,整合社会创意与中介人群,与其他街区社区的发展定位形成互动与差异，成为当地创意经济的主力推动者。其成功案例有深圳华侨城的旅游地产双主题开发模式，成都置信地产的古城再造与旅游地产模式，北京红石地产的"长城公社"试验性建筑俱乐部模式，上海证大地产的现代艺术馆与商业地产一体模式等。

（六）文化工业积累型与会展经济型

文化工业积累型，是指一国一地直接形成创意经济的显性经济形态，如日本、韩国与美国迪士尼的动漫产业，纽约、巴黎等地的艺术品交易市场行业，美国好莱坞与法国戛纳的电影产业，所罗门古根汉基金以资源组合方式扩展美术馆的生意模式，都是在长期运营的积累中获得文化经济与商业的重大效益，成为一个城市或国家的标志性形象，推动并引导了世界性文化产业的发展。

（七）旧城（旧厂）创意改造型

与创意经济结合的旧城创意改造，完全不同于毁掉珍贵的传统文化资源。以仿古商业街取而代之的愚蠢行为，是旧城改造的大忌。

上海创意经济发展与历史建筑保护结合紧密。对老厂房进行创意设计，在保留老建筑历史风貌的同时，注入新的产业元素，使老工业建筑成为激发创意灵感、吸引创意人才、集聚创意经济的创意标地。实现经济效益，并带动周边发展，提升城市功能。如表8-9所示的创意园区多是由原来的老厂房改造而来。

表8-9 上海创意园区

创意园区	原工厂名称	创意园区	原工厂名称
田子坊	食品机械厂等	旅游纪念品大厦	人民印刷八厂
八号桥	汽车制动器厂	2577创意大院	7315厂
创意仓库	四行仓库	空间188	上海无线电八厂
天山软件园	双鹿冰箱厂	数码徐汇	亚华刷包机械厂
传媒园	上海窗钩厂等	合金工厂	合金材料厂
乐山软件园	新风色织厂	德邻公寓	信谊药厂
时尚园	汽车离合器厂	智慧桥	虹口建材厂等
虹桥软件园	经昌色织厂	风尚之城	三枪成衣车间
工业设计园	彭浦机器厂	车博会	汽油机厂
现代产业大厦	德加拉电器公司	M50	春明毛纺织厂
卓维700	上海织袜二厂	设计工厂	上海面包厂
同乐坊	益民食品七厂	周家桥	上海电焊条厂

又如，杭州的创意园区LOFT49，位于杭州市拱墅区杭印路49号。原为杭州

蓝孔雀化纤厂,周围有杭棉一、杭毛一等十多家大型国营工厂,该区紧邻古运河,保留了大量清末以来的民居和街巷,是具有一定规模的历史街区。2004年该创意园区实现营业收入2.4亿元。

三、我国创意经济的发展"瓶颈"

目前我国创意经济的发展"瓶颈"体现在以下三方面:

(一) 缺乏创意人才

从根本上说,我国创意经济发展的"瓶颈"是创意人才的匮乏。大批量创意人才的教育与培养是我国未来创意经济获得大发展的前提。从近10年的经验来看,各国创意经济的发展无不得力于各国创意人才的教育与培养。仅以游戏产业为例,截至2003年,美国有540所大学(学院)设有游戏专业,日本有200所大学设有游戏(开发、设计、管理、运营)专业,韩国有288所大学(学院)设有相关专业,其中政府指定赞助的大学及研究院游戏专业就有106个。1999~2000年,韩国遇到第二次经济危机时,正是文化创意经济的高速发展拯救了韩国经济。而其游戏业在短短几年中之所以获得高速发展,与其丰富的人力资源的强大支持是分不开的。我国创意人才的培养,受到原有教育培训机制的制约,已不适应飞速发展的需要,必须尽快变革,创造新的培育机制,培养大批量创意人才,推动我国创意经济健康高速地发展。

(二) 缺乏有文化深度的创意产品

创意经济在国外方兴未艾,我国创意产品较匮乏。各大城市和地区开始重视创意经济的发展,希望通过创意经济的发展来提升产业层次。问题是如何依托我国文化的渗透力提高创意产品的辐射力,以驱动经济的发展。

(三) 创意园区的运作模式有待完善

目前,国内创意园区的发展暴露了一系列问题,比如重复建设、同质化竞争、资源浪费等。园区多由政府或企业推动。园区的规划多体现在硬件和形象建设上,而软件方面,如商业模式、发展方向、园区定位等问题没有深入细致的规划。

四、创意价值链模型

Porter在《竞争优势》中指出,每个企业都是进行设计、生产、销售和交货等过程及对产品起辅助作用的各种相互分离的活动的集合。任何企业的价值链均由一系列相互联系的创造价值的活动构成。创意经济的基本价值链包括:内容创意、生产制造、营销推广、传播渠道和消费者。如图8-6所示。

创意源 → 创意产品或服务的生产 → 创意产品或服务的营销 → 市场/消费者

图 8-6　创意经济的基本价值链

创意经济是具有原创性、具备明显知识经济特征和高度文化含量的一种产业，它将原创性的文化创意规模化、产业化，使之产生经济效益；它以创意为核心，将抽象的文化直接转换成具有高度经济价值的产业。

（1）创意源指原创性的知识含量，其主体是创意内容提供者，如艺术家、设计师等。创意源处于创意经济价值链的最上游。

（2）创意产品或服务的生产。这个环节将创意源转化为产品或服务，创意企业通过技术、工艺等生产流程批量生产创意产品。

（3）创意产品或服务的营销。代理商、策划人、经纪人、传媒中介人和制作人等运用各种营销模式将创意产品或服务的价值让渡给消费者。另外，此环节包括传播渠道的市场化、产业化运作，其市场主体主要是电影、电视的播映机构、报刊、电台、演出经营场所以及网络运营商等。

（4）消费者。消费者对整个价值链条具有反馈和互动的作用。创意经济是创意赋予产品观念价值，引起消费者的购买兴趣和欲望，是具有高增值力的，因此消费者不断增长的需求是创意经济价值链上的最终决定环节。

Charles Landry 提出了创意周期的五个阶段：强化产生思想的能力、把思想变成现实、建立网络与思想循环、建立传递平台和把思想引进市场和客户。该五阶段模型反映了创意产生和渠道营销的价值链模式。

五、创意经济价值链的特点

创意经济是以文化创意为核心内容的产业，具有创新性、渗透性、强辐射性和高风险性等独特的产业特征，因此它的产业链也与众不同。

（一）价值的非消耗性

创意经济以文化、知识为基础，提供的是以文化创意价值为主的产品和服务。当创意内容被注入物质载体后，每次复制既不会对原有的知识造成损害，也不会受到物质资源的制约，具有耐久和无限复制性，体现了价值的非消耗性。

（二）创意产品的高营利性

创意经济是知识密集型产业，其精髓是人的创造力，创意经济产品的精神内容价值和作为精神产品载体的物质价值相比是较大的，内容价值在总价值中占有绝对的比例优势。

（三）营利的不确定性

创意经济的高风险特征决定了其营利的不确定性。创意产品以精神性作为最主要的属性，满足的是人们对精神生活的需求，而这种需求带有极其强烈的不确定性，在供求关系中非理性的成分很大，变幻莫测。

（四）消费者需求决定性

创意价值链中价值投入受到最终消费者需求的约束，同时，消费者的需求决定价值的实现程度。消费者文化消费能力和大众文化的审美取向从根本上决定了创意经济的产生和发展。

六、创意经济价值增值系统模型

创意源向创意资本转化的实现是基于对资源广泛性和动态性的认识，需要发挥人的创造力和对市场的把握，需要经过资源→资本→市场的多重转化，而创意经济在这一转化中发挥着重要作用，其自身也在这些转化中获得了巨大的发展机会和空间，并促进了经济增长方式的转变。图8-7描述了创意经济的价值链系统，并突出资源向资本、资本向产品的转换，即创意源向创意资本转换及创意资本向创意产品或服务的转换。

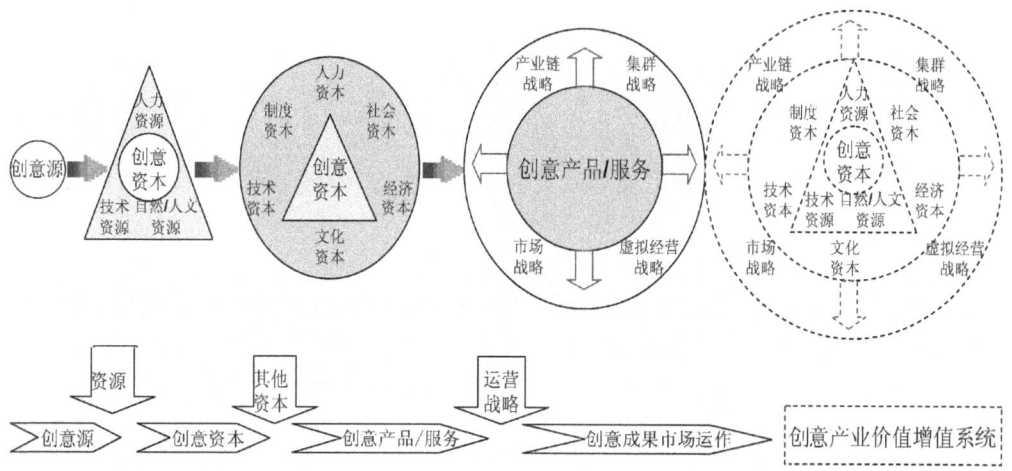

图8-7 创意经济的价值链系统

创意经济价值增值的三个阶段包括：

（一）创意源向创意资本的转移，实现价值增值

在创意经济中，人的创造力成为促进经济增长的主导资源。另外，人通过自身主体智力资源的开发，即创意的运用，能够将各种自然和人文、有形和无形的资源有效地转化为经济发展的资本，同时促进各类资本（经济、文化和社会等）之间的相互转化，使经济发展能够更多地依靠文化资本和社会资本等软性要素的

驱动。另外，开发主体资源并实现创意转化的模式最典型的是创意与科技的结合，以及创意与市场需求的结合。

创意经济促进经济增长方式转变的结构优化路径基于产业融合的视角。产业融合是经济增长的新动力，直接促进了产业创新。在产业融合基础上形成的新产业、新产品成为经济发展的新增长点，它加快了产业结构升级的步伐。创意经济的发展可以理解为文化、科技和经济的融合发展。文化元素和科技手段成为创意经济优化现有经济发展结构的重要因素。

（二）创意资本向创意产品或服务的转移，实现价值增值

文化历史的沉积，在新的时代发扬光大。创意不是无源之水，也不是无本之木，创意应该植根于历史文化传统，来源于历史和文化渊源。创意与新的时代特点相吻合，在新的历史条件下又有新的发展。许多历史故事、传说与新科技的结合创造了新的生命力，形成新的市场热点。例如，美国迪士尼是创意典型。迪士尼在近百年的发展中，根据市场需求，不断注入创新思想和科技含量，成为世界著名的娱乐品牌，动漫、玩具、服装、家居和主题公园等系列产品不仅引导了时尚消费，带来了可观的利润，也缔造了全新的娱乐业发展模式，创造了新的市场需求。又如，英国的《哈利·波特》系列也是创意典型。其成功的关键在于故事内容与现代科技紧密结合，也与市场需求紧密结合，并通过产业化运作，衍生出多种系列产品，延伸了产业链，满足了不同层次的需求。除了小说、电影，还有DVD、游戏等数字产品；也有玩具、服装等衍生产品；同时还培育了无数"波特"迷，奠定了广泛的市场基础。据统计，由《哈利·波特》带动的相关产业，经济规模已经超过了2000亿美元。

（三）创意产品的市场运作，实现价值增值

在知识经济社会，产品竞争的实质是通过产品所倡导或体现的文化来影响或迎合公众的意识形态、价值观念、生活习惯等，从而使公众来接受某种产品。正是由于产品包含了文化个性、文化精神，才促使这一产品在一定的消费区域和消费层次里增值、走俏、辐射。

文化力（产品的文化底蕴）是产品进入市场的权威"准入证"。创意经济的文化底蕴具有很强的辐射性，可以推动产品热销。相对于"刚性"的制造业来说，利用这种"柔性"的特质，在拓展市场方面作用显著。市场运作还包括三个方面：①通过文化精品的广泛传播，增强城市吸引力和辐射力，赢得受众的认同，从而扩大市场。②以文化创意推动品牌的建设，以品牌拓展市场。③广告、会展业的发展和极富创意的策划，也极大地推动了企业的市场扩张。

七、建立我国创意指数框架

创意经济的价值增值链源于创意源，在自然、人文和技术等环境要素交互作

用下，人的创意转化为创意资本。创意资本在人力资本、社会资本、文化资本、经济资本、技术资本、制度资本等环境因素中得以促进和维持，并形成创意产品和服务。接下来，创意产品和服务的价值实现需要借助于相应的市场运作策略。因此，这些环境要素（六种资本）应该一并纳入到创意指数的评价指标体系内，用于反映其促进创意成长和社会文化创造性成长的特征。

为了检验和分析城市创意力的影响因素及对经济的贡献，首先确定其指标体系，选取样本城市，运用有关方法采集和处理样本指标数据，应用有关分析方法计算各样本城市的创意指数。图8－8为确定样本城市创意指数的决策过程。

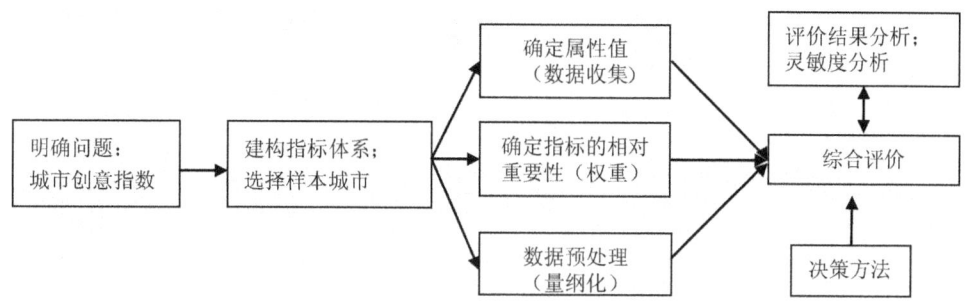

图8－8　确定创意指数的决策过程

（一）创意指数评价指标体系结构

创意指数的确定过程本质是多属性决策问题，即基于 n 个决策属性对 m 个样本城市进行综合评价。从流程上分析，决策者需要确定权重，对数据进行预处理、选择适当的决策方法进行综合评价并对评价结果进行分析（如灵敏度分析）。

假设决策者已经获得决策矩阵，决策者需要采用适当的方法确定属性的相对重要性（权重），不同评价指标的相对重要性存在差异。权重的确定对综合评价结果有很大的影响，可选的赋权方法如表8－10所示。另外各个属性的量纲不同，需要对评价数据进行预处理（即无量纲化），使不同属性间具有可比性。可选的无量纲化方法如表8－11所示。目前的多属性决策方法有主成分分析法、因子分析法、加权法、层次分析法、接近理想点法、级别不劣于关系方法等。各方法有其特定的决策理念和思路如表8－12所示。综合考虑各种因素，本书采用接近理想点法求解创意指数。

表 8-10 权重确定方法的分类

分类	方法	方法特点及方法举例
主观赋权法	直接赋值法	决策者直接比较属性对，并给出相对重要性（如 Direct-Ratio 法）
	间接赋值法	决策者直接比较属性对，并给出相对重要性（如 Trade-off, Swing）
	层次法	Saaty 的层次分析法/特征向量法
	最小二乘法	基于互逆矩阵
客观赋权法	多目标优化模型	根据决策矩阵的客观数据确定权重，不考虑决策者的主观判断信息（Linmap）
	熵值法	根据决策矩阵的客观数据，利用信息熵的含量确定权重

表 8-11 决策数据预处理方法

方法	方法特点（效益型指标）
向量规范化法	$r_{ij} = \dfrac{x_{ij}}{\sqrt{\sum_{i=1}^{m} x_{ij}^2}}$
标准化方法	$r_{ij} = \dfrac{x_{ij} - \mu_j}{\sigma_j^2}$，$\mu$ 为均值，σ 为均方差
线性变换（指数法）	$r_{ij} = \dfrac{x_{ij}}{x_{j\max}}$
0~1 区间转换	$r_{ij} = \dfrac{x_{ij} - x_{j\min}}{x_{j\max} - x_{j\min}}$
0~1 区间转换（使用平方根）	$r_{ij} = \dfrac{\sqrt{x_{ij}} - \sqrt{x_{j\min}}}{\sqrt{x_{j\max}} - \sqrt{x_{j\min}}}$

表 8-12 多属性决策方法

方法	方法特点及方法举例
简单加权法	假设属性偏好独立，通过加权综合评价
层次分析法	架构指标层次，通过两两比较判断矩阵确定方案的相对优劣
接近理想点法	引入理想方案和负理想方案，利用欧几里得距离对方案排序
级别不劣于关系方法	通过两两比较，确定方案对的偏好关系，引入无差异、偏好临界值
主成分分析法	压缩决策数据的维度，找到几个综合因子来代表原来众多的变量，且综合因子尽可能反映原来的信息
模糊曲线分析法	压缩决策数据的维度，通过求贡献弹性，拟合样本曲线，发现影响评价结果的重要因素

(二) 创意指数评价方法——接近理想点法

接近理想点法（Technique for Order Prefevence by Sinilavity to Ideal Solotion, TOPSIS）即为接近理想方案的排序方法。其中心思想：假设一个理想方案和一个负理想方案，然后分别确定各方案与理想方案、负理想方案的距离。与理想方案最近且与负理想方案最远的方案为最优方案。TOPSIS 法引进相对接近度的概念来考虑两种距离，其中"距离"是指（加权以后的）欧几里得距离。

(三) 接近理想点法的决策分析步骤

TOPSIS 是在加权规范化决策矩阵的基础之上，拟定理想方案 A^* 和负理想方案 A^-，并确定每个方案距离 A^* 和 A^- 的距离。最后根据相对距离确定方案的优劣。

步骤一：构造规范化决策矩阵 $R = [r_{ij}]$，$\left(r_{ij} = \dfrac{x_{ij}}{\sqrt{\sum_{i=1}^{m} x_{ij}^2}} \right)$。

步骤二：构造加权规范化矩阵 $V = [v_{ij}]$。

$$V = R \cdot W = \begin{bmatrix} w_1 r_{11} & w_2 r_{12} & \cdots & w_n r_{1n} \\ w_1 r_{21} & w_2 r_{22} & \cdots & w_n r_{2n} \\ \vdots & \vdots & \vdots & \vdots \\ w_1 r_{m1} & w_2 r_{m2} & \cdots & w_n r_{mn} \end{bmatrix}$$

$$W = \begin{bmatrix} w_1 & & & \\ & w_2 & & \\ & & \ddots & \\ & & & w_n \end{bmatrix}$$

步骤三：确定理想方案和负理想方案。

当属性值为效益型时，理想方案为每列中的 max 值，负理想方案为每列中的 min 值；当属性值为损失型时，理想方案为每列中的 min 值，负理想方案为每列中的 max 值。具体表示如下：

$A^* = [(\max_{i} v_{ij} | j \in J), (\min_{i} v_{ij} | j \in J')] \quad i = 1, 2, 3, \cdots, m$
$= [v_1^*, v_2^*, \cdots, v_j^*, \cdots, v_n^*]$
$A^- = [(\min_{i} v_{ij} | j \in J), (\max_{i} v_{ij} | j \in J')] \quad i = 1, 2, 3, \cdots, m$
$= [v_1^-, v_2^-, \cdots, v_j^-, \cdots, v_n^-]$

其中，$J = (J = 1, \cdots, n | j$ 为效益型的目标属性$)$；$J' = (J = 1, \cdots, n | j$ 为损失型的目标属性$)$。

步骤四：计算距离。

所计算的距离包括与理想方案的距离 S_i^* 以及与负理想方案的距离 S_i^-，其中，

$$S_i^* = \sqrt{\sum_{j=1}^{n}(v_{ij}-v_j^*)^2}, S_i^- = \sqrt{\sum_{j=1}^{n}(v_{ij}-v_j^-)^2}$$

步骤五：计算相对接近度。

求出了与理想方案的距离以及与负理想方案的距离后，我们就可以计算相对接近度 C_i。

$$C_i = \frac{S_i^-}{S_i^- + S_i^*} \quad i=1,\cdots,m \quad 0 \leq C_i \leq 1$$

$$\begin{cases} S_i^- = 0 \text{ 时}, C_i = 0, A_i = A_i^- \\ S_i^* = 0 \text{ 时}, C_i = 1, A_i = A_i^* \end{cases}$$

步骤六：排序，根据 C_i 的大小对各方案进行排序。

（四）应用 TOPSIS 法确定样本城市的创意指数

应用 TOPSIS 逐步计算，确定各城市的创意指数。北京的创意指数最高为 0.68，上海居次为 0.60，如表 8-13 所示。图 8-9 以柱形图的形式比较了各城市的创意优势。

表 8-13 应用 TOPSIS 法确定各样本城市的创意指数

样本城市	上海	北京	天津	青岛	深圳	广州	南京	厦门	重庆	长沙	杭州
离理想城市的距离	0.06	0.04	0.08	0.09	0.07	0.06	0.07	0.08	0.10	0.09	0.08
离最差方案的距离	0.08	0.09	0.04	0.03	0.06	0.06	0.05	0.04	0.02	0.03	0.04
创意指数	0.60	0.68	0.31	0.28	0.44	0.50	0.43	0.33	0.16	0.23	0.34
排名	2	1	8	9	4	3	5	7	11	10	6

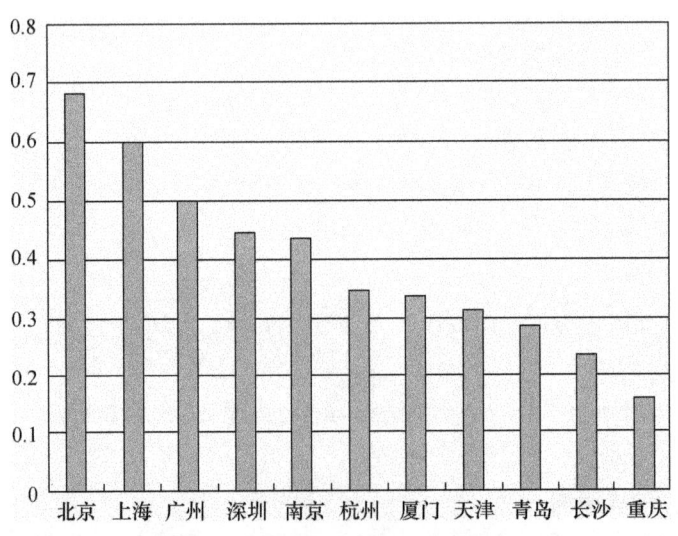

图 8-9 样本城市的创意指数比较

第五节 创意指数研究对经济发展战略制定的影响分析

创意经济是一种新的经济形态，依靠人的创造力、个人才艺等生产要素实现增值。这种新经济形态下的活力、竞争力及其对经济发展的贡献的衡量迫切需要一种新的、科学的评价指标体系。创意指数的研究可以从一个侧面考察影响创意经济发展的关键要素及其互动关系，进而指导国家的发展战略的制定，以及指导产业和创意企业有针对性地采取有效的运作策略。

创意指数的架构往往是为了满足政策的需要，指数所呈现出来的数据不只是政策规划时必要的参考依据，也是政策检讨时重要的评价标准。E Carlisle 将指标分为信息指标（Informative Indicators）、预测指标（Predictive Indicators）、问题导向性指标（Problem - oriented Indicators）和政策方案评价指标（Program Evaluation Indicators）。Charles Landry 强调，创意经济的推动少不了衡量指标，因为指标让人必须正视问题，要求反思与不断思考，激发创意。

因此，通过创意指数这个简洁有力的信息，决策者可以检测与评估其政策以及该政策实施所带来的影响。政策的执行者和参与者可以根据创意指数规范、指导、衡量自身在行业内的经济行为。

在我国，文化创意经济正在以前所未有的速度迅速崛起，上海、深圳、北京等城市积极推动创意型行业的发展，正在建立一批具有开创意义的创意经济基地。创意经济的知识密集型、高附加值、高整合性，对于提升我国产业发展水平，优化产业结构具有不可低估的作用。我国创意经济的发展已具备一定的基础，有着良好的势头，但仍然面临很多挑战。

创意经济对我国经济的全面协调发展和产业结构的进一步调整将具有越来越重要的作用。对于二次产业在国民经济中占据重要地位的我国，适时地调整产业比重，进一步推动三次产业特别是高科技支持的文化创意经济类高端产业群的发展是十分必要的。

目前，我国政府既没有出台一套宏观的、系统的规划政策为创意经济护航，也没有相应的专门机构为创意经济领航。正是由于我国没有权威的行业分类界定和相应的评估指标体系，对创意经济的现状无法进行客观准确的把握，对其未来的趋势无法作出科学的预测，从而影响了政府的科学决策和对产业发展的支撑力度。创意指数作为一套工具对宏观战略、产业战略和企业战略均有指导意义。建立全国统一的科学的创意经济指标评估体系并与现行的指标分类进行对接，针对创意经济的产值贡献、产业布局、增长速度、发展重点等方面进行统计分析，全面把握创意经济在我国的发展态势，是我国迫切需要解决的问题。

一、创意经济指数对宏观战略制定的影响

在"十一五"规划中，自主创新被提升为国家战略。我国经济发展开始了"从中国制造到中国创造"的战略转变。创意经济作为新型服务业将是推动我国经济发展的巨大动力，其发展需要政府政策在战略高度上的大力扶持。

政府是推动创意经济发展的重要力量，政府有责任营造一个适宜产业发展和企业公平竞争的外部环境。英国、澳大利亚、中国台湾等国家和地区都相继颁布了创意经济发展战略，确立了创意经济发展的近期目标和长远规划，通过政府协调和规划引导来促进创意经济的发展，提出产业导向，制定扶持措施，强调区域和国家特色，建立创意地标，强化品牌形象和品牌定位。

在上海创意经济的规划过程中，上海市非常注重把创意经济与上海市国际化大都市、金融中心的特点相结合，在2005年政府工作报告中，上海市政府提出"大力发展现代物流、信息服务、专业服务等现代服务业，加快会展业、旅游业以及文化产业和创意经济"，推进产业结构优化升级，积极发展循环经济。在《上海市国民经济和社会发展第十一个五年规划纲要》中，上海市更明确提出"重点发展文化及相关产业，建设相对完善的文化产业和文化市场体系，大力促进科技、创意和文化融合发展"。

杭州市在制订《杭州市大文化产业发展规划（2005～2010）》中，强调要立足长三角，结合"东方休闲之都"和"两港五区"建设，到2010年基本建成与社会主义经济体制相适应、具有杭州特色的文化产业体系。

中央政府和地方政府在落实到具体措施和手段上，主要从硬件设施、财税租金、创意人才和传播渠道四个方面来扶持创意经济、促进创意经济的发展。

（一）硬件设施

硬件设施涉及土地优惠租用政策和结合新城区的开发，为创意经济预留空间。以北京为例，北京市国土资源局在2006年3月23日首度公布了支持文化创意经济发展的四项措施，结合本轮市级、区县（乡镇）级土地利用规划修编，就文化创意经济空间布局及结构规划进行研究，特别是结合全市重点新城建设，为文化创意经济预留发展空间；在年度土地利用计划和年度土地供应计划中予以优先保障；鼓励城市建成区和被清理开发园区内的闲置厂房以出租等经营方式吸引文化创意经济入驻；在中关村高新技术产业园区等经国务院批准保留的开发园区内的文化智力产业，比照享受高新技术企业所能享受的土地优惠政策。

（二）财税租金

财税租金包括提供风险资本和创投基金、税收优惠政策、闲置厂房优先低价

租赁政策。以上海为例,上海市各区针对创意经济出台了适合各自区域的财税租金政策,具体见表8-14。

表8-14　上海市扶持创意经济发展的税收租金优惠政策

各区	税收租金优惠政策
黄浦区	①根据企业的类型所得税可享受一免、二免二减半或三免三减半 ②流转税实行"超额优惠扶持" ③设立黄浦区旅游纪念品专项发展基金
静安区	①"二免三减半"的优惠退税政策 ②降低园区地处位置的租金和成本,入驻园区的企业享有租金优惠政策 ③所有创意经济比照高科技园区的优惠政策给予扶持
卢湾区	①凡注册在科技孵化基地的企业,缴纳各项税收的地方部分(包括所得税、营业税、增值税的地方部分等),科技企业孵化基地根据企业项目开发、缴纳税收及经营情况按其缴纳地方税的30%~50%比例奖励给企业 ②入驻园区的企业享有租金减免的优惠政策
徐汇区	①二免三减半 ②新成立和新注册徐汇并入驻孵化企业所缴纳的增值税25%和营业税,由区科技发展资金三年内给予50%支持 ③科技企业(包括与高新技术产业相关的咨询业、信息业、技术服务业)所得税二年全返
长宁区	①二免三减半 ②流转税地方部分40%~50%退还多媒体产业区,再由园区按一定比例返还给企业 ③拨专款用于多媒体技术展示台、会展平台、研发平台的建设 ④所有创意经济比照高科技园区的优惠政策给予扶持
浦东新区	①企业减税(按减15%征收企业所得税)及待定项目减免税 ②一般生产性外商投资企业按15%缴纳企业所得税,获利后前两年免税,后三年减半
杨浦区	①三免二减半 ②对经认定的高新技术成果转化项目的转让收益,其应征的营业税,由税务部门免征;其缴纳的企业所得税,由区财政全额返还给项目拥有者 ③大专院校、科研院所在高新技术成果转化中建立的有限责任公司或股份有限公司,应用型科技院所整体转制为科技企业的,在五年内,可享受规定的税收优惠政策
闸北区	①新办企业三年内按比例进行专项扶持政策 ②新办企业和经济组织当年上缴区级"三税"达到50万元以上的,可提出申请享受区"一事一议"政策 ③对经认定为多媒体产业的高新技术项目和企业,可享受相关的扶持政策 ④对入驻适用地域范围的多媒体企业和经济组织,给予房租补贴

续表

各区	税收租金优惠政策
闵行区	①市科委认定为高新技术企业的,从被认定之日起,减按15%的税率征收所得税 ②高新技术企业出口产品的产值达到当年总产值70%以上的,经税务机关核定,减按10%的税率征收所得税 ③新办的高新技术企业,经税务机关批准,从投产年度起,两年内免征所得税
普陀区	①对高新技术企业,企业所得税按15%征收 ②经认定的高新技术转化项目所产生的营业税、企业所得税和增值税部分,享受"三免二减半";拥有自主知识产权的高新技术成果转化项目的,享受"五免三减半"

（三）创意人才

创意人才方面主要包括：对创意人才聚居区及其创意城市氛围的营造、创意人才的培养和储备、创意人才的引进与扶持、创意人才成长的法制环境营造。

北京市决定吸引一批在海外从事创意经济的优秀人才；树立新型的人才观，既承认高学历的常规人才，对缺乏高学历和高自立的优秀人才，也应给予非常规的宽容和政策。同时，充分利用北京的科技和教育优势，在有条件的高校设立专门的创意经济学院，以培养创意经济人才为核心内容，教学与科研相结合，以文化、工程、营销等复合知识传授为教学模式，并加强与海外相关高校和研究机构的交流与合作，培养既立足本土又具备国际视野的创意经济人才。另外，设立创意人才专项基金和补助制度，完善创意人才的成果保护制度。

（四）传播渠道

传播渠道主要通过下列方式进行：

第一，以展售会的形式向大众宣传文化产业，促进创意经济的普及教育。

第二，以展售会的形式促进创意产品向市场化、产业化推进。

第三，通过创意经济论坛，博览会等活动促使更多的创意相关体参与到创意经济的发展中，促进创意经济和其他产业的互动关系。

第四，建立虚拟社区，促进协调和交流的平台。

2005年11月30日~12月6日，我国首次大型创意经济系列活动"上海国际创意经济活动周"召开，其中包括"海上海"创意集市，创意经济项目对接会，创意经济博览会、城市创意经济论坛——创意经济与创意城市，知识产权国际论坛——知识产权保护与创意经济发展。这一系列活动从专家理论研究到社会实践探索，从企业成果展示到大师作品云集，让参与者从全方位的角度了解和参与创意经济。

（五）其他方面

其他方面包括简化审批程序，规范市场环境、建立有效的市场机制等。

二、创意经济指数对产业集群发展的战略制定影响

创意经济的发展并不仅是个人和单个企业的行为，而是需要集体的互动和企业的地理集聚。创意经济集群的特征是生活和工作的结合、文化产品生产和消费的结合，有多样化的宽松环境、有独特的本地特征，而且与世界各地有密切的联系。

（一）产业集群战略，扶持产业园区的建设和发展

产业集群是区域经济发展中极具竞争力的组织形式，在当前国际经济一体化进程中，培育和发展有重大影响力的创意经济集群，有利于提升创意经济的规模效益。

产业集群围绕地理特性、产业特性（或内部要素联结）两个方面展开。竞争战略和国际竞争力研究领域专家迈克尔·波特认为，产业集群包括一系列相关联产业和其他一些与竞争有关的实体。产业集群也可向下游拓展到销售渠道和客户，或横向扩展到互补产品的制造商及在技术、技能上相关或有共同投入品的企业。产业集群还包括政府和其他机构，这些机构提供专门化的培训、教育、信息、研究和技术支持。

马歇尔认为企业集群是基于外部规模经济而形成的。生产或销售同类产品的企业以及存在产业关联的上、中、下游企业集中在特定的地方会使专门人才、专门机械、原材料产生很高的使用效率，而这种使用效率是处于分散状态的企业所不能达到的。这种高效率形成了外部规模经济，从而促使企业集中在一起，形成了企业集群。

迈克尔·波特认为，决定一国或一个地区产业竞争优势的四个因素是市场需求、生产要素条件、相关支持产业以及同行和替代产品竞争者。波特在其竞争优势理论基础上给出了中小企业集群的定义：某一特定产业的中小企业和机构大量聚集于一定的地域范围内，而形成的稳定的、具有持续竞争优势的集合体。

国内专家对产业集群的界定为，在某一地理空间上具有产业关联（包括同一产业中不同产业环节的企业或者与之相关产业的企业）的企业集聚体。笔者认为，所谓集群化是指某个特定产业中相互关联的、在地理位置上相对集中的若干企业和机构的集合，具有很强的群体竞争优势和集聚发展的规模效益。

产业集群产生的途径主要包括：市场力量自发形成、政府投资、政府和市场共同作用。我国创意经济集群主要表现形式有三种：一是大城市的近郊区（如北京通州宋庄画家村）；二是老厂房改造（如北京酒仙桥电子工业区原798厂）；

三是新园区（如杭州数字娱乐产业区）。在上海各区出现的创意经济园区或者创意经济商圈，其实是产业集群化的不同表现形式，如表8-15所示。

表8-15　上海创意经济集群化表现

黄浦区	利用豫园的旅游资源，成立上海市工艺品旅游纪念品设计展示交易基地
卢湾区	"8号桥"、广告湾、泰康路艺术街等综合性体验经济园区和以创意设计产业为主的创意经济基地
静安区	昌平路990号和1000号，上海市新型广告动漫影视图片产业基地
徐汇区	依托周边高校，建立"创意设计工厂"、"乐山软件园"和"虹桥软件园"等
长宁区	天山路时尚产业园，以时尚艺术、服装设计、品牌发布等为主要特色
普陀区	莫干山路50号，入驻了60多家画廊和艺术工作室，形成了别具一格的"春明文化都市园区"
杨浦区	黄浦江岸线15.5公里区域内，崛起集环境设计、建筑设计、工业设计、软件设计等原创设计于一体的现代服务业集聚区——上海滨江创意经济园
闸北区	上海多媒体谷，已吸引了飞利浦（我国）投资公司、凤凰数码科技等40余家软件设计企业入驻

（二）产业链战略，促进上下游企业共同发展

韦伯在其《工业区位论中》指出："一个企业规模的增大能给工厂带来利益或节约成本，而若干个企业集群在一个地点同样也能给各个企业带来更多的收益或节省更多的成本。"韦伯认为，集聚因素可分为两个阶段：第一阶段，通过企业自身的扩大而产生集聚优势，这是初级阶段；第二阶段，各个企业通过相互联系的组织而实现地方工业化，这是最重要的高级集聚阶段。

如上海泰康路艺术街，云集了与视听艺术相关的中外小企业160多家，包括画家工作室、设计室、画廊、文化中心、时装展示中心等，这些企业以创意设计为核心，涉及视觉创意设计的各个领域，形成了完整的产业链。再如建筑设计工场位于赤峰路63号，我国水产科学研究院渔业机械仪器研究所内，占地41869.5平方米，总建筑面积16121平方米。工场集中了大量的建筑设计企业，至2005年底入驻的企业共有51家。同时，赤峰路与附近的密云路、国康路、四平路一起逐渐形成"环同济设计产业带"，面积约20万平方米，有800余家与设计相关联的企业入驻产业带，涵盖了建筑、市政、邮电、监理、图文、模型等各个方面。

（三）产业联动战略，成为其他产业发展的助推剂

产业联动战略是充分发挥创意经济的强辐射性，带动相关产业的联动发展。作为一个高附加值的产业，创意经济通过创意标地对周边地区及其他产业的辐射

效应，可以大幅度提高传统制造业产品的文化和知识含量，实现价值增值，提升传统产业的品牌知名度和国际竞争力。

如上海泰康路艺术街的形成，除带动了艺术机构的发展外，餐饮、服务业等商业产业及文化娱乐产业紧随其后，并且带动了旅游业、租赁业、房地产业等行业的联动发展。再如杭州有动漫游戏企业60多家，从业人员达1万多人，杭州原创和自主研发比例已经上升到36%。杭州政府引导动漫产品创意、研发、制作、运营、销售与编剧、导演、文学创作等资源整合，与戏剧、杂技、音乐、美术等资源整合，与广电、电信、娱乐、网吧等资源整合，并加强与传统行业如服装、玩具、食品、图书、音像等互动合作。

（四）信息技术的应用，对产业结构优化和升级的推动

虚拟创意经济是基于"双赢"与"合作"的经营理念，通过多个创意企业形成战略联盟，整合系统资源，分担风险，实现优势互补，寻求新的增长。虚拟创意经济内的联盟企业聚合彼此的核心竞争力，合作创造更大的价值。

一方面，虚拟创意企业的架构，增加了信息的交流平台、产品或服务的交易平台。由我国太平洋学会牵头，面向全国的"创意中国产业联盟"试图搭建一种由政府部门、企业公司、社会团体及行业组织、大学及科研机构、网络及传播媒体和创意经济个体集群六方力量进行平等对话、密切协作、自由互动的平台。它是一个在"创意中国"共识下，超越行业界限的网络信息交流平台。

另一方面，随着数字化进程的加速和互联网的迅猛扩张，部分传统行业的角色定位发生了转变。全球几乎所有的大型传媒集团在进入21世纪后，均把自己的角色定位为内容提供商，因为数字技术的发展使得无论是照片、音乐、文件、视频还是对话，都可以通过同一种终端机进行网络传送及显示，从而使语音广播、电视、电影、照片、报纸、图书、杂志以及电子货币等信息内容融合为一种应用或服务方式。

虚拟价值链要求战略合作伙伴间共享信息，在价值链上互相依存，并通过彼此间核心竞争力的协同效应，来达到统合多赢的经济目标。

三、创意经济指数对企业发展战略制定的影响

创意经济指数对企业发展的启示之一是打破传统产业的思维定式，开创创意商业新模式。我国创意经济领军企业之一的雅昌企业（集团）有限公司原是一家来自传统印刷业的企业，公司创立之初的定位是为客户提供精美的印刷品，核心业务是高端艺术品印刷。2006年公司借助数字产业和创意经济的蓬勃发展，首创"传统印刷+现代IT技术+文化艺术"的雅昌经营模式，将我国传统印刷与现代IT技术和文化艺术相结合，将传统行业打造成为以艺术品数字资产管理

为核心的文化产业。雅昌从一个提供简单增值服务的加工型企业出发，建立了全新的商业模式。

创意经济指数对企业发展的启示之二是增强企业内外部的协同机制，推进创意经济的应用研究。另一家创意经济领军企业之一的浩汉工业产品设计（上海）有限公司（Nova Design），在公司内部建置"知识管理平台"，将原本存在设计师脑袋中的创意设计专有知识（Know How），逐步建置在浩汉的公司数据库里，成为所有员工随时都可以参考的经验值；同时，公司全力推动"创新价值设计服务协同开发计划"，此计划是以跨产业设计为概念，以创新价值协同研发为主轴，结合浩汉的客户群、材料大厂杜邦公司、模具厂等进行异业策略联盟，通过协同设计机制及产品设计知识库的分享，在消费性电子及交通产业等产品的项目研发过程中，进行协同设计。

第六节　结论

创意已成为经济发展的巨大推动力，国家、城市或地区的经济繁荣和竞争力的关键不再是商贸和投资，而是吸引、保留和培育创意人才。全球城市化趋势使城市的竞争力增强，经济竞争力越发集中于城市。

全球经济一体化进程中，以知识产权和创造性为标志的创意经济成为产生财富和就业、促进经济可持续发展、提升经济竞争力的重要驱动力。与新经济发展形势相匹配的经济评价指标体系迫切需要出台，以综合衡量城市创意经济对整个经济的影响。

本书在系统剖析国内外现有创意指数体系、竞争力指数体系和创新指数体系的基础上，结合我国现阶段创意经济的发展特征，提出一套科学、综合、具有可比性的指标体系。并选择国内11个典型城市（长三角、珠三角和京津等代表性城市）进行评估。评价结果可以为城市政策参与者在发展创意经济方面提供政策决策支持。

附 录

附表1 香港创意评价指标框架

一级指标	二级指标	三级指标
人力资本（创意资本）	研究及发展的支出与教育的支出	研发支出占本地GDP的百分比（商业层面）
		研发支出占本地GDP的百分比（高等教育）
		研发支出占本地GDP的百分比（政府）
		政府对教育支出占本地GDP的百分比知识劳动人口
	知识劳动人口	15岁或以上取得大专以上教育程度的人口分布（非学位）
		15岁或以上取得大专以上教育程度的人口分布（学位或以上）
		研发人员占总劳动人口的百分比
	人力资本的移动	访港旅客人均总数目
		本地居民离境人均总数
		移居本地的人均数目
		领有工作签证的劳动人口占劳动人口的百分比
文化资本	文化支出	艺术与文化在整体效益公共开支所占的百分比
		用于文化及服务的家庭开支占本地家庭总开支的百分比
	网络素质：习惯与价值；对艺术、文化和创意活动的态度	对创意活动的价值
		对学童的创意活动的价值
		对艺术及文化活动的价值
		对学童的艺术和文化活动的价值
		社区领导大力提倡本地文化艺术发展
	文化与创意活动的环境因素	社会环境鼓励创意活动的评价
		社会环境鼓励文化事务参与的评价
		对购买盗版和假冒产品的道德价值知识产供销权意识调查
	网络素质：文化事务的参与	年度借用图书馆书本的人均数量
		向收取版权费之机构按人口缴付的版权费（不包括海外收入）（本地货币）
		每168小时花于上网以作个人使用的平均时间百分比
		参观政府文化服务提供的博物馆的人均数
		出席由政府文化服务提供的演出的人均数
		出席由政府文化服务提供的电影及录像艺术的人均数

续表

一级指标	二级指标	三级指标
社会资本	社会资本发展	在入息税许可下的慈善捐款数额（本地货币）占本地GDP的百分比 在所得税许可下的慈善捐款数额（本地货币）占本地GDP的百分比 社会福利开支占总公共开支的百分比
	网络素质：从世界价值调查得出的习惯与价值	对基本信任的指标 对制度信任的指标 对互惠的指标 对效能知觉的指标（对掌握生命而言）
	对合作的指标	对多元化的态度的指标 对接受多元化的指标 对人权的态度的指标 对外地移民对与错的态度的指标 对外地移民生活方式的态度的指标 对传统与现代价值的指标 对个人表达的指标
	网络素质：从世界价值调查得出的社区事务的参与	对公共事务的兴趣 参与社会组织 与朋友的社交接触 与社区的社交接触 对效能知觉的指标（曾参与的活动而言） 业务工作者的人均总数 业工运动参与机构及登计业工数字
制度/结构资本	司法制度的独立性	关于香港司法制度独立性的统计数据
	对贪污的感觉	贪污感觉指数的百分比得分表达意见的自由
	表达意见的自由	新闻自由的百分比得分 言论自由的百分比得分
	信息及通信科技的基础情况	公司使用个人电脑的百分比 公司使用互联网的百分比 公司拥有网页/网站的百分比 家庭使用私人电脑的百分比 家庭使用互联网的百分比 人均手提电话用户

续表

一级指标	二级指标	三级指标
制度/结构资本	社会及文化基础建设的动力	非政府组织的人均总数量 公共图书馆使用者的注册人均数字 借用公共图书的人均数量 政府文化服务提供的艺术表演场地座位的人均总数量 法定古迹的市均数量 博物馆的市均数量
	社区设施的可用性	社区会堂和社区中心的人均数量 文娱中心的人均总数量金融基础 上市公司的人均数字 股票市场资本的年度增长（本地货币）占本地 GDP 的百分比 该地管理下风险资本的增长比率（本地货币）占本地 GDP 的百分比
	企业管理的动力	中小企业占公司总数的百分比 劳工生产供销指数（总经济成分）的百分比得分
创意成果		香港创意经济化的总值占本地 GDP 总值的百分比 投身创意经济化人口占总就业人数的百分比 创意经济化产品贸易相对整体效益出口贸易的分布 创意经济化服务贸易相对整体效益进口贸易的分布 通过电子媒介的产品、服务和信息销售的商业收入所占的百分比（指标将量度电子商务的革新活动）
	经济成分层面的富有创意的活动	本地企业在国际市场出售有品牌产品能力 本地企业掌握新科技能力人均专利申请数 源自本地的专利申请相对专利申请总数的百分比
	创意活动其他成果	报纸每日的人均销量 新注册书目和期刊的人均总数 音乐作品的人均出现总数 歌词创作的人均出现总数 电影人均制作总数 由政府文化服务提供的电影放映人均总数 由政府文化服务提供的表演艺术节目的人均总数 新建筑楼面面积的人均总数

附表2　台湾创意绩效指标系统

一级指标	二级指标
产业规模指标	总产值
	年增加值
	从业人员总数
	年末固定资产净值
	文化事业规模
	年增长率
	从业人员在全国劳动人口的比率
	文化创意经济产值在全国年产值的比率
政府投入指标	文化事业财政补助收入
	文化事业财政补贴占全部财政支出的比重
	人均文化事业财政补贴
	文化事业基建投资额
	年末固定资产原值
	财政补贴占总收入比重
	建立投资案例数/金额总数/比重
经济效益指标	资金利税率
	劳动生产率
	百元固定资产实现增加值
	增加值率
研究与发展指标（R&D）	研究投资金额的总数/成长率
	政府在研发部门的投资
	民间在研发部门的投资
	文化创意经济每年申请获准的智慧财产权总数/占全体的比率
市场化指标	民间文化事业单位的经营自给率
	民间文化事业单位在基础设施建设方面的投资额
竞争力指标	华人市场的营收总值、占有率及增长率
	亚洲市场的营收总值、占有率及增长率
	亚洲市场以外（全球市场）的营收总值、占有率及增长率
人力资源指标	该机专业人员的总人数、比率及增长率
	教育/培训经费的金额、比重及增长率
	文教类非营利组织的总数及增长率
消费指标	民众文化消费占总支出的比重
	民众文艺活动参与的次数及平均人次

附表3 世界经济论坛（WEF）的发展竞争力指数体系

一级指标	二级指标	三级指标	具体指标或调查问题
技术指数	创新分指数	创新调查数据	贵国在技术领域与世界领先者的差距如何
			贵国企业在吸收新技术方面是无能为力的/积极进取的
			贵国的企业在研发方面的支出与其他国家相比多还是少
			企业在研发方面与当地大学的合作程度如何
		硬指标	每百万人获得的美国实用专利数
			高等教育毛入学率
	技术转移指数		外国直接投资是贵国新技术的一种重要来源
			外国技术许可是贵国获得新技术的一种常用途径吗
	信息与通信技术分指数	调查数据	互联网在学校的普及程度
			贵国的互联网服务提供者之间是否存在充分的竞争，以确保网络的高质量、少中断和低价格
			政府在信息和通信技术方面是否给予了全面的优先权
			政府在促进信息与通信技术的使用方面的计划是否成功
			与信息通信技术相关的法律（电子商务、数字签名和消费者保护）是否得到健全和加强
		硬指标	每百万居民拥有的移动电话数
			每百万居民的互联网用户数
			每百万居民的互联网主机数
			每百万居民的电话干线条数
			每百万居民的个人电脑台数
公共制度指数	契约与法律分指数	调查数据	贵国的司法官员是否不受政府成员、市民或企业的政治影响
			金融资产和财产是否受到法律的明确界定和充分的保护
			政府在确定公务合同时是否在投标人之间保持中立
			有组织的犯罪是否为企业带来巨额成本
	腐败分指数	调查数据	与进出口许可有关的贿赂活动的普遍性
			与公益设施有关的贿赂活动的普遍性
			与年度纳税有关的贿赂活动的普遍性
宏观经济环境指数	宏观经济稳定性分指数	调查数据	贵国经济下一年会陷入衰退吗
			贵公司去年的信用获得是容易还是难
		硬指标	政府财政盈余/赤字
			国民储蓄率
			通货膨胀

创意经济新思维：面向价值思考

续表

一级指标	二级指标	三级指标	具体指标或调查问题
宏观经济环境指数	宏观经济稳定性分指数	硬指标	实际有效汇率
			贷—借利率差额
			政府债券
			机构投资者的国家信用等级
	政府铺张浪费	调查数据	贵国公共支出的内容是铺张浪费还是提供了市场必需的商品和服务

附表4　新的全球竞争力指数体系

支柱	三级指标	具体指标或调查问题
制度	公共制度	财产权利
		公共资金的挪用
		公众对政治家的信赖
		司法独立性
		政府官员在决策中的徇私舞弊现象
		政府支出的铺张浪费
		政府管制的负担
		恐怖主义的企业成本
		警察所提供服务的可靠性
		犯罪与暴力的企业成本
		有组织的犯罪
	私人制度	企业伦理
		公司简介
基础设施		基础设施的总体质量
		铁路基础设施的发展
		港口基础设施的质量
		空港基础设施的质量
		电力供应质量
		电话线路（硬指标）
宏观经济		政府财政盈余（硬指标）
		国民储蓄率（硬指标）
		通货膨胀（硬指标）
		借—贷利率差额（硬指标）
		政府债务占GDP的百分比（硬指标）
		实际有效汇率（硬指标）

续表

支柱	三级指标	具体指标或调查问题
健康与基础教育	健康	疟疾对企业的中期影响
		肺结核对企业的中期影响
		HIV/AIDS 对企业的中期影响
		婴儿死亡率（硬指标）
		寿命（硬指标）
		肺结核的流行程度（硬指标）
		疟疾的流行程度（硬指标）
		HIV/AIDS 的流行程度（硬指标）
	基础教育	基础教育毛入学率（硬指标）
高等教育与培训	教育质量	中等教育毛入学率（硬指标）
		高等教育毛入学率（硬指标）
	教学系统的质量	教学系统的质量
		数学与科学教育的质量
		管理学院的质量
	在职教育	专业研究与培训服务在当地的可利用性
		员工培训的范围
市场效率	商品市场	农业政策成本
		法律框架的效率
		税收的范围与效果
		创业所需的手续（硬指标）
		创业所需的时间（硬指标）
		当地的竞争程度
		反垄断政策的有效性
		进口（硬指标）
		贸易壁垒的普遍性
		外国所有权限制
		GDP（硬指标）
		出口（硬指标）
	劳动力市场	雇佣与解雇的惯例
		工资弹性
		劳动者/雇主关系中的合作效率
		工资与生产率
		人才流失
		私人部门对妇女的雇佣

续表

支柱	三级指标	具体指标或调查问题
市场效率	金融市场	金融市场的成熟度
		贷款的可获得性
		风险资本的可获得性
		银行的健全性
		当地股票市场的利用
技术准备水平		技术准备状况
		企业层次的技术吸收
		与信息通信技术相关的法律
		国外直接投资与技术转移
		移动电话数量
		互联网用户数量
		个人电脑拥有量
企业的成熟度	网络与支撑性产业	当地供应商数量
		当地供应商质量
	企业经营与战略的成熟度	生产过程的先进性
		市场营销的广度
		国际物流的控制
		派遣专家的意愿
		竞争优势的性质
		价值链的存在
创新		科研机构的质量
		公司在研发方面的支出
		大学/产业的研究合作
		政府对先进技术产品的购买
		科学家与工程师的可获得性
		实用专利
		知识产权保护
		创新所需的资本

附表5　上海和15个地级市竞争力指标（其他指标类别）

①第二产业生产总值	②海外旅客数	③中级技术职称以上人员	④普通高校	⑤金融机构存款余额
⑥第三产业生产总值	⑦旅游外汇收入	⑧工业用电量	⑨公路里程	⑩全年用电量
⑪第三产业就业人员	⑫卫生机构床位数	⑬进口总额	⑭公路客运数	⑮居民储蓄存款

续表

⑯社会固定资产投资总额	⑰医生数	⑱出口总额	⑲地方财政收入	⑳本地电话用户
㉑房地产投资	㉒各类专业技术人员	㉓实际利用外资额	㉔商品房销售建筑面积	㉕移动电话用户
㉖高速公路及公路货运数	㉗普通中等职业学校	㉘保费收入	㉙商品房销售总额	

附表6 联合国文化指标

一级指标	二级指标
文化活动和趋势	报纸和书籍
	图书馆和文化报告
	广播和电视
	电影
	唱片
文化习俗和遗产	主要语言
	主要宗教
	全国性节庆
	民俗和宗教节庆
	热门观光文化景点
	热门观光自然景点
	世界遗迹
文化协定	1999年UNESCO和ILO文化及劳动公约
	1999年国际联合人权公约
文化贸易和交流趋势	文化贸易趋势
	文化贸易分布
	观光旅游
	国际观光
	通信
	新通信科技
翻译	外语翻译和书籍
	本国语言的翻译
	最常被翻译的作家

续表

一级指标	二级指标
文化脉络	教育
	海外留学教育
	人力资本
	人口统计和健康
	经济
	社会安全
	环境和生物多样性

附表7　中国创意城市评价指标体系（详细版本）

一级指标	二级指标	指标名称
人力资本	从业人员受教育程度	新增劳动力人均受教育年限
		高等教育毛入学率（新入学人口占人口基数的比例）
		人均高等学校在校生数
	创意经济就业量	创意经济（文化机构）从业人数
		创意经济从业人数年增长率
		创意人员在创意经济中的构成率
		20岁或以上取得专上教育程度的人口分布
	人力资本的移动	人力资本的移动（反映宽容性和对人力资本的吸引力）
技术资本		研发经费支出占GDP的比值
		年度研发经费总额
		研发经费年增长量
		研发经费年增长率
		高技术产业拥有自主知识产权产品实现产值占GDP比值
		每十万人专利申请受理量
		每十万人专利授权量
经济资本		年GDP总值
		年GDP增长量
		年GDP增长率
		第三产业年增长量
		第三产业年增长率
		第三产业占GDP比重
		第三产业就业量占全部就业的百分比

续表

一级指标	二级指标	指标名称
经济资本		第三产业就业增长量占全部就业增长量的比例
		第三产业年固定资产值
文化资本	文化支出	城镇居民人均教育文化娱乐服务消费占全部消费的百分比
		举办文化活动的项目总数
		文化机构每百万人拥有数
		每百万人拥有网吧数
		广播电视节目制作时间
		人均报纸数量
	文化事务的参与	人均文化活动参与次数
		人均借阅图书量
		人均参观博物馆次数
		每日人均报纸销量
		人均新发行图书量（每万人）
		音像电子产品发行量（每万人）
		有线电视用户数
社会资本	社会资本发展	社会劳动生产率
		社会安全指数
		每千人国际互联网用户
		宽带接入用户数
		每千个移动电话用户
		环保投入占GDP的百分比
		人均公共绿地面积
		每百万人拥有的实行免费开放公园数
	宽容度	对多元化的态度
		接受多元化的程度
		对外来人口的接受程度
		对公共事务的兴趣
制度资本	政府投入	创意经济每年所获财政补助总额
		创意经济年财政补贴占全部财政支出的比重
		创意经济内人均财政补贴
		创意经济基建投资额
		财政补贴占总收入比重

续表

一级指标	二级指标	指标名称
制度资本	政府对教育和研发的支出	政府对高等教育机构投入的研发费用总额
		政府对高等教育机构投入的研发费用年增长量
		政府对高等教育机构投入的研发费用年增长率
		政府对教育/培训经费总额
		政府对教育/培训经费的增长量
		政府对教育/培训经费的增长率
创意能力/成果创意经济对经济的贡献		创意经济总值占GDP总值的百分比
		创意经济年总产值
		创意经济年增加值
		创意经济年增长率
		创意经济增加值在第三产业增加值中的构成率
		资金利税率
		创意经济的劳动生产率
		创意从业人员在第三产业中的构成率
		创意经济人员增长量占第三产业就业增长量的百分比
		从业人员在全国劳动人口的比率
		居民创意消费在总支出中的比率
		创意经济年固定资产总值

参考文献

[1] 江泽民：《江泽民文选》（第2卷），人民出版社，2006年。

[2] Howkins. The Creative Economy: How People Make Money from Ideas, Allen Lane, The Penguin Press, 2001.

[3] 霍金斯：《创意经济》，三联书店2006年。

[4] Florida. Cities and the Creative Class. Rouledge, 2005.

[5] 赵雅丽：《传播如何看创意——绘制创意研究的新蓝图》，2005年第三届"创新与创造力"研讨会，http://www.cer.ntnu.edu.tw。

[6] 罗伯特·弗兰茨著：《创意无限》，杨顺译，中国社会科学出版社2005年。

[7] 约翰·霍金斯著：《创意产业的核心因素》，石同云译，《电影艺术》2006年第5期。

[8] 段轩如：《论创意的构想原理》，《郑州大学学报》2002年第5期。

[9] 王国荣：《信息化与文化产业》，上海文化出版社2004年。

[10] CITF (Creative Industry Task Force). http://www.culture.gov.uk./creative/maping.html, 1998.

[11] Caves. Creative Industries: Contracts Between Art & Commerce. Harvard, Cambridge, 2000.

[12] Florida. The Rise of the Creative Class. Basic Books, 2002.

[13] 熊凌：《香港创意产业的发展及经验》，《产业经济》2004年第3期。

[14] 2003台湾文化创意产业发展年报，http://www.sstii.net/publication。

[15] Charles Landry. The Creative City—A Toolkit for Urban Innovators. Earthscan Publications LTD, London, 2000.

[16] Gert-Jan Hospers. Creative Cities: Breeding Places in the Knowledge Economy. Knowledge, Technology, &Policy/Fall, 2003.

[17] Keith Negus and Michael Pickring. Creativity, Communication and Cultural

Value. London: Sage, 2004.

［18］约翰·霍金斯:《创意经济——人们如何从思想中创造金钱》,上海三联书店 2003 年。

［19］［美］Richard Caves:《创意产业经济学——艺术与商业之道》,孙绯等译,新华出版社 2004 年。

［20］Healy. What's new for culture in the new economy. Journal of Arts Management, Law and Society, 2002 (2).

［21］Hesmondhalgh D. The Cultural Industries. Second Edition. London: Sage, 2007.

［22］约瑟夫·阿罗斯·熊彼特:《经济发展理论》,商务印书馆,2000 年。

［23］Brecknock R. Creative Capital: Creative Industries in the "Creative City" Creative Capital, 2004.

［24］Pratt. Cultural Industries and Public Policy: An oxymoron? International Journal of Cultural Policy, 2005, 11 (1).

［25］O'Connor. The Cultural and Creative Industries: A Review of the Literature. Arts Council England, 2007.

［26］Adorno T. and Horkheimer. The Dialectic of Enlightenment. Trans. John Cumming. Verso, 1979.

［27］Scott A. Creative Cities: Conceptual Issues and Policy Questions. OECD International Conference on City Competitiveness, 2005.

［28］Cunningham S. From Cultural to Creative Industries, Theory, Industry, and Policy Implications, Creative Industries Research and Applications Centre. University of Technology Brisbane, Australia, 2002.

［29］苏启林、陈丹、李凡:《创意产业:由内涵界定到政策设计的演进》,《中国工业经济》2007 年第 1 期。

［30］Shahid Yusuf, Kaoru Nabeshima. Creative industries in East Asia. Cities, 2005.

［31］张京成:《中国创意产业发展报告 (2006)》,中国经济出版社 2006 年。

［32］厉无畏、王慧敏:《创意产业促进经济增长方式转变——机理·模式·路径》,《中国工业经济》2006 年第 11 期。

［33］Tornquist. Creativity and the Renewal of Regional life, in A Buttimer Creativity and Context: A Seminar Report Lund Studies in Geography B. Human Geography 50, Lund: Gleerup, 1983.

[34] Andersson. Creativity and Regional Development, 1985.

[35] Hall. Cities in Civilisation: Culture, Technology and Urban Order. Weidenfield and Nicolson, 1998. Hall. Creative Cities and Economic Development. Urban Studies, 2000, 37 (4).

[36] Glaeser. Review of Richard Florida's The Rise of the Creative Class. http://www Creativeclass. org, 2004.

[37] Greg Hearn, Stuart Cunningham, Diego Ordonez. Commercialisation of Knowledge in Universities: The Case of the Creative Industries. Prometheus, 2004.

[38] Brian Knudsen. Richard Florida etc., Urban Density, Creativity, and Innovation, 2007.

[39] Peck. Struggling with the Creative Class. International Journal of Urban and Regional Research, 2005, 29 (4).

[40] Andy C Pratt. Creative Cities: The Cultural Industries and Creative Class. Geografiska Annaler: Series B. Human Geography, 2008, 90 (2).

[41] Zukin. Loft Living Culture and Capital in Urban Change. Radius, 1988.

[42] Hutton. Reconstructed Production landscapes in the Postmodern City: Applied Design and Creative Services in the Metropolitan Core, Urban Geography, 2000, 21 (4); Hutton. The New Economy of the Inner City. Cities, 2004, 21 (2).

[43] Allen Scott. Entrepreneurship, Innovatian and Industrial Development: Geography and the Creative Meld Revisited. Small Business Economics, 2006 (26).

[44] Pratt. Creative Clusters: Towards the Governance of the Creative Industries Production System Media International Australia Incorporating Culture and Policy, 2004.

[45] Markusen A. and King. The Artistic Dividend: The Hidden Contributions of the Arts to the Regional Economy. University of Minnesota, Project on Regional and Industrial Economics, 2003.

[46] 理查德·E. 凯夫斯:《创意产业经济学——艺术的商业之道》,新华出版社2004年。

[47] Hall. Creative Cities and Economic Development, urban Studies, 2000, 37 (4).

[48] Jeffrey Mitchell. The Economic Importance of the Arts & Cultural Industries in Santa FeCounty. The McCune Charitable Foundation, The Azalea Foundation and The Burnett Foundation, 2004.

[49] Brown A. O' Connor J. & Cohen. Local Music Policies within a Global Music Industry: Cultural Quarters in Manchester and Sheffield. Geofb, 2000.

[50] Markusen A. and King. The Artistic Dividend: The Art's Hidden Contributions to Regional Development, Minneapolis, MN: Project on Regional and Industrial Economics, Humphrey Institute of Public Affairs. University of Minnesota, 2003.

[51] Robert C Picard. Creative Cities and Economy Development. Urban Studies, 2001.

[52] Vijay K. Jotty:《新技术的商业化——从创意到市场》,清华大学出版社2009年。

[53] Prahalad C. K. and Ramaswamy. How to Put Your Customers to Work: It's Getting Harder for Companies to Sustain Growth and Create Value on Their Own. It's time to Loop Customers into the Act. 2004.

[54] Greg Hearn, Cassandra Pace. Value-creating Ecologies: Understanding Next Generation Business Systems. The Journal of Futures Studies, Strategic Thinking and Policy, 2006.

[55] 厉无畏、顾丽英:《创意产业价值创造机制与产业组织模式》,《学术月刊》2007年第8期。

[56] 约瑟夫·阿罗斯·熊彼特:《经济发展理论》,哈佛大学出版社1934年。转引自胡代光、厉以宁:《现代资产阶级经济学主要流派》,商务印书馆1982年。

[57] 鲁·特·彭南特、雷亚·克莱夫·克鲁克:《西方经济学评价》,中国对外经济贸易出版社1990年。

[58] 弗里曼:《工业创新经济学》,北京大学出版社2004年。

[59] 韩凤晶、石春生:《组织创新模式综述》,《商业研究》2005年第7期。

[60] Colin F. Camerer:《行为博弈——对策略互动的实验研究》,中国人民大学出版社2006年。

[61] Kreps D. Game Theory and Economic Modeling. Oxford, Clarendon Press, 1990.

[62] 乔根·W. 威布尔:Evolutionary Game Theory, MIT Press, 1995,《演化博弈论》,上海人民出版社2006年。

[63] Fudenbery D. and Tirole J. Game Theory. MIT Press, 1991.

[64] R. Aumann. Agreeing to Disagree. The Annals of Statistics, 1976.

[65] 阿兰·斯密德:《制度与行为经济学》,中国人民大学出版社2004年。

[66] Greif A. Genoa and the Maghribi Traders: Historical and Comparative Institutional Analysis. Cambridge University Press, 1999.

[67] 青木昌彦:Comparative Institutional Analysis: A New Approach to Eco-

nomic Systems, University of Tokyo Press,《经济体制的比较制度分析》,中国发展出版社 2005 年。

[68] 贾根良:《理解演化经济学》,《中国社会科学》2004 年第 2 期。

[69] Maynard Smith. The Theory of Games and the Evolution of Animal Conflicts. Journal of Theoretical Biology, 1974.

[70] 张良桥、冯从文:《理性与有限理性:论经典博弈理论与进化博弈理论之关系》,《世界经济》2001 年第 8 期。

[71] Foster Dean P. and H. Peyton Young. Stochastic Evolutionary Game Dynamics. Theoretical Population Biology, 1990.

[72] Van Damme, Eric and Jorgen W. Weibull. Evolution in Games with Endogenous Mistake Probabilities. Journal of Economic Theory, 2002.

[73] 肯·宾默尔: Game Theory and the Social Contract (Volume Ⅰ), Massachusetts Institute of Technology,《博弈论与社会契约》(第 1 卷),上海财经大学出版社 2003 年。

[74] Reinhard Selten. A Note on Evolutionary Stable Strategies in Asymmetric Animal Conflicts. Journal of Theoretical Biology, 1980.

[75] Hurwicz L. Institutions as Families of Game Forms. Japanese Economic Review, 1996.

[76] Taylor P. and L. Jonker. Evolutionary Stable Strategies and Game Dynamics. Mathematical Biosciences, 1978.

[77] Friedman D. Evolutionary Games in Economics. Econometrica, 1991.

[78] Swinkels J. Evolution and Strategic Stability: From Maynard Smith to Kohlberg and Mertens. Journal of Economic Theory, 1992.

[79] Schaffer M. E. Evolutionarily Stable Strategies for a Finite Population and a Variable Contest Size. Journal of Theoretical Biology, 1988.

[80] József Garay and Zoltán Varga. Strict ESS for n‑species systems. Biosystems, 2000.

[81] Gilboa I. and A. Matsui. Social Stability and Equilibrium. Econometrica, 1991.

[82] 朱·弗登博格: Learning in Games, Cambridge, MIT Press, 1998,《博弈学习理论》,中国人民大学出版社 2004 年。

[83] 谢明:《遗传变异都是随机发生的吗——对进化理论中关于遗传变异的突变说的挑战》,《生物学杂志》1995 年 2 月。

[84] 汪丁丁:《制度分析基础讲义Ⅰ:自然与制度》,上海人民出版社

2005年。

［85］孙正聿：《哲学通论（修订版）》，复旦大学出版社2005年。

［86］杨胜刚、吴立源：《实验经济学的新视野：行为博弈论述评》，《财政理论与实践（双月刊）》2004年。

［87］Thomas C. Schelling. The Strategy of Conflict, Cambridge, Massachusetts: Harvard University Press, 1960；《冲突的战略》，华夏出版社2006年。

［88］DaMasio. The Feeling of What Happens: Body and emotion in the making of consciousness. Harcourt Brace, 1999；转引自汪丁丁：《制度分析基础讲义Ⅰ：自然与制度》，上海人民出版社2005年。

［89］何大安：《行为经济人有限理性的实现程度》，《中国社会科学》2004年第4期。

［90］Samuel Bowles, Herbert Gintis. The Evolution of Strong Reciprocity: Coopcration in Heterogeneous Population. Theoretical Population Biology, February 2004.

［91］卢家楣、魏庆安、李其维：《心理学》，上海人民出版社1998年。

［92］庄寿强：《普通创造学》，中国矿业大学出版社2001年。

［93］张德：《教育心理研究》，教育科学出版社1982年。

［94］陈祝平、黄艳麟：《创意产业集聚区的形成机理》，《国际商务研究》2006年第4期。

［95］虞雪峰：《上海创意产业的集聚效应分析》，华东师范大学硕士学位论文，2007年。

［96］宋丹峰：《上海创意产业集聚区初探——以六个产业建筑群旧改为例》，同济大学硕士学位论文，2007年。

［97］李程骅、赵曙明：《发达国家创意人才的培养战略及启示》，《经济学研究》2006年第11期。

［98］厉无畏、于雪梅：《培育创意人才 完善创意产业链》，《戏剧艺术》2007年第1期。

［99］阮仪三：《论文化创意产业的城市基础》，《同济大学学报》（社会科学版）2005年第16卷第1期。

［100］孙安民：《文化产业理论与实践》，北京出版社2004年。

［101］厉无畏：《创意产业导论》，学林出版社2006年。

［102］上海文化发展基金会办公室课题组：《C产业：创意型经济的引擎》，上海三联书店2006年。

［103］李冬、娄成武：《解析文化产业的形成与发展》，《东北大学学报》（社会科学版）2006年第8期。

[104] 荣跃明：《超越文化产业：创意产业的本质与特征》，《毛泽东邓小平理论研究》2004 年第 5 期。

[105] 冯子标、焦斌龙：《分工、比较优势与文化产业的发展》，商务印书馆 2005 年。

[106] 薛晓源、曹荣湘：《全球化与文化资本》，社会科学文献出版社 2005 年。

[107] 于刃刚、李玉红等：《产业融合论》，人民出版社 2006 年。

[108] 周振华：《信息化与产业融合》，上海人民出版社 2003 年。

[109] 植草益：《信息通讯业的产业融合》，《中国工业经济》2001 年第 2 期。

[110] 胡汉辉：《产业融合理论以及对我国发展信息产业的启示》，《中国工业经济》2003 年第 2 期。

[111] 张磊：《产业融合与互联网管制》，上海财经大学出版社 2001 年。

[112] 陈昕：《数字化、内容提供与文化创新——兼论当前中国出版集团发展的若干问题》，载厉无畏、王如忠：《创意产业——城市发展的新引擎》，上海社会科学出版社 2005 年。转引自厉无畏：《创意产业导论》，学林出版社 2006 年。

[113] 花键等：《文化金矿——全球文化产业投资成功之谜》，海天出版社 2003 年。

[114] [美] 迈克尔·E. 波特（Micheal E. Porter）：《竞争优势》，陈小悦译，华夏出版社 2005 年。

[115] 李美云：《服务业的产业融合与发展》，经济科学出版社 2007 年。

[116] 杜义飞等：《产业价值链：价值战略的创新形式》，《科学研究》2004 年 10 月。

[117] 陈建军：《关于浙江省内经济欠发达地区进行产业转移的研究》，《商业经济与管理》2002 年 4 月。

[118] 厉无畏：《创意产业——城市发展的新引擎》，上海社会科学院出版社 2005 年。

[119] 冯子标：《大趋势：文化产业解构传统产业》，社会科学文献出版社 2005 年。

[120] 曹海峰：《创意产业的经济学意义分析》，《甘肃社会科学》2007 年第 2 期。

[121] 邓晓辉：《新工艺经济时代的文化创意产业研究——基于技术、组织与消费的三维视角》，复旦大学博士学位论文，2006 年。

[122] 厉无畏、于雪梅：《关于上海文化创意产业基地发展的思考》，《上海经济研究》2005年第8期。

[123] 邵勇、阮仪三：《市场经济背景下的城市遗产保护——以上海市卢湾区思南路花园住宅区为例》，《城市规划汇刊》2003年第2期。

[124] 沈山：《论文化创意产业与艺术授权经营》，《经济与文化》2004年第12期。

[125] 井润生：《西方福利经济学的发展演变》，《学术研究》2002年第8期。

[126] 周弘：《福利的解析——来自欧关的启示》，上海远东出版社1998年。

[127] [日] 康子：《社会福利基础理论》，华中师范大学出版社，1998年。

[128] [美] 范里安著：《微观经济学：现代观点》（第七版），费方域译，上海人民出版社2006年。

[129] Cooter and Rappoport. Were The Ordinalists Wrong About Welfare Economics. Journal of Economic Literature, 1985.

[130] [意] 尼古拉·阿克塞拉著：《经济政策原理：价值与技术》，郭庆旺、刘茜译，中国人民大学出版社2001年。

[131] Ron Dvir, Edna Pasher. Designing Knowledge Environments: Eleven Streams of Research Leading to Knowledge Anytime Any where. April 2004, A Position Paper Submitted to an EC Consulting Meeting.

[132] 赵友宝：《创意产业：发达国家发展政策的国际比较及其启示》，《创新管理》2007年第2期。

[133] 陈继稳：《日韩创意产业发展的研究和启示》，《消费导刊》2008年第8期。

[134] 蒋伟：《文化产业：国际贸易竞争的新领域》，《商业研究》2003年第16期。

[135] 尚永：《美国的版权产业和版权贸易》，《世界知识产权》2003年第2期。

[136] 白远、陶英桥：《从文化创意产品的国际贸易看我国文化创意产品消费市场》，《商场现代化》2009年第3期。

[137] http://www.industrynz.govt.nz.

[138] 刘萍、曾振华：《创意产业：中国经济持续发展的新引擎》，《当代经济》2008年第4期。

[139] 彭红英：《中美创意产业发展比较研究》，《研究生论文》2008年第5期。

[140] 盛垒：《创意产业：21世纪新的经济增长点》，《市场研究》2006年

第1期。

[141] 杨丽欣：《论国外创意产品贸易的发展及对中国的借鉴》，《研究生论文》2008年第1期。

[142] 王志成、陈继祥、姜晖：《基于特征分析的城市创意经济发展支点研究》，《财经研究》2008年第6期。

[143] 叶辛等：《创意上海2006》，社会科学文献出版社2006年。

[144] 克拉索、倪鹏飞等：《全球城市竞争力报告（2007~2008）》，社会科学文献出版社2008年。

[145] Florida R. The Rise of the Creative Class: And How It's Transforming Work, Leisure, Community, and Everyday Life Basic Books, 2002.

[146] Commission of the European Communities: Innovation in a Knowledge – Driven Economy, EU, 2000.

[147] Porter M S. Stern. The New Challenge to America's Prosperity: Findings from the Innovation Index. Harvard Business School, 1999.

[148] Sirilli G. Science, Technology and Innovation Indicators, Studies in Technology. Innovation and Economic Policy Group, 1998.

[149] 蒋三庚、王晓红：《文化创意产业研究》，首都经济贸易大学出版社2006年。

[150] 叶辛等：《2006~2007年：上海文化发展报告》，社会科学文献出版社2007年。

[151] 孙福良等：《中国创意经济比较研究》，学林出版社2008年。

[152] 杨霭仪：《香港经济年鉴2004》，经济导报社2004年。

[153] 香港大学文化政策研究中心：《香港文化及创意产业与珠江三角洲的关系研究终期报告（下）》2006年第4期。

[154] 经济导报编委会：《2004年香港经济年鉴》，经济导报社2004年。

[155] 张明华：《试论国际大都市圈的乘数效应》，浙江大学出版社2006年。

[156] 周振华、陈维：《城市转型》，社会科学文献出版社2006年。